KB265342

학교교육과
사회교육으로로서의
가야사

가 야 사

부산대학교 한국민족문화연구소 편

혜안

간 행 사

이 책은 2001년 10월 25일과 26일 이틀 동안 가야사 정책연구위원회가 기획하고 부산대학교 한국민족문화연구소가 주최한 '학교교육과 사회교육으로서의 가야사'란 주제의 가야사 학술심포지엄의 성과를 묶은 것이다. '가야 각국사의 재구성'이란 주제의 2000년도 학술심포지엄에 이어 우리 위원회가 기획한 두 번째 가야사 학술심포지엄이었다.

가야사 정책연구위원회는 그동안 축적되어온 가야사의 연구성과를 종합·정리하여 연구를 더욱 진작시키고, 가야지역의 각종 문화유산을 연구자와 일반시민들이 쉽게 접근하고 활용할 수 있는 토대의 마련과 환경을 조성하기 위해 결성된 회의체 형식의 조직이다. 위원들은 국내의 가야사 관련 전공학자로 구성되어 있으며 1999년에 '가야사 연구 및 교육에 대한 정책연구'를 낸 이후 '가야 각국사의 재구성', '한국 고대사 속의 가야' 등의 성과물을 낸 바 있다.

이번 심포지엄에서는 가야사 및 가야문화가 각급 학교와 사회에서 어떻게 교육되고 있는가를 주로 다루었다. 가야사가 일반인들에게 있어서 관심이 매우 높은 만큼 그들에게 가야사가 어떻게 교육되고 있는지, 그 정황을 학술적으로 정리하는 일이 시급하다고 여겼기 때문이다. 문제점을 면밀히 점검하는 일과 더불어 앞으로 가야사 연구가 일반인들을 위해서 무엇을 어떻게 진행되어야 할 것인지를 모색해 보고자 하였다.

구체적 검토의 내용은 중등학교 교과서(국사 및 사회)의 가야사 서술과 문제점, 우리나라를 포함한 세계 주요국들의 가야사 서술과 문제점, 사회교육으로서의 가야사, 향토사의 가야사 서술과 문제점 및 가야 문화재의 보존현황과 대책 등을 주제로 선정하여 가야 관련 서슬의 문제점과 그 대책에 대한 실제적인 논의 등이었다.

심포지엄을 준비하는 기간에 이웃 일본에서는 이른바 新自由主義에 입각한 교과서 문제의 파동이 있었는데, 우리는 가야사 관련부분을 차분히 학문적 입장에서 논의할 수 있었다. 또한 그동안 우리의 시야밖에 있었던 구미의 교과서 및 백과사전 등에 반영되어 있는 가야사의 모습을 조명해 보기도 하였다. 그리고 부당하게 경시되어온 느낌이 없지 않았던 향토사가들의 연구성과도 정리·검토해 보았다. 많은 자료를 섭렵한 정리와 검토이기 때문에 향후 이 관련부분에 대해서는 중요한 연구사적 위치를 차지할 것이라 감히 자부한다.

이번 심포지엄에서 얻은 중요한 성과 가운데 하나는 우리의 한계를 분명히 느끼고 반성의 계기로 삼았다는 점이다. 가야사에 대한 관심은 높지만 연구의 역량이 조직화되지 못하고 연구가 진행되고 있다는 점도 지적되었다. 그리고 가야사의 연구 성과를 사회에 환원하기 위한 적극적 실천을 하지 못했다는 점과, 세계화의 진정한 의미를 가야사에서 찾아보려는 노력이 부족했다는 점 등을 반성하였다.

여기에 게재된 논문들은 심포지엄에서 발표된 내용에 토론결과를 반영하여 다시 연구논문으로 완성한 것이다. 가야사 연구 및 교육의 올바른 방향성 모색에 기초자료로 활용되었으면 하는 것이 우리들의 바람이다.

논문발표와 토론에 참여해 주시고, 사회를 맡아 수고해 주신 연구자 여러분들께 감사드리며, 심포지엄 개최를 주관하신 부산대학교 한국민족문화연구소 이헌홍 소장님과 이동찬 선생의 노고는 말로 표현할 수 없을 정도이다. 종합토론 녹취를 정리해준 허재혁 선생께도 감사드린다. 끝으로 행사를 뒷받침해주신 교육부 당국과 가야사 정책연구위원회 위원 여러분들께도 감사드린다.

2002. 8.

가야사 정책연구위원회

위원장 정징원

차 례

중등학교 교과서(국사 및 사회)의 가야사 서술과 문제점

김 태 식[*]

1. 머리말

역사학과 역사 교육이 반드시 같이 움직일 수는 없으나, 역사 교육은 역사학계의 연구 성과를 반영하면서 보다 더 충실해지는 것이다. 그렇다면 가야사 분야의 연구 성과는 역사 교육의 지침서인 역사 교과서에 얼마나 반영되어 있을까? 본고는 그 문제를 검토해 보고자 한다. 기존에 이와 비슷한 제목의 논문[1]이 나온 적이 있으나, 검토해 보았더니 교과서의 가야사 서술 자체를 문제 삼는 것은 아니고, 가야사에 대한 학설사 정리에 가까워서 본고의 문제의식과는 기본적인 차이가 있었다.

일반인이나 학생들은 가야사에 대하여, 대개는 그저 金官加耶, 大加

---

* 홍익대학교 역사교육과 교수

1) 文昌魯, 「韓·日 高等學校 歷史 敎科書에 보이는 兩國의 加耶史認識과 古代史像」, 『擇窩許善道先生停年紀念韓國史學論叢』, 1992.

耶의 이름이나, 그들이 신라에게 멸망당했다는 정도를 아는 것이 보통이고, 60代 이상은 가야가 일본의 神功皇后에게 병합되었다는 것을 비롯하여 植民史觀에서 강요된 그릇된 지식을 알고 있을 뿐이다. 이는 그동안 연구된 가야사의 성과들이 일반에게 널리 알려지지 않은 탓이고, 그 이유 중에 하나는 중등 교과서에 가야사가 인상적으로 기술되지 못한 탓이 크다고 하겠다. 지금까지의 국사 교과서를 통해 볼 때, 한국 고대사에서 加耶史는 최근에 와서 약간 분량이 늘어났다고는 하나, 대체로 소홀하게 다루어져 왔고, 아직도 미진한 부분이 많다고 생각된다. 크게 보아 이는 식민사관의 일환인 임나일본부설이 미친 부정적인 영향 때문이라고 생각된다.

그런 경향은 역사 교과서뿐만 아니라, 역사학계의 연구에서도 한 동안 비슷하였다. 해방 이후 우리나라 학자들이 가야 자체의 발전 과정에 주목하는 연구를 시작하여, 어느 정도의 성과를 거둔 것도 사실이나, '任那日本府'라는 용어와 『日本書紀』라는 책 자체가 터부시되어, 가야사에 대한 논의가 활성화되지 못하였다.

해방 이후 출간된 국내 학자들의 가야사 관계 연구들은 낙동강 유역에 6가야 연맹체가 520년간에 걸쳐 발전하고 있었다는 것을 논하였으니, 그 연구자들 중에 安在鴻, 崔南善, 李丙燾 등이 있다.[2] 안재홍이나 최남선의 연구는 조선 후기 실학자들의 연구를 뒤이어 加耶의 語源에 대한 언어학적 고찰이나 6가야의 위치 비정에 머물렀고, 이병도의 연구는 거기서 한 걸음 더 나아가 가야의 발전 과정을 개괄적으로 정리하였으나 그 역시 단순한 『삼국유사』 5가야 조에 기초한 추측에 지나지 않았다. 그 다음으로 金哲埈은 고대사 개설서에서 가야의 발전 과정을 새로이 살펴 대가야와 금관가야의 상하 가야 연맹을 상정해 보았으나,[3] 이것 역시 단순한 형제 신화에 기초한 추측의 범주를 벗어나지

---

2) 安在鴻, 「六加羅國 小考」, 『朝鮮上古史鑑』 上卷, 1947 ; 崔南善, 『朝鮮常識 地理篇 - 加羅』, 1948 ; 『六堂崔南善全集』 2, 玄岩社, 1973 ; 李丙燾, 『韓國 史』 古代篇, 震檀學會, 1959 ; 『韓國古代史研究』, 博英社, 1976.

3) 金哲埈, 「韓國古代國家發達史」, 『韓國文化史大系』 1(民族 · 國家史), 고대

못하였다.

그러나 1970년대 후반부터 가야 지역에 대한 고고학적 발굴 성과가 왕성하게 나오기 시작하고 1980년대 후반 이후에는 이를 정리한 가야사 연구 성과들이 쏟아져 나오기 시작하였다. 홍익대학교 역사교육과에서 운영하는 한국 역사 서지 검색 사이트인 Korean Historial Connection(http://khc.hongik.ac.kr)에서 2001년 10월 3일에 한국 고대의 국가별로 관련 논문 및 저서 목록을 조사해 보았더니, 1870년대부터 2000년대 전반까지 나온 논저 수가 신라 2,319건, 백제 1,306건, 고구려 806건, 가야 504건이었다. 이는 대거 제목에 해당 국가의 이름이 들어가는 논저의 숫자이다. 가야의 경우에 거의 대부분이 1980년대 이후에 나온 논저인 것을 감안하면, 가야사 관련 논문과 저서의 수가 상당히 많은 것을 알 수 있다.

권주현이 좀더 정밀하게 조사하여 2001년 8월 1일에 김해시 사이버 가야 홈페이지 『고대 가야 역사문화의 재조명』(http://www.gayasa. net)에 올린 가야사 논저 목록을 조사해보니, 가야 관련 유적에 대한 고고학 발굴보고서 및 약보고 468건이 포함되고, 또한 제목에는 '가야' 라는 단어가 들어가지 않지만 내용상으로 보아 가야사에 해당하는 논문들이 포함되니, 가야 관련 논저의 수가 총 1,582건에 달하였다. 이것은 엄청난 숫자이다. 고구려, 백제, 신라와 관련한 발굴보고서에 대해서는 집계한 바 없지만, 그 숫자는 각각 가야 관련 발굴보고서 숫자보다 훨씬 못할 것이다. 그렇다면, 가야사 연구의 활성화는 고고학적 발굴 성과와 밀접한 관련이 있음을 알 수 있으며, 그 결과 한국 고대사학계에서 가야사의 위치는 양적으로 볼 때도 다른 삼국에 못지 않은 수준으로 성장한 것을 알 수 있다.

그런데 그처럼 활성화된 가야사의 연구 성과가 중등학교 역사 교과서의 서술에 얼마나 반영되었을까? 본고에서는 역대 중등학교의 역사 교과서를 1945년부터 1949년까지의 국권 회복 직후 단계, 1973년 이전

민족문화연구소, 1964.

의 검인정 교과서 단계, 1974년부터 1987년까지 국정 교과서 체제의
제3·4차 교육과정 단계, 그리고 1988년 이후 제5·6차 교육과정 단계
의 네 시기로 나누어 검토해보고, 그 문제점과 아울러 앞으로의 代案
을 제시해 보고자 한다. 다만 중학교와 고등학교 역사 교과서 사이에
내용은 그리 큰 차이가 나지 않고 약간의 분량 차이만 나므로, 좀더 자
세한 고등학교 역사 교과서를 기준으로 논의를 진행시키고, 중학교 역
사 교과서는 그것과 차이가 나는 점만을 지적하고자 한다.

2. 국권 회복 직후(1945~1949) 교과서의 가야사
서술과 문제점

1945년에 국권이 회복된 뒤부터 1947년까지는 교육의 기본 정책이
아직 서지 않은 시기였다. 그 시기에도 교육은 계속되었지만, 일제에
의한 교육이 폐기된 직후, 우리 민족에 의한 국사 교과서가 쏟아져 나
왔다. 세월이 오래 되고 자료도 많이 산일되어서 당시의 국사 교과서
를 모두 모을 수는 없으나, 다행히 가야사에 한하여 그 교과서들의 서
술 내용을 모아놓은 자료가 있었고,[4] 한국교육개발원 도서관 등에서
상당한 교과서들의 목록과 내용을 확인할 수 있었다.[5]

그 후 1947년에 미 군정에 의하여 교수요목이라는 교과 구분이 확정
되고 국사 교과서는 검인정체제로 운영되기 시작하였으나, 1949년까지
는 기존의 교과서들도 그대로 쓰였다. 그러므로 본 절에서는 1945년부
터 1949년까지의 교과서에 나오는 가야사 서술의 내용과 문제점을 검
토해 보고자 한다. 해당 시기의 중등교과서 서지 목록을 연도순으로
나열하면 다음과 같다.

---

4) 김시우 편, 『교과서에 반영된 가야사』, 가락국사적개발연구원, 1993.
5) 오래된 귀중본 도서를 열람할 수 있도록 배려해 준 한국교육개발원 이찬희
  한국관시정연구실장, 임상선 선생과 도서관 관계자 여러분께 감사의 뜻을 표
  한다.

權悳奎, 『朝鮮史』, 正音社, 1945.
世昌書舘 編輯部 編, 『朝鮮歷史』, 世昌書舘, 1945.
崔南善, 『朝鮮歷史』, 東明社, 1945.
張道斌, 『國史講義』, 國史院, 1946.
震檀學會, 『國史敎本』, 軍政廳 文敎部, 1946.
최남선, 『쉽고 빠른 조선력사』, 동명사, 1946.
黃義敦, 『中等朝鮮歷史』, 三中堂, 1946.
中等敎育硏究會 編, 『中等國史』, 明文堂, 1947.
崔南善, 『中等國史』, 東明社, 1947.
崔南善, 『國民朝鮮歷史』, 東明社, 1947.
김성칠, 『중등 조선사(사회생활과 역사부)』, 정음사, 1948.
崔南善, 『中等國史』, 東明社, 1948.
김성칠, 『중등 사회생활과 우리나라 생활 역사 부분』, 정음사, 1949.
편집부 편, 『중등 사회생활과 우리나라 생활(역사 부분)』, 금룡도서 주
    식회사, 1949.

우선 권덕규의 『조선사』에서는, 변한의 북방 일부는 신라에 복종되
고 그 남쪽 대부분의 땅에 가락이 일어났고 처음에는 여러 부락으로
산거하다가 김수로가 나타나 이를 통일하여 5부가야를 두고 군림했다
고 하였다.6)

장도빈의 『국사강의』에서는, 변한이 신라 태조에게 항복하였으나,
변한의 가라(김해)에서 김수로가 나라를 세우자, 그의 다섯 동생도 나
라를 세워, 그 중의 대가야가 신라와 세력을 경쟁했다고 하였다.7) 진
흥태왕 시대에 문화가 찬란하여 가야국 악사 于勒에게 명하여 가야금
과 가무를 신라인에게 가르쳤다고도 하였다.8)

중등교육연구회 편 『중등국사』에서는, 변한 열두 나라 가운데 하나
인 구야나라에서 임금이 없어서 구간이 모여가지고 정사를 하다가 마

---

6) 權悳奎, 『朝鮮史』, 正音社, 1945, 22~23쪽.
7) 張道斌, 『國史講義』, 國史院, 1946, 43~44쪽.
8) 위의 책, 79쪽.

침 잘난 사람 김수로왕을 높여 임금을 삼았다고 하였다.9)

최남선의『쉽고 빠른 조선력사』에서는, 낙동강 하류를 끼고 생긴 갈한(변한) 12나라가 신라로 합하였다는 내용이 있을 뿐이다.10)

최남선의『중등국사』에서는, 외국의 문물이 들어와서 본국의 편의에 맞게 변통되는 것도 많았으니, 가야에서 가얏고를 만든 것이 그 일례라고 하였다.11)

최남선의『국민조선역사』에서는, 마한, 진한, 변한의 삼한 가운데 마한이 가장 높아서 다른 韓이 그 절제를 받았다고만 하고,12) 고대의 음악을 설명하면서 가야국의 嘉悉王이 당나라의 箏을 改作하고 樂師 于勒으로 하여금 新曲 十二를 만들게 하니 이것이 가얏고(伽倻琴)이며, 뒤에 가야국이 어지러워지매 우륵이 가얏고를 가지고 신라로 들어가서 진흥왕의 보호 밑에 발달을 계속했다고 하여, 비교적 자세히 언급하였다.13)

진단학회의『국사교본』에서는, 변한에서 6가야가 일어났는데, 그 가운데 낙동강 하류역에 수로왕이 일어난 가락국과 낙동강 상류역의 대가야(고령)가 세력과 문화에 있어 가장 볼 만한 것이라 하고,14) 신라 법흥왕이 가락국을 병합하고 진흥왕이 대가야를 평정했다고 하였다.15)

김성칠의『조선사』는 그 내용이 진단학회의 것과 대동소이하나, 가야는 가뜩이나 적은 힘을 하나로 뭉치지 못하여 크게 떨치지 못하였으나 낙동강 삼각주에 위치하여 사람들의 살림살이가 넉넉하였다는 논평을 달았다.16) 그리고 가야국 사람 우륵이 만든 가야금이 뛰어났다는 말을 덧붙였다.17)

---

 9) 中等敎育硏究會 編,『中等國史』, 明文堂, 1947 ; 김시우, 앞의 책, 79쪽.
10) 崔南善,『쉽고 빠른 조선력사』, 東明社, 1946 ; 김시우, 앞의 책, 78쪽.
11) 崔南善,『中等國史』, 東明社, 1947, 15쪽.
12) 崔南善,『國民朝鮮歷史』, 東明社, 1947, 9쪽.
13) 위의 책, 20쪽.
14) 震檀學會,『國史敎本』, 軍政廳 文敎部, 1946, 8~9쪽.
15) 위의 책, 11~12쪽.
16) 김성칠,『조선사』, 정음사, 1948, 16쪽 ; 1949년도 판, 17~18쪽, 26쪽.

위에서 국권 회복 직후 1940년대에 나온 교과서들의 내용을 개별적으로 개관해 보았는데, 이는 크게 보아 세 부류로 구분된다.

첫 번째로 권덕규의 서술 내용은 변한의 북방이 신라에 복속되었다거나, 김수로가 나타나 여러 부락을 통일하여 5부가야를 두었다는 등, 가야사에 대한 허상을 그리고 있을 뿐이다. 중등교육연구회의 것은 『삼국유사』 가락국기를 그대로 반복할 뿐이어서 마치 일제 강점 직전의 한글 토를 단 편년체 한문 교과서를 보는 듯하다. 장도빈도 신라가 변한을 병합하고 김수로왕의 다섯 동생이 나라를 세우고 대가야가 신라를 공격했다는 등, 믿기 어려운 추측을 너무도 쉽게 발설하였다. 위의 세 교과서와 세창서관 편집부의 『조선역사』, 황의돈의 『중등조선역사』 등은 일제 강점 전에 나온 개화기 교과서처럼 『삼국사기』나 『삼국유사』의 사료들을 편년체로 정리하여 번역투의 국한문 혼용으로 서술하고 간간이 편찬자의 생각을 주석으로 정리한 것이다. 그래서 책의 분량이 많으나 대부분은 사료를 그대로 번역한 것이어서 근대적 방식의 교육용으로는 적합하지 않은 것들이다. 가야사에 대한 특별한 관심도 보이지 않으며, 정리되지 않은 생각들이 남발되었다.

두 번째로 위에서 최남선의 세 권의 교과서는 모두 『삼국지』의 삼한 관련 이야기만 간략하게 서술하였을 뿐이고 이를 가야사와 연결짓지도 않았으며, 또한 가야금에 대해서 자세히 언급하면서도 가야사에 대한 관심은 배제하였다. 이는 최남선이 해방 직후 처음 내놓은 『조선역사』(1945)와 문맹자를 위한 이른바 성인 교육용 『국사독본』(동명사, 1947)의 경우에도 마찬가지였다. 이는 최남선이 일제 시기의 글에서 임나일본부를 인정하던 취지와는 사뭇 다른 것이다. 문제는 한문 번역투라고 해도 책의 분량은 대체로 짧고 요약된 것들이어서 교과서로서 손색은 없으나, 가야사에 대해서는 회피로 일관했다.

세 번째로 진단학회와 김성칠의 서술 내용, 즉 변한에서 일어난 6가야 중에서 가락국과 대가야가 가장 강했다는 것은 간단하나마 가야사

---

17) 위의 책, 1948년도 판, 40쪽 ; 1949년도 판, 36쪽.

의 새로운 교과서 서술 방식을 제시한 것이었다. 금룡도서 주식회사에서 편찬한『중등 사회생활과 우리나라 생활 역사 부분』(1949)도 이와 비슷한 서술 체계를 보이고 있다. 이는 당시 학계의 연구 수준이 취약하여 가야사에 대한 별다른 연구 성과가 포함되지는 않았다고 해도, 여러 가야사 사료를 통틀어 신뢰할 수 있다고 생각되는 최소한의 내용만을 간단하게 추린 것이다.

가야금에 대해서는 대부분의 교과서에서 다루었으나 서술 내용은 각기 차이가 있었다. 장도빈은『삼국사기』에 따라 신라 진흥왕 시대 찬란한 문예의 일환으로 설명하였고, 삼국의 공예 중 하나로 가야금이라는 악기의 이름만 언급하였으며, 최남선의『중등국사』에서는 외국의 문물이 들어와서 본국의 편의에 맞게 변통되는 문물 교류 사례로서 다루었다. 가야금을 가장 자세히 다룬 것은 최남선의『국민조선역사』였으니, 그곳에서는 가야국 가실왕의 이름과 우륵이 신라에 망명하는 상황과 가야금이 신라에서 계승되는 과정을 요령 있게 설명하였다. 김성칠은 삼국의 악기 중에 가야국 사람 우륵이 만든 가야금이 뛰어났다고만 하였다. 최남선이 가야국 가실왕의 이름을 언급한 것은 교과서류에서 지금까지도 前無後無한 일이라고 생각되나, 그를 포함하여 누구도 이를 가야사와 연관하여 보지는 않았다.

이렇게 볼 때, 1940년대의 교과서들은 가야사에 대하여 논한 내용이 거의 없다고 해도 과언이 아니다. 일제 강점기의 任那史가 없어졌지만, 그렇다고 가야사가 있는 것도 아니었다. 즉, 당시의 교과서 서술에는 가야사가 없었다. 그 원인은 역시 일제 강점기의 역사교육에 있다고 생각된다.

불행하게도 과거의 우리나라 학생들은 36년간의 일제 강점기를 거치면서 일제의 역사 교육을 받아왔다. 일제 강점기의 任那史는 고대 한일관계사의 핵심적인 부분인 남한 경영론, 그 자체였고, 이는 고대 일본의 야마토정권이 200년간 가야 지역을 군사 정벌하여 직접 지배하고 신라와 백제를 속국처럼 간접 지배하였다는 내용이었다.18) 당시의 일본 중학교 교과서 내용 일부를 예로 들어보면 다음과 같다.

> 그 후 崇神天皇의 御代에 任那가 복속되고, 계속해서 神功皇后의 新羅御親征이 이루어진 후에, 우리 國威는 크게 해외에 떨쳐, 阿直岐, 王仁, 弓月君, 阿知使主 등과 같이 대륙에서 皇化를 흠모하여 來朝한 사람이 점차 많아졌다. 특히 漢의 武帝가 四郡(樂浪, 臨屯, 玄菟, 眞番)을 설치하고부터 朝鮮에 미치고 있었던 支那文化는 속속 우리나라에 전해졌기 때문에, 우리 국민은 이것을 섭취하여 우리 고유의 문화를 확충하고, 나아가 國運의 발전에 이바지하였다.(여기서의 '우리'는 모두 일본을 가리킴 : 필자 주)[19]

위의 내용으로 보아, 당시의 일본 역사 교과서에는 任那日本府說 뿐만 아니라 神功皇后 三韓征伐論까지 역사적 사실로서 서술되었다는 것을 확인할 수 있다. 아직기나 왕인 등도 일본의 한반도 남부 복속 및 정벌 이후 일본을 흠모하여 건너간 사람으로 묘사되었다. 한 무제의 4군 설치는 일본이 중국 문화를 받아들여 발전할 수 있었던 좋은 계기로 설명되고, 한반도는 중국 문화를 일본에 건네주는 징검다리 역할만 하였다는 架橋論의 관점이 나타나 있다.[20]

1945년 국권 회복 이후 역사 교육의 주체가 우리 민족에게 넘어온 이후 이런 내용은 없어졌으나, 일제의 역사 교육은 가야사에 가장 부정적인 후유증을 미쳤다. 즉, 우리나라의 국사 교과서에서 가야사에 대한 언급이 거의 사라진 것이다. 그 원인은 일제 교과서에 가야 지역이 일본에 복속된 '임나'로 설명되던 것에 대한 반작용이었다. 일제 강점

---

18) 末松保和, 「日韓關係」, 『岩波講座日本歷史』, 岩波書店, 1933 ; 『任那興亡史』(初版), 大八洲出版, 1949 ; 再版, 吉川弘文館, 1956.

19) 魚澄惣五郎, 『新修日本史―上級用, 中學校用』(訂正三版), 星野書店, 1939, 18쪽.

20) 역대 일본 국정 역사 교과서의 한국 관련 내용에 대해서는 다음 논문 참조. 朴杰淳, 「日本 歷史敎科書에 記述된 韓國史 관련 내용의 史學史的 檢討―國定 歷史敎科書를 중심으로」, 『日本 歷史敎科書의 實態와 問題點』, 국제 학술회의 발표요지, 독립기념관·한국독립운동사연구소, 2001.

기에는 이를 반박하는 연구 성과가 이루어질 수 없었고, 국권 회복 이후에도 일반인들뿐만 아니라 일부 학자들까지 이를 신빙하는 분위기가 상당수 있었던 듯하다. 그리하여 가야사에 대해서는 되도록 언급을 꺼리는 경향이 지속되었다.

3. 검인정체제(1950~1973) 교과서의 가야사 서술과 문제점

1947년 이후 우리나라의 국사 교육은 사회생활과의 한 과목으로서 편입되었고 국사 교과서는 검인정체제로 운영되었다. 제1차 교육과정(1955~1962)과 제2차 교육과정(1963~1972)에서도 그런 사정은 마찬가지였다.

검인정체제 시기의 중등 교과서 서지 목록을 시기순으로 나열하면 다음과 같다. 이를 가야사 관련 서술에 변화가 나타나는 시점을 기준으로 다시 세 시기로 세분하여 논의를 진행시키고자 한다.

손진태, 『중학교 사회생활과 우리나라 생활(대한민족사)』, 을유문화사, 1950.
신석호, 『중등 사회생활과 역사부분 우리나라의 생활』, 동방문화사, 1950.
유홍렬, 『한국문화사』, 책사, 1950.
유홍렬, 『한국문화사(高校 1, 2, 3年用)』, 陽文社, 1950.
이병도, 『중등 사회생활과 우리나라의 생활(역사)』, 동지사, 1950.
김성칠, 『사회생활과 우리나라 역사(중등학교 사회생활과 교과서)』, 정음사, 1951.
이병도, 『중등 사회생활과 우리나라의 생활(역사)』, 白映社, 1952.
유홍렬, 『중등 사회생활과 우리나라 역사』, 조문사, 1953.
洪以燮, 『우리나라 文化史(중등학교 문화사 교과서)』, 正音社, 1953.
이병도·김정학 공저, 『고등 사회생활과 우리나라의 문화의 발달 (상)』,

백영사, 1954.

역사교육연구회 엮음, 『중등국사』, 정음사, 1956.

이병도, 『고등학교 사회과 국사』, 一潮閣, 1956.

이병도, 『중학교 사회생활과 중등국사』, 을유문화사, 1956.

이홍직, 『중학교 사회생활과 우리나라 역사』, 민교사, 1957.

홍이섭, 『우리나라 문화사(고등 국사)』, 정음사, 1957.

이병도, 『중등국사』, 을유문화사, 1965.

한우근, 『인문계 고등학교 국사』, 을유문화사, 1967.

이현희, 『인문계 고등학교 최신 국사』, 동아출판사, 1968.

이병도, 『인문계 고등학교 국사』, 일조각, 1968.

문교부, 『실업계 고등학교 국사』, 한국교과서, 1968.

문교부, 『인문계 고등학교 국사』, 대한교과서, 1969.

민영규, 『인문계 고등학교 최신 국사』, 양문사, 1970.

이홍직, 『인문계 고등학교 국사』, 동아출판사, 1970.

문교부, 『실업계 고등학교 국사』, 한국교과서주식회사, 1971.

이현희, 『인문계 고등학교 최신 국사』, 실학사, 1972.

1) 1950년대 초반

1950년대에 들어오자, 1940년대의 교과서들 중에서 첫 번째 부류와 두 번째 부류의 것들은 더 이상 편찬되지 않게 되었다. 이는 1947년에 美軍政에 의하여 이루어진 '교수요목'에 따라 역사가 지리, 공민과목과 함께 '社會生活科'라는 교과로 편제되자, 개화기 교과서의 부류들은 새로운 체제에 적응하지 못하여 문교부 검인정 과정에서 탈락되었기 때문이라고 생각된다. 반면에 최남선의 저술들은 근대적 교과서로서의 체제를 갖추고 검인정을 받았으나, 문체가 고풍이라서 혹은 어떤 다른 이유로 당시 학생들이 외면함으로써 다른 교과서들과의 채택 경쟁 과정에서 뒤처졌을 것으로 보인다.[21]

---

21) 최남선은 1949년에 친일반민족행위자로 기소되어 수감되었다가 병보석으로 풀려 나왔고, 6.25 전쟁 때 해군전사편찬위원회 촉탁이 되어 그 후 1957년에 뇌일혈로 작고할 때까지 다시 저슬 활동을 하였는데, 혹은 그 수감되었던 것

1950년대에는 그런 공백을 타고 새로운 저자들에 의한 교과서들이 많이 나타났다. 기존부터 있던 김성칠 외에, 손진태, 신석호, 유홍렬, 이병도, 홍이섭, 이홍직 등의 교과서들이 그것이다. 이들을 하나씩 개관해 보면 다음과 같다.

손진태의 『중학교 사회생활과 우리나라 생활』, 일명 『대한민족사』에서는 제2편의 제목을 '三國 시대'로 잡기는 하였으나, 북쪽에서는 고조선, 부여, 고구려의 三 왕국이 먼저 일어나고, 남쪽에서는 2, 3세기에 백제, 신라, 가락의 三 왕국이 일어났다고 하였다.[22] 그리고 처음에는 아홉 부족의 연맹으로 가락국 수로왕이 나타났다가, 그것이 분열한 여섯 부족이 6가야이나, 532년에 왕실이 신라에 항복하고 그 외의 남은 세력은 562년에 토멸되었다고 하였다.[23]

신석호의 『중등 사회생활과 역사부분 우리나라의 생활』에서는 6가야의 이름을 들고 그 중에 금관가야는 가야 제국의 맹주가 되어 중국과 일본에 통상하여 그 문화가 상당히 발달하였다는 관점을 추가하였다.[24]

유홍렬은 양문사에서 발간한 『한국문화사』에서 신라 법흥왕 때와 진흥왕 때의 금관가야와 대가야 병합만을 다루고,[25] 삼국의 음악이 매우 발달하여 대가야국 사람인 우륵은 가야금의 명수로 신곡 12곡을 지어서 신라 사람인 階古, 注知, 萬德에게 전했다고 하였다.[26]

이병도의 『중등 사회생활과 우리나라의 생활(역사)』은 1950년에 동지사에서 나온 것과 1952년에 백영사에서 나온 것이 있는데, 내용은 똑같다. 거기서는 낙동강 하류의 본가야(김해)를 중심으로 한 작은 나

이 교과서 집필을 포기한 근본적인 이유일 수도 있다.

22) 손진태, 『중학교 사회생활과 우리나라 생활(대한민족사)』, 을유문화사, 1950, 25쪽.

23) 위의 책, 27쪽.

24) 신석호, 『중등 사회생활과 역사부분 우리나라의 생활』, 동방문화사, 1950 ; 김시우, 앞의 책, 82쪽.

25) 유홍렬, 『한국문화사(高校 1, 2, 3年用)』, 陽文社, 1950, 26쪽.

26) 위의 책, 57쪽.

라들이 대륙 문화의 영향을 자주 받아 신라보다 선진이었으며, 6가야 중에 맹주는 본가야였다고 하였다.[27] 또한 신라 진흥왕이 대가야 등의 나머지 가야들을 모조리 아울러서 3국의 완전 정립은 이때에 되었다고 하였으며,[28] 진한의 위치는 경상도 동쪽이 아니라 경기도와 한강 상류였다고 보았다.[29] 그리고 고대 음악에 대해서 설명하면서 우륵이 가야금을 신라에 전했다고 간단히 언급하였다.

김성칠의 『사회생활과 우리나라 역사』의 서술 내용은 1949년의 것과 같되, 그때까지의 역사가들은 삼한 중 마한이 한강 이남에서부터 충청도와 전라도 땅이고, 진한은 경상도의 대부분이며, 변한은 나중에 가야의 여러 나라가 일어난 낙동강 하류 지방이라 하였으나, 새로운 연구에 의하면 진한이 한강 어름이니, 변진한이 지금의 경상도 전체로서 이곳에서 나중에 신라와 가야의 여러 나라가 일어났다는 내용을 추가하였다.[30]

홍이섭의 『우리나라 문화사』에서는 가야는 부족국가로서 육부로 분립해 있었으나, 금관가야의 김해를 중심으로 세습적인 군주제를 갖고 일시 부족적인 통일국가를 유지하였으며, 가야 유물은 고령, 성주, 창녕, 함안 등지의 고분에서 찾을 수 있고 김해, 영산, 함창, 진주 등지에도 가야 고분이 산재한다고 하였다.[31]

위와 같이 볼 때, 1950년대 초반에 새로이 나타난 교과서들은 한결같이 6가야가 분립해 있되 시종일관 김해의 금관가야가 그 연맹체의 맹주였으며, 한 걸음 더 나아가 가야의 문화가 높았다는 사실을 언급하고 있다. 가야의 문화 수준 문제를 교과서에서 최초로 언급한 신석호는 가야가 중국 및 일본과 통상하여 문화가 상당히 발달하였다고 서

---

27) 이병도, 『중등 사회생활과 우리나라의 생활(역사)』, 동지사, 1950, 21쪽 ; 같은 책, 白映社, 1952, 21쪽.
28) 위의 책, 26쪽.
29) 위의 책, 17쪽.
30) 김성칠, 『사회생활과 우리나라 역사(중등학교 사회생활과 교과서)』, 정음사, 1951, 26쪽.
31) 홍이섭, 『우리나라 문화사(중등학교 문화사 교과서)』, 정음사, 1953, 52~53쪽.

술하였으며, 이병도는 가야가 대륙 문화의 영향을 자주 받아 '신라보다 선진'이었다고 하여 이것을 확인하였다. 이들은 가야사에 대한 기본 사료를 『삼국유사』에 두고 있으며, 조선 후기 실학자 정약용이 『北史』 新羅傳의 "附庸於迦羅國焉"을 고증하여 "진변한 때부터 水路로 중국에 조공하였는데, 가라는 바로 바닷가에 있어서 해운 교통의 일을 잘 알고 있었고, 신라는 육지에 깊이 있어서 오직 가죽과 비단 같은 공물을 (가라로) 나를 뿐이었으니, 그 형세가 가라를 위주로 할 수밖에 없어서 신라가 부용이 되었다"[32]라고 한 내용에 기초를 두고 있다. 즉, 1950년대 초기 교과서의 가야사 서술은 실학자들 연구의 집대성인 정약용의 연구를 토대로 하여 새로운 기준을 찾은 것이라고 하겠다.

손진태가 백제, 신라, 가락을 동일한 三 왕국으로 받아들였다든가, 이병도가 대가야가 멸망함으로써 비로소 삼국이 정립되었다고 언급한 것은, 가야의 존재를 중시한 견해로서 바람직한 자세였다고 생각된다. 홍이섭이 가야 고분들의 존재에 대하여 언급한 것도 가야 관련 문헌 사료의 부족을 만회하려는 좋은 시도였다. 손진태와 홍이섭은 가야의 사회 발전 단계에 대하여 부족국가, 부족연맹, 통일국가, 세습적인 군주제 등의 용어를 쓰면서 민감하게 언급하였다. 이들의 새로운 관점, 즉 가야를 고구려, 백제, 신라의 삼국과 마찬가지로 한국 고대사의 체계에 대등하게 편입시키려고 노력한 점, 가야 고분들의 존재를 부각시킨 점, 가야의 정치 체제를 사회과학적인 용어로 설명하려고 시도한 점 등은, 가야사의 발전을 위해 꼭 필요한 연구 과제들이었다. 그러나 가야사의 전개 과정을 제대로 파악하지 못한 상태에서 교과서를 쓰면서 떠올린 짧은 언급일 뿐이었기 때문에 많은 아쉬움을 남겼고, 이러한 관심이 지속되어 본격적인 가야사 연구로 이어지지는 못하였다.

유홍렬은 『삼국사기』의 관점과 같이 가야를 신라와의 관계 속에서

---

32) 丁若鏞, 『疆域考』 卷2 弁辰別考(亦名迦羅考), 1833, "且自弁辰 水路朝天則 迦羅直居海口 習知舟楫之事 新羅深居陸地 但輸皮幣之供 其勢不得不迦羅 爲主 而新羅附庸也"; 金泰植·李益柱 編, 『加耶史史料集成』, 駕洛國史蹟 開發硏究院, 1992, 417쪽.

만 언급하였으니, 개설서에서의 가야사 관련 서술 태도로는 가장 보수적인 것이었다. 이는 근대사 연구자의 고대사에 대한 무관심 같은 것이 아니었을까 한다. 가야금에 대해서는 유홍렬이 비교적 자세히 다루었고 우륵을 대가야국 사람이라고 한 것도 정확한 것이나 이것이 음악으로서 신라에 계승된 과정을 중시하였다. 이병도는 우륵이 신라에 가야금을 전했다고만 간단히 언급하였다.

원래 이병도의 진한=경기도 설은 가야사와 관계없이『삼국지』위서 동이전의 廉斯鑡 설화를 연구하던 중에 나타난 관점이었고,[33] 위의 교과서에서도 이 문제는 가야사의 서술에 앞서 독립적으로 서술되었다. 그러나 김성칠의 교과서는 이를 받아들여 변진한이 경상도 전체이고 여기서 신라와 가야의 여러 나라가 나타났다고 언급하면서도, 기존에 학계의 통설이었던 한백겸의 삼한 위치 비정을[34] 부정하지도 않아 혼란스러운 면모를 보였다. 김성칠은 이병도의 연구 성과를 존중하여 자신의 교과서에 추가한 것이다. 그러나 그 결과 이병도의 진한=경기도 설은 너무 복잡하여 일반적으로 수용되기 어려우며, 삼한 연구는 가야사와 독립적으로 다루어서는 안 된다는 점이 드러났다. 가야의 전신은 변한인가, 아니면 변한의 서쪽 절반인가 하는 점이 의문시된 것이다.

2) 1950년대 중후반

그리하여 그 후 1950년대 중후반에 이어지는 이병도의 교과서들은 삼한 문제에 대하여 집중적으로 다루면서 이를 적극적으로 가야사와 연결시키지 않고 유보하는 자세를 보였다.

이병도, 김정학 공저『고등 사회생활과 우리나라 문화의 발달』에서

---

33) 李丙燾,「三韓問題의 新考察 (四)—辰國及三韓考」,『震檀學報』5 震檀學會, 1936, 114쪽 ;『韓國史』古代篇, 震檀學會, 1959, 278쪽 ;『韓國古代史硏究』, 博英社, 1976, 258쪽.

34) 韓百謙,『東國地理志』後漢書 三韓傳, 1615, "以此見之 湖西湖南 合爲馬韓 而嶺南一道 自分爲辰弁二韓 又何疑乎" ; 金泰植 · 李益柱 編, 앞의 책, 357 ~359쪽.

는, 삼한의 여러 부족이 기원후 3세기 전까지는 부족국가의 단계에 있었고, 마한은 가장 큰 부족연맹이라 55부족으로 이루어졌고 진한과 변한도 여러 부족으로 이루어졌다고 하였다.[35] 또한 변한 24국 중 낙동강 하류에 흩어져 있던 12국은 왕국으로 발전하지 못하고 여러 부족국가로 나뉘어 있었는데, 그 중 구야국(狗邪國)이 제일 유명하다고 하였다.[36]

2년 뒤에 나온 이병도의 『고등학교 사회과 국사』에서는, 진한, 마한 지역에는 50여 국이 있었고, 변한 24국 중에 낙동강 이동의 사로 등 12국은 목지국의 지배를 받았고,[37] 낙동강 이서의 구야를 비롯한 12국은 목지국의 지배에서 벗어나 따로 연맹하여 독립적인 세력권을 이루었다고 하였다.[38]

같은 저자의 『중학교 사회생활과 중등국사』에서는, 위의 두 교과서와 같은 기조를 유지하면서 내용을 좀더 추가하였다. 그리하여 변한에는 철이 많이 나서 북쪽 사람과 왜인이 와서 이를 무역해 가고 모든 매매에 철을 돈과 같이 사용하였으며, 변한의 한 소국(부족)으로 지금 낙동강 하류 삼각주에 있던 가라(加羅, 加耶, 駕洛=金海)는 바다를 통하여 멀리 낙랑, 대방과 교섭이 있었고, 왜인과는 더욱 교통이 잦았다고 하였다.[39] 또한 가야사에 대한 독립적인 서술은 없이, 신라사를 설명하는 중에 '가라의 연맹 단체'라는 제목의 참고 사항으로 6가야의 이름과 위치를 나열할 뿐이었다.[40]

한편 이홍직의 『중학교 사회생활과 우리나라 역사』에서는, 낙동강 하류 지역 변한의 중심지 가라국이 바다로 육지로 철을 무역하면서 번창한 것을 지적하고, 본가야와 대가야를 중심으로 한 6가야 연맹이 조

---

35) 이병도·김정학 공저, 『고등 사회생활과 우리나라 문화의 발달』, 백영사, 1954, 15쪽.
36) 위의 책, 35~36쪽.
37) 이병도, 『고등학교 사회과 국사』, 일조각, 1956, 27쪽.
38) 위의 책, 28쪽.
39) 이병도, 『중학교 사회생활과 중등국사』, 을유문화사, 1956, 26쪽.
40) 위의 책, 29쪽.

직되었는데, 왜의 세력이 이에 침투하여 신라를 자주 괴롭혔다고 하였다.41) 홍이섭의 『우리나라 문화사(고등 국사)』는 기존의 자신의 교과서 내용을 게재 위치만 옮겨 거의 그대로 반복하였다.42)

위와 같이 볼 때, 1950년대 중엽에 나온 이병도, 김정학 공저의 백영사 교과서와 이병도 단독의 중학교 및 고등학교 교과서는 초기의 것과 다른 취지를 보이고 있다. 즉, 6가야에 대한 언급을 모두 없애거나 극히 제한하고 『삼국지』의 기록에 토대를 두어 삼한 이야기만 하고 있다. 게다가 이병도 특유의 삼한 위치 해석, 즉 진한=경기도 설43)에 따라 논리를 전개하였다. 이 시대에는 『삼국지』의 사료적 가치를 높이 평가하여 이를 토대로 연구를 진전시키면서, 가야사 자체를 다시 버리는 누를 범하고 있는 것이다.

다만 그런 과정에서, 『삼국지』위서 동이전 韓條에 나오는 '其十二國屬辰王' 기사를 재해석하여 낙동강 서쪽의 구야를 비롯한 '변진'자를 붙인 12국은 목지국의 지배에서 벗어나 따로 연맹하여 독립적인 세력권을 이루었다고 한 점이나,44) 『삼국지』의 철 생산 및 교역에 관한 기사를 진한이 아닌 변한과 관련시키고 이를 다시 변한 소국인 가라와 연관시킨 점45) 등은 이병도의 연구에 바탕을 둔 것으로서, 가야 초기 연구사에서 하나의 진전이었다고 볼 수 있다.

이홍직의 교과서는 위에서 이병도가 『삼국지』의 철 관련 기사의 주체를 가라국으로 본 것을 받아들이면서 이를 바로 6가야 연맹설과 연결시키려고 한 것이다. 다만 그가 6가야 연맹에 왜의 '세력'이 침투하였다고 언급한 것은, 그것이 任那日本府說의 영향을 남긴 것이라고 확

---

41) 이홍직, 『중학교 사회생활과 우리나라 역사』, 민교사, 1957 ; 김시우, 앞의 책, 169쪽.
42) 홍이섭, 『우리나라 문화사(고등 국사)』, 정음사, 1957, 34쪽 및 52쪽.
43) 주 33)과 같음.
44) 李丙燾, 「三韓問題의 新考察」(六), 『震檀學報』 7, 震檀學會, 1937 ; 『韓國古代史硏究』, 博英社, 270~271쪽.
45) 李丙燾, 『韓國史』 古代篇, 震檀學會, 1959, 314~315쪽 ; 『韓國古代史硏究』, 博英社, 294쪽.

언할 수는 없어도, 일단 가야 연맹에 미친 왜의 부정적 영향을 중시하였다는 점에서 주목된다. 가야와 왜의 밀접한 관계에 대해서는 부정할 수 없을 것이나, 그 성격에 대해서 기존의 교과서들에서 신석호가 '통상'이라 하고 이병도가 '교통'이라고 한 것과 차이를 보이고 있다. 홍이섭은 삼한 또는 가야사 분야에 대해서 새로운 연구 성과를 교과서에 반영하는 데 관심을 보이지 않았다. 손진태와 김성칠은 한국전쟁 또는 그 직후의 사회 혼란기에 개인 신상에 사고가 생겨, 더 이상 교과서 저술을 잇지 못하여 아픔을 남겼다.

가야금에 대해서는 이병도의 1954년도 판 교과서에서 가야국이 망하매 우륵이 신라로 가서 전한 것이라 하였고, 1956년도 판 고등학교 교과서에서 대가야가 망할 때 그 왕궁의 악사였던 우륵이 가야금을 신라로 가지고 와서 그 법을 가르쳤다고 하였다. 홍이섭은 가야금에는 우륵의 곡이 유명하였으나, 지금 전함이 없다고 하였다.[46] 여기서 가야국이 망하매 우륵이 신라로 갔다는 것은 엄밀하게 보아 오류이며, 대가야국이 망할 때 우륵이 신라로 갔다는 것도 잘못이다. 왜냐하면 우륵은 대가야가 망하기 십여 년 전에 신라에 망명했기 때문이다. 가야사에 대한 연구가 日淺한 시기였기 때문에, 우륵이 가야가 멸망한 후에 가야금을 신라에 전했는지 멸망 전에 미리 망명했는지는 관심의 대상도 아니었던 것이다.

3) 1960년대 및 1970년대 초반

1960년대 후반부터 1970년대 초반에 이르러서는 이병도와 이홍직의 교과서가 지속되는 가운데 한우근, 이현희, 민영규 등이 새로이 교과서를 저술하였고 이에 더하여 문교부의 이름으로 국사 교과서가 나오기 시작하였다.

한우근의 『인문계 고등학교 국사』에서는, 신라 법흥왕이 김해의 본

---

46) 위의 책, 65쪽.

가야를 합치고, 진흥왕이 낙동강 서편의 가야 여러 부족 세력을 모두 아울렀다고만 하였다.[47] 가야금은 가야 연맹이 신라에 합쳐질 때 우륵이 신라에 전한 것이라고 하였다.[48]

이현희의 『인문계 고등학교 최신 국사』에서는, 변한이 신라와 백제의 침공을 받자 크게 단합하여 6가야로 합쳤으며, 금관가야가 그 맹주가 되어 활약하다가 뒤에 병합되었다고 하였다.[49] 이런 내용은 같은 저자의 1972년도 판 교과서(실학사)에서도 똑같이 반복되었다.

이병도의 『인문계 고등학교 국사』에서는, 김해의 본가야와 고령의 대가야가 남북에서 주축을 이루고 6가야 연맹이 조직되었다는 점을 토대로 하면서, 가야 제국이 낙랑, 대방, 예, 왜와 통교한 사실을 언급하고, 가야가 왜의 세력을 끌어들이고 이를 이용하여 자주 신라를 괴롭혔다는 사실을 추가하였으며, 신라가 고구려의 구원병을 얻어 백제와 연결한 왜와 임나가야를 정벌했다고 하였다.[50]

문교부가 편찬한 『실업계 고등학교 국사』에서는, 3세기 중엽에 6가야가 성립되었고 금관가야와 대가야 2국이 맹주가 되어 연맹체를 이루었으며, 이 가야 연맹은 일본, 중국과 통상하며 신라와 대립하다가 신라 법흥왕 때 금관가야가 병탄되고 진흥왕 때 대가야가 병탄되었다고 하였다.[51] 이 내용은 그 후 같은 책의 1971년도 판에서도 그대로 반복되었는데, 다만 거기서는 가야 연맹이 벼농사를 하고 해상 무역 등을 펴서 한때는 신라를 앞지른 선진 문화권을 이루고, 일본에도 크게 영향을 끼쳤다는 서술이 추가되었다.[52]

민영규의 『인문계 고등학교 최신 국사』에서는, 삼한의 위치에 대하

---

47) 한우근, 『인문계 고등학교 국사』, 을유문화사, 1967, 36쪽.
48) 위의 책, 52쪽.
49) 이현희, 『인문계 고등학교 최신 국사』, 동아출판사, 1968 ; 김시우, 앞의 책, 89쪽.
50) 이병도, 『인문계 고등학교 국사』, 일조각, 1968 ; 김시우, 앞의 책, 90쪽.
51) 문교부, 『실업계 고등학교 국사』, 한국교과서주식회사, 1968 ; 김시우, 앞의 책, 91쪽.
52) 문교부, 『실업계 고등학교 국사』, 한국교과서주식회사, 1971 ; 김시우, 앞의 책, 93쪽.

여는 여러 설이 많은데 마한을 한강 유역인 경기도와 충청, 전라도 지역, 또는 충청도, 전라도 지역으로, 진한을 낙동강 하류 동부 지역, 또는 한강 상류와 경기도, 충청북도 지역으로, 변한은 낙동강 서부 지역, 또는 경상도 일대로 보는 설이 서로 갈려 있다고 소개하면서 확정을 짓지 않았다.[53] 또한 본가야와 대가야의 2국 중심 6가야 연맹설에 기반을 두면서 이 가야 연맹에는 왜의 세력이 침투하여 신라를 괴롭히고 있었다고 하였다.[54] 이 후자의 내용은 이홍직의 1957년도 판 중학교 교과서를 그대로 반복한 것이며, 이는 이홍직의 1970년도 판 교과서(동아출판사)에서도 다시 반복되었다.

위와 같이 볼 때, 한우근의 교과서에서, 가야를 신라 팽창의 대상물로만 인식한 것은 가야사를 극히 소홀히 취급한 것이고, 우륵에 대한 잘못된 서술은 반복되었다. 이현희의 교과서에서 변한이 주변의 침공을 받아 단합하여 6가야로 합쳤다고 한 것은 근거 없는 서술이다. 이는 아무리 내용이 간략한 교과서일망정 근현대사 전공자가 고대사를 서술하는 중에 일부 문맥이 어긋물린 것이라고 하겠다.

이병도의 교과서는, 1950년대 초반의 교과서에서 김해의 본가야만을 중심으로 한 6가야 연맹으로 본 것과 달리, 1960년대에는 본가야와 대가야의 2국 중심 6가야 연맹 체제로 보게 된 것이 특징이다. 이것이 1940년대 후반 진단학회 및 김성칠의 교과서에 나타났던 가야사 관련 기준이 단순히 부활한 것인지, 또는 새로운 연구 성과가 첨가되어 서술상의 변화가 나타난 것인지는 분명치 않다. 그러나 생각건대 그 서술 중에 2국이 '남북에서 주축을 이루고'라는 문구가 들어간 것으로 보아, 1952년에 미약하게 언급되었다가[55] 1964년에 좀더 분명하게 제기된 김철준의 대가야 시조 신화의 해석에 기반을 둔 상－하 가야 연맹 관념이[56] 들어간 것이 아닐까 한다. 왜에 대해서는 '통교'와 함께 그

---

53) 민영규,『인문계 고등학교 최신 국사』, 양문사, 1970 ; 김시우, 앞의 책, 92쪽.
54) 위의 주석과 같음.
55) 金哲埈,「新羅 上代社會의 Dual Organization」,『歷史學報』1, 2, 歷史學會, 1952 ;『韓國古代社會研究』, 서울대학교 출판부, 1990, 133쪽.

'세력'을 끌어들였다는 두 가지 관점이 모두 소개되었다. 또한 여기서 백제-가야-왜 동맹과 고구려-신라 동맹의 대결에 의한 임나가야 정벌은『광개토왕릉비문』에 나오는 경자년(400) 조 사실에 대한 새로운 해석이 들어간 것인데, 이 대목은 그 후 다른 교과서에서는 반복되지 않았다.

문교부의 국사 교과서에서 3세기 중엽에 6가야가 성립되었고 금관가야와 대가야 2국이 맹주가 되어 6가야 연맹체를 이루었다는 언급 등은 위의 이병도의 교과서를 요약한 듯하나, 그 시점을 3세기 중엽으로 서술한 것으로 보아,『삼국사기』신라본기의 초기 기년에 대한 새로운 관점을 나타낸 바 있는 김철준의 연구 성과가[57] 좀더 많이 반영된 것이라고 추측된다.

한편 민영규의 삼한 위치 언급은 이병도의 삼한에 대한 연구 성과가 여러 교과서에 그대로 게재되는 것을 비판하는 효과가 있었던 듯하다. 그 후로는 진한=경기도 설이 교과서류에서 사라졌기 때문이다.

지금까지 본 바와 같이 1970년대 초기까지 문교부 검인정체제의 역사 교과서 속에 나오는 가야사 서술은 내용이 지극히 소략한 중에서도 혼란 그 자체였다. 1940년대의 교과서에는 가야사가 거의 없는 것이나 마찬가지였다. 50년대에 들어와『삼국유사』를 토대로 한 정약용 류의 실학 연구 성과가 교과서에 들어와 김해 중심의 6가야 연맹설로 기준을 잡았으나, 곧이어 이병도의 주도로『삼국지』위서 동이전이 중시되면서 가야사에 대한 적극적인 언급이 약화되었다. 그러다가 1960년대 후반에 2국 중심 6가야 연맹설이 대두되었으니, 이는 김철준의 연구 성과를 교과서에 반영한 것이었다고 추정된다. 그 나머지의 가야사에 대한 혼란상은, 연구가 뒷받침되지 않는 속에서 여러 비전공 저자들이

---

56) 金哲埈,「韓國古代國家發達史」,『韓國文化史大系』1(民族 國家史), 고대민족문화연구소, 1964, 484~487쪽 ;『韓國古代史研究』, 서울대학교 출판부, 1990, 29~31쪽.

57) 金哲埈,「新羅 上古世系와 그 紀年」,『東濱 金庠基教授 華甲紀念 史學論叢』, 서울, 1962 ;『韓國古代社會研究』, 知識産業社, 1975 ; 같은 책, 서울대 출판부, 1990, 212쪽.

문장을 다듬는 속에 즉흥적으로 나온 발상들 때문이다. 그 중에는 앞으로의 가야사 연구 발전을 위해 중요한 관점들도 있었으나 그것이 확대되지는 못하였다.

국권 회복 이후 거의 30년이 지나도록 加耶史가 국사 교과서에서 소홀하게 다루어진 것은, 크게 보아 일제 강점기에 이루어진 任那史 교육의 영향, 또는 그 후의 사회 혼란, 가야사에 대한 학계의 연구 부진과 무관심 등이 복합적으로 반영된 결과라고 하겠다. 가야사에 대하여 조심스러워 하고 기피하는 분위기는 어떤 두려운 것에 대한 타부와도 같았다. 그 후 수십 년간 역사 교과서도 몇 차례 바뀌고 집필자들도 그에 못지 않게 바뀌었지만 가야사에 대해서는 그다지 큰 변화가 없었다.

4. 제3 · 4차 교육과정(1974~1987) 교과서의 가야사 서술과 문제점

1974년 제3차 교육과정부터 국사과가 사회과로부터 독립적인 지위를 획득하면서 국사 교과서가 국정 교과서 체제로 전환되었다. 제3차 교육과정에서는 1974년에 고등학교 국사 교과서가 만들어지고, 1975년에 중학교 국사 교과서가 만들어졌다. 제4차 교육과정에서는 1982년에 국사 교과서가 발간되어 1989년까지 사용되었다.

1974년의 인문계 고등학교 국사 교과서의 가야사 관련 서술은 제1장 고대 사회, 제2절 부족 국가의 성장 중 '삼한' 항목 속에 변한의 철 생산과 수출을 언급하고 이를 토대로 낙동강 유역에서 가야 연맹이 성립되었다고 하였다.[58] 제3절 삼국 시대의 발전 중 '가야 연맹' 항목을 그대로 인용하면 다음과 같다.

---

58) 문교부, 『인문계 고등학교 국사』, 한국교과서주식회사, 1974, 16쪽.

초기 신라와 때를 같이 하여 낙동강 서쪽 지역에는 6가야 부족 연맹이 성립되었다. 고령의 대가야와 김해의 금관가야가 주축이 된 이 가야 연맹 세력은 초기에는 상당히 팽창하였으나, 뒤에 와서 더 성장하지 못하고 백제와 신라에게 분할 점령되고 말았다.[59]

그리고 '신라의 발전' 항목에서 법흥왕 때 금관가야를 아우르고 진흥왕 때 고령의 대가야를 멸했다고 서술하였다.[60] 가야금에 대해서는, 대가야에 가야금과 그 음악이 있었는데, 가야가 망할 때 왕궁의 악사였던 우륵이 이를 신라에 전했다고 서술하였다.[61]

이는 1960년대 후반의 검인정 교과서 체제에서 정립된 대가야와 금관가야 2국 중심의 6가야 연맹설만을 간략하게 언급한 것이다. 그에 더하여 오리형 토기의 그림을 싣고,[62] '삼한' 항목에서 진한의 위치를 명확하게 언급하지는 않았지만 지도에는 경상도 지역에 진한과 변한을 표시하였다.[63]

6가야 연맹이 성립되었다는 것은 조선 후기 실학자들의 연구 성과이고, 그 가야 연맹에서 대가야와 금관가야가 동시에 주축이 되었다는 것은 1960년대에 여러 교과서들의 서술을 통하여 학자들 사이에 공감을 얻었다고 보이나, 후술하듯이 이는 사실과도 어긋나는 서술이고 서술 분량도 지나치게 소략하였다. 그리고 모처럼 들어온 사진인 오리형 토기는 현풍 지방에서 나온 것으로서 전형적인 가야 토기라고 보기 어렵다. 그러므로 이런 결과는 최초의 국정 교과서에 대한 기대에 못 미치는 미흡한 서술이라고 볼 수밖에 없다.

반면에 1975년도 판 중학교 국사 교과서의 가야사 관련 서술은 제2장 삼국의 생활, 제1절 삼국의 형성과 발전 중 '가야 사회'라는 소항목 속에 서술되었는데, 이를 그대로 인용하면 다음과 같다.

---

59) 위의 책, 20쪽.
60) 위의 책, 22쪽.
61) 위의 책, 41쪽.
62) 위의 책, 20쪽.
63) 위의 책, 11쪽.

낙동강 하류 지방은 일찍부터 바다를 통해 낙랑, 백제와의 교통이 활발하여 6개의 부족 국가가 일어났다. 이것을 6가야라 한다. 그 중에도 김해에서는 금관가야가, 고령에서는 대가야가 크게 세력을 키웠다.

가야는 낙랑, 대방, 백제와 빈번히 교류하였고, 일본과도 교역하였다. 특히 일본에 대륙 문화를 전해 주는 역할을 하였다. 그러나 가야는 백제, 신라의 압력을 받아 크게 발전하지 못하고 말았다. 먼저 금관가야가, 뒤이어 대가야마저 신라에게 완전 통합되었다.

가야 사회는 비록 고대 국가로 발전하지는 못하였으나, 그 문화 수준은 신라보다 높았다. 고령, 창녕 등의 가야 고분에서 발견되는 많은 유물이나 벽화들은 그 수준이 매우 높은 것들이다. 이런 가야 문화는 다음에 오는 신라의 문화 발전에 큰 역할을 하였다.[64]

위의 내용을 정리해 보면, (1) 6가야를 6개의 부족 국가로 보았고 고대 국가로 발전하지 못했다고 보았다. (2) 금관가야와 대가야의 위치를 지적하고, 그들이 세력이 컸다는 사실과 신라에게 통합된 사실을 거론하였다. (3) 가야가 바다를 통해 낙랑, 백제, 일본 등과 교역한 사실과 일본에 문화를 전해 준 역할을 지적하였다. (4) 신라보다 문화 수준이 높다고 하면서, 고령, 창녕 고분 유물이나 벽화의 우수성을 지적하였다.

한편 제1장 3절의 '삼한' 항목에는 삼한의 하나가 가야로 성장하고 변한의 철이 낙랑, 대방, 일본 등으로 수출된 사실을 언급하고,[65] 제2장 1절의 '신라' 항목에서는 법흥왕 때 금관가야를 통합하고 진흥왕 때 대가야를 정복하여 낙동강 유역을 통일했다고 서술하였다.[66] 사진으로는 숭실대 박물관 소장 집모양 토기를 게재하였는데,[67] 이것 역시 도굴품으로 어느 지역의 것인지는 알 수 없지만, 오리형 토기보다는 가야 지역의 것일 가능성이 높은 토기이다. 제2장 3절의 '시가와 음악' 항

---

64) 문교부, 『중학교 국사』, 한국교과서주식회사, 1975, 20~21쪽.
65) 위의 책, 15~16쪽.
66) 위의 책, 24쪽.
67) 위의 책, 21쪽.

목에서는 가야의 우륵이 전한 가야금이 통일 신라에서 크게 유행하였고 우륵도 가야금 곡조 여러 곡을 지어 제자들에게 가르쳤다고 하였다.68) 제4절 '삼국 문화의 도제적 교류'에서는 일본은 처음에는 가야 지방으로부터 우리 문화를 수입하다가 나중에는 주로 백제와 고구려를 통하여 받아들였다고 하였다.69)

이렇게 볼 때, 얼핏 보기에는 비슷한 것 같지만, 중학교 국사의 가야사 서술이 고등학교 국사의 것보다 서술 태도도 신중하고, 당시의 가야사 연구 수준으로 볼 때 할 수 있는 말들을 잘 정리해 놓았다고 할 수 있다. 가야 문화가 신라보다 높았다는 지적은 검인정 체제에서도 일부 교과서들이 하던 것이그 이는 실학자 정약용의 언급을 기반으로 한 것인데, 여기서는 그 말을 반복하면서도 홍이섭의 1953년도 판 교과서와 같이 고령이나 창녕 등의 고분 출토 유물을 근거로 들었다는 점에서 진일보한 것이었다.

그런데 고등학교 교과서의 가야사 서술이 짧고 중학교 교과서의 서술이 그것보다 길다는 점이 인식되었는지, 1977년도의 교과서부터는 중학교 교과서의 가야사 서술이 고등학교 교과서로 들어오고, 고등학교의 것이 중학교 교과서로 들어가 교체되었다.

그 후 고등학교 국사 교과서의 국사 서술은 거의 그대로 제4차 교육과정의 마지막 연도인 1987년까지 지속되었다. 다만 그 사이에 약간의 변화는 있어서, 1979년도의 교과서에서 "특히 일본에 대륙 문화를 전해 주는 역할을 하였다"는 서술을 삭제하고, 그 대신에 "특히 일본 지역에 진출하여 식민지를 건설함으로써 그곳과 연결하는 무역이 크게 발달하였다"70)는 문장으로 교체하였다. 그 문장은 1982년도의 제4차 교육과정 시작과 함께 다시 일부 수정되어, "식민지를 건설함으로써"라는 구절이 삭제되었다.71)

---

68) 위의 책, 33쪽.
69) 위의 책, 38쪽.
70) 국사편찬위원회, 1종도서연구개발위원회, 『고등학교 국사』, 문교부, 1979, 23쪽.

이 식민지 건설에 대한 언급은 북한 김석형의 삼한 삼국의 일본열도 내 분국 건설에 대한 연구,[72] 즉 분국설을 김철준[73]이 가야사를 서술하는 곳에 임나일본부설의 반론 차원에서 끌어들임으로써 이루어진 것으로 추정된다. 반면에 제4차 교육과정 교과서의 집필자들은[74] 고대사 분야를 거의 수정 없이 반복하면서 내용상 무리하다고 보이는 식민지 건설이라는 문구를 삭제한 것이다.

중학교 국사 교과서의 가야사 서술은 1979년도 판[75]과 1982년도 판[76]에서 고등학교 국사 교과서와 대동소이한 분량과 내용으로 수정되었으나, '식민지 건설'과 같은 문구는 포함되지 않았고, 오히려 1974년도 고등학교 국사 교과서의 대가야와 금관가야의 2국 중심 6가야 연맹체 설이 그대로 이어지는 한계성을 남겼다. 또한 1979년부터 1981년까지의 중학 교과서에 '가야 연맹'의 지도가 처음으로 게재되었는데, 그 내용을 보면 성산가야(성주), 대가야(고령), 금관가야(김해), 아라가야(함안), 소가야(고성), 고녕가야(진주)의 여섯 가야를 넣었다.[77] 그리고 여기서 비화가야를 제외시켰기 때문에, 창녕 지방을 비롯한 고분 유물과 관련되는 서술을 모두 삭제하였다.[78]

이는 『삼국유사』 오가야 조의 세주에 나오는 『본조사략』의 오가야

---

71) 국사편찬위원회, 1종도서연구개발위원회, 『고등학교 국사』, 문교부, 1982, 23쪽.

72) 金錫亨, 「삼한·삼국의 일본열도내 분국에 대하여」, 『력사과학』 1963-1 ; 「일본 천손강림신화를 통해 본 가락사람들의 일본열도에로의 진출」, 『력사과학』 1965-3 ; 『초기조일관계연구』, 사회과학원출판사, 1966.

73) 1979년도 고등학교 국사 교과서의 집필자는 김철준, 한영우, 윤병석으로 명기되어 있으므로, 고대사 분야는 김철준이 집필하였을 것으로 추정된다.

74) 제4차 교육과정의 1982년도 고등학교 국사 교과서의 집필자는 하현강, 차문섭, 박용옥, 이현희이다.

75) 1979년도 중학교 국사 교과서의 집필자는 이만열, 이원순, 이현종이다.

76) 1982년도 중학교 국사 교과서의 집필자는 신형식, 이원순, 이현종, 박영석이다.

77) 국사편찬위원회, 1종도서연구개발위원회, 『중학교 국사』, 문교부, 1979, 27쪽.

78) 위의 책, 27~28쪽 ; 국사편찬위원회, 1종도서연구개발위원회, 『중학교 국사』, 문교부, 1982, 28~29쪽.

에다 금관가야를 넣어 6가야를 만들어서 이른바 '6가야' 중에서 非火加耶(창녕)를 삭제하고, 古寧加耶를 상주시 함창읍이 아닌 진주시에다 비정한 것이니, 이병도의 연구 성과를[79] 그대로 채택한 것이다. 그러므로 가야사에 대하여 당시의 대표적인 연구 성과를 교과서에 반영한 것이라고 할 수 있다. 이런 태도는 교과서 집필자의 태도로서는 충실한 것이었으나, 고녕가야를 진주시에 비정한 것은 근거 없는 것으로서 학계의 연구 성과 자체가 상당한 문제점을 남기고 있었다. 이는 가야사에 대한 학계의 연구 부진과 무관심이 교과서에 반영된 결과라고 하겠다. 즉, 1980년대 후반까지도 중등학교 교과서의 가야사 서술은 매우 소홀하고, 국권 회복 직후에 비해 그다지 큰 변화가 없었던 것이다.

5. 제5·6차 교육과정(1988~2001) 교과서의 가야사 서술과 문제점

제5차 교육과정에서는 1990년에 국사 교과서가 발간되었고, 제6차 교육과정에 쓰인 국사 교과서는 1996년에 발간되었다. 제7차 교육과정에 쓰일 국사 교과서는 2001년 12월 현재까지 공개되지 않았다.

1990년에 편찬된 고등학교 국사 교과서[80]의 가야사 관련 서술은 제2장 고대 사회의 발전, 제1절 고대 사회의 형성 중 '가야 연맹' 항목 속에 서술되었는데, 이를 그대로 인용하면 다음과 같다.

삼국이 국가 조직을 정비하여 발전해 가는 시기에, 낙동강 하류 유역의 변한 지역에서는 별도의 독립적 세력이 성장하고 있었다. 2, 3세기경, 이들 지역에서는 김해의 금관가야를 주축으로 하는 연맹체가 형

---

79) 李丙燾, 『韓國史』 古代篇, 震檀學會, 1959, 388쪽 ; 『韓國古代史硏究』, 博英社, 1976, 313쪽.
80) 1990년도 고등학교 국사 교과서의 고대사 부문 집필자는 최몽룡, 안승주, 김두진이다.

성되었다.

가야 연맹은 농경 문화를 바탕으로 하면서, 철의 생산과 중계 무역을 통하여 발전을 이룩하였다. 그러나 5세기경 고구려와 신라의 압력으로 큰 타격을 받고 그 세력이 약화되었다.

5세기 이후, 가야는 전쟁의 피해를 받지 않은 고령 지방의 대가야로 그 중심이 이동되면서 연맹의 세력권이 다시 편성되었다. 그러나 끝내 삼국과 같은 중앙 집권 국가로서의 정치적 발전을 이룩하지는 못하였다. 이 때문에 백제, 신라 등 주변 여러 나라의 압력을 받으면서 불안한 정치 상황이 지속되었고, 마침내 신라에 통합되었다.

정치적 발전이 미숙하였음에도 불구하고, 가야 연맹은 주변의 여러 나라 이외에 한 군현이나 왜와도 교역함으로써 경제적으로 크게 번영하였다. 당시의 수준 높은 문물은 가야 무덤에서 출토되는 각종의 유물에 의해 증명되고 있다.

가야 문화를 보여 주는 유적으로는 고령 지산동 고분, 부산 복천동 고분, 함안 말이산 고분, 창녕 계남리 고분 등이 유명하며, 이들 고분에서 금동관, 철제 무기와 갑옷, 토기 등이 발굴되어 가야 문화의 높은 수준을 보여 주고 있다. 특히, 가야 토기는 일본 지역에 전해져 스에키(須惠器)에 직접적인 영향을 주기도 하였다.[81]

이 교과서의 가야사 서술은 일단 분량이 1.5쪽으로 늘어나서 기존의 것들보다 2배 이상 늘어났고 내용상으로도 큰 변화가 나타났다. 여기서 새로이 나타난 부문은 다음과 같다. (1) 2, 3세기경, 김해의 금관가야를 주축으로 하는 연맹체가 형성되었다는 점, (2) 그 가야 연맹은 5세기경 고구려와 신라의 압력으로 큰 타격을 받고 세력이 약화되었다는 점, (3) 5세기 이후, 가야는 전쟁의 피해를 받지 않은 고령 지방의 대가야로 중심이 이동되면서 연맹의 세력권이 다시 편성되었다는 점, (4) 가야 문화의 높은 수준을 보여 주는 유적, 유물로 고령 지산동 고분, 부산 복천동 고분, 함안 말이산 고분, 창녕 계남리 고분 등과 금동

---

81) 국사편찬위원회, 1종도서연구개발위원회, 『고등학교 국사(상)』, 교육부, 1990, 33~34쪽.

관, 철제 무기와 갑옷, 토기 등을 제시한 점, (5) 가야 토기는 일본 지역
에 전해져 스에키에 직접적인 영향을 주기도 하였다고 본 점 등이다.
가야 연맹이 농경 문화를 바탕으로 하면서, 철의 생산과 한 군현 및 왜
와의 중계 무역을 통하여 발전을 이룩하였다거나, 끝내 삼국과 같은
중앙 집권 국가로서의 정치적 발전을 이룩하지는 못하였다는 점 등은
기존 설을 좀더 체계적으로 서술한 것이다.

한편 제1장 2절의 ‘철기의 사용’ 항목에서는 최근에 발견된 경남 의
창 다호리 유적에서 청동기, 철기 유물과 함께 붓이 발견되어 이 시기
에 한반도 남단에까지 한자가 사용된 좋은 증거가 되고 있다고 하였
고,[82] ‘청동기, 초기 철기 시대의 예술’ 항목에서는 고령의 바위 그림에
동심원, 십자형, 삼각형 등의 기하학 무늬가 새겨져 있다고 하였다.[83]
‘삼한’ 항목에서는 변한에서는 철이 많이 생산되어 낙랑, 일본 등지에
도 수출하고, 철은 교역에서 화폐처럼 사용되기도 하였다는 사실과, 낙
동강 유역에서 가야국이, 그 동쪽에서는 사로국이 성장하여 중앙 집권
국가의 기반을 마련하여 갔다고 언급하였다.[84]

또한 제2장 2절의 ‘신라의 발전’ 항목에서는 법흥왕 때 금관가야를
병합하고 진흥왕 때 낙동강 유역을 차지한 사실을 서술하였다.[85] 제2
장 4절의 ‘향가와 음악’ 항목에서는 대가야에 가야금과 그 악곡이 있었
는데 우륵이 이를 신라에 전하였고, 신라 3현 중에 가야금이 있다는 사
실을 지적하였다.[86] 그리고 가야 연맹의 위치에 대한 지도, 고령 지산
동 고분군의 사진,[87] 수레형 토기의 사진[88] 등을 추가하였다.

이는 1970년대 및 1980년대의 고고학적 발굴 성과와 문헌사학의 연
구 성과[89]를 토대로 하여 교과서의 내용이 크게 보완된 결과이다. 학

---

82) 위의 책, 11~12쪽.
83) 위의 책, 16쪽.
84) 위의 책, 26쪽.
85) 위의 책, 38쪽.
86) 위의 책, 79쪽.
87) 위의 책, 33쪽.
88) 위의 책, 34쪽.

계에서 가야사에 대한 연구가 본격적으로 시작됨에 따라 그 성과들이 비교적 신속하게 교과서에 반영된 것이다.

여기서 애매한 2국 중심 6가야 연맹체라는 언급에서 벗어나서, 2·3·4세기의 김해 금관가야 중심의 가야 연맹체가 5세기 이후의 고령 대가야 중심의 가야 연맹체로 전환된 점을 언급한 것은 기존 교과서에서의 가야사 서술과 차원을 달리 하는 일단의 혁신이라고 볼 수 있다. 그 원인이 고구려와 신라의 압력으로 금관가야가 큰 타격을 입은 데 있다고 본 것은 더욱 중요하다. 이로써 비로소 가야사가 고구려, 백제, 신라 등과의 관련 속에서 동태적으로 변화되어 가는데 중대한 역할을 하였다는 점을 설명할 수 있게 되었다.

가야 문화의 수준을 보여 주는 유적, 유물로 고령 지산동 고분, 부산 복천동 고분, 함안 말이산 고분 등과 금동관, 철제 무기와 갑옷, 토기 등을 제시한 점도 그 당시까지 이루어진 가야 유적 발굴 성과 중에 중요한 것을 잘 망라하였다. 가야 토기가 일본의 스에키 제작에 직접적인 영향을 주었다는 점도 적절한 지적으로서, 그동안의 가야 고고학의 발전을 잘 보여준 것이다.

그러나 창원 다호리 유적과 고령 양전동 암각화를 설명하면서, 그것이 가야 문화로 성장하는 기반이 되었음을 관련지어 언급하지 않은 것은 아쉬웠다. 삽도나 지도의 내용도 적절치 못한 바가 있다. 즉, 본문은 전기 및 후기 가야 연맹에 대한 개념을 사용하고 있으면서 지도는 기존의 6가야 연맹을 표시하고 있음은 가야사 전개에 대한 혼동을 주었다. 또한 삽도로 나온 수레형 토기는 비록 보물 637호로 지정된 가야

---

89) 千寬宇, 「復元加耶史」 上·中·下, 『文學과 知性』 28·29·31, 문학과지성사, 1977·1978 ; 李基東, 「加耶諸國의 興亡」, 『韓國史講座』(古代篇), 一潮閣, 1982, 154~164쪽 ; 金鍾徹, 「大加耶墓制의 編年研究-高靈 池山洞 古墳群을 中心으로」, 『韓國學論集』 9, 啓明大學校 韓國學研究所, 1982 ; 金廷鶴, 「古代國家의 發達(伽耶)」, 『韓國考古學報』 12, 한국고고학회, 1982 ; 申敬澈, 「釜山·慶南出土 瓦質系土器」, 『韓國考古學報』 12, 한국고고학회, 1982 ; 金泰植, 「5세기 후반 大加耶의 발전에 대한 研究」, 『韓國史論』 12, 서울대학교 국사학과, 1985.

토기의 하나이기는 하나, 그것이 정식 발굴품이 아니라 의령군 대의면에서 출토되었다고 전하는 수습품에 지나지 않고, 가야 지역의 중심 세력의 고분이 아닌 외곽의 작은 세력이 있던 지역에서 나온 것으로서 가야 토기의 전형적인 성격을 나타낸다고 볼 수 없는 것이다. 게다가 1990년도의 중학교 국사 교과서[90)는 예전의 2국 중심 6가야 연맹설을 그대로 반복하고[91) 서술 분량도 짧아 한계성을 남겼다.

1996년에 개정된 고등학교 국사 교과서[92)의 가야사 서술은 제3장 고대 사회의 발전, 제1절 고대 사회의 형성 중 '가야 연맹' 항목 속에 서술되었는데, 이를 그대로 인용하면 다음과 같다.

삼국이 국가 조직을 정비하여 발전해 가던 시기에, 낙동강 하류 유역의 변한 지역에서는 별도의 독립적 세력이 성장하고 있었다. 가야 사회에서는 유이민 세력이 주로 해변으로 들어왔으나, 신라 사회처럼 토착 세력이 강하였다.

2, 3세기경, 김해의 금관가야를 주축으로 하여 경남 해안 지대에 소국연맹체가 형성되었다. 연맹체의 맹주인 금관가야는 김수로에 의해 건국되었다(42). 금관가야는 이웃 소국을 병합하면서 영토를 확장하고, 통치 조직을 정비하여 갔다.

그러나 한반도 내에서 고구려와 백제 사이의 세력 다툼이 치열해지자, 고구려 군대가 낙동강 유역까지 진출하게 되었다. 그러한 와중에서 가야 연맹 왕국 내에 포함되어 있던 소국들이 이탈하여 갔다. 이로 인하여 금관가야는 큰 타격을 입고 그 세력이 약화되었다.

5세기 이후 가야는 전쟁의 피해를 받지 않은 고령 지방의 대가야로 그 중심이 이동되면서, 연맹의 세력권이 재편되었다. 이는 가야 지역의 유적을 통하여 알 수 있다. 즉, 이후 경남 해안 지대에서는 고분 유적의 수나 규모가 위축된 반면에, 경상도 내륙 산간 지역에서는 점차 많

---

90) 1990년도 중학교 국사 교과서의 고대사 분야 집필자는 김정배, 신형식이다.
91) 국사편찬위원회, 1종도서연구개발위원회, 『중학교 국사(상)』, 교육부, 1990, 30쪽.
92) 1996년도 고등학교 국사 교과서의 집필진은 김두진, 신재홍, 유영렬, 이범직, 진덕규, 최규성, 최몽룡, 최완기, 최용규 등이다.

은 고분이 축조되었고, 그 규모도 매우 커졌기 때문이다.

한편, 신라의 팽창에 자극을 받아 빠른 성장을 이룬 대가야 연맹 왕국은 합천, 함양, 하동 등의 지역을 포괄하는 세력권을 형성하였고, 중국 남조에 사신을 보내기도 하였으며, 신라나 백제와 동맹하여 고구려에 대항하기도 하였다.

그러나 끝내 삼국과 같은 중앙 집권 국가로서의 정치적 발전을 이룩하지는 못하였다. 이는 지역적으로 백제와 신라의 중간에 위치하여 양국의 각축장이 되었으며, 이들 나라의 압력을 받으면서 불안한 정치 상황이 지속되었기 때문이다.

6세기 전반에 대가야 연맹 왕국은 백제, 신라 등의 침략을 받아 그 남부 지역부터 축소되기 시작하였다. 그러던 중 가야의 남부 소국들이 대가야를 불신하여 다시 금관가야를 중심으로 연맹 왕국을 형성하게 되자, 신라는 백제와 왜의 세력이 이 지역에 영향을 미칠까 염려하여 서둘러 군대를 일으켜 병합하였다(532).

한편, 대가야 연맹 왕국은 신라와 결혼 동맹을 맺어 세력을 겨우 유지하였지만, 얼마 후 자체 내에서 분열이 일어나 그 세력이 약화되어 마침내 신라에 병합되었다(562).

가야 소국들은 일찍이 벼농사를 짓는 등 농경 문화를 바탕으로 하면서, 철의 생산과 중계 무역을 통하여 발전을 이룩하였다. 특히, 고령, 합천 등의 지역에 있던 대가야 연맹 왕국은 농업의 입지 조건을 잘 갖추고 있었는데, 그런 바탕 위에 경남 해안 지방으로부터 토기의 제작 기술이 보급되고, 수공업이 일어나 크게 번성하였다.

정치적 발전이 미숙하였음에도 불구하고, 가야 연맹 왕국은 주변의 여러 나라 외에 한 군현이나 동해안의 예, 그리고 남으로는 왜와도 교역함으로써, 해상의 중계 무역을 장악하여 경제적으로 크게 번영하였다.

가야 문화를 보여 주는 유적으로는 고령 지산동 고분, 부산 복천동 고분 등이 유명하며, 이들 고분에서 금동관, 철제 무기와 갑옷, 토기 등이 발굴되어 가야 문화의 높은 수준을 보여 주고 있다. 특히, 가야 토기는 일본 지역에 전해져 스에키 토기에 직접적인 영향을 주기도 하였다.[93)]

1996년도 교과서의 가야사 서술은 1990년도 판의 것과 내용상의 기조를 같이 하면서 분량이 세 쪽으로 대폭 늘어났다. 늘어난 부분으로는 (1) 가야 사회에서는 유이민 세력이 주로 해변으로 들어왔다는 점, (2) 금관가야의 시조인 김수로의 이름을 거명한 점, (3) 대가야가 중국 남조에 사신을 보내고 신라-백제와 동맹하여 고구려에 대항했다는 점, (4) 6세기 전반에 가야 연맹이 백제, 신라 등의 침략을 받아 그 남부 지역부터 축소되기 시작하였다는 점, (5) 대가야가 신라와 결혼 동맹을 맺어 세력을 유지하다가 얼마 후 자체 분열에 의하여 약화되다가 신라에게 병합되었다는 점, (6) 고령, 합천 등의 소국들은 농업 입지 조건을 잘 갖추고 있던 바탕 위에 경남 해안 지방으로부터 토기의 제작 기술이 보급되고 수공업이 크게 일어나 번성하였다는 점, (7) 삽도에 고령 지산동 32호분에서 출토된 철제 갑옷[94]과 금동관[95]이 추가된 점 등이 있다. 1990년도 고등학교 국사 교과서에 이어, 본문 서술에서 '6가야'라는 용어가 사라진 점도 큰 특징이다.

그리고 기존의 교과서 서술과 같은 기조라고 해도 세부적으로 추가된 내용들이 많다. 즉, 한반도 내에서 고구려와 백제 사이의 세력 다툼이 치열해지자, 고구려 군대가 낙동강 유역까지 진출하게 되어, 그러한 와중에서 가야 연맹 왕국 내에 포함되어 있던 소국들이 이탈하여 갔다거나, 5세기 이후 경남 해안 지대에서는 고분 유적의 수나 규모가 위축된 반면에, 경상도 내륙 산간 지역에서는 점차 많은 고분이 축조되었고, 그 규모도 매우 커졌다거나, 대가야 연맹 왕국은 합천, 함양, 하동 등의 지역을 포괄하는 세력권을 형성하였다는 점 등이다.

이 역시 1990년대 전반의 가야 지역에 대한 고고학적 발굴 성과와 가야사 연구 성과[96]를 대폭 반영한 것이다. 이로 인해 가야사의 전개

---

93) 국사편찬위원회, 1종도서연구개발위원회, 『고등학교 국사(상)』, 교육부, 1996, 47~50쪽.
94) 위의 책, 49쪽.
95) 위의 책, 50쪽.
96) 千寬宇, 『加耶史硏究』, 一潮閣, 1991 ; 金泰植, 『加耶聯盟史』, 一潮閣, 1993 ; 金世基, 「대가야 묘제의 변천」, 『가야사연구 : 대가야의 정치와 문화』, 경상

과정의 대략적인 내용은 교과서에 수록되었다. 특히 금관가야의 몰락 과정과 고령 대가야의 성장 과정, 그 경제적 기반 등을 설명하고, 그들이 중국 남조에 사신을 보낼 정도로 성장했다는 것을 전번 교과서보다 구체적으로 서술함으로써 가야 문화의 수준과 가야사의 중요성이 잘 부각되었다. 6세기 전반에 후기 가야 연맹이 백제와 신라의 침투로 인하여 그 남부 지역부터 축소되고 다시 내부 분열이 일어나는 과정을 구체화한 것도 타당하다. 또한 '6가야'라는 표현이 본문 서술에서 사라진 것은, 그것이 가야 연맹 존립 당시의 것이 아니고 신라 말 고려 초의 관념에 불과하다는 비판이[97] 학계에서 널리 받아들여진[98] 때문이라고 생각된다. 기존의 교과서에 비하면, 가야사 서술은 혁신적으로 늘어났고, 이에 따라 고등학생들이 가야사에 대한 이해를 보다 깊이 할 수 있도록 해주었다. 이러한 점은 국권 회복 이후 교과서 內 가야사 서술이 거의 40년간 답보 상태에 머물러 있던 것에 비하면, 1990년도 판 교과서에 이어 급진적 발전이었다고 평가된다.

그러나 '6가야 연맹'을 나타내는 지도의 내용은 수정되지 않아 아쉬운 면이 있었다. 또한 6세기 전반에 "가야의 남부 소국들이 대가야를 불신하여 다시 금관가야를 중심으로 연맹 왕국을 형성하게 되었다"는 내용은 사실과 어긋난다. 금관가야, 즉 김해의 금관국은 후기 가야 연맹 당시에는 세력의 중심이 아닌 약소국에 불과하였기 때문이다. 이는 원래『일본서기』繼體紀와 欽明紀를 기초로 하여 함안의 안라국을 중심으로 한 남부 가야 연맹의 분열 사실을 일컫는 것인데,[99] 누군가 문

북도, 1995 ; 李熙濬,「토기로 본 대가야의 권역과 그 변천」,『가야사연구 : 대가야의 정치와 문화』, 경상북도, 1995 ; 白承忠,「加耶의 地域聯盟史 硏究」, 釜山大學校 大學院 史學科 文學博士 學位論文, 1995 ; 李永植,「百濟의 加耶進出過程」,『韓國古代史論叢』7, 韓國古代社會硏究所, 1995.

97) 金泰植,「加耶의 社會發展段階」,『한국 고대국가의 형성』, 한국고대사연구회 편, 民音社, 1990 ;『加耶聯盟史』, 一潮閣, 1993, 71~74쪽.

98) 朱甫暾,「序說－加耶史의 새로운 定立을 위하여」,『가야사연구－대가야의 정치와 문화』, 경상북도, 1995, 23쪽 ; 金貞淑,「大伽耶의 성립과 발전」,『가야사연구－대가야의 정치와 문화』, 경상북도, 1995, 119쪽 ; 白承忠,「加耶의 地域聯盟史 硏究」, 부산대학교 대학원 박사학위논문, 1995, 48쪽.

장을 교열하는 중에 그 뒤의 532년의 금관가야 멸망 사실과 한 문장으로 다듬으면서 오류가 일어난 것이라고 생각된다. 이 문장은 둘로 나누고, 앞의 연맹 분열 부분은 그 중심국을 함안의 안라국, 또는 아라가야로 수정해야 할 것이다. 또한 '대가야 연맹 왕국'이라는 용어는 학계의 일각에서 南江 이북의 가야 북부 지역만을 포괄하는 제한적인 관념으로 쓰이는 것이므로,[100] 이를 지양하고 4세기 이전 김해 중심의 가야 연맹과 대조되는 '후기 가야 연맹'이라는 용어로 수정하는 것이 타당하다. 고분군에 대한 언급에서도 적어도 가야 연맹의 맹주급에 속했던 김해 대성동 고분군과 함안 말산리 – 도항리 고분군이 추가되었어야 한다. '삼한' 항목과 '음악' 항목에서의 우륵에 대한 설명이 1990년도 교과서에 비해 더 이상 발전이 없었던 것도 아쉬운 점이다.

1996년도 이래의 현행 중학교 국사 교과서[101]는, 1990년도 중학교 국사 교과서의 2국 중심 6가야 연맹설에서 벗어나, 1990년 이래의 고등학교 국사 교과서와 같이 전·후기 가야 연맹설로 전환되었다. 분량은 그대로 1쪽 정도를 유지하였으며, 그 내용은 다음과 같다.

낙동강의 하류 유역인 변한 땅에서 가야의 여러 나라들이 일어났다. 삼국이 각기 중앙 집권 국가로서 국가 조직의 정비에 힘을 기울이고 있을 무렵에 가야는 연맹 왕국을 이루고 있었다. 초기에는 김해의 금관 가야가, 후기에는 고령의 대가야가 가야 연맹을 주도하였다.

가야 연맹에서는 발달된 철제 농기구를 사용하여 농업 생산력이 크게 증대되었고, 또 풍부한 철을 중국과 일본 등지에까지 수출하였다. 김해의 대성동 고분 등에서 나온 많은 유물은 당시 가야의 국력과 왕권이 어느 정도 성장하였음을 보여 준다. 5세기 후반에 대가야의 국왕은 가야 연맹의 맹주로서 중국 남조에 사신을 보내기도 하였다. 그러

---

99) 金泰植, 「6세기 전반 加耶南部諸國의 소멸과정 고찰」, 『韓國古代史硏究』 1, 한국고대사연구회 편, 知識産業社, 1988 ; 『加耶聯盟史』, 一潮閣, 1993, 314~316쪽.

100) 田中俊明, 『大加耶連盟の興亡と"任那"』, 吉川弘文館, 1992, 158~159쪽.

101) 1996년도 중학교 국사 교과서의 집필진은 김홍수, 심지연, 양기석, 이존희, 이희덕, 임병태, 전형택, 최용규 등이다.

나 가야는 삼국과 같은 중앙 집권 국가로 발전하지 못하고, 연맹 왕국의 단계에 머물렀다.[102]

위에서 "김해의 대성동 고분 등에서 나온 많은 유물은 당시 가야의 국력과 왕권이 어느 정도 성장하였음을 보여 준다"는 서술은 새로이 추가된 것이니, 1990년대의 새로운 발굴 성과를[103] 반영한 것이다. 김해 대성동 고분은 3~4세기 무렵 전기 가야 연맹의 맹주국으로서의 위용을 보여주는 무덤이다. 사진으로는 가야의 금관 사진이 들어갔다. 이 금관은 5~6세기 후기 가야 연맹의 맹주국인 고령 대가야의 것이니, 사진 선정이 잘 된 것이라고 하겠다. 다만 사진은 호암미술관에서 소장하고 있는 국보 제138호 가야 금관을 게시하고 있으면서 괄호 안에 '양산 금조총'이라고 기재하여[104] 혼란을 일으키고 있다.

1996년 이래의 현행 중등학교 교과서가 기존의 교과서들과 비교되지 않을 정도로 가야사에 대하여 많은 서술을 한 점은 가야사 발전 도상의 획기적 전기를 이룬다고 해도 과언이 아니다. 이는 학계뿐만 아니라 교육계에서도 가야사의 증강 필요성에 대하여 공감을 하고, 그동안의 가야사 연구 성과들을 대폭 인정했다는 점에서 발전적인 현상이다.

그러나 현행 중등교과서의 가야사에 관한 서술은 아직도 양적으로 대단히 부족할 뿐만 아니라 부정확하고 애매한 표현이 적지 않다. 현행 교과서의 고대사 부분은 제1절 고대 사회의 형성, 제2절 고대의 정치적 발전, 제3절 고대의 사회와 경제, 제4절 고대 문화의 발달의 네 절로 나뉘어져 있는데, 위에 서술한 바와 같은 가야사 부분은 제1절에만 언급되었을 뿐이고, 제2, 3, 4절에는 고구려, 백제, 신라, 발해에 관

---

102) 국사편찬위원회, 1종도서연구개발위원회, 『중학교 국사(상)』, 교육부, 1996, 39~40쪽.
103) 申敬澈, 「金海 大成洞 古墳群의 발굴조사성과」, 『加耶史의 再照明』, 金海市 昇格10周年記念學術會議 發表要旨, 金海市, 1991.
104) 국사편찬위원회, 1종도서연구개발위원회, 『중학교 국사(상)』, 교육부, 1996, 39쪽.

한 기술만 나오고 가야에 대한 것은 전혀 나오지 않고 있다. 게다가 제1절은 대개 4세기 이전의 고대 국가의 성립 과정을 설명하고, 제2절은 4세기 이후 고대 국가의 발전 과정을 서술하고 있는데, 가야 연맹의 경우에는 6세기 후반 멸망 시기까지를 모두 제1절에서 서술하고 있어서 문제가 있다. 그리고 가야의 사회·경제와 문화에 대한 설명을 그 뒤에 간략하게 붙이고 있다. 이것은 아직 가야사가 교과서의 한국 고대사 체계에서 자기 위치를 찾지 못했다는 것을 반영하는 것이다.

6. 중등학교 교과서의 장래 가야사 서술 방향

가야는 고구려나 백제에 비하여 100년 정도 앞서 멸망하기는 하였으나, 사료상으로도 500여 년의 역사를 영위하였고, 그 영역의 범위도 최대 판도일 때는 낙동강 유역의 경남 지역을 중심으로 하면서 경북 일부와 전북 및 전남의 일부를 포함하여[105) 남한 전역의 3분의 1 가량을 점하였다. 이런 점과 대조해 볼 때, 중등학교 교과서에서는 가야가 지나치게 낮게 평가된 것이라고 하지 않을 수 없다. 한국 고대사의 전개 과정은 고구려, 백제, 신라뿐만 아니라 가야를 포함한 4국 시대, 4국 체제로 설명해야만 제대로 이해될 수 있다. 이것은 한국 고대사에서 4국 시대를 인정해야 하는 주요한 명분이다.

게다가 일본 검인정 교과서에 숱하게 나타나는 '임나일본부설'의 관념에 대응하기 위해서도 가야의 자주적 발전상은 중등 교육에서 강조되어야 한다. 임나일본부설은 한국인들에게 일제시대의 참혹함을 연상시키며, 이는 한국과 일본 사이의 잘못된 인연이 남긴 잔재이다. 강압의 시대에 허상의 근거를 가지고 탄생한 임나일본부설로 인하여, 고대 가야와 왜국 사이에 이루어진 평화적 교류의 증거들을 모두 몰각해 버

---

105) 金泰植, 앞의 책, 114~124쪽, 291~295쪽 ;「百濟의 加耶地域 關係史 : 交涉과 征服」,『百濟의 中央과 地方』, 忠南大學校 百濟研究所, 1997, 58~67쪽.

릴 수는 없다. 가야사를 정당하게 인정하는 것은, 곧 한국과 일본의 과거 적대 관계를 떨쳐버리고 앞으로 양국이 함께 동반하여 발전하기 위한 초석이 된다고도 할 수 있다.

요즘 한국 고대사 학계에서 가야의 위치는 고구려, 백제, 신라에 대하여 거의 대등하다. 예를 들어 한국고대사학회 제9회 합동토론회(공동주제 : 한국 고대사회의 지방 지배, 1996년 2월 8~9일)106)에서는 고구려, 백제, 신라, 가야, 통일신라, 발해의 여섯 개 주제로 나누어 발표가 이루어졌다. 또한 2001년 7월 26~27일에 개최된 한국고대사학회 제3회 하계세미나(공동주제 : 한국 고대 국가권력의 성장과 지방통치의 실현)107)는 전체 주제 발표에 이어 고구려, 백제, 신라, 가야에 대한 국가별 주제 발표 및 토론으로 구성되었다. 이는 근래의 한국 고대사 학계에서 가야의 독자성과 독립적 논의의 필요성이 인정되고 있으며, 가야사 및 가야고고학을 전공하는 연구 인력도 충분히 증대되었다는 것을 반영한다. 이제 가야사는 부정할 수 없는 현실인 것이다.

따라서 이러한 점을 보완하기 위해서는 궁극적으로 중등학교 국사 교과서 상권의 '제3장 고대 사회의 발전' 분야를 현재의 삼국 및 남북국 체제에서 가야를 포함한 사국 및 남북국 체제로 수정해야 한다. 혹자는 가야의 경우에 서술할 내용도 적고 또 고대 국가를 완성시키지 못하지 않았는가 하고 반문할 수도 있다. 그러나 크게 보아, 사국시대의 특징은 고구려와 백제가 한반도 전체 정세를 주도하고, 신라와 가야 연맹이 그들 간의 관계에 얽혀 들어가는 형세에 있었다. 가야를 제외하면, 이런 관계를 제대로 바라볼 수 없게 된다.

3세기 후반의 한반도는 통치 능력상의 새로운 변화가 각지에서 나타나는 시기였다. 고구려에서는 서천왕 대에 들어 중앙 집권력이 강화

---

106) 한국고대사학회,『한국 고대사회의 지방 지배』, 한국고대사학회 제9회 합동토론회 발표요지, 1996년 2월 8~9일, 성균관대학교 종합강의동 시청각세미나실 ;『한국고대사연구』 11집, 1997.
107) 한국고대사학회,『4~5세기 한국 고대사와 고고학의 만남 : 한국 고대 국가권력의 성장과 지방통치의 실현』, 한국고대사학회 제3회 하계세미나 발표요지, 2001년 7월 26~27일, 계룡산 동학산장 ;『한국고대사연구』 24집, 2001.

되어 고유 부명이 사라지고 방위 부만 나타나며, 고고학적으로 길림성 집안 지역에서 석실적석총이 등장하였다. 백제에서는 고이왕 대에 들어 왕권이 한 단계 크게 성장하고, 고고학적으로는 석촌동 고분군이 조성되기 시작하고, 풍납토성, 몽촌토성이 축조되었다. 신라와 가야의 경우에는 아직 왕대 구분이나 편년은 불안정하나, 경주에서 정래동 고분과 같은 대형의 세장방형 목곽묘가 나타나고 김해에서는 대성동 고분군과 같은 대형 목곽묘가 나타났다. 즉, 이 시기에는 소국이나 소국 연맹체에서 벗어나 주변 지역을 통합하는 주체 세력이 고구려, 백제, 신라, 가야의 네 곳에서 대두하였음을 확인할 수 있다. 그러나 그들 사이에는 발전 수준면에서 약간의 차이가 있어서, 고구려와 백제가 비교적 앞서고, 신라와 가야는 그에 비하여 뒤지는 상태였다.

4세기에 들어 고구려가 기존의 발전을 토대로 중국 군현을 병합하고 뒤이어 그에 인접한 백제가 크게 발전하면서, 신라와 가야를 포함한 한반도 지역 전체가 상호간에 유기적인 연동 관계를 맺게 되었다. 4세기 후반 무렵에는 신라가 고구려의 지원을 받고 가야가 백제의 지원을 받으며 발전하여, 4세기 말, 5세기 초에는 고구려-신라 동맹 세력과 백제-가야 동맹 세력이 충돌하였다. 여기서 백제-가야 세력이 패배하여 가야의 발전 방향은 굴절되었다.

고구려가 동북아시아 정세를 좌우하던 5세기 후반에는 백제가 신라와 가야의 협조를 얻어 고구려에 대항했다. 이 시기에 신라와 가야는 급속히 성장하였으나, 5세기 초 당시의 출발 상태가 달랐기 때문에 중앙 집권 능력의 면에서 서로 약간의 차이가 존재하였다. 그리하여 6세기 전반에 들어 신라가 가야 연맹의 일국인 금관국을 병합하면서 백제와 경쟁할 수 있는 상태로 성장하였고, 6세기 중엽에 대가야를 포함한 가야 연맹을 병합하면서 당당한 삼국시대의 일원으로 대두하였다.

그러므로 가야 멸망 이전의 사국시대는 약 300년간 2强 2弱이 복잡한 외교 관계를 맺으며 변화무쌍하게 전개되었고, 나머지 100년에도 못 미치는 삼국시대는 가야를 병합한 신라가 비로소 고구려나 백제와 대항할 수 있는 세력이 되어 그들 삼국 사이에 서로 치열한 전쟁을 벌였다. 그리고 이를 둘러싸고 중국과 왜가 시대별로 각기 다른 외부 변수로 작용하였으며, 특히 사국시대에는 가야와 왜의 밀접한 교류 관계가 중요한 역할을 하였다. 즉, 가야를 포함하여 사국시대를 설정하지 않는다면, 한국 고대사는 제대로 설명될 수 없다. 가야사 재정립의 필요성은 가야사 자체에만 국한되는 것이 아니라, 한반도 및 동아시아 고대사 전체의 맥락 속에서 보아도 절대적이다.[108]

구체적으로 교과서에 반영시킬 가야사 내용을 최소한으로 지적한다면 다음과 같다.

제1절 고대 사회의 형성 부분에는 4세기 이전 가야 연맹의 사실들이 언급되어야 하며, 이를 5세기 이후의 가야사와 연관지어 설명하기 위해서 '전기 가야 연맹'이라는 이름으로 서술되었으면 한다. 거기에는 기존 1996년도 판 교과서의 서술 내용 외에, 전기 가야 연맹의 범위에 대한 정확한 서술, 전기 가야 제국의 국명과 위치에 대한 기술 및 그 지도, 가야를 둘러싼 국제 관계에서 가야의 위치 등이 추가되어야 한다.

제2절 고대의 정치적 발전 부분에는 5세기 이후 후기 가야 연맹 시기의 사실들이 언급되어야 한다. 거기에는 기존 1996년도 판 교과서의 서술 내용 외에, 후기 가야 연맹의 범위에 대한 정확한 서술, 후기 가야 연맹 전성기의 20여 개의 가야 소국의 국명과 위치에 대한 기술 및 그 지도 등이 추가되어야 하며, 嘉悉王(荷知王), 異腦王, 于勒, 仇衡王, 道設智王 등의 구체적인 가야 인명들도 나타나야 한다. 호남 동부 지역의 영유를 둘러싸고 일어난 대가야와 백제 사이의 분쟁과 그로 인한 대가야와 신라의 결혼 동맹, 그런 속에서 가야 제국이 좀더 긴밀하게 결속할 수 없었던 상황 등이 좀더 구체적으로 드러나야 한다.

제3절 고대의 사회와 경제 부분에서는 가야의 철 생산 기술의 우월

---

108) 金泰植, 「4~5世紀 國際情勢와 加耶聯盟의 變動」, 『4~5世紀 東亞細亞 社會와 加耶』, 金海市 주최 제7회 加耶史國際學術會議 발표요지, 2001, 78쪽.

성,[109] 가야의 원거리 교역 입지 조건의 우월성과 농경 입지 조건의 안정성,[110] 고분군 분포 상황을 통해 볼 수 있는 각 소국 내부 및 소국 사이의 사회 구조,[111] 순장 문제의 성격,[112] 토기 분포를 통해 알 수 있는 가야 지역의 분절적 특성[113] 등이 언급되어야 한다.

제4절 고대 문화의 발달 부분에서는 철제 갑옷, 무기, 토기 등에 보이는 가야 문화의 우수성 및 個性,[114] 가야금 음악의 신라 전수,[115] 강수와 김유신 가계와 같은 가야 후손들이 신라 문화에 미친 영향, 일본의 농경, 제철 기술, 토기 제작술 등에 미친 가야 지역 선사 및 고대 문화의 영향[116] 등을 언급해야 한다. 이런 분야에 대해서는 근래에 고고학적 연구 성과들이 많이 축적되었다.

그리고 그에 더하여 가야 문화의 특성을 보여줄 수 있는 사진 자료

---

109) 宋桂鉉, 「洛東江下流域의 古代 鐵生産」, 『가야제국의 철』, 인제대학교 가야 문화연구소 편, 신서원, 1995.

110) 金泰植, 「後期加耶諸國의 성장기반 고찰」, 『釜山史學』 11, 부산사학회, 1986 ;『加耶聯盟史』, 一潮閣, 1993, 32~34쪽, 91~92쪽.

111) 朴天秀, 「政治體의 相互關係로 본 大加耶 王權」, 『加耶諸國의 王權』, 인제 대학교 가야문화연구소 편, 신서원, 1997.

112) 權五榮, 「古代 嶺南地方의 殉葬」, 『韓國古代史論叢』 4, 한국고대사회연구소, 1992 ; 金世基, 「加耶의 殉葬과 王權」, 『加耶諸國의 王權』, 인제대학교 가야문화연구소 편, 신서원, 1997.

113) 朱甫暾 外, 『가야문화도록』, 경상북도, 1998.

114) 申敬澈, 「釜山・慶南出土 瓦質系土器 -이른바 熊川・金海期文化의 實體와 實例」, 『韓國考古學報』 12, 한국고고학회, 1982 ; 「伽耶의 武具와 馬具 -甲胄와 鐙子를 중심으로」, 『國史館論叢』 7, 1989 ; 崔鍾圭, 「陶質土器 成立前夜와 展開」, 『韓國考古學報』 12, 한국고고학회, 1982 ; 趙榮濟, 「신라와 가야의 무기 무구」, 『한국고대사논총』 3, 한국고대사회연구소, 1992.

115) 田中俊明, 『大加耶連盟의 興亡과 "任那" -加耶琴だけが殘った』, 吉川弘文館, 1992.

116) 春成秀爾, 『彌生時代의 始まり』, 東京大學出版會, 1990, 2~4쪽 ; 崔鍾圭, 「美術上으로 본 韓日關係 -陶質土器와 須惠器」, 『古代韓日文化交流硏究』, 韓國精神文化研究院, 1990, 164~171쪽 ; 朴天秀, 「渡來系文物からみた伽耶と倭における政治的變動」, 『待兼山論叢』 29, 大阪大學出版部, 1995 ; 「考古學から見た古代의 韓日交涉」, 『靑丘學術論叢』 12, 韓國文化振興財團, 1998 ; 酒井淸治, 「倭における初期須惠器の系譜と渡來人」, 『4~5세기 東亞細亞 社會와 加耶』, 제7회 가야사 국제학술회의, 金海市, 2001.

들을 제대로 게시해야 한다. 현행 1996년도 판 국사 교과서에 실린 가야 유물 사진뿐만 아니라, 예를 들면 고령 양식 二段直列長方形透窓有蓋高杯,[117] 圓筒形器臺,[118] 김해 발견 騎馬人物形土器(국보 275호)[119] 등의 특징적인 토기, 전 김해 퇴래리 출토 縱長板短甲,[120] 동래 복천동 10·11호분 출토 馬胄,[121] 김해 대성동 고분군 출토 鐵鋌,[122] 합천 옥전 M3호분 출토 龍鳳文 環頭大刀,[123] 함안 마갑총 출토 馬甲,[124] 김해 양동리 고분군 출토 각종 有刺利器,[125] 가야 각지의 鍛冶具[126] 등의 특징적인 철기, 김해 대성동 29호분 출토 銅鍑,[127] 일본 福井縣 二本松山 고분 출토의 고령 계통 冠[128] 등의 대외 교역 상황을 보이는 유물 등을 지적할 수 있다.

7. 맺음말

해방 이후 1980년대까지의 고등학교 국사 교과서를 살펴 볼 때, 검인정 교과서 체제에서는 무지와 혼란 그 자체였고, 국정 교과서 체제가 자리 잡던 1970~80년대에는 김해의 금관가야와 고령의 대가야를 중심으로 6가야 연맹이 있다가 신라에게 병합되었다는 내용이 전부였

---

117) 국립김해박물관 편,『국립김해박물관』(도록), 통천문화사, 1998, 90쪽, 사진 128번.
118) 위의 책, 87쪽, 사진 122번.
119) 국립경주박물관,『국립경주박물관』, 통천문화사, 1996, 사진 171번.
120) 국립김해박물관, 앞의 책, 66쪽, 사진 82번.
121) 동경국립박물관,『KAYA(伽耶文化展)』, 朝日新聞社, 1992, 103쪽, 사진 327번.
122) 국립김해박물관, 앞의 책, 73쪽, 사진 93번.
123) 동경국립박물관, 앞의 책, 53쪽, 사진 110번.
124) 국립청주박물관,『철의 역사』, 1997, 67쪽, 사진 93번 아래.
125) 동의대학교 박물관,『김해양동리고분문화』, 2000, 13쪽, 사진 5번.
126) 국립청주박물관, 앞의 책, 34쪽, 사진 42번.
127) 국립김해박물관, 앞의 책, 68쪽, 사진 85번.
128) 위의 책, 61쪽, 사진 128번.

다. 서술 분량도 5줄 내지 10줄 정도이고, 더 이상의 언급은 이루어지지 않았다. 이는 1970년대까지 학계의 가야사에 대한 연구 부진과 무관심이 그대로 반영된 결과였다.

그 부진을 씻고, 1980년대 이래 가야 지역의 유적 발굴과 그에 따른 가야사 연구 성과가 많이 축적되어, 1990년과 1996년의 두 차례에 걸쳐 중등학교 국사 교과서의 가야사 서술은 비약적인 발전을 이룩하였다. 서술 분량도 몇 배로 늘어 3쪽을 가득 채울 정도가 되었다. 그러나 아직은 삼국시대 체제 내의 불편한 우대에 머물러 있을 뿐이다. 그 체제를 그대로 두고 아무리 가야사의 서술을 늘인다 해도 한계가 있으며, 결국은 4세기 이전의 고대 국가 형성을 논하는 자리에 가야의 성립부터 6세기 멸망까지의 정치사와 기타 모든 부문의 역사를 구차하게 나열하는 愚를 범하게 될 뿐이다.

가야사에 대하여 정치, 경제, 사회, 문화 각 부문의 내용을 모두 언급하려면, 적어도 중등학교 역사 교과서의 가야사에 '발해사' 정도의 지위가 주어져야 한다. 신라, 고구려, 백제의 삼국사 위주로 되어 있는 『삼국사기』 및 『삼국유사』 체제에 대하여, 국정 교과서에서 7세기 이후를 남북국시대로 규정하고 발해에게 그 일국의 지위를 인정해 줌으로써 한국 고대사의 外延은 크게 넓어졌다. 그러나 이제는 6세기 이전을 사국시대로 규정하고 가야에게 그 일국의 지위를 인정해 줌으로써 한국 고대사의 內實을 단단하게 다질 때가 왔다.

중세적 역사 연구의 결론이라고도 볼 수 있는 삼국시대 관념에서 벗어나 한 단계 더 도약하려면, 중등학교 교과서의 고대사 서술 체제를 사국 및 남북국 체제로 개편하는 것이 급선무이다. 몇 가지 원인이 중첩되다보니 결국 중앙 집권적 국가 체제를 완성하지 못했다는 한계성은 있으나, 가야가 차지했던 時空의 규모, 문화 수준의 우수성에 비추어 볼 때, 가야사는 그만한 대우를 받을 자격이 있다고 하겠다.

〔토론〕

발표자 : 김 태 식
토론자 : 정 효 운*

〔요지〕

최근 일본의 중학교 역사 교과서 서술 문제로 인해 한·일 양국이 외교적으로 갈등을 겪었다. 문제의 발단은 일본 우익성향의 인사들이 중심이 되어 '새 역사를 만드는 모임'이란 단체를 만들어 해방 후 지금까지의 일본 역사를 '자학의 역사'로 규정하고, 일본 국민에게 자긍심을 심어 주는 역사를 만든다는 의도 아래 중학교 역사 교과서를 저술한 데 있었다. 또한 일본 문부성의 검정을 거쳐 학교장이 선택하도록 압력을 행사함으로써 중학생들에게 교육시키려 하였던 것이다. '새역사교과서'의 문제점은 일본 자국의 역사를 미화하기 위해 주변국과의 관계사를 왜곡하고 있는 데 있다. 한국사에서의 타율성이 강조되었고, 가야사와 관련된 내용으로는 '임나일본부'가 재등장하였다. 이러한 현상은 모임의 구성원이 역사란 객관성을 가지고 상호 공유하여야 한다는 인식을 갖지 못한 아마추어들에 의해 서술되었기 때문에 나타난 것이다.

이와 같은 시점에 있어 한국의 중등학교 국사 교과서의 가야사 서술과 그 문제점을 논의하여 보는 것은 시의적절한 것이라 생각한다. 본 논문은 중등 국사 교과서의 해방 후 가야사 서술을 3시기로 나누어 문제점을 고찰하고 향후 가야사의 서술 방향을 제시하고 있다. 따라서 역사적 사실에 대한 고증이나 새로운 학설의 제시가 아니라 중등 국사 교과서에 있어 가야사를 고구려·백제·신라와 같이 한국 고대국가의 일부로 인정할 것과 그에 따른 서술 확대의 필요성과 내용의 방향성을 제시하고 있기 때문에, 논점의 토론보다는 가야사의 내용이 보다 충실히 반영될 수 있도록 조언하는 입장에서 몇 가지 질문을 하려고 한다.

첫째, 4국시대를 주장하였는데, 이에 대해서는 토론자도 적극 찬성

---

* 동의대학교 일어일문학과 교수

하는 바이다. 그러나 문제는 다른 삼국과 달리 정치세력과 그 중심지가 시기에 따라 각각 달리 전개되었기에 중앙 집권화된 세력으로 존재하지 않은 점에 있다고 본다. 이런 문제를 어떻게 서술하였으면 좋은지에 대한 필자의 보충 설명을 듣고 싶다.

둘째, 가야의 정치세력을 연맹체로 인식하는 설과 그렇지 않은 설이 상존하고 있다고 보는데, 이에 대해서는 어떻게 통설화하여 서술하였으면 좋은지에 대한 견해를 듣고 싶다.

셋째, 일본 중학교의 이른바 '새역사교과서'의 경우 '임나일본부'설을 부활시켜 서술하고 있는데, 이에 대해 가야사의 입장에서 이 문제를 서술할 필요가 있다고 생각되는데, 그에 대한 필자의 생각은 어떤지 묻고 싶다.

마지막으로 교과서가 출판된 뒤에 가야사 서술의 오류를 지적하기보다는 서술에 있어 가야사 전공자를 적극적으로 참가시키는 방법을 강구할 필요가 있다고 보는데, 이 점에 대해서는 어떻게 생각하고 있는지 묻고 싶다.

* 심포지엄이 개최된 당일, 김태식 교수의 지정토론자인 정효운 교수께서 사정이 생겨 늦게 도착하였다. 본 토론요지는 종합토론 직전에 행해진 토론을 정리한 것이다. 김터식 교수의 답변은 종합토론을 하는 과정에서 행해졌기 때문에 별도로 실리지 못했다.

한국사 개설서의 가야사 서술

노 중 국[*]

1. 머리말

概說書는 사전적 의미로는 어떤 학문 따위의 내용을 개략적으로 서술한 것이나 그 著作을 말한다.[1] 따라서 개설서는 학계의 연구성과를 하나의 관점에서 종합적으로 정리하여 독자들로 하여금 어느 분야나 시대에 대해 올바른 인식을 갖도록 하여야 한다.

본고에서는 한국사 개설서를 3종류로 구분하였다. 첫째는 通史類 개설서이고, 둘째는 叢書類 개설서이며, 셋째는 時代史類 개설서이다. 통사류 개설서는 한국사 전반을 개략적으로 서술한 것이다. 그러므로 시간적으로는 구석기시대에서부터 현재에 이르기까지, 내용적으로는 정치·경제·사회·문화 전반을 취급하고 있다. 총서류 개설서는 한국사 전반을 일정한 의도 아래 여러 권으로 나누어 정리한 것이다. 각 권이 한 시대나 한 분야를 포괄하기도 한다. 시대사류 개설서는 한 시대사를 개괄적으로 정리한 것이다.

한국사 개설서가 다양하게 나오게 된 배경으로는 유신체제 성립 이후 민족주체성이 강조되고 학교교육에서 국사교육의 강화가 추진되면

---

* 계명대학교 인문학부 사학전공 교수
1) 신기철·신용철,『새 우리말 큰 사전』, 삼성출판사, 1980.

서 대학에서도 국사가 교양필수과목으로 자리잡게 된 것과 1980년대에 와서 졸업정원제의 실시로 재학생들의 수가 크게 늘어나게 된 것을 들 수 있다. 국사과목의 교양필수화와 학생수의 증원으로 각 대학 사학과의 전임교원 가운데 한국사 전공자들의 수가 늘었고 또 자체의 교재편찬이 이루어짐으로써 여러 종류의 개설서들이 나오게 되었다.

　본고에서 검토할 3종류의 개설서 가운데 통사류 개설서는 그 수가 너무 많다. 때문에 본고에서는 다음과 같은 기준으로 검토할 개설서를 선정하였다. 첫째 특정 대학의 교재로 사용하기 위해 대학교재출판위원회 또는 교재편찬위원회의 이름으로 출간된 개설서는 익명성과 독자층의 제한성 때문에 본고에서는 취급하지 않기로 하였다. 둘째 일반 출판사에서 출간된 개설서 가운데 판을 거듭하거나 쇄를 거듭한 개설서를 우선적으로 검토의 대상으로 하였다. 셋째 가야에 대한 항목이 목차에 설정되어 있지 않은 개설서는 검토 대상에서 제외하였다.

　필자에게 주어진 과제는 한국사 개설서에서 가야사가 어떻게 서술되고 있으며 바람직한 개설서는 어떻게 서술되어야 하는가를 모색해 보는 것이었다. 이를 위해 본고는 다음과 같은 점들을 중점적으로 정리해 보기로 하였다. 첫째 가야사에 대한 학계의 연구성과를 一瞥해 보기로 한다. 둘째 각 개설서의 서술 내용을 간략히 정리하고 그 특징을 살펴본 후 이를 북한 및 일인학자의 가야사 서술 내용과 비교해 보기로 한다. 셋째 가야사 서술에 할애된 분량을 정리한 후 목차에 보이는 가야에 대한 표기를 검토하여 가야의 정치적 성격을 정리해 보기로 한다. 넷째 기왕의 통사류 개설서나 총서류 개설서가 가지는 문제점을 검토한 후 앞으로 개설서를 집필할 경우 고려해야 할 사항들을 제안해 보기로 한다.

2. 연구 경향

　1970년대 이후 국사과목의 교양필수화와 학생수의 증가로 한국사

전공자들의 수도 늘어나게 되었다. 그리하여 각 대학교 대학원 사학과에 석사과정과 박사과정이 설치되어 많은 연구자들을 배출하게 되면서 한국고대사를 전공하는 연구자들도 많이 나오게 되었다. 연구자들의 수의 증가는 연구의 범위를 확대하고 또 연구분야의 세분화와 정치화를 이루게 하였다.

그러나 가야사의 경우 문헌 자료가 너무 영성하여 거의 연구가 진척되지 못하였다. 그러다가 1980년대에 들어와 가야 각 지역에서 고고학적 발굴이 활발하게 이루어지고 호화롭고도 다양한 유물들이 출토되면서 가야사에 대한 관심이 크게 고조되었다. 이에 따라 가야사를 연구하는 연구자들의 수도 늘어나게 되고 또 가야사를 주체로 하는 새로운 연구 시각과 방법이 제시되면서 가야사 연구는 활기를 띠게 되었다. 그리하여 가야사를 전문적으로 다룬 많은 연구성과들이 문헌사학과 고고학에서 나오게 되었다. 지금까지의 가야사에 대한 연구성과들의 연구경향을 정리하면 다음과 같다.[2]

첫째, 종래의 연구가 백제 또는 왜가 가야를 어떻게 지배하였는가에 초점을 맞춘 대외관계 중심의 연구였던 것에 대해 반성하고 이를 비판적으로 극복하고자 하였다. 그리하여 가야사의 전개과정을 가야를 주체로 파악함으로써 가야사를 부수적인 역사가 아니라 당당한 한 주체로서의 자리매김을 강조하고 있다.

둘째, 종래의 연구에서는 가야연맹체의 형성·발전과 연맹체를 주도해 나간 맹주국의 성장과 교체에 초점이 맞추어졌다. 최근의 연구는

---

2) 이러한 연구성과에 대한 정리는 필자가 「가야사 연구의 어제와 오늘」을 집필하면서 김현구, 『大和政權の對外關係硏究』, 吉川弘文館, 1985 ; 김태식, 『가야연맹사연구』, 일조각, 1993 ; 이영식, 『加耶諸國と任那日本府』, 吉川弘文館, 1993 ; 백승충, 『가야의 지역연맹사연구』, 부산대학교 박사학위논문, 1995 ; 권주현, 『가야문화사 연구』, 계명대학교대학원 박사학위논문, 1998 ; 남재우, 『안라국의 성장과 대외관계 연구』, 성균관대학교대학원 박사학위논문, 1998 ; 김세기, 「고분을 통해 본 가야사」, 계명대학교대학원 박사학위논문, 2000 등을 참조하여 정리한 것을 요약한 것이다. 이에 대해서는 노중국, 「가야사 연구의 어제와 오늘」, 『한국 고대사 속의 가야』, 부산대학교 민족문화연구소 편, 혜안, 2001 참조.

이러한 경향에 비판을 가하면서 加耶諸國 각각을 집중적으로 연구한 후 이를 토대로 가야사의 전개과정을 종합적으로 정리해 보려는 경향을 보이고 있다. 대가야사 연구, 안라국사 연구 등 이른바 加耶各國史 연구가[3] 그것이다.

셋째, 고고학적 자료를 활용하여 문헌사료의 부족함을 보완하고 있다. 1980년대에 들어와 가야지역에 대한 고고학적 발굴이 활발히 행해지면서 출토된 화려하고도 다양한 유물들은 가야사에 대한 관심을 크게 증대시켰고, 각 발굴기관에서 간행한 보고서는 가야의 발전 모습을 物的으로 볼 수 있게 하였다. 이리하여 여러 유적·유물을 종합적으로 검토하고 이를 문헌자료와 연계시켜 체계화시키는 작업이 행해졌다.[4] 이후 가야사 연구는 문헌자료와 고고자료를 종합적으로 활용하여 연구하는 방법론이 대세를 이루게 되었다.

넷째, 『일본서기』에 나오는 가야 관계기사를 적극적으로 활용하려 하고 있다. 종래의 우리학계는 『일본서기』에 나오는 한반도 관계기사들은 『일본서기』 편찬자들에 의해 왜곡·윤색된 것으로 보고 이의 활용을 의도적으로 도외시하여 왔다. 그러나 김석형·이병도·천관우의 연구가[5] 나온 이후 근래의 연구에서는 『일본서기』에 실려있는 한반도 관계기사를 비판적으로 검토하여 우리 고대사를 복원하는 데 적극 활용하는 경향을 보이고 있다.

다섯째, 일반시민을 위한 개설적 연구서가 출간되었다. 역사 연구가 연구자들만의 전유물이어서는 안 되며 그 결과는 시민들과 공유하여야 한다. 이러한 공유를 위해서는 시민들이 읽고 이해하기 쉽도록 교양서이면서 어느 정도의 전문성을 가지는 저서들이 필요하다. 이러한

---

3) 최근의 연구성과로는 한국고고학회, 『고고학을 통해 본 가야』, 2000 및 부산 대학교 한국민족문화연구소 편, 『가야 각국사의 재구성』 민족문화 학술총서 20, 혜안, 2000을 들 수 있다.

4) 이를 선도한 것은 김태식의 일련의 연구를 들 수 있다.

5) 김석형, 『초기조일관계연구』, 사회과학원출판사, 1966 ; 이병도, 「근초고왕척 경고」, 『한국고대사연구』에 재수록, 박영사, 1975 ; 천관우, 「복원 가야사」 상·중·하, 『문학과 지성』 28·29·31집, 1977·1978 참조.

목적에서 만들어진 책으로는 『시민을 위한 가야사』를6) 들 수 있다. 이러한 책들은 앞으로 계속 나와야 할 것이다.

여섯째, 종래의 연구가 정치사나 대외관계사 등에 치중한 것을 반성하면서 가야사회의 삶의 모습을 복원해 보려는 연구가 행해졌다. 그리하여 가야의 불교나 건국신화 외에 고고학 자료와 문헌자료를 종합하여 가야인들의 삶의 다양한 모습을 정리하고자 하는 생활사적, 문화사적 관점에서의 연구들이 나오게 되었다.7)

일곱째, 연구자들의 가야사에 대한 이해를 높이고 가야관계의 자료에 보다 쉽게 접근할 수 있도록 기본자료들을 정리하는 작업과 圖錄을 편찬하는 작업이 활발히 행해졌다. 자료를 정리한 성과로는 『韓國の古代遺蹟 2-백제·가야편』과8) 『가야사사료집성』9) 및 『역주 한국고대금석문 Ⅱ-신라Ⅰ·가야편』10)을 들 수 있다. 그리고 가야 전체와 관련되는 도록으로는 국립중앙박물관의 『신비의 고대왕국 '가야' 특별전』(1991), 동경국립박물관의 『KAYA』(1992), 경상북도의 『가야문화도록』(1998)을 들 수 있고, 특정지역의 유적·유물을 집대성한 것으로는 계명대학교 박물관의 『성주성산동고분 특별전도록』(1988, 개관 10주년기념), 부산광역시립박물관 복천분관의 『부산의 역사와 복천동고분군』(1996), 국립김해박물관·부산광역시립박물관 복천분관의 『고고학이 찾은 선사와 가야』(2000) 등을 들 수 있다.

여덟째, 1980년대에 들어와 가야관계를 전문적으로 다루는 연구기관이나 연구소가 많이 출범하여 연구성과를 내었다. 가야사를 중점적인 연구대상으로 한 연구소와 그곳에서 발간하는 잡지를 보면 경남대학교 가라문화연구소와 『加羅文化』, 사단법인 가야문화연구원과 『伽耶文化』, 사단법인 한국고대사회연구소와 『한국고대사논총』, 부산여자대

---

6) 부산·경남역사연구소 편, 『시민을 위한 가야사』, 집문당, 1996.
7) 대표적인 연구로는 권주현, 「가야문화사연구」, 계명대학교대학원 박사학위논문, 1998을 들 수 있다.
8) 東潮·田中俊明, 『韓國の古代遺蹟 2-백제·가야편』, 1989.
9) 김태식·이익주 편, 『가야사사료집성』, 1992.
10) 한국고대사회연구소, 『역주 한국고대금석문 Ⅱ-신라Ⅰ·가야편』, 1992.

학교 가야문화연구소와 『가야문화연구』, 부산대학교 박물관과 『가야통신』 등이다. 인제대학교 가야문화연구소에서는 두 차례의 가야 관련 국제학술대회를 개최하여 그 성과를 책으로 묶어 내었다.11) 한편 이 시기에는 가야지역에 소재한 地自體가 가야사를 중심으로 한 학술대회를 개최하기도 하였다. 그 중에서 가장 눈에 띄는 것은 김해시의 학술대회 개최이고 근래에 와서 경상북도와 고령군에서도 대가야를 중심으로 한 학술행사를 개최하고 있다.12) 이러한 행사는 학계의 연구를 활성화하는 촉매제 구실을 함과 아울러 학계의 연구성과를 실제에 적용하거나 사회적 저변을 확대하는 데 기여하는 바가 큰 것으로 생각된다.

3. 개설서의 가야사 서술 개요

1) 통사류 개설서

통사류 개설서는 그 종류가 많다. 따라서 여기서는 시대별로 대표적인 개설서를 몇 종 선택하여 그 내용을 개략적으로 살펴보고 서술의 특징을 간단히 언급해 두기로 한다. 개설서의 선택은 版을 거듭하거나 刷를 거듭한 것을 우선으로 하였다.

(1) 1940∼1950년대

가. 李相錄, 『朝鮮歷史』, 誠文社, 1948

---

11) 인제대학교 가야문화연구소, 『가야제국의 철』, 신서원, 1995 ; 『가야제국의 왕권』, 신서원, 1997.
12) 지자체에서 행한 가야사 관련 학술대회의 주제를 정리하면 다음과 같다. 김해시 : 『가야사의 재조명』, 1991 ; 『가야와 동아시아』, 1992 ; 『가야와 일본』, 1997 ; 『가야와 신라』, 1998 ; 『가야의 대외교섭』, 1999 ; 『가야와 백제』, 2000. 경상북도 : 『가야사의 새로운 이해』, 1996 ; 『새롭게 조명해 본 가야사』, 1998. 고령군 : 『대가야의 정치와 문화적 특성』, 학술세미나, 1999.

가야는 본시 변진 20여 국 중의 狗耶로 지금의 김해지방을 중심으로 한 나라이며, 변진의 牛耳를 잡던 나라로 대가야국이 있었다. 이 두 가야는 낙동강유역에 있던 여러 소국의 맹주노릇을 하던 나라였다. 本加耶를 혹 下加羅로, 대가야를 혹 上加羅라 한 것을 보면 두 가야가 원래 宗支의 관계에 있었던 것 같다. 5가야·6가야라 한 것은 이 두 가야를 맹주로 한 연방으로 볼 것이다.

가야를 김해세력과 고령세력을 맹주로 하는 聯邦으로 본 것이 특징이며 古寧加耶는 咸昌으로 비정하였다.

나. 李丙燾, 『國史大觀』, 동지사, 1949

가야산신 正見母主와 천신 夷毗訶之가 낳은 惱窒朱日과 惱窒靑裔가 각각 대가야시조와 금관가야시조로 나오는 것은 대가야를 宗派, 본가야를 支派로 한 것을 반영하는 것으로 보았다. 5가야·6가야는 加耶團體를 말한 것으로 맹주국을 제외하고 諸國을 말할 때는 5가야라 하였고 맹주국까지 합쳐서 부를 때는 6가야라 한 것으로 보았다. 댕주국은 한때는 금관가야였다가 대가야르 바뀐 것으로 파악하고 있다. 6가야의 위치에 대해『삼국유사』에 함창에 위치하였다고 한 古寧가야를 진주로 비정하면서 의문표를 붙이고 있다.

가야연맹체의 맹주가 금관가야에서 대가야로 바뀐 것으로 본 것과 고녕가야의 위치를 진주로 비정한 것이 특징이다.

(2) 1960~1970년대

가. 李基白, 『韓國史新論』, 일조각, 1967

3세기 중엽 변진 12국은 辰王의 지배를 받지 않고 완만하게 연맹하였다. 이 중 狗邪國은 수로를 시조로 하여 본가야로 발전하고 彌烏邪馬國은 아진아시를 시조로 하여 대가야로 발전하였다. 본가야는 해상활동을 통해 한군현·예·왜와 통교하여 철을 수출하였는데 왕망의 貨泉이 증거이다. 신라에 못지 않은 문화발전을 하였지만 백제·신라·왜 세력의 각축으로 독자적인 정치적·사회적 발전을 이룩하지 못하였다. 신라와의 대립으로 광개토왕의 출병을 초래하였다. 가야의 멸망 후 인물과 문화는 신라에 흡수되었는데 김유신과 가야금과 우륵을 예로 들었다.

금관가야의 발전의 배경을 활발한 해상활동에 두고 있는 것과 광개토왕의 출병이 가야사회에 미친 영향 및 가야의 문화가 신라에 끼친 영향 등을 언급하고 독자적인 정치적 발전을 이룩하지 못한 원인을 주변 국들의 세력각축으로 파악한 것이 특징이다.

나. 曺佐鎬, 『韓國史通論』, 박영사, 1975

1~4세기에 낙랑문화의 파급에 의해 새로운 토착문화인 김해문화가 일어났다. 김해패총에서 출토된 많은 鐵刀子, 시루와 탄화미, 회청색 토기, 방추차·유리옥, 석상분·지석묘 이외에 수혈식 석곽묘 등을 통해 금관가야의 발전을 서술하였다. 김해의 구야국은 본가야로, 고령의 미오야마국은 대가야로 발전하여 함안의 아라가야, 진주(?)의 고녕가야, 성주의 성산가야, 고성의 소가야 등과 연합하여 그 맹주가 되었다. 본가야를 중심으로 한 활발한 해상활동에 대해 철 수출과 왕망의 화천의 존재를 그 증거로 들고 있다.

고령을 미오야마국으로 본 것과 김해패총에서 출토된 유물을 강조한 것이 특징이다. 그러나 가야의 문화나 정치적 발전의 한계성 및 가야문화가 신라에 끼친 영향 등의 서술은 이기백의 서술과 비슷하다.

(3) 1980년대

가. 이현종, 『한국의 역사』, 대왕사, 1982

낙동강 중류지역의 任那(大加耶國=彌馬邪鳥)와 하류의 加羅(狗耶 또는 가야)가 정치적·경제적으로 중심이었다. 한군현 및 예와 교류하였다. 백제가 가야를 경유하여 신라를 공격하자 광개토왕의 출병을 초래하였다. 백제와 신라의 중간에 위치한 데다가 양국의 각축으로 말미암아 정치·군사적으로 크게 발전하지 못하였다.

임나를 고령의 대가야로 본 것과 백제가 가야를 경유하여 신라를 공격함으로써 광개토왕의 출병을 초래하였다고 한 것이 특징이다.

나. 韓佑劤, 『개정판 韓國通史』, 을유문화사, 1986

1970년에 출간된 한우근의 『한국통사』에는 가야사가 독립항목으로 설정되지 않았으나 『개정판 한국통사』에서 가야연맹을 독립항목으로 설정하고 있다. 율령정치와 사상통일 등을 이룩한 신라가 김해의 본가야를 병합한 것은 전기가야연맹세력 정복의 단초를 열었다. 신라 진흥왕은 관산성 전투에서 승리한 후 낙동강 중류의 대가야를 정복하여 가야연맹의 전지역을 완전히 장악하였다. 가야의 정치적 성격에 대해서는 연맹체로 보면서 김해의 본가야가 맹주국이었을 때를 전기가야연맹, 대가야 중심의 연맹을 후기가야연맹으로 파악하고 이 연맹체를 여섯 가야부족의 부족연맹체로 파악하였다.

가야를 6가야연맹체로 보고 김해세력이 맹주국일 때를 전기가야연맹, 대가야가 중심일 때를 후기가야연맹으로 서술한 것이 특징이다.

다. 邊太燮, 『한국사통론』, 삼영사, 1986

변한 12국은 진왕의 지배를 받지 않았는데 이것이 가야제국이다. 김해지방의 구야국은 본가야로 발전하였는데 김해패총이 보여주듯이 우세한 철기문화와 벼농사에 의해 주위의 소국보다 발달하여 가야연맹의 맹주가 되었다. 4세기 말 5세기 초 고구려군의 南征으로 백제·가야가 타격을 받자 연맹의 중심이 고령의 대가야로 옮겨졌는데 이후 대가야는 후기가야연맹의 주도세력이 되었다. 가야연맹은 백제, 왜의 압박과 고구려의 南征으로 중앙집권적 통일국가를 이루지 못하고 신라에 의해 멸망당하였다.

대가야의 전신을 미오야마국으로 보되 각주에 반로국으로 보는 견해를 소개한 것과 가야연맹 지도가 첨가된 것 및 각주에 임나일본부설을 소개하고 남한에 왜병이 들어온 것은 사실이나 日本府는 존재하지 않았음을 언급한 것이 특징이다. 그러나 문화사적 내용은 기술되어 있지 않다.

(4) 1990년~2000년대

가. 구로역사연구소, 『바로보는 우리역사1』, 구로역사연구소, 1990

6가야 가운데 가장 선진적인 나라는 금관가야이며 철을 중심으로 일본과 교역하였다. 낙동강 동쪽으로의 진출이 좌절되자 백제와 밀접한 관계를 유지하였다. 신라의 강성으로 가야의 소국들은 타격을 입었으나 대가야(고령지역)를 중심으로 통합을 도모하였다. 가야국은 백제와 신라의 틈바구니에서 중앙집권국가로 발전하지 못한 채 멸망하였다.

가야가 백제와 밀접한 관계를 유지하게 된 배경으로 낙동강 동쪽지역으로의 진출의 좌절을 든 것이 특징이다.

나. 한국역사연구회, 『한국역사』, 역사비평사, 1992

가야 소국들은 해상무역을 하였고 고립분산적으로 성장하였다. 초기에는 금관가야가, 후기에는 대가야세력이 중심이 되어 연맹체를 주도하였다. 백제·신라에 맞설 만한 집권적 지배체제는 갖추지 못하였다.
가야 각국이 고립분산적으로 성장한 것으로 본 것이 특징이다.

다. 한영우, 『다시 찾는 우리역사』, 경세원, 1997

기원 전후시기에 철기문화의 발달에 힘입어 6가야로 불리는 가야연맹체가 등장하였다. 김해지방의 가야세력이 6가야의 주도권을 잡게 된 것은 이곳에서 철생산, 벼농사, 활발한 해상활동을 한 결과이다. 가야는 일본의 규슈 지방과 가까워 그곳으로 많은 사람들이 이주하여 소국을 건설하였지만 이들이 왜라는 이름으로 가야지방에 왕래하면서 교역활동을 전개하였다. 이른바 4세기경에 설치되었다고 하는 임나일본부는 일본과의 무역을 위한 백제의 商館으로 보인다. 6세기 초에 와서 금관가야는 망하고 그 주도권을 이어받은 고령의 대가야도 562년에 망하고 말았다. 가야는 비록 멸망하였지만 신라에 통합된 가야사람들 중에는 신라의 삼국통일을 주도하는 데 큰 공헌을 한 김유신 같은 인물을 다수 배출하기도 하였다.

가야인들이 규슈 지방으로 이주하여 소국을 건설하였고 이들이 왜라는 이름으로 가야와 교역활동을 한 것으로 본 것과 임나일본부를 商館으로 본 것이 특징이다. 그리고 각주에 임나일본부의 위치와 설치 주체에 대한 간단한 설명이 있는 것과 가야지도, 가야시대의 갑옷과 투구, 고령 대가야 고분 사진 등이 수록되어 있는 것이 특징이다.

라. 趙恒來,『한국사의 이해』, 아세아문화사, 2000

가야는 백제·왜와 결탁하여 신라와 대립하다가 고구려의 공격을 받았다. 532년에 본가야가, 562년에 대가야가 신라에 의해 멸망됨으로써 소멸되었다. 가야토기는 신라토기의 형성에 영향을 주었고 가야금도 신라 음악에 영향을 주었다.

2) 叢書類 개설서

(1) 李丙燾·金載源,『한국사』고대편, 을유문화사, 1959[13]

진한에서 백제가 일어나는 사이 弁辰(지금의 경상도)에서는 주위의 세력을 아우르는 유력한 사회가 나타났으니 하나는 신라이고 하나는 임나와 가라를 중심으로 한 연맹단체이다. 加羅에는 上加羅(今 고령)와 下加羅(今 김해)의 정치적 내지 지역적 구별이 있었는데 上加羅는 任那=大加耶國이고 下加羅는 狗耶=本加耶國이다. 임나와 가야는 연맹제국 중의 二大중심을 이루었는데 임나는 가야보다 더 오랜 역사와 일시 더 우세한 지위를 가졌던 것으로 인식된다.『신증동국여지승람』

---

13) 본서의 가야사 서술은 이병도가 맡았다.

고령현의 시조설화에 나오는 천신 伊毗詞之는 시조 伊珍阿豉의 音轉인 듯하고 그의 아들 惱窒朱日은 內珍朱智의 異寫인 듯하므로 伊珍阿豉와 內珍朱智는 異人(父子)의 各稱으로 보아야 한다. 대가야와 본가야의 시조가 형제라는 설은 혈연적 宗支관계에서 보면 대가야란 칭호의 유래를 말해준다고 할 수 있다.

本加耶·大加耶의 狗耶·加耶는 '가라'의 음역으로 '가스 나라' 즉 '邊國'의 뜻이다. 금관가야는 낙랑·대방군과 정치적·문화적 교섭을 하고 일본과의 중간에 개재하여 中間寄港地로서 해상활동을 통해 번영하였는데 주요 수출품인 변진의 철은 구야국에게는 경제적 의의가 컸다. 그로 말미암아 任那府가 任那本地(고령)에서 狗耶방면으로 옮기게 되었다. 김해패총·양산패총은 金石竝用期의 것으로 청동기시대를 거치지 않고 금석병용의 기이한 문화를 출현한 것을 보여준다.

수로의 건국연대는 후한 中末葉으로 보는 것이 타당할 것이며,『삼국지』에 나오는 拘邪秦支廉의 廉은 首露의 약칭으로서 首廉 혹은 朱廉이라 할 수 있다. 수로는 부족사회의 맹주라기보다는 가야연맹체의 최초 맹주로 보는 것이 온당할 것이다. 6卵설화는 본가야 중심의 연맹체를 형성하던 때의 일로 이때의 맹주가 수로였던 것이다.『삼국유사』5가야조는 금관가야 중심의 연맹체를, 本朝史略의 기사는 대가야 중심의 연맹체를 나타낸다. 그리고 「駕洛國記」에 나오는 "東以黃山江…南而爲國尾"라 한 기사는 대가야 및 성산가야 등의 탈퇴로 조금 축소된 4개연맹체의 경역을 표시한 것이 아닐까 한다.

가야제국으로는『일본서기』에 나오는 비자발(창녕 : 불사국), 남가라(김해 : 구야국), 안라(함안 : 안야국), 임나(고령 : 미오야마국), 반파(성주 : 반로국), 졸마(김산 : 走漕馬國) 등 국이 있었고, 그 밖에 탁국(대구 : 달구벌), 기탄(칠원?), 탁순(미상), 다라(합천), 산반해(신번), 사이기(삼가), 자타(거창?) 등의 소국을 든 후 이중 任那(대가야), 加羅(본가야), 安羅(아라가야) 3국이 牛耳를 잡은 것으로 보았다. 임나는 경제적 이익을 주로 하던 일종의 商館(후세의 倭館과 같은 것)이었던 것이후에 차차 정치적 내지 군사적 활동을 겸하였던 것으로 보았다. 임나부란 처음에 임나(대가야)에 있었기 때문에 붙여진 칭호인데 후에 본가야로 옮겨가서도 또 안라로 옮겨가서도 임나라 칭하였다.

진단학회의『한국사』고대편은 총서류 개설서로는 최초로 가야사를 자세하게 다룬 것이라고 할 수 있다. 그렇지만 집필자의 견해를 따라 진한의 위치를 한강유역으로 비정하고 백제는 진한을 통합한 것으로 파악한 것, 미오야마국=임나=대가야=상가라로 인식하고 본가야=하가라=구야국=금관가야로 인식한 것 및 임나부는 본래 고령에 두었던 商館으로 파악한 것 등은 특징이라 할 수 있다. 그렇지만 김해패총·양산패총을 金石竝用期라 한 것은 당시 고고학의 성과를 반영한 것이기는 하지만 오늘날에는 받아들여지지 않는 견해임을 지적해 둔다.

(2) - 1. 윤무병·한병삼·김기웅, 감수 천관우,『한국사대계』1 상고 ;
   - 2. 이만열, 감수 천관우,『한국사대계』2 삼국상고, 삼진사, 1973

『한국사대계』1은 고고학 자료를 중심으로 서술한 것이다. 가야는 3세기 중엽경에 낙동강 하류에 있던 변한 12국이 가야연맹으로 발전한 것으로 보고 3세기 중엽부터 562년까지를 6가야시대라고 하였다. 가야의 고분의 입지는 구릉정상 혹은 山尾의 경사면을 선정하였다고 하면서 대구 달성고분군과 達城, 고령 지산동고분군과 主山산성, 함안의 말이산고분군과 城山산성의 존재를 주목하고 있다. 분형은 원형이고 말이산고분군 중 최대는 높이 약 10m 직경 약 40m가 된다. 내부구조는 수혈식 석곽분, 수혈계 횡구식 석실분, 횡혈식 석실분의 3형식으로 분류하고 수혈식 석곽분은 주로 고령·함안 지구에, 수혈계 횡구식 석실분은 달성·창녕·성주 지구에, 횡혈식 석실분은 양산·김해·진주·고령 지구에 분포한 것으로 파악하였다.

『한국사대계』2는 문헌자료를 중심으로 정리한 것이다. 변진족은 우수한 철기문화를 소유하고 남하 과정에서 백제를 건국하고 신라의 昔氏부족과도 관계를 가졌다. 정착 후 12개의 邑落국가는 상호 통합활동을 전개하여 6가야가 형성되었다. 금관가야는 수로왕을 시조로 하는 狗邪國이, 대가야는 伊珍阿豉를 시조로 하는 彌烏邪馬國이 발전하여 이루어졌는데 이 지역을 통합한 두 실력자이다. 북방의 철기문화를 가졌던 수로계는 김해에 1세기경에 도착하여 나라를 세운 것으로 보인다. 가야문화는 토기에서 볼 때 신라와 구별되는 문화권을 형성하였다는 것과 가야금과 于勒을 중심으로 가야문화가 신라에 미친 영향을 언급하고 있다. 그리고 『삼국사기』 지리지 기사를 근거로 하여 아라가야(아시량국)는 법흥왕대에 멸망한 것으로 보았다. 그리고 細注에서 종래의 연구가 가야를 중앙집권적 고대국가 단계에 이르지 못한 부족국가·부족연맹의 사회로 규정짓는 것을 비판하면서 독자적인 문화영역의 설정과 수백 년에 걸친 역사는 비록 크게 양분된 정치권에서나마 중앙집권적인 고대국가의 성립이 가능한 것으로 추정하였다. 가야지방의 정치적 통일이 쉽게 이루어지지 못한 것은 변진족의 騎馬鐵器人들의 중심부족이 왜로 빠져나갔기 때문일 것으로 추정된다.

『한국사대계』의 장점은 가야의 고분자료를 다양하게 소개하고 또 많은 사진자료를 화보로 게재하고 있는 것이다. 弁辰族이 만주지역에서 이동해 와서 弁韓지역에 정착한 것으로 보고 있는 것, 가야를 부족연맹체로 설정하는 것을 비판하고 중앙집권적인 고대국가로 파악한 것, 가야지방이 정치적 통일을 이룩하지 못한 원인을 騎馬鐵器人의 주체세력이 倭로 빠져나간 것으로 설명하고 있는 것이 특징이라 할 수 있다. 이러한 견해는 감수자인 千寬宇가 삼한의 국가형성을 논하면서[14] 주장한 論旨를 그대로 반영한 것으로 보인다.

(3) 국사편찬위원회, 『한국사』 2 민족의 성장, 1978[15]

김해지역에 부족국가의 성립은 3세기 중엽이며 원래의 卵生설화는

---

14) 천관우, 「삼한의 국가형성」 상·하, 『한국학보』 2·3집. 1976 및 「복원 가야사」 상·중·하, 『문학과 지성』 28·29·31호, 1977~1978 참조.
15) 본서의 가야사 서술은 김철준이 맡았다.

수로왕의 난생만을 말한 것이지만 그 뒤 김해의 가야가 타 5가야와의 연맹관계를 설명하기 위해 6卵설화가 나온 것으로 보고 이는 가야연맹체 관계를 상징하는 것으로 파악하였다. 그리고 本朝史略의 기사는 나머지 5가야를 영도한 고령의 대가야계 설화에서 나온 것으로 보고 또 『신증동국여지승람』의 兄弟說話에서 上下 兩加耶를 주체로 하는 가야연맹이 결속된 것으로 파악하고 있다. 천신 夷毗詞之는 태양의 자손들이라 자칭하는 유이민 설화의 계통을 연장시킨 것이고, 正見母主는 가야산이 가야연맹 지역의 주산임을 보여주는 것이므로 이 신화는 兩加耶의 주체가 전지역의 부족국가를 포괄하는 신화를 만들 필요성에서 연맹이라는 현실관계를 설명하기 위해 조작한 것으로 생각된다고 하였다.

1978년판 국편『한국사』는 가야사를 연맹체로 파악하고 6가야 설화나 『신증동국여지승람』에 나오는 시조형제설화를 모두 연맹체의 모습을 반영해 주는 것으로 파악한 것이 특징이다.

(4) 이기백·이기동, 『한국사강좌』 1(고대편), 일조각, 1982

변한 12국과 가야 6국 : 변한 12국이나 가야 6국이나 모두 낙동강 이서와 남해안의 경상도 지역을 무대로 하였으므로 별개로 생각할 수 없으며 4세기 초를 경계로 변한에서 가야로 명칭이 바뀌게 된다.

두 가지의 개국설화 : 수로왕 설화는 降下卵生形으로 신라의 혁거세 설화와 꼭 같으며 가야산신 正見母主와 천신 夷毗詞之의 교감에 의해 惱窒朱日과 惱窒靑裔의 탄생은 대가야를 중심으로 한 것으로서 천신족과 지신족의 결합을 기본 요소로 하고 있다.

가야왕국의 성장 : 수로왕 설화에 보이는 9간은 씨족장이고 수로를 자기들의 부족장으로 선출하였다. 그러나 수로왕을 6가야연맹의 맹주로 보는 견해도 있다. 고고학에서는 가야문화를 A.D.300년을 기준으로 전기와 후기로 나누는데 고총고분이 만들어지기 시작한 것은 4세기 이후부터이다.

본가야의 번영 : 본가야는 해상교역의 중심으로 발전하였고 왜와 낙랑군에까지 교역활동을 하였다. 아유타국 출신 수로왕비의 도래 이야기도 이러한 해상교역활동을 배경으로 생겨난 것이다. '任那'라는 칭호는 '님의 나라' 곧 '主國'을 뜻하는 것으로 본가야가 가야제국의 맹주였을 때 붙혀진 이름이다.

국제관계 속의 가야 : 일본서기에 의하면 4세기 중엽 이후 가야 여러 나라는 백제의 세력권으로 들어간 것으로 된다. 그러나 4세기 말경 가야는 백제·왜연합세력에 동조함으로써 신라를 돕기 위해 출병한 고구려군의 공격을 받았다. 5세기에 들어와 濟羅동맹이 맺어지면서 가야를 둘러싼 백제와 신라의 대립·갈등은 해소되었다. 그후 고구려의 군사적 압력이 강화되어 백제·신라 두 나라가 가야의 협조를 더욱 필요로 하게 되자 가라왕 荷知는 남제에 사신을 보내 輔國將軍本國王의 작호를 받았다. 이 하지를 대가야왕으로 보는 견해도 나오고 있다.

본가야의 멸망 : 한강유역을 잃은 백제는 그 보상을 가야의 땅에서 찾으려 하였는데『일본서기』에 任那 4縣의 割讓기사와 己汶·帶沙의 할양 기사는 백제의 이 지방으로의 진출을 의미한다. 대가야는 백제의 이러한 진출에 반항하여 신라에 혼인관계를 맺게 되었다. 신라 법흥왕은 적극적인 남진정책을 추진하여 532년에 본가야를 병합하고 대구 방면에 있었다고 생각되는 喙己吞國도 아울렀다. 이렇게 되자 대가야를 맹주로 하는 阿羅加耶·多羅를 비롯한 가야 여러 나라들은 백제와 왜의 힘을 빌어 이에 대처하려 하였다.

대가야의 멸망 : 백제의 힘을 이용하려던 대가야의 외교정책은 554년 관산성 전투에서 백제 성왕도 전사하고 백제군에 가담한 대가야군도 참패함으로써 실패로 돌아갔다. 신라는 가야지방에 손을 뻗쳐 창녕과 금릉에 下州와 甘文州를 설치한 후 562년에 대가야를 정복하였다. 이때 나머지 가야 국들도 신라에 병합되었다.

가야 여러 나라의 고분군을 보면 국세에 큰 차이가 없이 서로 엇비슷하여 이것이 통일왕국의 형성을 어렵게 한 요인으로 추정되고 있다.

가야는 신라에 정복·병합되었으나 그 문화와 인물은 신라의 역사전
개와 문화 발전에 큰 영향을 미쳤다. 가야의 궁정음악과 가야금은 신
라에 전해졌고 본가야 왕족의 후예들은 신라의 진골귀족에 편입되어
영토확장과 삼국통일에 이바지한 바가 컸다.

　본서는 4세기 초를 변한과 가야의 경계점으로 본 것, 任那를 主國으
로 본 것, 가라왕 荷知를 본가야 왕으로 본 것, 『일본서기』의 4縣·二
地를 백제의 가야지역으로의 진출로 본 것, 고고학의 연구성과를 적절
히 활용한 것 등이 특징으로 지적될 수 있다. 그러나 본가야·대가야
를 중심으로 서술한 것은 한계성이라 하겠다.

(5) 국사편찬위원회, 『한국사』 7 삼국의 정치와 사회 Ⅲ—신라·가야,
　　1997[16]

Ⅴ. 가야사 인식의 제문제

　가야사의 범위 : 가야라는 이름은 김해세력을 지칭하는 것으로 처음
사용되었으나 어느 때부터인가 고령세력이 이를 이어받아 사용하였다.
6가야의 명칭은 소국연맹체 당시의 것이 아니라 나말여초 本貫制의
성립과 관련이 있지만 언제인가 이 지역들이 가야의 세력권이었던 경
험을 바탕으로 한 것이라고 하면 某加耶라는 지역들도 가야사의 범위
에 넣어야 한다. 1~3세기 변한소국연맹의 맹주국은 김해의 구야국이
므로 변한소국연맹은 三韓史의 일부로서 다루기보다는 이 지역 전체
의 독립적인 역사를 종합한다는 관점에서 가야사에 포함시켜 논의해
야 할 것이다. 5~6세기 한반도 남부에는 신라, 백제와 구분되는 諸小
國聯盟體가 있었고 실질적인 맹주국은 고령의 가야(대가야)였으므로
이 연맹체는 加耶史로 다루어야지 任那라는 명칭을 써서 왜의 간섭이

---

16) 본서의 가야사는 김태식·김현구·심봉권 세 사람이 공동으로 집필하였다.
　　집필한 章은 다음과 같다.
　　김태식 : Ⅴ. 가야사 인식의 제문제 Ⅵ. 가야의 성립 Ⅶ. 가야의 발전과 쇠망
　　김현구 : Ⅷ. 가야의 대외관계
　　심봉근 : Ⅸ. 가야인의 생활

라는 관념이 담긴 任那史로 다루어서는 안 될 것이다. 문헌상 가야사의 존속은 A.D. 42~562년까지이다. 1~4세기는 前期加耶史로서 김해가 중심이었으며 이를 세분하면 기원전 1세기에서 기원후 1세기까지는 가야문화 기반 형성시기, 기원후 2세기대를 가야제국성립시기, 3~4세기는 김해지역의 우월성이 드러나는 전기가야연맹시기이다. 5~6세기는 고령 대가야를 중심으로 한 後期加耶史 시기이다. 이를 세분하면 5세기 전반기를 가야제국 復國시기, 5세기 후반부터 520년대까지는 대가야의 우월성이 드러나는 후기가야연맹시기, 520년 후반 이후부터는 가야연맹 소멸시기인데 530년대는 남부지역 일부 소국이 소멸하는 시기이고, 540년대는 대가야와 安羅國의 南北二元體制 시기이고, 550년대는 백제의 附庸체제로 들어간 시기이고, 이후는 후기가야연맹의 종식시기이다.

VI. 가야의 성립

가야의 풍토와 지리 : 가야지역은 질 좋은 철광산이 산재한 낙동강변을 중심으로 발전하였고 그 하류지역의 김해·부산·양산 일대는 해운의 이점을 가지고 있었고 합천·고령·성주 등은 안정적이고 양호한 농업 입지조건을 가지고 있었다. 서부경남지역 가운데 창원·고성·사천 등의 해안지대는 해운을 유지할 수 있었고 산청·함양·거창 등의 산간지대는 농경조건이 좋은 편이었다.

가야의 건국 설화 : 수로왕 신화는 김해지방에 존재한 9村연맹의 지배자인 9干이 합의하여 이주민 계통의 수로왕을 추대함으로써 가락국이 출현하게 된 것을 반영해주는 시조탄생 및 건국설화라 할 수 있다. 그리고 6卵설화는 어느 시기엔가 가락국 주도의 6가야연맹을 형성하였던 후대의 경험이 복합적으로 반영된 것일 것이다. 대가야 건국신화의 내용은 대가야국 시조 伊珍阿豉王과 금관국 수로왕은 형제관계로 되어 있어 상하가야연맹에 의한 분할통치의 형태를 상정할 수도 있다. 그렇지만 5세기 이후 수혈식석곽묘는 고령지역이 압도적이므로 이진

아시왕의 신화는 가야연맹의 패권이 김해 금관국에서 고령 대가야국으로 옮겨간 이후의 사실을 반영하고 있는 것이다.

가야제국의 성립 : 기원전 1세기경에 위만조선의 유이민과 그 문화가 경상도지역으로 파급되어 왔고 기원후 1~2세기에는 지역에 따라 상당한 문화축적을 이루기도 하였다. 특히 경남 해안지대의 활발한 발전상이 이 지역에 초기의 가야제국들이 성립되는 원동력이 되었다. 2세기 후반이 되면 목관묘의 규모가 커져서 대형 목곽묘가 나타나고 유물의 양이 전반적으로 많아진다. 따라서 가락국을 비롯한 변진 소국들은 대략 2세기대에 성립된 것으로 추정할 수 있다. 그러나 이 시기에는 國邑의 주수가 권력을 독점하지 못하고 天君의 종교적 권위도 초월하지 못하는 한계성을 지녔기 때문에 중앙집권적 고대국가 단계에는 이르지 못하였다.

가야연맹의 형성 : 변진의 12국이 연맹을 형성한 시기는 3세기 전반경으로 보이며 구야국이 중심적인 지위를 차지하여 전기가야연맹을 형성하였다. 전기가야연맹의 범위는 김해·함안·밀양·동래 등의 낙동강 하류지역과 고령·개령 등 낙동강 중상류지역과 고성·단성·함양 등 서부경남지역이 중심이고 창원·합천·성주지역도 넣을 수 있다. 4세기 후반에 와서 백제가 동진-서남해안-왜로 이어지는 교역로를 장악하여 신라를 견제하려고 할 때 구야국은 그 중개역을 맡으면서 그 세력을 더욱 강화하였다. 그렇지만 4세기 말, 5세기 초에 금관가야는 고구려와 백제의 패권 다툼에 백제를 지원하였다가 광개토왕군의 공격을 받아 그 힘이 약화되어 전기가야연맹은 해체되고 말았다.

VII. 가야의 발전과 쇠망

가야연맹의 발전 : 5세기 전반에 전기가야연맹의 소멸로 일시 약화되었던 가야세력은 5세기 후반에 와서 고구려의 한성 함락에 의한 백제의 남천, 신라의 급격한 성장 등 주변 정세의 변화에 위기의식을 느끼고 재결속하게 되었다. 이를 주도한 것은 고령의 대가야였다. 지산동

고분군의 출현은 대가야의 성장을 보여주는데 대가야는 이를 바탕으로 南齊에도 사신을 보냈고 신라의 요청에 의해 군대를 파견하여 彌秩夫城을 공격한 고구려 군대를 격퇴하기도 하였다. 5세기말, 6세기초의 대가야의 범위는 소백산맥을 넘어 남원·임실 지방을 영유하였지만 6세기 초 백제와 河東 지역을 둘러싸고 대립을 하였다. 그리하여 대가야의 직접적인 영향이 미치는 세력권은 소백산맥을 서쪽 경계로 하고 낙동강과 남강으로 경계를 이루었는데 이는 대가야양식토기의 분포와도 일치한다.

가야연맹의 약화 : 520년대에 들어와 백제가 섬진강 유역으로 진출하자 대가야는 신라와 혼인관계를 맺었지만 얼마 후 깨어지게 되고 대가야와 신라의 접경지대에 있던 喙己呑國(밀양·영산)이 신라에 투항하게 되었다. 이리하여 대가야의 영향력은 약화되고 안라국이 두각을 나타내게 되었다. 그러나 백제가 고구려가 내분을 겪고 있는 상황을 이용하여 안라의 乞托城에 진주하자 신라는 중요한 해운기지인 김해지역까지 백제나 왜의 영향에 휩쓸릴 것을 경계하여 532년에 금관가야를 병합하고 그 왕족을 진골로 편입하였다. 한편 가야 서남부지역에 군대를 주둔시켜 신라의 진출을 일단 억제한 백제는 안라·탁순을 거쳐 왜로 가는 교역로를 잠정적으로 확보하고 나아가 백제에 가까운 지역인 任那之下韓에 군령·성주를 파견하여 행정구역화해 나갔다. 그 결과 후기가야연맹은 남부지역의 영토 및 주권이 축소되는 과정 중에 약화되어 가야로서의 통합 움직임은 상당한 타격을 입고 말았다.

가야의 멸망 : 530년대에 탁순국이 신라에 투항하자 안라국은 在安羅倭臣 등을 이용하여 백제와 신라의 압력을 막아내는 방패막이로 활용하면서 자신의 지위를 높이려 하였다. 그 과정에서 안라국은 주변의 가야 남부지역으로 세력을 확대함으로써 북부의 대가야에 버금가는 또 하나의 중심세력으로 대두하였다. 이리하여 가야연맹은 남북으로 분열되어 대가야·안라 二元체제 시대로 돌입하게 되었다. 가야연맹은 541년에 1차 泗沘회의에 참여하였지만 백제가 郡令·城主 축출에

대한 보장을 하지 않자 신라와의 재접촉을 시도하였다. 이에 백제는 544년에 다시 2차 사비회의를 소집하여 임나보호를 위한 왜군의 요청 문제, 군령·성주를 내보낼 수 없다는 변명, 吉備臣·移那斯·麻都 등을 本處로 송환하는 문제 등을 제시하였으나 가야제국이 거절함으로써 실패하고 말았다. 백제가 또 왜와의 결속을 강화하자 이에 불안을 느낀 안라국은 고구려에게 백제의 정벌을 요청하였다. 그렇지만 고구려군이 패배하여 양자 사이의 밀통이 드러나게 되자 백제 성왕은 안라에 압력을 가하여 550년 초에 가야연맹을 附庸化하는 작업을 끝마치게 되었다. 551년에 백제는 신라 및 가야군과 더불어 고구려를 공격하여 한강유역을 회복하였지만 553년에 도리어 신라에게 한강유역 전체를 빼앗기고 말았다. 이에 성왕은 가야군을 동원하여 554년에 신라를 공격하였다가 管山城 전투에서 대패하였고 가야연맹도 큰 피해를 입게 되었다. 이후 안라는 신라의 강압과 회유에 의해 저항없이 신라에 항복하였고 대가야는 562년에 신라군의 공격을 받아 멸망하고 말았다.

Ⅷ. 가야의 대외관계

백제·야마토왜의 접근과 중개외교 : 4세기 가야제국은 금관가야를 중심으로 하나의 연맹체를 형성하고 있었지만 신라의 압박에 대항하여 의지할 수 있는 세력은 백제뿐이었다.『일본서기』神功紀에 의하면 백제는 364년에 탁순과 관계를 맺고 그 관계를 바탕으로 366년에 야마토왜와도 관계를 맺었다. 낙랑·대방군이 고구려에 멸망된 이후 야마토왜는 4세기 이후 낙동강을 거슬러 올라가면서 선진문물의 수입처를 한반도 내륙지역으로 확대하였다. 이때 금관가야의 압력에 직면해 있던 卓淳國이 야마토왜에게 그 내륙통로를 내어주었다. 따라서 이 시기에는 탁순이 가야제국의 대외관계에서 중심적인 역할을 하기 시작하였다. 한편 백제는 對고구려전을 앞두고 후방의 안정을 위해 탁순을 근거지로 하여 가야 7國을 평정하고 나아가 영산강 유역의 옛 마한세력도 평정하였다.

對백제관계의 심화와 附庸외교 : 369년 이래 백제와 상하관계를 맺고 있던 가야는 4세기 말에서 5세기 초에 걸쳐 신라의 침입과 고구려의 남하에 대항해서 백제에 더욱 의존하였다. 광개토왕비문에 의할 때 고령가야가 400년과 404년 싸움에서 야마토왜에게 전진기지를 제공하고 있는데 이는 가야와 백제와의 관계에서 결정된 것으로서 가야와 야마토왜와의 관계는 종속적인 것이었다. 이로써 대가야는 탁순국을 제치고 백제와의 관계에서 중심적인 역할을 하게 되었다. 382년 加耶구원 이후 가야지역에 직접적인 영향력을 미치기 시작한 백제는 4세기 말, 5세기 초에 가야의 三己汶지역에 군대를 鎭戍하였다. 이러한 상황에서 487년의 야마토정권의 紀生磐宿禰가 가야를 근거로 반란을 일으킨 것으로 나오는 『일본서기』의 기사의 실체는 가야에 주둔한 백제군의 반란으로 보아야 한다. 가야가 479년에 남제에 사신을 보내고 또 481년에 신라를 구원하기 위한 군대 파견도 백제와의 관계에서 나온 것이지 독자적인 대외관계는 아닌 것이다.

백제 · 신라의 각축과 분열외교 : 5세기 후반 고구려의 남하정책으로 백제의 가야에 대한 영향력이 약화되자 叛波 등이 세력확대를 시도하였고 이에 위기를 느낀 백제는 도리어 가야지역에 대한 직접 지배를 시도하게 되었다. 한편 6세기 들어가면서 신라의 가야진출도 본격화하여 522년에 대가야 왕실과 혼인관계를 맺은 신라는 532년에 금관가야를 병합하였고 이를 전후한 시기에 卓淳과 喙己呑도 병합하였다. 이렇게 되자 불안을 느낀 안라국 등은 백제에 의존하게 되어 백제군이 안라국에 진주하는 것까지 용인하게 되었다. 이러한 상황에서 星州의 반파가 己汶을 빼앗는 사건이 일어나자 백제는 기문 · 대사를 점령하는 한편 日系 백제관료와 郡令 · 城主라고 하는 지방관을 배치하여 직접 지배를 시도하게 되었다. 백제의 이러한 시도는 가야제국의 입장에서 볼 때 위협적인 것이어서 안라국 등 가야제국과 백제와의 사이에 불화가 생기지 않을 수 없었다. 이 과정에서 안라국이 가야제국의 대외관계에서 중심적인 역할을 하게 되었다. 541년부터 백제의 가야지역에 대한 직접지배를 둘러싸고 가야 제국과 백제 사이에 알력이 있었지만 신라의 위협 하에 놓인 가야로서는 벅제에의 의존을 심화시킬 수밖에 없었다. 그러나 대가야는 554년 관산성 전투에서 백제와 가야의 연합군이 신라에게 궤멸적인 패배를 당한 이후 실질적으로 신라의 지배에 들어가게 되었고, 562년에 백제와 더불어 가야의 부흥을 꾀하다가 실패하면서 멸망하고 말았다.

IX. 가야인의 생활

산업의 발달 : 농업의 경우 회현리 패총, 늑도 유적, 부원동 유적 등에서 보아 밭농사가 우세하거나 밭농사와 논농사가 혼합된 형태로 경작되었다. 어업으로는 어로 외에 海藻類의 채취, 海棲동물의 포획, 건어물·소금의 생산활동 등이 있었고 해산물을 가공하여 보존하는 기술도 발달하였다. 그리고 김해패총과 분묘 등에서 출토되는 외래계 반입품은 대외교역활동이 가야제국 집단간의 교역 범위를 벗어나 중국·일본과도 이루어지고 있었음을 보여준다. 金海세력은 고대국가의 성장에 중요한 역할을 한 철을 내륙지역에는 물론 倭나 중국 郡縣에 수출하여 부를 축적하였다. 대가야도 4세기 이후에 들어와 농업을 보다 발달시킴과 동시에 질 좋은 冶爐지역의 철산을 장악하여 발전의 토대로 삼았다.

종교와 풍속 : 삼국에서의 불교의 전래가 4·5세기였던 만큼 수로왕의 비인 허황옥이 불교 발생지인 인도의 아유타국 출신이라 하여 불교와 연계시키기는 어렵다. 그러나 王后寺의 창건을 元嘉 29년(452)이라 한 것은 어느 정도 역사성을 가진다. 그리고 崔致遠이 찬한 『釋利貞傳』에 보이는 正見母主의 정견도 불교의 8正道와 연관되는 것이다. 『삼국유사』 가락국기에는 德治주의, 民本주의, 天命사상 등이 보이는데 한국고대의 사상이 인간을 근본으로 하고 현세를 중시하는 동질성이 있었기 때문에 유교는 별다른 마찰없이 받아들여진 것 같다. 가야 사회에 도교 전래의 실상은 파악하기 어려우나 수로왕이 157세를 享壽

하였다는 것은 도교적 성격을 가진다고 할 수 있다. 三韓사회에서 마을단위의 부락제가 국가적인 祭儀체계로 발전되었는데 그 제의가 행해지는 곳이 蘇塗이다. 소도에서의 신앙대상은 天神일 수도 있으나 주로 鬼神이었던 것 같다. 태양은 고대로부터 숭배의 대상인데 수로의 난생설화는 태양신앙을 반영해 준다. 『삼국유사』 가락국기에 보이는 龜旨峰은 산악신앙의 일면을 보여주며 해안이나 섬 주민들에게는 龍신앙도 있었을 것이다. 장례풍속을 보면 생전에 사용하던 물건 외에 특별한 부장품으로 馬甲, 騎馬人物토기, 馬形토우, 오리모양토기 등을 넣었다. 새 깃털을 葬送에 사용한 것과 오리모양토기를 넣은 것은 영혼을 天界로 인도하거나 운반하는 뜻을 지닌다. 가야에서는 평상시의 생활이 죽은 뒤에도 재현된다는 來世사상에서 순장을 하였다. 고령 지산동 45호분과 창녕 교동 3호분 등에서 발굴된 인골은 순장 사실을 고고학적으로 확인시켜 준 것이다. 이외에 미래의 일을 예측하기 위한 점복도 행해졌는데 부원동 유적에서 나오는 사슴 견갑골을 이용한 無字卜骨이 물질적인 증거가 된다.

　1997년판 국편 『한국사』(이하 신편 『한국사』로 약칭한다)는 1978년판 『한국사』와 비교할 때 가야사에 관한 한 많은 변화를 보여준다. 분량상으로 1978년판은 가야사 관련 서술이 2쪽 반에 지나지 않았고 또 신라사에 부수하여 서술하고 있는 것에 반해 신편 『한국사』의 가야사 분량은 167쪽이나 된다. 그리고 책 이름도 신라·가야라 하여 가야를 신라와 같은 비중으로 다루고 있다. 어쩌면 총서류의 개설서에서 가야사를 집대성한 것이 신편 『한국사』라 할 수 있겠다. 따라서 다루는 내용도 가야사에 대한 인식의 문제에서부터 가야의 성립, 발전과 쇠망, 대외관계, 생활 등 정치사, 경제사, 대외관계사, 생활사까지를 망라하고 있다.

　그러나 그 내용이 정치사와 대외관계사에 치중함으로써 생활사·문화사 등은 소략하게 다루어졌으며 가야사회의 경제라든가 사회구조, 정치구조 및 신분제 등은 거의 언급되지 않았다. 또 가야를 구성한 제

국 가운데 전기가야연맹의 맹주인 금관가야와 후기가야연맹의 맹주인
대가야의 성립이나 발전을 집중적으로 다룬 반면에 여타 가야 제국의
성립이나 성장은 상대적으로 소홀히 다루었다. 또 집필자 3인 사이에
사료를 보는 입장이 달라 서술 내용이 상치하는 경우도 있었다.『일본
서기』신공기 49년조에 보이는 백제의 가야7국 평정 기사에 대해 이를
부인하는 견해와 긍정하는 견해가 동시에 서술된 것이 단적인 예가 된
다.

(6) 이이화,『한국사 이야기』2—고구려 백제 신라 가야를 찾아서, 한길사, 1998

마한의 통제가 느슨해진 틈을 타서 구야국=금관가야가 응집해 나가
변한을 대신하여 이 지역의 맹주가 되었다. 가야라는 이름은 겨레·가
람·개간한 땅이라는 뜻이다. 수로왕이 상주·함창의 고녕가야, 성주
의 성산가야, 고성의 소가야, 함안의 아라가야, 고령 대가야를 통제하
여 맹주로 등장하였다. 서기 77년(탈해이사금)의 황산진 전투에 보이
는 가야군이 6가야의 연맹군이었는지 다른 가야의 단독군이었는지는
확인되지 않는다. 양동리 고분에 보이는 발달된 철제 무기와『삼국지』
변진조의 철 기사 및 금관국, 금빛 알, 金姓 등은 모두 쇠와 관련되는
것이다. 금관가야는 해상무역을 통해 중국과 교역을 하였다. 파사석
탑·왕후사·호계사·수로왕과 만어사·지리산 화개골의 칠불암 등은
가야의 불교를 말해주는데 김해의 신어산과 은해사, 녹산의 명월사, 장
유의 불모산과 장유암, 삼랑진의 부은암은 남방불교의 특징을 보여준
다. 이중 파사석탑의 돌은 중국의 남쪽 지방과 인도지역에서 생산되는
돌임이 확인되었다. 태양무늬와 물고기무늬 사진이 게재되어 있다.
　본서는 일반 독자들이 읽고 이해하기 쉽도록 풀어쓴 것이 특징이다.
그리고 불교와 관련한 서술을 많이 하되 가야의 불교를 남방적 불교로
보고 허황후가 인도의 아유타국에서 왔다고 하는 것을 일정하게 긍정
하면서 서술한 것이 특징이다.

3) 시대사류 개설서

(1) 1940~50년대

가. 정인보,『조선사연구』하, 서울신문사, 1947

加耶諸國의 最大하고 또 最盛하기는 지금 김해를 國都한 이른바 大駕洛(대가야) 金官國과 동일한 대가야의 칭을 가진 지금 고령을 國都로 한 미오야마국이다. 이밖에 함창을 중심으로 한 고녕가야, 고성을 중심으로 한 소가야, 함안의 아라가야, 성주의 벽진가야는 모두 一時同興한 나라이다. 金官은 곧 검한이니 김해에 都한 가야가 엄연히 總王의 존칭을 가졌던 것이다. 수로왕이 김해에 開基하자 그 동생인 5인이 모다 民土를 分主하야 고령의 伊珍阿豉王 이외에 함창·함안·고성·성주의 君國이 생기였다.

가야와 신라의 開釁은 탈해왕 21년 黃山津口의 교전이다. 가야가 신라 南邊에서 충돌한 것을 보면 이 가야는 황산강 이남에 수도를 세운 금관국으로 보인다. 함창으로부터 성주·고령·함안·김해·고성이 모두 이 물줄기의 서 또는 남에 있으니 6가야의 명칭은 이 물줄기의 이름을 依用한 것이다. 이 물줄기는 반도 남부의 동서 중간을 穿下하므로 '갑우내'라고 부르던 것이니 '갑우'는 正中의 뜻으로 지금의 '가운'의 本이니 '가야'는 곧 '갑우내'의 略譯이다. 지금도 산천의 名으로는 古稱의 全具한 것이 가끔 보이니 김해 구지봉이 '거븨티'니 '거븨'가 곧 '가븨'요, 이를 入海하는 어귀가 龜浦니 '거븨개'요, 낙동강 북쪽 대안 밀양 지방 바로 강기슭 근처에 龜齡山이 있으니 이는 '거븨나'니 곧 具寫한 '가븨내'요, 현풍 지방이 물줄기로 들어오는 大川 하류를 龜川이라 하며 선산 餘次里津 서쪽 대안에 龜尾라는 지명이 있다. 이 물줄기를 끼고 사는 6가야는 곧 水名으로 국명에 依用한 것임을 의심할 것이 없다.

본서는 金官을 검한 즉 총왕으로 보고 또 가야의 뜻을 '갑우내'의 略語로 본 것이 특징이나 언어학적 풀이에 치우친 것이 한계라 하겠다.

(2) 1980년대

가. 천관우,『인물로 본 한국고대사』, 정음문화사, 1983

『삼국유사』駕洛國記의 내용과 『新增東國輿地勝覽』의 내용을 논급한 후 서기전 1세기에 부여－고구려계의 백제가 남하하자 先着해 있던 辰國은 밀려서 남하하였다. 죽령과 조령의 남과 북 일대에 加耶·加羅라는 지명이 비교적 많은 것을 근거로 하여 변한=가야가 이 죽령·조령지역을 경유하면서 남하한 것으로 추론하였다. 弁韓族의 김해 도달은 서기 167~184년 전후로서 변한족의 수장인 수로의 沒年과 비슷하다. 김해 수로왕릉 정문의 두 마리 물고기, 활, 연꽃 봉오리, 남방식 불탑 장식 등은 수로왕비가 김해까지 직접 渡海해 왔는지는 알 길이 없지만 아요디아풍의 문화가 어떤 경로를 통해서 들어와 수로신화의 일부를 형성한 것을 보여준다.

변한 12국은 종족명이 아니라 지역명이다. 변진 12국에 왕이 있었고 이러한 분립상태가 멸망기까지 지속되었다. 김해의 금관가야는 수로가 죽은 후 200년경부터 급격히 몰락하였고, 그후 369년에 백제의 세력권 내로 들어갔다. 말기에 와서 대가야가 성장하였지만 백제와 신라의 쟁탈전에 말려 통일의 시기를 놓쳤다. 신라는 514년부터 가야제국을 각개 격파하여 532에는 금관가야를, 562년에는 대가야를 완전 복속시켰다. 가야제국 가운데 古寧加耶는 처음에는 함창에 있다가 뒤에 고령 星山으로 남하하였고, 非火加耶는 처음에는 安東에 있다가 뒤에 昌寧으로 남하하였다. 『일본서기』에는 대구·경산지역(卓·喙己呑)과 합천(多羅)지역에도 중요 세력이 있었던 것으로 나오는데 대구·경산 지역은 신라와 가야 사이에서 귀속이 유동적이었다.

『일본서기』 신공기 49년조에 왜가 가야 7국을 평정한 것으로 나오는 것은 백제의 근초고왕이 가야 7국을 평정한 것을 『일본서기』 찬자가 변조한 것이다. 『梁職貢圖』에 보이는 ‘百濟傍小國名’과 『日本書紀』에 보이는 가야의 국명이 일치하며 叛波는 성주로, 卓淳은 대구로, 多羅는 합천으로, 己汶은 김천으로, 忱彌多禮는 강진으로 비정된다.

그리고 『일본서기』에 나오는 倭의 任那지배의 正體는 백제의 가야지배를 말한다.

신라의 법흥왕은 금관가야를 멸망시켰고, 진흥왕은 창녕의 비화가야를 정복하였다. 창녕은 경주에서 전라도로 통하는 동서 교통로와 대구에서 남해안으로 통하는 남북 교통로가 교차하는 곳으로 신라가 백제나 가야로 진출하거나 낙동강 유역을 확보하는 데 전략적 요지이다. 신라는 이 지역을 장악한 후 562년에 고령의 대가야를 정복하여 가야 전역을 신라 영역으로 귀속시켰다.

본서는 『일본서기』 신공기 49년조의 기사를 백제의 가야지배를 보여주는 것으로 본 것과 금관가야의 급격한 몰락은 핵심세력의 倭地로의 이동 때문인 것으로 본 것이 특징이다.

나. 이명식, 『한국고대사요론』, 형설출판사, 1983

『삼국유사』 5가야조는 금관가야맹주시대를, 『本朝史略』은 대가야맹주시대를 나타낸다. 대가야=上加羅는 미오야마국이고 우륵12곡의 上加羅都 · 下加羅都는 가야문명의 2대 중심체를 말한다. 금관가야를 이룩한 집단은 북방의 철기문화를 가진 집단이며 일찍 철을 생산하여 樂浪 · 濊 · 倭 등과 교역하여 수로가 6가야의 맹주로 추대되었다. 수로가 맹주로 등장한 시기는 200년경으로 보인다. 『삼국유사』 가락국기의 黃山江 · 蒼海 · 地理山 · 伽耶山은 가야연맹의 총 彊域을 나타낸다. 금관가야는 왜와 특수한 관계를 가졌고 중국 군현과 교역하고 州胡(제주도)를 무역 중개지로 활용하였다. 400년에는 신라를 돕기 위한 고구려군이 任那加羅 從拔城에까지 이르렀다. 금관가야 멸망 후 그 후손이 신라의 귀족으로 되었다.

본서는 금관가야를 중심으로 서술하고 있고 대가야에 대한 설명은 562년 멸망 사실만 서술하고 있어서 한계성으로 지적될 수 있다.

(3) 1990년대

가. 부산·경남역사연구소,『시민을 위한 가야사』, 집문당, 1996

본서는 크게 1부와 2부로 나누어져 있다. 1부는 가야사 전반에 관련한 사항들을 13개의 주제로 나누어 종합·정리한 것이다.

첫 번째 이야기/ 가야사를 어떻게 볼 것인가 : 가야의 당대적 용례는 加羅이고 김해 가락국의 정치적 성장은 서기 1~2세기이며, 가야사의 지리적 범위를 보면 1~3세기는 변진 12국의 분포지역이며, 4세기는 창녕(比自烑)·창원(卓淳)·고령(加羅)이 새롭게 부각되었으며, 5~6세기에는 고총고분이 출현하는데 고령권, 부산·김해권, 함안권은 분명히 구분된다.

두 번째 이야기/ 수로왕과 허황후 : 수로왕의 개국신화는 현실세계에서 이루어지는 권력행사를 정당화하고 이를 받아들이게 하기 위한 것이며, 허황후와 관련되는 설화는 인도 아유디아풍의 문화가 어떤 경로든 들어와서 수로왕 신화의 일부를 형성하게 되었고, 고령 가라국의 개국신화는 정견모주가 가야산신이라는 것이 흥미로우나 주요 내용은 수로왕의 개국신화에서 취해온 것이다.

세 번째 이야기/ 허황옥과 불교전래 : 허황옥은 본래 알영과 같은 물의 화신이었으나 駕洛國에서 불교 신앙이 크게 확산되면서 交易船에 실려 전해져 온 불교와 관련된 인물로 모습이 바뀐 것이다.

네 번째 이야기/ 가야와 철 : 가야의 철생산은 이웃 나라들보다 우월하였고 이것이 도리어 이웃 나라들이 가야를 幷呑하려고 한 원인이 되었다.

다섯 번째 이야기/ 기마민족정복설 : 騎馬民族說은 일본의 고대국가와 민족의 기원을 동북아시아 및 한반도와 관련하여 추구하려 한 것이나 그 주장에는 애초부터 한국사의 입장을 고려하지 않았다.

여섯 번째 이야기/ 김해 대성동 유적과 부여족의 남하 : 대성동고분군 발굴 결과 이전의 분묘를 파괴하고 조영한 것과 오로도스 銅鍑의 존재를 근거로 하여 금관가야는 扶餘族이 직접 남하하여 와서 성립된 것으로 보고 있다.

일곱 번째 이야기/ 일본열도에 진출한 가야인 : 형질인류학에서 볼 때 야오이시대에서 고분시대에 이르는 일본인의 구성비율의 80%가 대륙계 渡來人이라는 것에 근거하여 400년 전후에서 6세기 전반까지 가야인의 집단적인 移住가 있었다.『新撰姓氏錄』,『일본서기』,『風土記』 등의 문헌에서 가야인의 일본으로의 대거 이주가 확인되며 일본열도의 지명에도 가야인의 이주의 흔적을 다수 찾을 수 있다고 하였다. 그러면서 이러한 현상이 日鮮同祖論의 근거로 된다든가 북한의 分國論의 근거가 되는 것을 경계하고 있다.

여덟 번째 이야기/ 광개토왕 남정기의 가야사 : 3세기 후반 이후 가야지역에서는 구야국과 안야국이 주변세력을 통합하거나 교류관계를 가졌다. 4세기대에 와서는 가야제국은 백제와의 교류를 시작하였고 신라에 대해서는 친선보다는 경쟁이나 대립 관계가 많았으며, 선진문물의 수입을 원하는 왜와 교섭을 가지면서 백제와 왜의 교섭에 매개체적 역할을 하였다. 그러나 가야가 백제·왜와 함께 신라를 공격하자 광개토왕은 군대를 파견하여 임나가라와 안라국을 공격하였고 이로 말미암아 임나가라는 쇠퇴하게 되고 내륙의 고령세력이 새로운 중심세력으로 떠오르게 되었다.

아홉 번째 이야기/ 임나일본부란 무엇인가 : 임나일본부에 대한 종래의 견해를 先出機關說, 가야지역의 倭人說, 分國說, 百濟軍司令部說, 外交使節說로 나누고 각 설의 문제점을 정리한 후 이러한 견해들은 가야제국의 자체적 발전이나 객관적인 분석보다는 일본학계의 막연한 선입관과 한국학계의 감정적 반발의 산물로 보았다. 그리고 임나일본부의 실체는 任那와 安羅에 파견된 왜의 사신인 기비노오미(吉備臣)와 가와치노아타히(河內直)이며 이들은 가야왕들과 공동의 보조를 취하여 백제 또는 신라와의 외교교섭에 참가한 것이다.

열 번째 이야기/ 가야금과 우륵 : 가야금이 중국의 악기를 참조하여 만든 것이라는 설과 우리의 전통악기에서 찾는 견해를 소개하고, 우륵 12곡명의 다수는 지명에서 따온 것으로 보면서 上加羅都는 고령으로

下加羅都는 합천으로 비정하였다. 대가야의 嘉實王이 가야금을 만들고 于勒 12곡을 짓게 한 시기는 516~524년 전후이며 백제의 침입에 대비하여 고령지역연맹체의 결속을 강화하고자 한 몸부림이었다.

열한 번째 이야기/ 구형왕과 김유신 : 금관가야의 마지막 구형왕이 신라에 투항하여 진골로 편입되면서 신라 중앙정계로의 진출 계기를 마련하였다. 金武力, 金舒玄을 거쳐 金庾信이 등장하여 金春秋와 결합함으로써 新貴族집단 세력을 형성하였고 비담·염종의 난을 평정하고 김춘추를 옹립함으로써 신라정계를 주도하는 주역이 되었다. 그러나 그의 사후 왕족들의 시기와 질투를 받아 가문은 惠恭王代를 전후하여 6頭品으로 전락하고 말았다.

열두 번째 이야기/ 가야멸망기의 대외관계 : 510년에서 520년대까지는 백제의 己汶(남원·임실)·帶沙(하동)지역 진출로 가야제국이 反백제 親신라적 외교정책을 보인 시기이며, 520~530년대까지는 신라와 백제가 가야 지역에서 우월권을 확보하기 위해 가야의 남부지역으로 진출한 시기이며, 530~540년대는 백제가 신라를 배제하고 安羅 지역에서의 우월권을 확보하기 위해 백제 성왕 주도의 任那復建의 모임이 진행된 시기이며, 540~562년대는 가야는 백제를 도와 고구려가 점령한 한강유역을 탈환하는데 군사를 동원하고 또 554년에 관산성 전투에서도 백제를 도와 군사를 동원하였다가 패전함으로써 이후 급속히 멸망의 길을 걷게 된 시기이다. 가야에 대한 주변국의 외교정책은 백제는 고구려에 대응하기 위해 가야를 부용화할 필요가 있었고, 신라는 가야지역을 영역확대를 위한 대상지역으로, 왜는 철을 비롯한 선진문물의 수용을 위해 가야와 일정한 관계를 맺었던 것이다. 이러한 국제관계 속에서 가야는 독립성을 유지하기 위해 이해관계에 따라 연합하기도 하고 독자적인 외교정책을 수립하기도 하였다.

열세 번째 이야기/ 가야와 삼국의 차이 : 狗邪國은 1세기부터 정치적 위상 등에서 斯盧國에 대한 상대적 우위를 과시하였다. 그후 가야사회는 철자원의 공급을 통해 사회분화를 심화·확산시키고 단위집단의 규모를 확대하여 소국의 통합을 촉진시켜 나갔다. 그렇지만 駕洛國을 비롯한 가야의 여러 나라들은 4세기 후반까지 소국의 흡수·통합이나 脫소국적 수준에 이르지 못하였다. 이러한 이유로는 농업생산력과 같은 사회적 재생산기반의 조성과 확대를 상대적으로 소홀히 하였고 교역체계상의 利點이 특정국가에 장기간 독점되지 못하였던 점을 고려할 수 있다. 5세기 후반 이후의 가야지역의 정치·사회적 상황도 이에서 크게 벗어나지 않았던 것 같다. 따라서 김해세력 외에 4세기대에서는 함안세력이, 5세기 초에는 고령세력이 지역중심으로 등장하게 되었으나 지역연맹체를 넘어서는 정치체는 성립시키지 못하였다.

제2부는 가야지역의 유적과 가야관련 자료 및 부록으로 이루어졌다. 가야지역 유적에서는 부산, 김해, 양산·울산, 창원·마산, 합천·의령, 창녕, 함안, 진주·사천·고성, 함양·산청·거창·하동, 고령·성주·상주(함창), 남원·임실로 나누고 각 지역에서 발굴된 고고학적 성과를 개략적으로 설명하고 주요한 유적·유물의 사진을 게재하고 있다. 가야관련 자료에서는 먼저 문헌사료로서『삼국사기』,『삼국유사』,『신증동국여지승람』,『일본서기』,『삼국지』동이전 변진조,『후한서』,『진서』,『남제서』,『수서』,『양직공도』에 나오는 가야관계 기사를 뽑아 번역하였다. 금석문·명문 자료로는 광개토왕비문, 봉림사진경대사보월릉공탑비문, 합천매안리비, 창녕 교동 11호분 출토 상감철도 명문, 합천 저포리 출토 토기 명문, 창녕 계성 출토 토기 명문, 충남대 소장 大王이 새겨진 뚜껑있는 목긴 항아리 명문, 김해 禮安里고분군 출토 토기 명문 등을 소개하고 있다.

본서는 역사가 전문 연구자의 전유물이 아니라 일반인과 공유해야 한다는 취지에서 만들어진 것이다. 그래서 약간의 전문성을 띠면서도 일반독자가 쉽게 접근할 수 있도록 편찬되었다. 서술 방향은 일반독자가 흥미를 많이 가지는 내용을 위주로 하고 적절한 삽도와 용어해설, 연표, 참고문헌, 가야지역의 유적 등을 덧붙였다. 평이하게 서술하려고 한 것과 삽도와 적절한 용어해설 및 유적지 소개 등은 일반독자들의 호응을 끌 수 있을 것으로 본다.

그러나 주제에 따라 논란이 있는 부분에 대해서는 단정이나 결론을 유보한 부분도 있다. 또 주제가 주로 금관가야 중심으로 구성되었기 때문에 대가야의 역사나 고령지역의 고고학적 발굴성과에 대해서는 상대적으로 언급이 적은 셈이다. 대가야에 대해서는 지산동고분군과 가야산신과 정견모주 등과 관련하여 독립항목을 설정하였으면 좋았을 것이다. 또 주제별로 서술을 하였기 때문에 가야사의 전개과정을 이해하는 데 필요한 연대기적 서술이 부족하다. 그리고 여타의 加耶諸國 예를 들면 安羅國·多羅國·古自國 등에 대해서도 별도의 항목을 설정하여 언급하였으면 좋았을 것이다.

4. 개설서 내용의 종합 정리

1) 통사류 개설서

(1) 내용 종합

○가야사회로의 전환 : 변한에서 가야로의 전환에는 김해의 구야국이 중심적인 활동을 하였고 이 구야국과 고령의 대가야가 축이 되어 가야연맹을 형성한 것으로 보고 있다.

○가야사회의 정치적 성격 : 가야연맹으로 보는 것이 대다수이다. 가야연맹에 참여한 國으로는 『삼국유사』에 나오는 金官伽倻·阿羅加耶·小加耶·大加耶·非火加耶·古寧加耶·星山加耶가 꼽히고 있다. 이 가운데 古寧加耶의 위치에 대해서는 함창설과 진주설로 나누어져 있다. 그러나 『일본서기』에 나오는 卓淳·喙己呑·斯二岐·己汶·帶沙 등에 대해서는 언급이 없다.

○가야사의 전개 : 초기에는 금관가야가 맹주국이었지만 광개토왕의 공격으로 세력이 약화되자 고령의 대가야가 맹주국이 되었다. 금관가야가 맹주국이었던 때를 전기가야, 대가야가 맹주국이었던 때를 후기

가야로 표현한 경우도 있다.

ㅇ구야국의 발전 : 『삼국지』동이전에 금관가야는 중국 군현이 왜로 가는 길목에 위치하여 중개무역적 해상활동을 하였다는 것과 철의 수출에서 보듯이 철기 문화 및 농업이 발달하였다는 것을 그 배경으로 서술하고 있다. 그리고 그 근거로 김해 회현리 패총의 유물을 들고 있다.

ㅇ가야의 대외관계 : 백제는 고구려의 압력에 대항하기 위해 왜와 연결하고 나아가 가야에도 손을 뻗치게 되었고, 가야는 신라의 압력에 대항하기 위해 친백제적인 입장을 취하게 되었다. 그러다가 신라를 지원하는 고구려 광개토왕군의 공격을 받아 맹주권이 고령의 대가야로 넘어가게 되었다.

ㅇ가야가 통일왕국을 이루지 못한 이유 : 백제·신라·왜 등의 세력에 둘러싸인 가야는 여러 세력의 각축으로 인하여 독자적인 정치적 사회적 발전을 이룩하지 못하고 멸망하였다.

ㅇ가야의 인물과 문화 : 가야는 신라에 못지 않은 발달한 문화를 향유하였고 가야가 멸망한 후 가야의 인물과 문화는 신라의 정치와 문화에 큰 영향을 주었다. 그 대표적인 예로서 김유신과 우륵의 가야금을 들고 있다.

ㅇ임나일본부설 문제 : 왜가 한반도 남부를 지배하였다고 하는 이른바 임나일본부설에 대해서는 그것이 성립할 수 없다는 것을 본문이나 각주로 간략히 소개하고 그러한 설은 허구라고 서술하고 있다. 부분적으로는 임나일본부를 후대의 商館과 같은 것으로 서술하기도 하였다.

(2) 일본 및 북한에서 출간된 개설서와의 비교

가. 다케다 유키오(武田幸男) 저, 윤훈표·이지원 옮김, 『한국사』, 청아출판사, 1987

한반도 중남부에서 여러 소국들이 군립했는데 그 전통을 이어 加耶(駕洛)로 불리우는 소국들이 남부의 영산강·섬진강 유역으로부터 낙동강유역에 걸쳐서 자립하면서 독자적인 발전을 전개하였다.『삼국유사』5가야조나 본조사략에 나오는 6가야 외에 浦上八國 즉 保羅國(나주), 古自國(고성), 史勿國(사천) 등의 국명도 언급하였다. 시조 卵生 신화에서 6가야의 시조가 똑같은 金合子로부터 출현했다는 것은 풍토·문화의 공통성 위에 어떤 시기에 금관가야를 중심으로 6가야의 정치적 역할을 암시하는 것이다.

금관가야는 남가야라고도 하며 대가야와 함께 가야제국의 남과 북을 대표하는 두 나라다. 광개토왕비문의 임나가라는 금관가야로 생각된다. 가야국들은 지리상의 위치관계로 고구려나 왜의 관심을 끌었고 백제의 홍기와 신라의 대두로 동서 양면으로부터 직접적인 침략을 받게 되었다. 479년 가야왕에 의한 남제와의 독자적인 통교와 책봉은 금관가야가 주체인 것 같은데 자력에 의한 유일한 중국과의 교섭 기사이다.

6세기에 들어와 백제는 영산강·섬진강 유역의 소국들을 공략하고 이어서 소백산맥을 넘어 叛波(성주 부근), 卓(대구), 多羅(합천) 등을 공격하였고, 신라 법흥왕은 522년에 가야북부의 강국 대가야와 혼인을 맺고 532년에는 금관가야를 손에 넣었다. 진흥왕대에는 대규모적인 북진정책에 호응해서 안라·다라·斯二岐(의령 부근) 등 낙동강 유역에 남아 있던 여러 나라를 병합하여 이 방면의 억제세력을 일소하고, 562년에 대가야에 대한 총공격을 단행하였다. 가야 各國의 중심지는 대개 하천 유역의 小平野에 있었는데 소규모 궁전·관청을 만들고 인접한 구릉지대에 산성이나 분묘를 만들었다. 아라가야의 말산리 고분의 내부구조가 수혈식 석곽이나 횡혈식 석실이라는 것과 여기에서 다량의 토기와 함께 무기·마구·장신구 등이 발견된 것을 언급하고 또 대가야에서 벽화고분이 발견된 것과 금관가야에서 王后寺가 건립된 것을 언급하였다.

가야사회의 범위를 영산강 유역으로까지 확대하여 본 것과 포상팔국을 언급한 것, 임나가라를 금관가야로, 반파를 성주로, 탁국을 대구로, 사이기를 의령 부근으로 본 것과 남제와 독자적인 통교를 한 것, 백제가 반파·탁·다라를 공격하였다는 것, 함안의 말산리 고분군과 고령의 벽화고분을 언급한 것이 특징이다. 또『일본서기』에 나오는 국명들도 이용하고 있고 가라왕 荷知가 남제에 사신을 보낸 것을 서술하는 등 우리 학계의 개설서보다 상세한 서술을 하고 있다.

이처럼 내용을 보다 상세하게 서술할 수 있었던 것은 가야사 서술 분량이 1쪽 반 정도를 차지하고 있기 때문이다. 이는 가야사를 그만큼 비중있게 고려하였다는 표시이기도 하다. 그렇지만 전라도 지역까지를 가야의 범위로 설정한 것은 임나일본부설과 맥이 닿는 것이어서 재고의 여지가 있다고 할 것이다.

나. 사회과학원역사연구소,『조선통사』상, 오월, 1988

변한 12소국의 각 지역에서는 낡은 노예소유자계급을 반대하는 노예계급과 농민들의 투쟁과정에서 새로운 생산력의 성격에 적응한 봉건적 착취방법을 적용한 봉건세력들이 자라났다. 그 봉건세력들 가운데 가장 큰 것이 오늘의 김해지방에 세워진 금관가야이다. 가야건국설화에서 수로를 비롯한 6가야의 통치세력의 출현은 9간의 낡은 세력을 극복한 사실을 반영한 것으로 보인다. 가야국의 건국연대는 기원 42년으로 전해지고 있으나 그보다 수십 년 내려잡아야 할 것이다. 가야는 115년과 116년에 신라와 황산강에서 격전을 한 것으로 보아 이 시기에 신라와 맞설 수 있는 큰 세력으로 장성했음을 알 수 있다. 가야에서는 일찍부터 철기문화와 벼농사가 발전하였다. 김해지방의 조개무지에서 발견된 숯이 된 쌀이 그 사실을 확증해 준다.

6가야가 형성된 후 문화는 한 단계 발전하여 일본열도의 사회발전에 큰 영향을 주었다. 이미 건국시기부터 일본열도에 선진문화를 날라다 준 이곳에서 고구려, 백제, 신라와 함께 일본열도에 더 큰 문화적 영향을 주었는데 기원 1~4세기에 이러한 진출은 보다 적극화되었다. 이들에 의해 세워진 나라들은 자기 본국에 대해 신하로서 복종한 나라들이 있었다. 이 소국들은 일본열도 안에서 야마대국(규슈)이 성립되고 그 뒤를 이어 통일국가(중부일본)가 형성되는 과정에서 커다란 역할을 하였다. 가야는 신라와 백제 사이에 끼어 두 나라와의 전쟁을 빈번히 수행하였으며 바다로 기어드는 왜적들과도 싸우지 않으면 안 되었다.

본서는 금관가야가 연맹체의 구심체 역할을 하였다는 것, 가야를 봉건제국가로 파악하고 이 봉건국가는 노예적 예속을 반대하는 투쟁에서 이루어진 것으로 파악한 것, 가야를 구성한 주민들이 왜로 건너가서 倭王權 형성에 주도적인 역할을 하였다고 한 것을 문헌자료의 검토와 더불어 고고자료를 통해서 입증하려고 한 것 등이 특징이라 할 수 있다. 특히 가야주민의 왜로의 이동과 이들의 활동을 강조한 것은 다른 어떤 개설서에서도 보이지 않는 점이라 할 수 있다. 그러나 대가야가 5세기 이후에 와서 연맹체의 맹주국이 되었다는 사실은 언급하지 않고 있다.

2) 총서류 및 시대사류 개설서

(1) 내용 종합

1950년대에서 2000년대에 이르기까지 가야사에 대한 연구는 커다란 변화가 있었다. 특히 고고학 발굴에 따른 물적 자료의 증가와 가야 各國에 대한 관심의 증대 및 가야사에 대한 연구 성과의 증대 등이 그것이다. 그리하여 50년대에 일정하게 이룬 연구 성과가 후대에도 그대로 이어진 것도 있지만 자료의 증가와 새로운 연구 성과들에 의해 이전의 견해가 수정되거나 보완되는 것도 많게 되었다.

이러한 연구성과들을 보다 구체적으로 담아내고 있는 것이 총서류 개설서나 시대사류 개설서이다. 따라서 여기서는 총서류와 시대사류를 구분하지 않고 이러한 개설서에 각 시기별로 연구성과들이 어떻게 반영되고 정리되었는가를 살펴보기로 한다.

총서류 및 시대사류 개설서 가운데 가야사를 체계적으로 정리한 것

으로는 1950년대의 이병도의『한국사』고대편, 1980년대의 이기백·이
기동의『한국사강좌』1 고대편, 1990년대의 국사편찬위원회의『한국
사』7 삼국의 정치와 사회 Ⅲ-신라·가야와 부산·경남역사연구소의
『시민을 위한 가야사』이다. 본절에서는 이 4종류의 책을 중심으로 하
여 시기에 따른 내용의 변화를 정리해 보기로 한다.17)

 ○가야의 정치적 성격 : 가야의 정치적 성격에 대해 연맹을 상정한
것은 동일하다. 그러나 연맹이라 하더라도『한국사』고대편에서는 6가
야연맹을 설정하였지만『강좌』고대편에서는 4세기 이후의 가야는 연
맹왕국 수준으로 왕권이 성장한 것으로 보았다. 이와는 달리 신편『한
국사』에서는 6가야연맹 대신에 단일가야연맹체를 설정하였고,『시민
가야사』에서는 지역연맹체를 상정하고 있다.

 ○변한에서 가야사회로의 전환 : 가야사회가 변한에서 轉化된 것이
라는 것은 모두 일치한다. 그렇지만『한국사』고대편과『강좌』고대편
에서는 弁韓史를 삼한사의 하나로 다루고 있는 반면에 신편『한국사』
에서는 전기가야사에 포함시켜 기원후 2세기대를 가야제국성립시기,
3~4세기는 김해지역의 우월성이 드러나는 전기가야연맹시기로 파악
하고 있어 차이가 난다.『시민 가야사』에서는 이에 대한 언급은 없다.

 ○가야연맹체의 주도권 : 가야연맹체의 주도권에 대해서는 처음에는
해상활동에서 중심적인 역할을 하여 세력을 증대한 김해의 금관가야
가 잡았고 뒤에는 내륙에서 야로의 철산 개발 등을 통해 성장한 고령
의 대가야가 장악한 것에 대해서는 견해가 일치하고 있다. 그리고 그
러한 변화가 오게 된 시기와 계기를 5세기 초 광개토왕의 南征에서 구
하는 것도 대체로 일치한다.

 ○6가야에 대해 :『한국사』고대편에서는 이를 그대로 인정하여『삼
국유사』5가야조는 금관가야 중심의 시기를,『本朝史略』의 기사는 고

---

17) 서술의 편의를 위해 김재원·이병도의『한국사』고대편은『한국사』고대편
   으로, 이기백·이기동의『한국사강좌』고대편은『강좌』고대편으로, 국사편
   찬위원회의『한국사』7 삼국의 정치와 사회Ⅲ-신라·가야는 신편『한국사』
   로,『시민을 위한 가야사』는『시민 가야사』로 약칭하기로 한다.

령 대가야 중심의 시기를 나타내는 것으로 보고 있다.『강좌』고대편에서는 가야 6국이라는 표현을 쓰면서 변한 12국 가운데 백제나 신라에 잠식된 결과 말기의 어느 시기에 6국만이 남게 된 것이거나 특별히 6국이 강하여 이 강국만을 지칭한 것으로 추정하고 있다. 그러나 신편 『한국사』와『시민 가야사』에서는 6가야는 나말여초의 상황에서 나온 것으로 보고 6가야연맹은 인정하지 않고 있다.

  ○금관가야의 성장에 대해 :『한국사』고대편,『강좌』고대편, 신편 『한국사』는 모두 지리적 이점을 이용한 중개무역을 중요 배경으로 설정하고 있다. 그러나『시민 가야사』에서는 부여족의 남하에 의한 정복 활동을 중요 계기로 설정하는 견해를 소개하고 있는 것이 특징이다.

  ○가야사의 전개과정에 대해 :『한국사』고대편에서는 금관가야 중심으로 서술되고 있고 그 전개과정에 대해서는 거의 논급이 없다.『강좌』고대편에서는 가야왕국의 성장-본가야의 번영-본가야의 멸망-대가야의 멸망으로 서술되고 있다. 신편『한국사』에서는 크게 전기가야와 후기가야로 나누고 각각을 다시 몇 시기로 세분하여 정리하고 있다. 이러한 시기구분은 가야사의 전개과정을 체계적으로 이해하는 데 도움이 되는 바가 크다.

  ○加耶諸國에 대한 서술 : 가야사는 여러 국들로 이루어진 複合國史인데 실제 서술에서는 금관가야와 대가야가 중심을 이루고 있다. 따라서 여타 국에 대해서는 별도의 항목도 설정되어 있지 않고 그 성립과 발전에 대해서는 거의 언급이 없다. 이러한 현상은 4종류의 책이 모두 동일하다. 다만『강좌』고대편에서는 大加耶・阿羅加耶・多羅 등이 백제, 왜와 연결하여 신라에 대항하려 하였다고 간략히 언급되었고, 신편『한국사』에서는 㖨己呑・卓・南加羅의 멸망과정과 安羅와 백제와의 관계 및 남북이원체제 등이 간략이 언급되고 있을 뿐이다.

  ○백제와 가야와의 관계에 대해 :『한국사』고대편에서는 언급이 없고『강좌』고대편과 신편『한국사』에서만 나온다.『강좌』고대편에서는『일본서기』신공기 49년조의 기사를 取信하여 4세기 후반에 가야

는 백제의 세력권에 들어간 것으로 보았다. 신편『한국사』에서는 정치적 성장을 논한 부분에서는 신공 49년조를 백제가 가야와 접촉을 가지게 된 것을 보여주는 것으로 취급하고 있으나 대외관계를 다룬 곳에서는『강좌』고대편과 같이 4세기 중엽 이후에 가야가 백제의 세력권에 든 것으로 파악하고 있다. 그렇지만 왜가 己汶・帶沙 지역과 이른바 任那4縣을 백제에 割讓하였다는 기사를 백제의 이 지역 진출로 고쳐 보는 것은 공통이다.

　ㅇ임나가라와 가라왕 荷知에 대해 : 광개토왕비문에는 任那加羅가 보이고『남제서』가라전에 가라왕 하지가 사신을 보내와서 보국장군 본국왕의 책봉을 받은 사실이 기록되어 있다. 이들의 실체에 대해『한국사』고대편에서는 아무런 언급이 없다.『강좌』고대편에서는 임나가라가 본가야지인지 대가야인지 분명하지 않은 것으로, 荷知王은 본가야왕인지 대가야왕인지 분명하지 않아 정설이 없다고 하고 있다. 반면에 신편『한국사』에서는 5세기 이후에 와서는 가야의 맹주국이 고령의 대가야라는 입장에서 임나가라는 금관가야로, 하지왕은 대가야왕으로 파악하고 있다.

　ㅇ가야사회가 통일왕국이 되지 못한 이유 : 가야가 삼국과는 달리 통일왕국을 이루지 못한 것으로 보는 것은 공통이다. 그 원인에 대해『한국사』고대편에서는 아무런 언급이 없다.『강좌』고대편에서는 가야 여러 나라의 고분군의 규모가 엇비슷한 것에서 미루어 이것이 통일왕국의 형성을 어렵게 한 것으로 보았다. 그러나 신편『한국사』와『시민 가야사』에서는 이에 대해 특별한 언급이 없이 가야의 외교정책을 가야의 주도세력인 가라국과 안라국이 백제와 신라의 틈바구니 속에서 가야의 독자성을 유지하기 위한 것으로 파악하고 있다.

　ㅇ임나일본부에 대해 :『한국사』고대편과『강좌』고대편에서는 아무런 언급이 없고 다만『일본서기』의 왜병의 활동을 백제군의 활동으로 대체해 보고 있다. 신편『한국사』의 대외관계 서술에서는『일본서기』신공기 49년의 기사를 취신하여 왜의 가야평정을 백제의 가야평정

으로 보고 임나일본부는 백제군사령부로 파악하고 있다. 반면에『시민 가야사』에서는 任那日本府나 安羅日本府는 왜의 통치기관이나 백제의 군사령부와 같은 것이 아니라 任那와 安羅에 파견된 왜의 사신을 말하며 그 활동은 가야제국의 왕들과 공동의 보조를 취하여 백제, 신라와의 외교교섭에 참여한 것으로 보고 있다.

  ○가야문화가 신라에 준 영향에 대해 :『한국사』고대편에서는 아무런 언급이 없다.『강좌』고대편에서는 가야문화의 신라에의 영향으로는 于勒과 가야금을 들고 있고 가야귀족의 신라에서의 활동에 대해서는 김유신 가문을 예로 들고 있다.『시민 가야사』에서도 우륵과 김유신의 항목을 설정하여 가야문화와 인물이 신라에 준 영향을 서술하고 있다. 그러나『신편 한국사』에서는 이 부분에 대한 언급은 없다.

  ○가야의 대외관계에 대해 :『한국사』고대편에서는 이에 대한 서술이 없다.『강좌』고대편에는 국제관계 속의 가야라는 항목을 설정하여 백제와의 관계, 왜와의 관계를 언급하고 또 하지왕이 남제에 사신을 파견한 것을 기술하고 있다. 신편『한국사』에서도 가야의 대외관계라는 명칭 하에 가야와 왜와의 관계, 백제에의 부용관계, 백제·신라의 각축과 분열외교로 정리하고 있다. 한편『시민 가야사』에서는 광개토왕비, 임나일본부의 서술 및 가야멸망기에 대한 서술에서 대외관계 등을 언급하고 있다.

  ○가야의 문화와 생활에 대해 :『한국사』고대편에서는 이에 대한 서술이 없다.『강좌』고대편에서는 거의 언급이 없고 신편『한국사』에서는 별도의 장을 설정하여 가야의 산업, 종교와 풍속, 신앙 등을 정리하고 있지만 전체 서술 분량 가운데 차지하는 비중은 적은 편이다. 그리고『시민 가야사』에서는 산업으로서는 철을, 음악으로서는 가야금을, 종교로서는 불교를 다루고 있다.

  ○대가야와 성산가야의 前身이 되는 소국의 國名에 대해 :『한국사』고대편에서는 변한 시기의 대가야의 국명은 미오야마국으로 보고 있다.『강좌』고대편에서는 미오야마국은 고령으로, 반파국은 성주에 위

치한 것으로 파악하고 있다. 그러나 신편『한국사』에서는 고령에 근거한 세력이 伴跛國이고, 미오야마국은 창원에 자리한 세력으로 파악하고 있다.『시민 가야사』에서는 이에 대한 언급은 없다.

(2) 북한에서 출간된『조선전사』와의 비교

북한은 사회과학원 역사연구소에서 1979년에『조선전사』4(중세편 백제 및 전기신라사)를 과학·백과사전출판부에서 출간하였다. 세부적으로는 백제사·전기신라사·가야사로 구성되었다.

가야국은 삼국과 함께 봉건국가의 하나인데 김해의 金官國과 그에 속한 여러 개의 소국들로 이루어졌다. 중심적 국인 금관국은 노예소유자국가였던 진국의 변한지역에서 노예들의 투쟁에 의하여 발생한 봉건관계에 기초하여 형성된 가야봉건통치계급의 이익을 옹호하는 봉건국가이다. 봉건국가로서의 금관국의 형성은 2세기 중엽경이나 그보다 얼마간 늦은 시기로서 신라보다 늦게 성립했다. 건국설화에 불교관계 내용이 들어있는 것은 이 설화의 성립이 늦은 것을 의미한다. 금관국에 492년 동안 10명의 왕이 있었다고 하는데 같은 기간에 고구려는 21명, 백제는 25명, 신라는 22명의 왕들이 있었다고 하는 것에서 미루어 볼 때 가야왕들의 통치기간은 120년 정도 덜 수 있다. 6세기 가야국이 망하기 직전까지 김해에 수도를 둔 금관국에는 대가야, 성산가야, 고녕가야(함창), 아라가야, 소가야가 있었다. 細注에 비화가야를 언급했다. 금관국과 5가야를 합하여 6가야라 한다. 6가야로 불리운 시기의 금관국의 경계는 오늘날의 김해지방을 벗어나지 않았으나 소국까지 포함한 가야의 경계는 동쪽은 낙동강, 서남쪽은 바다, 서북쪽은 지리산, 동북쪽은 가야산에 이른다.

금관국의 국왕은 인민들을 억압착취하기 위해 중앙과 지방 통치기구를 편성하고 관리들을 배치하였다. 금관국의 통치 밑에 있는 각 소국들에도 해당한 권력기구와 관리들이 있어서 일정한 정도의 독자성을 가지고 있었다. 9간은 중요한 정치적 문제를 논의하는 평의기구인데 비상설적이다. 중앙관청으로는 泉府卿과 司農卿(모두 재정기구)과 宗正卿이 보인다. 벼슬등급은 角干·阿叱干·級干·大阿干·沙干이 있었다. 9간들은 모두 각간 또는 대아간의 벼슬등급을 가진 제1관료층이다. 중앙관청 장관은 아찬급의 벼슬을 받았는데 유교를 연구하는 특수관리층들과 함께 제2관료층을 형성했다. 후세의 양반에 해당하는 루岐로 불리는 지배계급의 신분이 있었고 그 아래에 양인과 노비가 있었다. 532년에 금관국이 신라에 망한 다음에도 고령의 대가야국이 수십 년 동안 독자적인 정치적 역량을 가지고 신라에 대항면서 존속한 것이 그것을 말해준다.

북한의 조선전사가 가야를 봉건사회로 본 것은 우리학계와 시각 차이가 크다. 반면에 가야사를 서술함에 정치적인 측면 외에 경제, 문화, 과학기술 등의 항목을 설정한 것은 유의해도 좋을 것이다. 그리고 가야인의 일본열도로의 진출에 상당한 지면을 할애한 것은 특징이다. 이는 임나일본부설을 부인하기 위한 입장에서 나온 것으로 보인다.

5. 서술 분량과 목차상의 가야사

1) 서술 분량

가야사에 대한 서술 분량이 전체 분량 가운데 어느 정도를 차지하고 있는가는 가야사 서술의 詳略을 보여줄 뿐만 아니라 집필자의 가야사에 대한 인식이 어떠한지를 나타내준다고 할 수 있다. 또 이것은 그동안 학계의 가야사에 대한 연구 성과의 다과를 보여주는 것이기도 하다. 이러한 관점에서 볼 때 각 개설서에서 가야사 서술의 분량이 어느 정도인가를 검토하는 것은 집필자의 인식이나 당시의 연구 현황을 파악하는 데 기여하는 바가 있을 것으로 본다.

통사류 개설서의 경우 전체 분량 가운데 가야사에 대한 서술 분량의 비중은 비교하기가 간단하다. 총서류 개설서의 경우 총서의 전체 권수

에 따라 가야사에 배정된 지면에도 차이가 있다. 시대사류 개설서의
경우 가야사를 專論한 것이냐 아니면 고대사 전체를 서술하는 과정에
서 가야사를 논급한 것이냐에 따라 배정된 지면에 큰 차이가 생겨난
다. 이런 점들을 염두에 두면서 개설서 종류별로 전체 분량 가운데서
가야사에 할애된 서술 분량을 정리한 후 그 의미를 생각해 보기로 한
다.

(1) 통사류 개설서

○ 이상록, 1948,『朝鮮歷史』는 171쪽 가운데 1쪽 정도이다.

○ 이병도, 1955,『국사대관』은 587쪽 가운데 1쪽 정도이다.

○ 조좌호, 1975,『한국사통론』은 427쪽 가운데 1/2쪽 정도이다.

○ 이기백, 1976,『개정 한국사신론』은 465쪽 가운데 1과 1/2쪽 정도
  이다.

○ 한우근, 1986,『개정판 한국통사』는 648쪽 가운데 1쪽 정도이다.

○ 변태섭, 1986,『한국사통론』은 552쪽 가운데 1과 1/2쪽 정도이다.

○ 武田幸男 저, 윤훈표·이지원 옮김, 1987,『한국사』는 321쪽 가운
  데 1과 1/2쪽 정도이다.

○ 사회과학원 역사연구소, 1988,『조선통사』(상)은 546쪽 가운데 2
  쪽 정도이다

○ 구로역사연구소, 1990,『바로 보는 우리역사1』는 238쪽 가운데 1/2
  쪽 정도이다.

○ 한국역사연구회, 1992,『한국역사』는 486쪽 가운데 1/4쪽 정도이
  다.

○ 한영우, 1997,『다시 찾는 우리역사』는 653쪽 가운데 1/2쪽 정도이
  다.

○ 조항래, 2000,『한국사의 이해』는 416쪽 가운데 1/2쪽 정도이다.

(2) 총서류 및 시대사류 개설서

○ 김재원·이병도,『한국사』(고대편)은 총 703쪽 가운데 10쪽이다.

○ 이기백·이기동,『한국사강좌』1(고대편)은 총 445쪽 가운데 11쪽
  이다.

○ 국사편찬위원회, 1978,『한국사』2 (민족의 성장)은 총 530쪽 가운
  데 2쪽 반이다.

○ 윤무병·한병삼·김기웅,『한국사대계』1 (상고)는 총 369쪽 가운
  데 5쪽이다.

○ 이만열, 감수 천관우,『한국사대계』2 (삼국 상고)는 480쪽 가운데
  3쪽이다.

○ 국사편찬위원회, 1997,『한국사』7 (삼국의 정치와 사회 Ⅲ-신
  라·가야)는 총 441쪽 가운데 148쪽이다.

○ 사회과학원 역사연구소,『조선전사』4(중세편 백제 및 전기신라
  사)는 327쪽 가운데 21쪽이다.

○ 부산·경남역사연구소,『시민을 위한 가야사』는 357쪽이다.

(3) 서술 분량에 나타난 가야사에 대한 인식

위에서 보듯이 통사류 개설서에서 가야사 서술에 할애된 지면은 1
쪽을 넘지 않는다. 이처럼 서술 분량이 얼마 되지 않기 때문에 새로운
연구성과와 고고자료들이 소개될 여지는 거의 없게 되고 또 그 내용도
개설서마다 별다른 특징이 없이 거의 같은 내용을 담게 되었다고 할
수 있다. 더구나『한국사신론』의 경우 개정판에서는 참고문헌까지 포
함하여 1쪽이던 것이 신수판에서는 2/3쪽 정도로 축소되기도 하였다.
서술 분량을 축소한 것은 가야사를 그다지 중요시 여기지 않는다는 인
식을 반영해 주는 것으로 볼 수 있겠다.

반면에 다케다 유키오(武田幸男)의『한국사』는 1과 1/2쪽 정도이고
사회과학원 역사연구소의『조선통사』(상)은 3쪽 정도이다. 이는 집필
자들이 가야사에 대한 비중을 상대적으로 높게 인식한 것을 보여준다
고 하겠다. 이처럼 서술 분량이 많기 때문에 이들 개설서에서는 우리

학계에서 미처 논급하지 못한 내용들이 들어갈 수 있게 되었던 것이다. 한편 『조선통사』에서 가야인들의 倭地로의 이주와 이들이 왜지에서 활동한 상황에 대해 일정한 분량을 할애한 것이 이 책의 특징인데 이는 집필자들이 分國論18)의 관점에서 가야사를 인식한 결과라고 할 것이다.

한편 총서류 및 시대사류 개설서의 경우 가야사에 대한 서술 분량은 2~3쪽에 지나지 않는 것, 11쪽 정도의 것, 20여 쪽 되는 것도 있지만 100쪽이 넘는 분량에 이르는 경우도 있다. 그 중에서도 『시민을 위한 가야사』는 357쪽에 달하는 專論 가야사 개설서이다. 이처럼 총서류나 시대사류 개설서는 서술 분량이 다양하기 때문에 이를 직접 비교하기는 어려울 것 같다.

개설서에 따라 가야사에 대한 서술의 분량에 차이가 나게 된 원인은 크게 두 가지로 정리할 수 있다. 첫째는 가야사에 대한 집필자의 인식의 차이이다. 집필자가 가야사를 어느 정도 중시하느냐에 따라 분량 배정에 차이가 생겨난다. 삼국사의 경우는 성립과 발전이 별도의 항목으로 되어 있지만 가야사의 경우는 성립에서 소멸에 이르기까지 모두 한 항목에 서술되어 있다. 따라서 가야사를 좀더 중시할 경우 서술 분량을 어느 정도 늘여서 서술할 수도 있을 것이다. 따라서 가야사를 三國史와 대등한 것으로 인식할 경우와 그렇지 않은 경우 개설서의 서술 분량에는 차이가 날 수밖에 없고 그로 말미암아 내용의 서술에도 詳略이 생기게 마련이다.

둘째는 학계의 연구성과의 다과이다. 학계의 연구성과가 미진할 경우 상대적으로 관심도도 낮아지게 되고 그에 따라 서술할 분량도 제한적일 수밖에 없게 된다. 1980년대 이전의 가야사 서술의 분량이 상대적으로 적게 된 것은 이때까지 가야사 연구가 그다지 진척이 없었기 때문이다. 그러나 1980년대 이후 고고학 발굴이 활발하게 이루어지고

---

18) 분국론은 김석형이 임나일본부설을 부정하면서 그 대신 삼한·삼국인들이 일본열도로 진출하여 分國을 설치하였고 倭의 통일국가 형성과정은 이 분국들의 통합과정이라고 본 견해를 말한다.

가야사에 대한 많은 연구성과들이 문헌사학과 고고학에서 나오게 되면서 다양한 연구성과들이 개설서에 수렴되게 되었다.

이를 단적으로 보여주는 것이 국사편찬위원회에서 편찬한 『한국사』이다. 1978년에 편찬된 『한국사』 2 (민족의 성장)의 경우 총 530쪽 가운데 가야사 서술은 2쪽 반에 지나지 않는다. 그러나 1997년에 출간된 『한국사』 7 (삼국의 정치와 사회 Ⅲ - 신라·가야)의 경우 총 441쪽 가운데 가야사 서술 분량은 148쪽이다. 이렇게 분량이 늘어나게 된 것은 가야사에 대한 인식이 높아진 것과 아울러 그동안 많이 축적된 연구성과들을 반영하여야 하였기 때문인 것으로 볼 수 있겠다.

2) 목차상의 가야사

목차는 서술하고자 하는 내용을 압축해서 보여주는 것이다. 그러므로 목차를 보면 집필자의 의도를 개략적으로 짐작해 볼 수 있다. 목차상에서 같은 編·章·節·項에 설정된 주제는 그 성격이 같거나 유사함을 의미한다. 따라서 가야사가 목차상에서 어떠한 명칭의 편·장·절·항에 설정되어 있는가를 통해 집필자의 가야사에 대한 인식이나 가야사의 시대적 성격을 짐작해 볼 수 있다. 이러한 관점에서 각 개설서의 목차를 검토하고 목차상에서 보이는 가야사의 위치와 그러한 목차 편성이 지니는 문제점들을 검토해 보기로 한다.[19]

(1) 목차 분석

통사류 개설서의 경우 1940~50년대의 개설서에서 가야사는 上古史(이상록), 上代史(이병도)라는 시대개념 속에 포함되어 있다. 1960년대 이후에는 古代社會 또는 古代國家라는 개념을 사용하면서 다양하게 표기하고 있다. 이와는 달리 諸部族聯盟王國(한우근)으로 표기하거나 封建社會(사회과학원 역사연구소)로 표기한 경우도 있다. 그러나 대개

---

19) 각종 개설서의 목차는 뒤에 수록한 부록 참조.

는 고대사회 또는 고대국가라는 시대구분 개념을 사용하고 있다.

시대구분에서 고대사회에 포함되었다고 하더라도 가야사가 서술된 章이나 節의 명칭은 '삼국의 성립'(조좌호) 또는 '삼국의 성립과 발전'(구로역사연구소, 조항래)이라고 한 것과 '고대국가의 성립'(이기백)이나 '고대국가의 성장'(변태섭)으로 한 것으로 나누어진다. 가야사를 독립적인 항목으로 설정하거나 삼국과 병렬적인 항목으로 설정하지 않고 '삼국의 성립'이라든가 '삼국의 성립과 발전'이라는 항목에서 서술하는 것은 집필자들이 가야사를 삼국사에 부수적인 것으로 인식하고 있음을 보여주는 것이라고 할 수 있다. 이와는 달리 '고대국가의 성장'이라든가 '고대국가의 성립'이라는 항목 하에 가야사가 서술된 경우 집필자들이 삼국과 가야를 竝列的으로 인식하고 있는 것을 보여준다. 그러나 문제는 가야를 삼국과 동일한 고대국가로 볼 수 있느냐 하는 점이다.

'諸部族聯盟王國의 성장'이라는 항목에서 가야사를 서술한 경우 여기에서는 삼국을 비롯하여 고조선과 부여도 함께 다루고 있다. 따라서 이 항목의 부족연맹왕국은 중앙집권적 고대국가를 성립하기 이전의 정치발전 단계를 가리키는 것으로 볼 수 있다. 따라서 이 경우는 삼국과 가야를 병렬적으로 취급한 것으로 볼 수 있다. 그러나 세부적으로 볼 때 삼국은 고구려·백제·신라로 표기한 반면에 가야는 가야연맹으로 표기하고 있다. 또 삼국의 경우 4세기 이후는 고대국가로 다루고 있지만 가야의 경우는 6세기까지를 부족연맹왕국으로 파악하고 있는 점이 문제라고 하겠다.

한편 북한의 『조선전사』 4는 가야사를 중세편에 넣고 있다. 책의 표지에는 백제 및 전기신라사를 설정하고 있지만 실제 내용 서술에서는 백제사, 전기신라사, 가야사로 나누어 서술하고 있다. 가야사를 백제 및 전기신라사라는 표제어 하에 서술한 것은 가야사를 신라사와 대등하게 취급하는 것이 아니라 부수적인 것으로 다루고 있음을 보여준다. 또 목차에서 가야사를 백제사·전기신라사와 병렬시킨 것은 가야사를

一國史로 오인하게 할 가능성이 있다.

총서류 개설서에서 가야사는 모두 고대사회라는 시대구분 하에 서술되어 있다. 고대사회 내에서 가야사의 위치에 대해서는 韓社會의 일원으로 다룬 경우(이병도), 부족국가와 부족연맹으로 다룬 경우(김철준), 귀족국가로 다룬 경우(이기백·이기동), 가야연맹으로 다룬 경우(신편 『한국사』) 등으로 나누어 볼 수 있다. 이중에서 가장 많이 사용된 용어는 연맹이다.

이외에 '漢郡縣과 南北方사회'(이만열)라는 항목은 시대개념이나 정치적 성격이 드러나지 않아 목차로서는 적합하지 않다. 또 '귀족국가의 형성과 발전'이라는 항목의 경우 목차상에서는 삼국과 가야를 병렬적으로 취급하고 있는 것처럼 보이게 하지만 실제 서술에서는 삼국의 발전을 중심으로 하고 있기 때문에 결국 가야사는 부수적인 것으로 취급되고 있다.

한편 1997년에 나온 국사편찬위원회의 신편 『한국사』의 경우 목차에서는 신라와 가야를 대등하게 설정하고 있다. 그렇지만 章을 편성할 때 신라와 가야를 구분하지 않고 연속적으로 설정한 것은 타당하지 않다. 따라서 이 목차는 크게 신라편과 가야편으로 나누고 각각 章·節을 설정하는 것이 합리적일 것이다. 한편 북한의 『조선전사』에서는 삼국시기를 봉건사회로 규정하고 가야를 봉건국가로 파악하고 있는데 이는 남한학계와 큰 차이라고 할 수 있다.

시대사류 개설서는 모두 목차상에서 가야사를 고대사에 포함시켜 놓고 있다. 이 가운데 『한국고대사요론』은 '남방의 연맹왕국'이라는 항목에서 가야사를 삼한·백제·신라·탐라와 함께 다루고 있다. 그러나 백제와 신라 및 가야는 삼한에서 파생한 것이 분명하므로 삼한을 이들과 함께 다루는 것은 적합하지 않다. 『시민을 위한 가야사』의 경우 주제별로 목차를 설정하였기 때문에 목차상에서는 가야의 정치적 성격이 드러나지 않는다. 또 『인물로 본 한국고대사』의 경우도 인물을 중심으로 목차를 설정하였기 때문에 가야의 정치적 성격이 드러나지 않는다. 다만 가야를 부족연맹으로 보는 견해를 비판하면서 가야제국은 수세기 동안 백제의 세력권 내에서 각각 小王國을 유지해온 것으로 파악한 것이[20] 특징이라 할 수 있다.

(2) 가야의 表記와 정치적 성격

앞에서 언급한 목차상에서 집필자들이 가야의 정치적 성격을 어떻게 보고 있느냐를 추론할 수 있게 하는 것이 가야에 대한 表記이다. 통사류 개설서에서 가야에 대한 표기를 보면 가야제국이라 한 경우(이상록), 가야연맹이라 한 경우(이기백, 조좌호, 한우근, 변태섭, 조항래), 가야라고 한 경우(한국역사연구회, 한영우), 여섯 가야라고 한 경우(구로역사연구소), 가야국이라고 한 경우(사회과학원 역사연구소, 武田幸男)로 나누어진다. 이렇게 보았을 때 목차상에서는 가야연맹이 가장 많이 사용되었음을 알 수 있다. 총서류 및 시대사류 개설서의 경우 연맹으로 표기한 경우(국편『한국사』, 신편『한국사』, 이명식), 가야국으로 표기한 경우(『조선전사』), 가야제국으로 표기한 경우(이기백·이기동) 등으로 나누어진다.

'연맹'이라는 용어는 가야가 연맹체사회라는 것을 전제로 한 것이다. 이 연맹이란 용어는 사용자에 따라 둘로 나누어진다. 하나는 가야를 부족연맹 또는 부족연맹왕국으로 보는 경우이다. 이 경우 부족이라는 용어가 문제가 된다. 부족이라는 용어는 불평등한 사회관계를 나타내는 국가 또는 왕국과 같이 사용할 수 없다는 것은 이미 지적된 바이다. 또 부족연맹이나 부족연맹왕국이라는 항목의 경우 연맹이란 표현은 가야에만 사용하고 같은 항목에 배치된 고구려, 백제, 신라에는 사용하고 있지 않다. 이는 동일 항목에서는 동일 내용을 취급하여야 한다는 관점에서 볼 때 일관성을 결여한 것이라 할 수 있겠다.

다른 하나는 가야연맹으로 보는 경우이다. 이는 가야를 구성한 각 소국들이 연맹을 형성하였고 거기에 맹주국이 있었던 것으로 보는 것

---

20) 천관우,『인물로 본 한국고대사』, 독서신문사, 1983, 102~193쪽.

이다. 그러나 이 경우 맹주국과 구성국과의 사이에 어떠한 권리·의무 관계가 있었고, 연맹을 지속시켜 나가는 원리가 무엇이었으며, 맹주국이 연맹을 구성한 국들에 대해 행사한 外的 强制力이 어느 정도였는지, 또 맹주국의 盟主의 지위는 어떻게 계승되었는지에 대한 논급이 구체적으로 이루어지지 않고 있다. 따라서 이러한 문제들이 해명되어야 가야연맹이라는 정치체의 실상이 구체적으로 드러나게 될 것으로 본다.

'加耶國'이라는 용어도 문제가 있다. 주지하다시피 가야는 一國이 아니라 그 내부에 여러 국들이 병존하였다. 그런데 가야국이라고 하면 가야사회가 고구려·백제·신라와 다찬가지로 單一國이라는 인상을 주게 되어 실상과 맞지 않는다. 그러므로 가야가 여러 나라로 이루어졌다는 것을 보여주는 용어가 사용되어야 할 것이다.

'여섯 가야'라는 표현도 문제이다. 앞에서 언급한 것처럼 가야는 여러 나라로 이루어졌지만 그 수는 여섯에 그치지 않으며 『일본서기』에 의하면 13國까지 나온다. 그럼에도 불구하고 『삼국유사』의 5가야조나 『본조사략』의 기록을 따라 '여섯 가야'라고 하면 가야가 6국만으로 이루어져 있었다는 오해를 불러일으킬 수 있다. 물론 가야의 여러 나라 가운데 이 여섯 나라가 중심적인 역할을 하였다는 것은 인정할 수 있다. 그렇다고 하더라도 이 여섯 나라만이 加耶인 것과 같은 느낌을 준다면 이 용어는 재고되어야 할 것이다. 따라서 가야가 6국 이외의 國들도 포괄하고 있음을 보여주는 용어를 사용하여야 할 것이다.

'加耶諸國'이란 표현은 가야가 여러 나라로 이루어졌다는 것을 보여주는 것에는 적합하다. 그러나 諸國 사이의 관계가 어떠한 것인지 드러나지 않는 것이 한계점이라 할 수 있다. 즉 이 표기는 加耶諸國이 個別孤立的으로 존립하고 있었는지 아니면 어떤 매개체에 의해 상호 의존적 또는 상호 보조적 관계에 있었는지가 분명하게 드러나지 않는 것이다.

이처럼 목차상에서 가야의 정치적 성격을 보여주는 표기는 다양하지만 각각 일정한 문제점을 내포하고 있다. 따라서 이러한 문제점들을 해결할 수 있는 용어를 모색하여야 할 것이다. 이러한 용어를 모색하고자 할 때 다음의 두 가지 요소가 고려되어야 한다고 본다. 하나는 가야가 연맹체라고 하는 것이고 다른 하나는 가야가 여러 나라로 구성되었다고 하는 것이다. 따라서 이 두 요소를 모두 포괄할 수 있는 용어가 나와야 할 것이다. 이러한 관점에서 필자는 잠정적으로 加耶諸國聯盟體라고 표기하면 좋지 않을까 생각하는 바이다. 이 용어에서 加耶諸國은 가야가 여러 나라로 구성되어 있는 것을 나타내주며, 연맹체는 이러한 국들이 맹주국을 중심으로 연맹을 형성하였다고 하는 정치적 성격을 보여줄 수 있다고 생각되기 때문이다.

다음 목차상에서 가야사가 서술된 항목에 대해 정리해 보기로 한다. 대다수의 통사류 개설서에서는 '고대국가의 성립'이나 '성장'이라는 항목에서 고구려·백제·신라와 함께 가야사를 서술하고 있다. 이는 가야사를 고구려·백제·신라와 같이 취급하겠다는 것을 의미하는 것이다. 또 가야를 중앙집권적 귀족국가 항목에 넣은 것도 집필자가 가야를 중앙집권적 귀족국가로 본다는 것을 시사해 주는 것이라 할 수 있다.

그러나 실제 본문의 서술에서는 가야는 가야연맹이라 標題를 붙인 반면에 삼국에는 연맹이라는 표현을 사용하고 있지 않다. 이는 고구려·백제·신라가 연맹이 아닌 것을 의미할 뿐만 아니라 가야가 연맹의 단계에 있는 것 즉 중앙집권적 귀족국가를 형성하지 못한 것을 의미하는 것이다. 그럼에도 불구하고 대다수의 개설서의 목차에서는 연맹이 아닌 삼국과 가야연맹을 함께 다루고 있다. 이는 성격을 달리하는 국가체를 같은 항목에 묶어 놓은 것에 지나지 않는 것이다. 따라서 가야를 삼국과 함께 서술하는 것은 재검토되어야 할 것이다.

이러한 문제가 제기된 원인은 두 가지로 정리해 볼 수 있다. 하나는 가야가 일국사가 아니 복합국사라고 하는 정치적 특징 때문이다. 개별국을 중심으로 할 때 개별국의 정치적 성장을 기준으로 그 성격을 논할 수 있지만 가야라고 할 경우 한두 나라의 정치적 성장만을 가지고 그 성격을 대변시킬 수 없기 때문이다.

다른 하나는 가야가 6세기 중엽까지 존속하여 삼국시대와 대부분 시간적으로 겹치기 때문이다. 1~3세기에 가야의 전신인 변한은 백제의 전신인 마한이나 신라의 전신인 진한과 함께 삼한을 형성하였고, 4세기 이후 가야사회로 전환된 이후 6세기 중엽에 와서 신라에게 멸망하기까지 가야를 구성한 諸國들은 자신의 國名을 유지해왔다. 이 기간은 바로 백제와 신라가 중앙집권적 고대국가체제를 갖추어 나간 시기이다. 그 결과 정치적 발전을 한 걸음 앞서 이룬 삼국의 성립과 발전에 대한 목차가 먼저 설정되었고 그에 따라 이 시기의 서술은 삼국 중심으로 될 수밖에 없게 되었다. 그 결과 이때까지 통일왕국을 이루지 못한 가야사는 독자적인 항목으로 설정되지 못하고 삼국사에 附隨하여 서술되어 버린 것이다.

이 문제의 해명은 결국 가야의 정치적 성격과 삼국이 중앙집권적 고대국가를 이루기 이전의 정치적 발전단계를 어떻게 볼 것이냐에 달려 있게 된다. 필자는 3세기 후반 이후 4세기 전반 내지 중반까지는 삼국이 연맹체 단계에서 중앙집권적 고대국가를 이루어가는 과도기로 보는 바이다. 그리고 가야의 경우는 이러한 시기가 상대적으로 멸망할 때까지 연속된 것으로 보는 바이다. 이러한 관점에서 필자는 가야제국연맹단계는 3세기 후반에서 4세기 중반까지의 백제 및 신라사와 함께 다루는 것이 좋지 않을까 한다. 그러나 목차상에서 이 시기를 어떻게 표기하여야 할 것인지는 앞으로의 연구과제로 남겨둘 수밖에 없다.

6. 개설서 서술을 위한 제안 - 맺음말에 대신하여

1) 통사류 개설서에 대한 제안

ㅇ기존의 개설서에서는 금관가야가 초기에 맹주국이 되게 된 배경

을 설명하면서 김해패총에서 나온 탄화미·철제품·화천 등을 그 증거로 들고 있을 뿐이다. 그러나 1980년대 이후 가야지역에 대한 활발한 고고학 발굴로 금동관·환두대도·로만그라스를 비롯하여 고령양식 토기 등 많은 유물들이 출토되었다. 이러한 성과들이 반영되어야 할 것이다.

ㅇ가야사의 서술은 대개 금관가야의 비중이 높게 되어 있다. 그러나 대가야가 등장하면서 가야는 보다 강성한 모습을 보인다. 따라서 대가야에 대한 서술의 비중을 높이는 것이 필요하다. 그리고 고령지역에 자리한 최초의 정치체의 이름을 반로국으로 보는 최근의 연구성과도 반영되어야 할 것이다.

ㅇ가야의 대외관계는 『삼국지』 동이전에 보이는 중국군현·예·왜와의 교역을 주로 언급하고 있다. 여기에 덧붙여 가라왕 荷知가 남제와 통교하게 된 것과 대가야가 신라와 결혼동맹을 맺은 것도 논급되어야 할 것이다.

ㅇ가야를 구성한 국에 대해 6가야를 중심으로 하고 있다. 그러나 『일본서기』에 보이는 임나 13국의 국명도 일부 거명하는 것이 좋을 것이다. 동시에 내용을 서술할 때 안라국과 다라국에 대해 약간 정도는 언급되어야 할 것이다.

ㅇ삽도와 사진은 1970년대부터 실리기 시작했는데 대개는 초기국가의 위치도이다. 다만 『다시 찾은 우리역사』의 경우 유물 사진 등이 다소 풍부하다. 대가야의 金冠이나 다라국의 環頭大刀 같은 사진을 넣는 것도 필요하다.

ㅇ가야의 문화나 생활사에 대해서는 우륵의 가야금 정도가 고작이다. 철문화나 토기문화 및 해외교역 등도 어느 정도 언급되어야 할 것이다.

ㅇ武田幸男의 경우 고고자료의 활용이라든가 가야를 구성한 다양한 나라들을 언급하고 가라와 남제와의 통교도 언급한 것은 돋보인다. 그러나 가야의 지역적 범위를 영산강 유역까지 포괄시키고 있는데 이는

일인학자들의 임나일본부설이 저간에 깔려있는 것 같아 받아들이기 어렵다.

ㅇ『조선전사』의 경우 가야를 봉건사회로 보고 그 중심을 금관가야라 하고 있는 것이 특징이지만 우리학계의 시대구분과는 너무 차이가 난다. 그러나 사회구조나 경제구조·정치구조를 상세히 언급한 것은 유념하여도 좋을 것이다.

ㅇ이런 내용들이 포함되기 위해서는 가야사에 대한 지면 할당이 늘어나야 할 것이다.

2) 총서류 및 시대사류 개설서에 대한 제안

ㅇ가야사의 시기구분 문제 : 신편『한국사』에서만 시기구분이 있다. 이 시기구분은 크게 전기와 후기로 나누고, 전기는 가야문화 기반형성기(기원전 1세기~기원후 1세기)－가야제국성립시기(2세기)－가야연맹전성기(3~4세기)로, 후기는 가야제국 복구시기(5세기 전반), 가야연맹 중흥기(5세기 후반~520년대)－가야연맹소멸시기(530~562)로 세분하고 있다. 그러나 가야사를 전후로 구분하기보다는 세분한 것을 그대로 활용하여 6시기로 구분하여도 좋지 않을까 한다.

ㅇ가야사의 서술은 주로 맹주국을 지냈던 금관가야와 대가야를 중심으로 이루어졌다. 그러나 가야가 복합국이기 때문에 서술 속에는 13국 가운데 적어도 안라국이나 다라국 정도는 各國史의 형태로 그 성립과 성장이 다루어져야 할 것이다.

ㅇ독자의 이해를 돕기 위해 사진과 도표 사용이 필요하다.『강좌』 고대편에서는 가야제국의 위치도만 있고, 신편『한국사』에는 149쪽이나 되는 분량에서 원색 화보가 없을 뿐만 아니라 본문에도 4개의 표와 전기가야 12국의 위치비정도 하나가 있을 뿐이다. 고고학 발굴에서 나온 다양한 자료들을 사진으로 제공하는 것이 필요하다고 본다. 반면에 『시민을 위한 가야사』는 원색화보를 비롯하여 본문에 다양한 사진을 활용하고 있다. 이는 바람직한 현상이라고 할 것이다.

○신편 『한국사』의 경우 『일본서기』 신공기 49년조의 기사에 대해 정치사 서술에는 전혀 언급을 하지 않고 있는 반면에 대외관계사 서술에서는 백제가 가야 7국을 평정한 것을 보여주는 중요한 논거로 삼고 있다. 이는 집필자가 다른 것에서 빚어진 결과이다. 개설서를 집필할 때 집필자가 많을 경우 어느 정도 공통의 인식을 가지는 것도 필요하다고 본다.

○가야사의 서술 내용은 거의 정치사나 대외관계사가 중심을 이루고 있다. 그러나 생활사·문화사·사상 등은 가야인들의 삶을 이해하기 위해 필요한 부분이다. 따라서 앞으로 집필될 개설서에는 생활사·문화사 면에 지면을 할애하여야 할 것이다.

○신편 『한국사』의 경우 가야인의 생활이라는 목차 아래에 산업과 종교와 풍속을 다루고 있다. 그러나 그 내용이 매우 소략하고 분량도 많지 않다. 가야금과 관련한 음악, 가형토기나 주거지 등을 통해 본 주거생활, 결혼 등등의 내용도 포괄되었으면 좋았을 것이다.

○신편 『한국사』에서 고고학 자료를 많이 이용하고 있는 것은 바람직한 현상이다. 그러나 대가야 세력권을 설정함에 이른바 고령양식 토기의 공간적 확산을 통한 영역 파악이라고 하는 고고학의 연구성과를 인용하여 정리하였으면 더욱 좋았을 것이다.

○현재의 개설서에는 가야의 정치적 성격을 가야연맹이라고 하는 것이 대다수이다. 그러나 가야연맹이라고 할 때 연맹을 주도해 나간 맹주국과 연맹을 구성한 여타 국들과의 권리 의무와 이 연맹이 장기적으로 지속되어간 배경이 무엇인지가 분명히 밝혀지지 않고 있다. 또 국과 국 간의 관계가 어떠한지도 밝혀져 있지 않다. 앞으로 개설서 집필에는 이러한 문제들이 짚어져야 할 것이다.

○가야 제국 가운데 창녕의 비화가야는 처음에는 진한의 한 구성체인 不斯國이었지만 뒤에 가야 7국의 하나인 比自㶱로 나오고 비화가야로 불리어지기도 하였다. 또 그 위치도 낙동강 이동에 있다. 이 비화가야에 대한 정리가 있어야 할 것이다. 대다수의 개설서에서 비화가야

를 언급하면서도 구체적인 서술은 하지 않고 있는 실정이다.

ㅇ 대외관계는 정치적·군사적 관계뿐만 아니라 경제적·문화적 교류관계도 포함된다. 그러나 대다수의 개설서에서의 대외관계는 정치적·군사적 관계가 중심을 이루고 있다. 신편『한국사』의 경우에도 마찬가지다. 따라서 앞으로는 다른 나라와의 경제적·문화적 교역과 교류에 대한 배려도 있어야 할 것이다.

ㅇ 금관가야의 성립과 발전에 대해 대다수의 개설서에서는 금관가야는 지리적 이점을 이용한 교역활동과 철의 생산, 농업 경제력 등을 기반으로 하여 성장한 것으로 하고 있다. 이와는 달리 부여족의 남하와 정복에 의해 성장한 것으로 보는 견해도 있다. 이 문제를 어떻게 정리하여야 할 것인가도 앞으로의 숙제라 할 것이다.

ㅇ 가야사를 시민들이 손쉽게 접근할 수 있도록 교양류 개설서가 필요하다. 이의 선구가 된 것이『시민을 위한 가야사』이다. 그러나 이 책에 수록되지 않은 다양한 주제들이 있을 수 있다. 이를 증보하거나 생활사·문화사 중심의 주제를 새로 개발하여 정리하는 것도 필요할 것이다.

부록 : 본고가 참고한 개설서의 목차와 쪽수

1. 통사류 개설서

ㅇ 이상록,『朝鮮歷史』, 誠文社, 1948, 171쪽

　상고사

　　서론

　　본론

　　　　제6 삼한과 그 풍속

　　　　　1. 진과 삼한의 사회 및 정치형태

　　　　　2. 삼한의 풍속

　　　　제8 남방의 신형세

　　　　　1. 백제의 일어남과 마한의 변천

2. 신라의 기원과 가야제국

○이병도,『국사대관』, 보문각, 1955, 587쪽
    제2편 상대사(고조선 - 신라말)
        제2기 한군현 설치 이후의 동방제사회
           제4 한의 군현정치와 본주민사회와의 관계
           제5 후방행렬의 제사회(부여 · 고구려 · 옥저 · 동예)
           제6 남방행열의 제사회(삼한)
           제7 위의 동방침략과 한의 새 형세

○이기백,『한국사신론』, 1967 /『개정 한국사신론』, 일조각, 1976, 465쪽
    제3장 고대국가의 성장
        제1절 고구려의 성장과 백제의 흥기
           고구려의 성장, 백제의 흥기, 고구려 고대국가의 완성
        제2절 신라의 발전과 가야연맹
           신라의 흥기, 가야연맹, 신라 고대국가의 형성
        제3절 백제 중흥과 고구려의 수 · 당과의 전쟁

○이기백,『신수판 한국사신론』, 초판, 일조각, 1999, 609쪽
    제3장 중앙집권적 귀족국가의 발전
        제1절 중앙집권적 귀족국가의 성장
           고구려의 성장과 백제의 흥기, 고구려의 융성,
           신라의 흥기와 가야, 신라의 융성과 백제의 중흥
        제2절 대외적인 정복활동과 한족과의 투쟁
        제3절 정치와 사회
        제4절 귀족문화의 발전

○曺佐鎬,『한국사통론』, 박영사, 1975, 427쪽

제2장 삼국시대
   1. 삼국의 성립과 발전
    고대국가의 형성, 고구려의 성장, 고구려의 발전,
    백제의 흥기, 고구려의 전성, 신라의 흥기, 가야의 연맹,
    신라고대국가의 형성, 백제의 중흥, 신라의 발전
   2. 고구려와 수당의 충돌
   3. 삼국의 정치와 사회
   4. 삼국의 문화

○ 이현종, 『한국의 역사』, 대왕사, 1982, 686쪽
  제1편 고대사회
    제1장 우리민족사의 여명
    제2장 부족연맹체의 형성과 사회의 변화
    제3장 고대국가의 성장
      Ⅰ. 삼국의 성립과 발전
      Ⅱ. 정립 속에서 발전하는 삼국
        만주대륙을 지배한 고구려
        백제의 중흥기도
        신라의 발전, 탐라와 우산국
        가야연맹사회의 변화

○ 변태섭, 『한국사통론』, 삼영사, 1986, 615쪽
  2편 고대사회
    제1장 초기국가의 형성
    제2장 고대국가의 발전
      Ⅰ. 고대국가의 성립
        1. 고대국가로의 발전
        2. 고구려의 발전

3. 백제의 발전
4. 신라의 발전
5. 가야연맹
Ⅱ. 고대국가의 발전
Ⅲ. 고대국가의 대외관계와 제·려의 붕괴
Ⅳ. 고대국가의 정치구조와 사회

○한우근, 『개정판 한국통사』, 을유문화사, 1986, 648쪽
　제1편 상고
　　제1장 원시사회
　　제2장 초기(부족)국가의 형성
　　제3장 제부족연맹왕국의 성장
　　　　고조선, 부여와 고구려, 백제와 신라·가야연맹

○武田幸男 저, 윤훈표·이지원 옮김, 『한국사』, 청아출판사, 1987, 321쪽
　제2장 삼국의 성립과 신라의 통일
　　제1절 고구려의 발전
　　제2절 백제의 흥기
　　제3절 신라의 대두와 가야국
　　　　신라의 시조전설과 건국, 신라의 대두, 신라의 문화,
　　　　가야 여러 나라의 동향과 멸망

○사회과학원 역사연구소, 『조선통사』(상), 오월, 1988, 546쪽
　제3편 봉건사회
　　제3장 우리나라에서 봉건사회의 발생. 세나라에서의 봉건관계
　　　　의 발전
　　　제1절 봉건제도의 성립
　　　제2절 고구려를 비롯한 세나라와 가야국의 형성

　　　　고구려의 형성, 백제의 형성, 신라의 형성,
　　　　6가야의 형성
　　　제3절 봉건관계의 발전, 1~7세기의 경제제도와 사회제도

○ 구로역사연구소, 『바로보는 우리역사1』, 구로역사연구소, 1990, 238쪽
　　제2편 고대사회
　　　1. 고대국가의 성립과 발전
　　　2. 삼국의 성립과 발전
　　　　1) 고대국가로서의 삼국　2) 고구려의 성립과 발전
　　　　3) 백제의 성립과 발전　4) 신라의 성립과 발전
　　　　5) 여섯 가야의 성립과 발전
　　　3. 삼국시기의 사회와 문화

○ 한국역사연구회, 『한국역사』, 역사비평사, 1992, 486쪽
　　제2편 고대사회
　　　제2장 고대사회의 성립
　　　제3장 고대사회의 발전
　　　　1. 삼국의 성장
　　　　　고구려의 성립, 고구려의 성장,
　　　　　백제·신라·가야의 성장

○ 한영우, 『다시 찾는 우리역사』, 경세원, 1997, 653쪽
　　제2편 고대귀족국가－삼국과 남북국
　　　제1장 삼국의 성립과 발전
　　　　1. 고구려의 발전　2. 백제의 흥기와 발전
　　　　3. 신라의 형성과 발전　4. 가야의 흥망
　　　　5. 신라의 영토확장

○조항래,『한국사의 이해』, 아세아문화사, 2000, 416쪽
　　제2장 삼국의 성립과 발전
　　　　제1절 삼국의 성립과정
　　　　제2절 삼국의 항쟁(50~54)
　　　　　　　고구려의 전성, 신라의 발전, 백제의 중흥, 가야연맹

　　2. 叢書類 개설서의 목차

○이병도·김재원,『한국사』고대편, 을유문화사, 1959, 703쪽
　　제6편 한의 新形勢
　　　　1. 위의 동방침략
　　　　2. 백제의 홍기와 마한의 변천
　　　　3. 원시신라와 가라제국
　　제7편 삼국의 발전과 정립
　　　　1. 고구려의 발전
　　　　2. 신라의 발흥과 가야제국과의 관계
　　　　3. 고구려의 전성
　　　　4. 백제의 남천
　　　　5. 신라의 비약적 발전 부. 탐라와 우산국

○윤무병·한병삼·김기웅, 감수 천관우,『한국사대계』1 상고, 삼진
　사, 1973, 369쪽
　　제4장 고분시대
　　　　제설
　　　　제1절 고구려·백제 고분의 변천
　　　　제2절 신라·가야 고분의 변천
　　　　　　　고신라시대, 통일신라시대, 6가야시대
　　　　제3절 고분문화

ㅇ이만열, 감수 천관우,『한국사대계』2 삼국상고, 삼진사, 1973, 480쪽
　제1장 고조선
　제2장 한군현과 남북방 사회
　　　제1절 한군현
　　　제2절 고구려와 옥저·동예
　　　제3절 삼한과 신라·백제·가야

ㅇ국사편찬위원회,『한국사』2 민족의 성장, 1978, 530쪽
　Ⅱ. 부족국가의 성장
　　　1. 부족이동과 철기문화의 보급
　　　2. 부족연맹세력의 대두
　　　　(1) 족장권의 성장과 부족국가
　　　　(2) 부족연맹의 성립
　　　　　　1) 부여와 고구려　2) 가야　3) 신라

ㅇ국사편찬위원회,『한국사』7 삼국의 정치와 사회 Ⅲ-신라·가야,
1997, 441쪽
　Ⅴ. 가야사 인식의 제문제
　　　1. 가야사 연구의 개관　2. 가야사의 범위
　Ⅵ. 가야의 성립
　　　1. 가야의 풍토와 지리　2. 가야의 건국설화
　　　3. 가야제국의 성립　4. 가야연맹의 형성
　Ⅶ. 가야의 발전과 쇠망
　　　1. 가야연맹의 발전　2. 가야연맹의 약화
　　　3. 가야의 멸망
　Ⅷ. 가야의 대외관계
　　　1. 백제·야마토왜의 접근과 중개외교
　　　2. 대백제관계의 심화와 부용외교

    3. 백제·신라의 각축과 분열외교

Ⅸ. 가야인의 생활

    1. 산업의 발달

    2. 종교와 풍속

○ 이기백·이기동,『한국사강좌』1(고대편), 일조각, 1982, 445쪽

  제3장 귀족국가의 형성과 발전

    제1절 삼국의 발전과 귀족국가의 형성

      (1) 고구려의 대외항쟁과 국가체제의 정비

      (2) 백제의 건국과 발전

      (3) 신라의 건국과 발전

      (4) 가야제국의 흥망

    제2절 삼국의 항쟁과 귀족국가의 변천

    제3절 대외관계의 변천

○ 이이화,『한국사 이야기』2-고구려 백제 신라 가야를 찾아서, 한길사, 1998, 358쪽

  제2부 나라를 세우기까지

    1. 오지에서 주몽집단의 기초 다지기

    2. 온조세력이 한강에서 치른 시련

    3. 설화로 이어지는 신라의 나라 만들기

    4. 가야는 여섯 나라

    5. 왕과 귀족의 대결

○ 사회과학원 역사연구소,『조선전사』2(고대편), 과학·백과사전출판부, 1979, 256쪽

  백제사

  전기신라사

가야사
　　　가야국의 성립, 가야의 영역, 통치기구, 봉건적 계층제와 계급
　　　신분관계, 생산력의 발전·봉건적 착취의 강화, 백제·신라와
　　　의 관계, 가야사람들의 일본열도에로의 진출

3. 시대사류 개설서의 목차

○정인보,『조선사연구』하, 서울신문사, 1947
　十四. 가야국
　　　1. 건국고전
　　　2. 연연한 대수를 분계로 하여 신라와 상대함
　　　　1) 최초의 爭衡
　　　　2) 가야국명의 유래

○천관우,『인물로 본 한국고대사』, 정음문화사, 1982, 424쪽
　제5장 수로
　　　1. 불구내·탈해·알지의 사로(신라)
　　　2. 수로의 구야(가야)
　　　3. 진한 12국과 신라, 변진 12국과 가야
　　　4. 수로 강림신화와 일본의 천손강림신화
　제6장 근초고
　　　1. 원삼국시대로부터 삼국시대로
　　　2. 삼국시대로의 전환기, 4세기 중엽
　　　3. 백제사 최대의 영역을 이룩한 근초고왕
　　　4. 일본서기 신공기 49년조의 근초고왕
　　　　임나일본부는 실재하지 않았다.
　　　6. 왜의 임나지배의 정체는 백제의 가야지배이다.
　제11장 彡麥宗(진흥왕)
　　　1. 선진으로 성장하는 신라의 활발

        2. 삼국 신라사 최대의 영역을 이룩한 진흥왕
        3. 帝를 칭한 진흥왕 순수비

○ 이명식, 『한국고대사요론』, 형설출판사, 1983, 242쪽
    제3장 초기철기시대와 부족연맹사회
        제3절 남방의 연맹왕국
            1. 삼한사회 2. 백제의 성립
            3. 신라의 성립 4. 가야연맹과 탐라국 – 가야제국의 홍망

○ 부산·경남역사연구소, 『시민을 위한 가야사』, 집문당, 1996, 357쪽
    제 I 부
        첫 번째 이야기 / 가야사를 어떻게 볼 것인가.
        두 번째 이야기 / 수로왕과 허황후.
        세 번째 이야기 / 허황옥과 불교전래.
        네 번째 이야기 / 가야와 철.
        다섯 번째 이야기 / 기마민족정복설.
        여섯 번째 이야기 / 김해 대성동유적과 부여족의 남하.
        일곱 번째 이야기 / 일본열도에 진출한 가야인.
        여덟 번째 이야기 / 광개토왕 남정기의 가야사.
        아홉 번째 이야기 / '임나일본부'란 무엇인가.
        열 번째 이야기 / 가야금과 우륵.
        열한 번째 이야기 / 구형왕과 김유신.
        열두 번째 이야기 / 가야멸망기의 대외관계.
        열세 번째 이야기 / 가야와 삼국의 차이.
    제 II 부
        1. 가야 지역의 유적
        2. 가야 관련 자료
    부록

〔토론〕

발표자 : 노 중 국
토론자 : 주 보 돈[*]

〔요지〕

한국사가 전문가들의 專有物이 아니라 모든 성원들이 共有해야 할 대상임은 두말할 필요가 없다. 그럼에도 연구자들 사이에서 그런 평범한 사실이 간혹 잊혀지기도 한다. 대중이 쉽게 접할 수 있는 한국사 책이 별로 없다는 사실이 그를 입증하여 준다. 최근에는 그를 절실히 인식하여 대중과 함께 하려는 시도들이 상당할 정도로 행해지기는 하지만 내용상 歷史性이 결여된 경우가 많아 문제점을 惹起하기도 한다.

대중이 가장 쉽사리 접촉하는 한국사 關聯書는 아무래도 槪說書이다. 개설서는 한국사의 대중化와 관련하여 중요한 역할과 기능을 한다. 그 속에는 당시까지 행해진 최신 연구성과가 반영되기 마련이고 나아가 초·중등학교 敎科書 서술의 모태가 되기 때문이다. 따라서 개설서는 어떤 의미에서는 가장 잘 쓰여져야 하는 전체 국민의 교과서라고 하여도 지나치지 않을 듯하다. 수많은 研究論著들은 개설서의 한 줄을 보완하거나 수정하기 위하여 작성된다고 보아도 좋을 정도로 연구성과의 精髓가 담겨져 있다고 하겠다. 따라서 제대로 쓰여져 생명력을 지니게 되는 개설서란 결국 당시까지의 연구성과를 충실히 반영한 저술을 의미하는 것이다.

근자의 한국고대사 동향을 一瞥하면 그 중 특히 가야사 연구가 質量 두 면에서 괄목할 성장을 하여 왔음은 누구라도 짐작할 수가 있다. 그런데 現行의 개설서에서는 과연 그것이 제대로 반영되고 정당하게 자리매김 되고 있는가. 혹시 여전히 무시되거나 또는 소홀히 취급되지나 않는가. 만일 그렇다면 이는 한국사 서술이 체계적으로 이루어졌다고 보기는 어려울 터이다. 이 발표는 아마도 그를 추적하여 봄으로써 앞으로 가야사가 한국사 개설서 속에 정당하게 자리잡고 나아가 제대

---

* 경북대학교 사학과 교수

로 된 시대사가 쓰여지도록 방향을 설정하기 위해 기획된 것인 듯하다. 아래에서는 이를 읽고 느낀 소감을 몇 마디 지적함으로써 토론자로서의 소임을 다하고자 한다.

　1) 기존의 개설서를 다루면서 그 구분 기준이 명료하지 않아 논지 전개가 번잡하고 체계적이지 못하다는 느낌이다. 가령 여기서는 총서류를 다시 분리하여 취급하고 있다. 일반적으로 개설서라면 通史類의 개설서와 時代史類의 개설서로 양분하며 서술체계는 차이가 난다. 따라서 양자 속에 서술된 가야사의 위상을 가늠하려면 접근 방법이 다를 수밖에 없다. 통사 속에서는 다른 나라의 역사와 비교하여 어떤 입장에서 어떻게 서술하고 있는가, 최근의 연구성과를 충실히 반영하고 있는가 어떤가가 논의의 대상이 될 터이고, 시대사라면 그와는 달리 자체 속에서 각 분야의 비중이 어떻게 다루어져 과연 체계적인 개설서인가 어떤가가, 그 내용이 과연 최신의 연구를 반영한 통설이나 정설에 입각하여 객관적으로 서술한 것인가 어떤가가 논의의 대상이 될 것이다. 그러나 이 발표에서는 그 구분이나 대상 자체가 불명확한 데다가 또 기준 설정이 한정적이지 못하여 혼란스러운 면이 보인다. 물론 이 글 자체가 아직 미완성된 상태라고 생각되지만 앞으로 고려해 보아야 할 점이다.

　2) 개설서에 연구 성과가 충실히 반영되어 있는가 어떤가를 추적하려면 그것이 쓰여진 시기를 명확하게 구별하여 추적하여야 한다. 최신의 성과가 5, 60년대의 개설서에 들어갈 수는 없는 노릇이다. 그럼에도 불구하고 여기에서는 그에 대한 아무런 고려없이 종횡으로 비교되어 있다는 느낌이다. 이를테면 '叢書類 및 時代史類 개설서'의 내용을 비교한 항목을 보면 동일한 기준을 50년대, 80년대, 90년대의 그것에 적용하여 다루고 있다. 그렇게 하여서는 연구 성과가 개설서에 정리, 반영되어 가는 과정을 선명하게 관찰하기 어렵고 나아가 앞으로의 방향을 제시하기 곤란한 측면도 있다. 따라서 이들의 간행 시기를 구분하고 그 속에서 단계별로 당시 가야사 연구 성과가 제대로 반영되었는가

어떤가를 관찰하는 것이 바람직한 접근방법일 것 같다.

3) 개설서 작성의 주체나 성격 등에 대한 배려가 없이 겉으로 드러난 제목만으로 비교하는 것도 문제점으로 느껴진다. 이를테면 다수가 참여하여 서술된 개설서이냐 소수나 개인이 서술한 경우이냐, 순전히 교양서를 지향한 것이냐 아니면 전문성을 띤 것이냐, 또는 북한의 성과나 인식, 일본의 경향 등을 뚜렷하게 구분하여 정리하는 것이 좋을 듯하다. 물론 부분적으로는 그런 시도가 엿보이기는 하지만 그리 일목요연하게 구분되어 있지는 않은 듯하다.

4) 결론 부분에서 앞으로 개설서를 작성할 때의 요망 사항을 제시하면서 아직 아무런 해명이 되지도 않았고 또 그럴 만한 실마리도 보이지 않아 오리무중의 상태에 놓여 있는 과제를 개설서 서술에 요청하는 점이 보이는데 이는 지나친 요구라 판단된다. 연구에 대한 분발 촉구와 개설서 서술을 잠시 혼동한 것이 아닌가 싶다. 물론 과거 아무런 구체적인 연구 성과가 없던 시기에 개설서는 아직 검증되지 못한 많은 문제제기를 할 수 있었지만 현재는 그런 상황은 아니라고 생각된다. 물론 그렇다고 개설서에 그런 문제제기가 전혀 없어야 한다는 의미는 아니다.

5) 발표자께서 구상하고 계시다면 가야사 개설서의 목차는 어떠한지? 가야사는 통사 속에서 어떤 비중을 차지하는 것이 바른 것인지? 지난번 일각에서 삼국이 아니라 4국시대라 하는 것이 좋다는 주장이 제기되었지만 이는 지극히 가야사 중심의 인식에 지나지 않는다. 그런 틀 속에서는 한층 비중이 큰 부여사를 비롯한 여타의 몇몇 정치체는 자연히 제외되기 때문이다. 이에 대해서는 어떤 복안이 있으신지?(이 시기를 한마디로 표현한다면?)

수수께끼의 가야사, 베일에 싸여진 가야사가 문헌에 대한 치밀한 분석, 새로운 고고자료의 도움, 가야사에 대한 인식의 전환 등 여러 요인으로 말미암아 한 꺼풀씩 벗겨지고 있다는 느낌이다. 이런 성과들이 개설서 나아가 교과서에 충분히 반영되어야 한다. 그렇게 될 때 가야사뿐만 아니라 한국사 전체의 체계화가 달성될 것이기 때문이다. 모름지기 전체 연구자는 균형잡힌 가야사, 가야사 서술이 되도록 머리를 맞대고 끊임없이 노력해야 할 일이다.

〔답변〕

노중국 : 주보돈 선생님께 제 원고를 늦게 보내 드려서 토론요지를 작성하는데 많은 어려움을 겪게 해드려서 죄송합니다. 1)~3)번 질문은 합쳐서 말씀드리겠습니다.

개설서를 어떻게 나누어야 될까에 대해서 많은 고민을 했습니다. 주 선생님께서 통사류와 시대사류 두가지로 나누는 것이 좋겠다고 했는데, 제가 총서를 넣은 이유는 총서는 여러 권으로 되고, 집필자가 여러 명이고, 따라서 어떤 집필의도가 있을 것이다라고 하는 생각에서였습니다.

시대사라고 한다면 한 사람이든 서너 사람이든 한 시대만 다루게 되는데, 총서는 고대사도 총서 속의 한 부분으로 들어가게 되기 때문에, 그래도 같은 개설은 조금 나누는 게 좋겠다고 생각했습니다. 일단 집필 의도가 한국사 전체를 포괄하는 것이기 때문에 나누어 보았습니다.

교양류라는 표현을 사용했는데 이것도 나누어볼 필요가 있다고 생각했습니다. 『시민을 위한 가야사』나 『인물로 본 고대사』 같은 경우가 예가 됩니다만, 이것은 성립에서부터 멸망까지를 시간순으로 다룬 것은 아닙니다. 항목별로 하고 있습니다. 『인물로 본 고대사』도 인물중심으로 그 당시 상황을 서술하고 있어서 일반 독자들이 쉽게 이해하기 위한 것이라고 한다면, 이것도 조금 떼내어서 정리하는 것이 좋지 않은가 합니다. 굳이 좀 더 세분하자면 네 가지 정도로 나누어 정리하는 것도 차라리 의미가 있겠다 생각했습니다. 두 번째, 세 번째에서는 모두에서 이야기했습니다만 제가 여러 가지 책을 읽다가 굉장히 혼란이 되었습니다. 그리고 책 내용들에서 필자마다의 특색을 거의 찾을 수 없었습니다. 그래서 이것은 전체적으로 묶어서 해도 되겠다는 생각을 했습니다. 주 선생님 말씀대로 통사류이든지 일반 총서류이든지 50년대, 60년대, 70년대 등 시기에 따라서 학계의 연구성과가 반영되어 들어가면 내용상에도 차이가 있게 될 터인데, 제가 파악한 바로는 그것을 찾아보기가 상당히 어려웠습니다. 그래서 일단 전체적으로 묶어서 여기에서 발표하기로 하겠습니다. 물론 마지막 정리에는 이런 이야기도 들어갈 것입니다. 판을 거듭한 책들이 있습니다. 예를 들면 이기백 선생께서 1967년에 내신 『한국사신론』과 76년판 개정판, 신수판에서 내용차이가 어떤가? 사실 거의 내용 차이가 없습니다. 다만 목차상에서 조금 변화가 있을 뿐입니다. 그것은 나중에 언급을 할 예정입니다. 그러다 보니까 두서가 없고 명확하지 못하다는 지적이 나왔는데, 마지막 정리시에 새로이 보충할 예정입니다.

네 번째 질문의 경우, 부여족의 남하나 비화가야 문제 때문인 것 같은데, 경우에 따라서 어떤 개설서의 경우에는 각주로서 활용한 것도 있습니다. 문제가 있는 것은 각주를 활용하는 것이 좋겠다고 생각합니다. 특히 이론이 많은 경우 그냥 하나만 내보내는 것보다 주에서 여러 가지 설을 제시하는 것이 좋겠습니다. 예를 들면 금관가야를 이야기했을 경우, 부여족이 남하해서 세웠다는 설도 있다고 하는 정도로 정리해 주면 독자들도 좋아할 것이라고 생각합니다.

마지막 질문, 제가 개설서를 쓴다견 과연 가야사를 목차에서 어느 항목에 어떤 이름으로 넣을 것인가 생각은 좀 해보았습니다. 고민스럽지만 저는 이름은 일단 가야연맹으로 넣고, 1세기에서 4세기대에 삼국을 설명할 때 가야도 거기에 넣어서 설명하는 것이 어떨까 정도만 생각해 보았습니다. 이것도 고민하는 중이라고 말씀드리겠습니다.

백승충(진행 사회) : 원래 교양서라는 것이 발표자께서 말씀하셨지만 가야를 다루고 있는 내용이 대동소이한 것이 많고, 그런 까닭은 결국 그동안의 가야사 연구나 고고학이 많이 발전했지만 이것이 일반 개설서에 수용되는 시점 자체가 굉장히 시기를 놓친 경우도 있고 해서, 연구자들이 함께 분발해야할 부분이라고 생각됩니다. 『시민을 위한 가야사』를 말씀하셨는데, 제가 참여를 했습니다만, 주제별로 되어 있기는 하지만 시기별로 안배를 했다는 말씀을 드리고 싶습니다. 또 오해가 있을까 싶어서 말씀드립니다만, 발표문 33쪽(이 책의 90쪽) 부분에서 다케다 유키오(武田幸男)의 『한국사』는 가야의 지리적 범위에 대해서 전라도지역까지 포함시키고 있는데 한국학계는 그렇지 않다고 하셨는데 요즘은 오히려 이쪽까지 넓혀보려는 견해도 있습니다.

노중국 : 가야사에 있어서 80년대의 고고학적 성과나 문헌의 연구성과를 그래도 제일 많이 반영하고 분량이 많은 것이 1997년에 나온 국편 『한국사』입니다. 그래서 뒤에 정리할 때에는 이것의 장점과 문제점을 지적해 정리할 생각입니다.

주보돈 : 사실 모든 연구가 개설서로 정리되고, 개설서의 토대 위에 교과서가 쓰여지고, 교양서가 나와야 됩니다. 따라서 가야사 개설서의 비중이 굉장히 크기 때문에 여기에 계신 연구자들이 자기 주장을 정리해서 다양한 개설서를 써서 그런 것이 교과서에 반영되고, 교양인을 위한 가야사가 나왔으면 하는 바람입니다. 저도 노력하겠습니다.

일본 고등학교 일본사 교과서의
가야사 기술과 문제점

이 근 우[*]

1. 머리말

　근년에 들어 가야사에 관한 연구가 진전되고 또 고고학적인 발굴을 통해서 많은 성과가 축적되었다. 이러한 연구를 통하여 4세기의 가야의 문화수준이 대단히 높았다는 사실이나 대가라국의 영역이 합천, 거창, 산청지역 등에 미치고 있어서 신라와 같은 영역국가로 성장하고 있었다는 사실도 확인되었다. 그 결과 고구려, 백제, 신라에 가야를 더하여 4국시대로 불러야 한다는 주장까지도 제기되었다. 그러나 이러한 새로운 논의들은 아직 우리의 국사교과서에도 제대로 반영되지 않고 있을 뿐만 아니라, 일본의 교과서에서도 가야지역은 소국으로 분립된 상태에 있었으므로 왜가 쉽게 진출할 수 있었던 지역으로 기술하고 있는 경우가 있다.

　이 글에서는 일본의 고등학교용 일본사 교과서에서 가야사를 어떻게 기술하고 있는지를 보다 구체적으로 검증하여 그 내용의 문제점을

---

* 부경대학교 사학과 교수

지적해 보고자 한다. 그래서 1990년, 1995년, 2001년의 고등학교용 일본사 교과서 약 30종을 대상으로 하였다. 고등학교용 일본사 교과서는 A, B로 나누어져 있으며, 일본사 A교과서는 주로 근현대사를 자세하게 다루고 있으며, 이에 대해서 일본사 B교과서는 고대 분야도 비교적 상세하게 다루고 있다. 따라서 이 글에서는 가야사에 관한 서술이 보다 많은 일본사 B교과서를 주로 다루었으나, 일본사 A교과서도 일부 포함시켰다.

일본의 고등학교용 일본사 교과서는 검정교과서이기 때문에 여러 출판사에서 다양한 종류가 출판되어 있다. 2001년의 경우에는 일본사 A교과서가 7종, 일본사 B교과서 19종이 출간되고 있다. 일본사 B교과서를 좀더 자세히 살펴보면 新版高校日本史 B(日本書籍), 日本史 B 및 新選日本史 B(이상 東京書籍), 高校日本史 B, 日本史 B(實敎出版), 詳解日本史, 新日本史(이상 三省堂), 詳解日本史 B, 要解日本史 B(이상 淸水書院), 新日本史, 高校日本史, 詳說日本史, 日本の歷史 (이상 山川出版社), 高等學校 精選日本史 B, 高等學校 新日本史 B, 高等學校 日本史 B(이상 第一學習社), ワイド日本の歷史, 高等學校 新日本史 B(이상 桐原書店), 高等學校 最新日本史(國書刊行會) 등이 있어, 9개 출판사에서 19종의 교과서를 출판하고 있음을 알 수 있다. 2001년도의 각 교과서의 채택비율을 알 수 있는 자료를 얻지 못하였으나, 1998년도 일본사 A의 경우를 보면 산천출판사, 동경서적, 청수서원, 삼성당, 실교출판 등이 10% 이상 채택되고 있고, 桐原書店은 2% 미만의 채택율을 보이고 있다.[1] 일본사 A와 일본사 B교과서를 여러 종 출판하고 있는 山川出版社가 월등한 채택률을 보이고 있는데 대하여 동원서점의 채택률은 대단히 낮다. 따라서 이 글에서는 산천출판사, 동경서적, 청수서원, 삼성당, 실교출판 등에서 출판되고 있는 일본사 교과서를 중심으로 논의를 진행하고자 한다.[2] 그러나 채택률이 낮은

---

1) 「일본·중국 중등학교 역사 교과서의 한국 관련 내용 분석」, 한국교육개발원, 1999.

2) 고등학교용 세계사 교과서에도 극히 일부 고대의 한반도에 관한 기술이 있으

교과서도 참고를 위해서 무시하지는 않았다.

<표 1> 교과서별 채택률

순위	저 자	교과서명	출판사	출판 년도	채택률
1	鳥海靖 외 3명	現代의 日本史 (改訂版)	山川出版	1999	22.9
2	田中彰 외 7명	日本史 A(現代로부터의 歷史)	東京書籍	1999	22.8
3	黛弘道 외 8명	新日本史 (改訂版)	清水書院	1999	15.5
4	石井進 외 15명	日本史 A	山川出版	1999	14.0
5	靑木美智男 외 12명	明解日本史 A (改訂版)	三 省 堂	1999	12.4
6	宮原武夫 외 11명	高校日本史 A	實敎出版	1999	10.7
7	宮地正人 외 6명	新日本史 A	桐原書店	1999	1.8

2. 일본사 교과서의 가야사 관련 서술

1) 1990년 이후 일본사 교과서

(1) 直木孝次郎, 『日本史』, 實敎出版, 1990

○ 야마토정권과 조선·중국

야마토정권이 성립된 4세기에는, 조선의 정세에도 변화가 생겼다. 고구려는 일찍부터 중국 동북부에 국가를 형성하였으며, 4세기 초에는 낙랑군을 멸하고 조선 북부를 지배하였다. 조선 남부는 많은 소국으로 이루어진 마한 변한 진한의 3지역으로 나누어져 있었는데, 4세기 중엽 경에는 마한에는 백제가, 진한에는 신라가 일어나, 각각 소국을 통일하여 건국하였다. 그 사이 대방군은 4세기 초에 멸망하였다. 이후 조선에

나, 가야에 관한 언급은 전혀 없는 경우가 많아서 검토의 대상에 포함시키지 않았다.

서는 고구려·백제·신라 세 나라가 대립하였으며, 4세기 말에는 고구려가 남하하려는 움직임을 보여, 백제·신라를 압박하였다.

야마토정권은 백제와 결탁하여, 신라에 침입하고 고구려와도 싸웠다. 414년에 세워진 고구려의 호태왕(광개토왕) 비문3)에는 4세기 말부터 5세기 초 무렵, 제국이 조선반도에서 대립하여 싸웠던 상황이 기록되어 있다. 야마토정권은 그 이후도 백제와는 대체로 우호관계를 유지하여, 소국분립 상태에 있던 변한 지역에 세력을 뻗쳐, 이를 임나라고 칭하였다. 『송서』 등 중국의 사서에 의하면, 5세기 초부터 거의 1세기 사이에, 왜의 다섯 명의 왕(왜의 오왕)이 연이어 중국의 남조에 조공하여, 조선 남부의 지배권을 가지고 있음을 나타내는 칭호를 얻고자 하였다고 한다. 이는 야마토정권의 왕이 중국 황제의 권위를 빌어, 조선 제국에 대한 정치적인 지위를 확보하려는 목적이 있었던 것으로 생각된다.

(2) 坂本賞三·潮見 浩·西別府元日, 『新日本史』, 第一學習社, 1990

ㅇ야마토정권의 성립

4세기에 들면, 야마토를 중심으로 한 지방에 근거지를 둔 정치세력이 각지의 소국을 복속시켜, 야마토정권이 성립되었다. 나라현 및 오사카부 지역에 보이는 거대한 전방후원분 및 수많은 부장품은 야마토정권의 대왕 및 유력한 호족들이, 커다란 권력으로 주변의 사람들을 지배하였음을 보여주고 있다.

이 무렵, 한반도의 북부에서는 고구려가 낙랑군을 멸하고, 남부에서는 백제와 신라가 국가를 형성하였다. 야마토정권은 한반도의 남부에 진출하여 고구려와 대항하는 동시에, 앞선 문화 및 철자원을 얻고자 하였다. 그러한 상황은 호태왕(광개토왕)의 비에 기록되어 있다.

---

3) 교과서의 원주 : 비는 압록강 중류 북안의 집안 부근에 있다. 비문에는 왜가 신묘년(391)에 조선에 침입하여, 백제 및 그밖의 나라를 지배하였다고 해석되는 부분이 있다. 왜를 야마토정권으로 하는 의견이 유력하지만, 九州 지방의 왜라고 하는 설도 있는 등, 비문의 해석에는 문제가 많다.

『송서』에 의하면, 5세기에는 왜의 오왕이 연이어 중국의 남조에 사자를 보냈다. 이는 중국 황제의 권위를 빌어, 한반도 남부에서의 정치적인 지위를 유리하게 하려는 것으로 생각된다.

(3) 井上光貞 · 笠原一男 · 兒玉幸多, 『新詳說日本史』, 山川出版社, 1990

○ 조선반도에의 진출

일본이 중국의 역사서 등어 다시 등장하는 것은 4세기 말에서 5세기 초에 걸친 시기이다. 고구려의 호태왕의 비문에는 왜가 조선반도에 진출하여, 고구려와 교전한 사실을 기록하고 있다. 이는 야마토정권이 조선반도의 앞선 기술 및 철자원을 획득하기 위해서 가라(임나)에 진출하여, 그곳을 거점으로 하여 고구려의 세력과 대항하였음을 보여주는 것이다.

『송서』 등에는, 5세기 초부터 약 1세기 동안, 왜의 오왕이 중국의 남조에 조공하고, 높은 칭호를 얻고자 하였던 사실을 기록하고 있다. 이는 중국의 황제의 권위를 이용하여, 조선 제국에 대한 정치적인 입장을 유리하게 하였던 것으로 생각된다.

이러한 조선반도 · 중국 남조와의 교섭을 통하여, 야마토정권은 대륙의 앞선 기술과 문화를 받아들여, 세력을 강화하였던 것으로 생각된다. 중기의 고분이 급격하게 거대화하는 것은, 이 무렵 야마토정권의 수장인 대왕의 권력이 강대화하였음을 말해주는 것이다.

○ 대륙문화의 전래

이러한 대륙과의 적극적인 교섭을 배경으로, 한반도 남단의 가라(임나)라고 불리는 소국가군에 세력을 뻗쳤다. (중략) 야마토정권은, 그들을 韓鍛冶部 · 陶部 · 錦織部 · 鞍作部 등으로 불리는 기술자집단으로 조직하여, 畿內 및 그 주변에 거주시켰다. 대륙으로부터의 도래자들은, 그 앞선 기술을 가지고 각종 산업의 발전에 공헌하였다. 또 중국의 문자인 한자의 사용도 시작되었으나, 한자를 사용하여 조정의 기록, 출납 외교문서 등의 작성을 담당한 것도, 처음에는 史部라고 불리는 대륙도 래인들이었다.

6세기에 들면, 대륙의 종교 및 학술도 체계적으로 전래되기에 이른다. 유교의 섭취는 백제로부터 오경박사가 도래함으로써 본격화되었으며, 醫·易·曆 등의 학술도 전해졌다. 남북조시대의 중국을 중심으로, 조선에도 성행하게 된 불교도, 백제 등의 조선반도의 각국으로부터 일본에 전해졌다. 또 한자 및 학술의 전래를 배경으로 하여, 6세기 중엽에는 조정에서『帝紀(대왕의 계보)』와『舊辭(조정의 설화 전승)』가 정리된 것으로 생각된다.

(4) 家永三郎,『新日本史』, 三省堂, 1990

○동아시아의 동향과 왜의 오왕

기원 3세기경, 조선반도 남부에서는 한민족이 당시의 일본과 마찬가지로 소국가군을 이루고 있었으며, 마한·진한·변한의 3개로 나누어져 있었다. 4세기 전반경, 마한·진한은 각각 백제·신라의 한민족의 국가로 통일되었다. 조선 북부에서 중국 동북부에 걸쳐서는 일찍부터 퉁구스족이 세운 고구려국이 있었으며, 낙랑군이 있던 지역을 아울러 세력을 강화하였다. 압록강 북안에 남은 고구려의 광개토왕(호태왕)비에는 4세기 말부터 5세기에 백제와 결탁한 왜의 군대와 싸운 사실 등이 기록되어 있는데, 비문의 해독방식이나 그것으로부터 어떠한 사실을 읽어낼 수 있을 것인가에 대해서는 근년 학계의 견해가 나누어져 있다.[4] 중국의 정사『송서』등은 5세기에 讚·珍·濟·興·武 등의 이름을 가진 왜의 오왕이 송·제 등 남조의 각 왕조에 조공하였다고

---

4) 교과서의 원주 : 종래에는 이 비문으로부터 391년에는 왜가 바다를 건너 백제 등을 복속시키고, 고구려와 싸운 사실을 알 수 있다고 여기고, 그 이전에 야마토정권은 규슈 북부까지 통일을 달성한 것으로 생각하였으나, 그후 백제 등을 복속시킨 것은 고구려로 읽어야 한다는 설과 '왜'는 야마토정권이 아니라고 하는 설 등, 다양한 견해가 제시되어 있다.

기록하고 있다. 종래, 이 오왕을 雄略天皇까지의 야마토정권의 다섯 대왕에 비정하여, 임나를 지배하고 백제를 복속시키고 있던 야마토정권이, 고구려를 견제하기 위해서 남조의 국가와 국교를 갖고 있었던 것으로 해석해 왔으나, 근년 다른 견해도 제출되어 있다.[5]

○대륙문화의 섭취

조선·중국과의 통교에 의하여 고도로 발달한 대륙문화가 수입된 것은 야마토정권 및 지방호족의 문화를 높이는 데 기여하였다. 야마토정권은 이러한 도래기술자를 畿內와 그 주변 지역에 거주케 하고, 鍛冶部·陶作部·錦織部 등의 전업집단이 조직되었다. 일본에는 종래 고유한 문자가 없었으나, 5세기에 조선에서 한자가 수입되어 야마토정권의 외교문서 등이 작성되게 되었다. 이러한 기록도 史部라고 하는 이주자들의 전문집단이 담당하였다. 대륙의 앞선 도구와 토목기술, 기술자를 받아들임으로써 농업생산 및 수공업도 발전하여, 대규모의 저수지 및 수로를 만들어 경지가 넓어졌으며, 또한 산의 사면을 이용하여 만든 가마에서는 활발하게 도기가 생산되었다.

(5) 兒玉幸多·五味文彦·鳥海靖·平野邦雄, 『新日本の歷史』, 山川出版社, 1990.3

○야마토와 조선

4세기 초, 중국에서는 위·오·촉의 뒤를 이은 진이 북방민족의 침입을 받아 강남(양자강의 남쪽)으로 옮겼으며, 조선반도에서는 북부의 고구려가 낙랑군을 멸하였고, 남부에서도 4세기 중엽경 마한에서 백제, 진한에서 신라가 일어나 각각 국가를 형성하였다. 그러나 반도 남부의 가라(임나)라고 불리는 지역만은 소국분립의 상태가 이어져, 야마토의 왕권은 이 지역을 발판으로 4세기 후반부터 백제와 통교하여 신라를

---

5) 교과서의 원주 : 종래, 변한지역의 임나에 야마토정권이 세력을 미쳐 官家를 두었던 것으로 이해하였으나, 이를 부정하는 설 및 왜의 오왕을 규슈정권의 왕으로 하는 설도 나와 있다.

압박하고 고구려와도 대립하였다. 그리고 4세기 말 이래 고구려와 격렬하게 싸웠다. 그러한 상황은 고구려의 광개토왕(호태왕)비에 기록되어 있다.6)

○ 왜의 오왕

중국의 『송서』 왜국전에 의하면, 5세기에는 왜의 오왕이 중국 남조의 송에 연속적으로 사신을 파견하였다고 한다. 이는 야마토의 왕일 것이다. 그 목적은 왜의 국내에 있어서의 지배권과 조선반도 남부에 대한 군사권을 중국의 황제에게 인정받음으로써, 왜의 동아시아에 있어서의 국제적인 지위를 확보하려고 한 것이다.

다섯 명 중 마지막인 왜왕 무(雄略天皇)의 상표문에 '조상 때부터 스스로 갑옷을 걸치고, 동쪽의 毛人과 서쪽의 여러 오랑캐를 정복하였으며, 건너가 海北을 평정하였다'고 하여, 국내외에 대한 군사원정에 의하여, 야마토의 왕이 지방의 수장을 통합하여 대왕의 지위를 굳혔다는 사실을 보여주고 있다. 그러나 5세기 후반에 고구려의 세력이 신장되자, 조선반도에 있어서 왜의 지위는 저하되었다.

○ 대륙의 사람들

조선반도 및 중국과의 교섭이 활발해지면서, 대륙으로부터 많은 사람들이 일본으로 건너왔다. 그들의 대부분은 반도의 전란을 피해온 사람들이었는데, 야마토정권은 적극적으로 그들을 받아들였다. 5세기까지 秦氏·漢氏가 도래하였다고 전하며, 5세기 말부터 백제가 고구려의 압박을 받자, 다시 이 지역의 사람들이 도래해왔다. 이러한 도래인을 조정은 귀화인이라고 불렀다.7)

---

6) 교과서의 원주 : 이 비는 압록강 중류 북안의 집안(구고구려의 도읍 환도, 현 중화인민공화국 길림성)에 있다. 호태왕은 남하하여 영역을 넓혔으며, 아들 장수왕은 아버지의 공적을 기려, 높이 6m가 넘으며 4면에 1800자 가까운 문자를 새긴 석비를 세웠다. 이 비문에는 왜병이 '신묘년(391)' 이래 반도에 진출하여, 고구려군이 이와 싸웠던 것으로 기록되어 있다.

7) 교과서의 원주 : 진씨의 계통은 야마시로 오우미를 본거로 하였으며, 한씨의

(6) 門脇禎二 · 藤井學 · 朝尾直弘 · 中塚明 · 木坂順一郎 · 井口和起, 『高校日本史』, 三省堂, 1990

○ 동아시아의 변화

이 시대에는 조선에서는 세력을 강화한 고구려가 위와 항쟁하였고, 4세기 초에 낙랑 · 대방군을 멸하고 지배하에 넣었으며, 남방의 백제 · 신라와도 공방을 거듭하였다. 4세기의 중국대륙은, 북방민족이 남하하여 제국으로 분립하였으나, 5세기에는 송과 북위의 대립에 의한 남북조시대에 돌입하였다. 이러한 동아시아의 격렬한 상황 속에 서게 된 야마토국가는, 점차 백제와 결합을 강화해 갔다.

○ 왜의 오왕

야마토국가의 왕은 각지의 왕에게 조공토록 하고, 스스로는 대왕으로서 거울 등을 주어 급속하게 통일을 진전시켰다. 『송서』 등 중국의 사서에는 5세기부터 6세기 초에 걸쳐서, 조선 삼국과 다투면서 중국의 남조에 자주 사자를 보낸 이른바 왜의 오왕이 보인다. 그들은 야마토국가의 대왕으로 보인다. (중략)

○ 개발의 진전

거대한 고분에 부장된 물품은, 대왕이나 왕이 생전에 민중 및 해외로부터 도래한 기술자에게 공납토록 하거나 혹은 다른 왕과 교역하여 입수한 귀중한 것이었다. 고분 축조는 노역 및 식료의 공납 등 민중으로서는 커다란 부담이 되었으나, 분구를 만들고 호를 파는 새로운 토목 측량기술은, 논의 개발에도 이용되었다. 이미 철제농구 및 도끼 · 손도끼 · 끌 등의 철제 공구도 발달하였으며, 5세기 후반에는 뛰어난 성능을 갖춘 철제의 대형 보습 · 삽 · 낫 등이 전해졌다. 그 때문에 개발

계통은 야마토 가와치 지역에 많이 거주하여, 東漢氏 · 西漢氏(서문씨)로 불렸다. 일본의 각지에는 귀화인들이 살고 있었음을 말해주는 지명이 많이 남아 있다. 太秦(京都市) · 愛智(依智秦, 滋賀縣) · 錦織(錦部, 大阪部) 등은 그 한 예이다.

은 들판으로도 확대되었으며, 못과 크고 작은 구덩이도 많이 만들어졌다. 건전이나 밭의 경작이 진행되어 벼농사 이외에 콩·뽕 등의 밭농사도 늘었다.

(7) 久保哲三·宮原武夫·佐藤和彦 등,『高校日本史』, 實敎出版, 1990

○야마토정권의 성립

고분은 4세기 중엽에는 九州 북부에서 中部 지방에 미치는 지역에서 만들어지게 되었는데, 특히 대규모인 것은 야마토를 중심으로 하는 畿內에 집중되어 있었다. 이러한 사실에서 畿內에는 가장 유력한 호족(대왕)을 중심으로 제호족이 연합하여 야마토정권을 형성하였으며, 그 세력은 중부 이서의 서일본 일대에 미쳤던 것으로 생각된다.

고분의 분포는 4세기 말부터 5세기에 걸쳐서 급속하게 확산되었으며, 關東에서 東北 지방 남부까지 미쳤다. 이 시기(중기)의 고분은 평야 가운데 분구를 쌓고 호를 돌린 거대한 것이 많으며, 부장품도 마구·갑주·금은제 장신구 및 철제무기 등 대륙계의 것이 늘어갔다. 특히 오사카 평야에 있는 譽田御廟山古墳(傳應神陵)·大山古墳(傳仁德陵) 등의 거대한 전방후원분은 야마토정권의 대왕 권력의 강대함을 잘 보여주고 있다. 또 중국의 사서『송서』에는 478년 왜왕 무가 중국의 황제에 상표문을 보내어 자신의 조상은 스스로 갑옷을 몸에 걸치고, 산야를 뛰어다니며 동으로 55국, 서로는 66국, 북으로는 바다를 건너 95국을 복속시켰다고 하여, 야마토정권에 의한 국토의 통일이 진전되었음을 짐작케 한다.

○조선·중국과의 교섭

야마토정권이 성립된 4세기에는 조선에도 새로운 움직임이 시작되었다. 중국 왕조의 쇠퇴와 더불어, 중국 동북부에 근거지를 둔 고구려가 낙랑군을 멸하고 조선 북부에 세력을 뻗쳤다. 또 남부에서는 한족이 마한·변한·진한의 소국 연합을 만들고 있었으며, 4세기 중엽경,

마한의 연합으로부터 백제, 진한의 연합으로부터 신라가 나타나, 통일 국가를 형성하였다. 조선의 뛰어난 생산기술 및 철자원을 얻고자 하였던 야마토정권의 대왕은, 4세기 후반에 조선 남부의 가라(임나)라고 불리는 변한 제국을 그 세력하에 두고, 나아가 백제와 결탁하여 신라를 압박하고, 북방의 고구려와 싸웠다. 이러한 사정은 고구려의 호태왕비에 기록되어 있다.

5세기에 들어, 고구려·백제·신라의 국력이 충실해지면서, 조선에 있어서 왜의 지위는 점차 약화되었다. 야마토정권의 다섯 명의 대왕(왜의 오왕)은 연이어 중국의 남조에 조공하여 높은 칭호를 얻고자 하였다. 이는 중국의 왕조의 권위를 배경으로 하여, 조선에서의 지위를 회복하려고 하였기 때문으로 생각되는데, 목적은 충분히 달성되지 못하였다. 그러나 조선 남부에서 얻은 생산기술 및 철자원 등에 의하여, 야마토정권의 군사력과 경제력은 강화되었으며, 국내의 통일은 현저하게 촉진되었다.

○조선·중국문화의 섭취

조선 중국과의 교류가 활발해진 결과, 일본열도에 이주해 온 사람들의 수도 많아졌다. 이러한 도래인에 의하여 기직·제도·금속공예·농업·토목건축 등의 뛰어난 기술이 전해졌다. 야마토정권은 그들을 금직부·도작부·단야부 등으로 불리는 전업집단으로 조직하여, 氏와 姓을 주어 畿內 및 그 주변에 살게 하였다. 도래인 중에는 秦氏·漢氏 등과 같이, 후에 야마토정권의 외교문서의 작성 및 재정 등에 관련한 사람들도 있었다. 또 5세기경 백제로부터 한자 및 유교가 전해졌는데, 이는 6세기 전반에 전해진 불교와 함께, 일본문화에 커다란 영향을 미쳤다. 그밖에 의·역·력 등의 학술도 전해졌다.

2) 1995년 이후 일본사 교과서

(1) 石井進·笠原一男·兒玉幸多·笹山晴生 외 15인,『新日本史』, 山

川出版社, 1995.3.5

ㅇ야마토정권의 성립

중국대륙에서는 삼국시대 이후 晉이 국내를 통일하였으나, 4세기 초에는 북방의 흉노를 비롯한 제민족의 침입을 받아 멸망하였으며, 일부는 남으로 이동하였으며, 화북에서는 오호십육국시대가 시작되어, 남북분열의 시대를 맞이하였다. 그 때문에 중국의 주변에 대한 지배력이 약화되어, 동아시아의 제민족은 국가형성으로 나아가게 된다. 중국 동북부에서 일어난 고구려는, 조선반도 북부에 세력을 뻗쳐 313년에는 낙랑군을 멸하였다. 반도 남부에서는 마한·진한·변한이라는 소국의 연합이 만들어졌으나, 4세기에는 마한에서 백제가, 진한에서 신라가 일어나 각각 국가를 형성하였다. 변한의 지역에서는 伽耶(加羅)가 일어났으나, 하나의 나라로 합쳐지지 않고 분립상태로 있었다.8) 이러한 동아시아 정세를 배경으로 일본에서는 3세기 후반 내지 4세기 초 무렵, 서일본의 각지에 고분이 출현하였다. 그 중 규모가 큰 고분이 집중하는 야마토(나라)를 비롯한 畿內의 호족들이 연합하여 야마토정권이 탄생하였다. (중략)

ㅇ대륙문화의 수용

일본이 중국의 사서 등에 다시 등장하는 것은 4세기 말부터 5세기에 걸친 시기다. 고구려의 호태왕비문에는 조선반도 북부에 있던 고구려가 4세기 후반에 남하정책을 취하여, 왜(야마토정권)과 교전하였던 사실이 기록되어 있다. 당시 반도 남부의 철자원을 얻기 위해 가야와 밀접한 관련을 갖고 있던 왜도 반도의 정세에 대응하여 고구려와 싸웠던 것이다. 한편 반도에서 정치적·군사적 입장을 유리하게 하기 위해서, 중국의 황제의 권위도 이용하였다. 『송서』에는 5세기 초부터 약 1세기

---

8) 교과서의 원주 : 신라 및 백제처럼 하나로 뭉쳐진 나라는 아니었으므로, 가야 제국이라고도 부른다. 일본의 고분문화에 가장 큰 영향을 미친 나라의 하나이다. 또 『일본서기』에서는 이 지역을 任那라고 부르고 있다.

간 왜의 오왕이 중국의 남조에 조공하여 황제로부터 높은 칭호를 얻고자 하였던 사실이 기록되어 있다.

이러한 반도 대륙과의 교섭을 통하여 5세기에는 새로운 철기 및 스에키의 생산, 기직, 금속공예, 토목기술 등이 반도로부터 도래인에 의해 전해졌다. 야마토정권은 그들을 한단야부, 도작부, 금직부, 안작부 등으로 불리는 기술자집단으로 조직하고, 畿內 및 그 주변에 살게 하였다. 한자도 사용되기 시작하여, 한자로 야마토정권의 여러 가지 기록, 출납, 외교문서 등을 작성한 것도 史部라고 불리는 도래인이었다.

6세기가 되면 종교 및 학술이 체계적으로 전해졌다. 백제에서 도래한 오경박사에 의하여 유교 및 醫·易·曆이 전해지고, 불교도 백제 등 반도의 국가로부터 전해졌다. 이러한 한자 및 학술의 전래를 배경으로, 6세기 중반에『제기(대왕의 계보)』및『구사(조정의 설화 전승)』등이 정리된 것으로 생각된다. (중략)

○중앙집권을 향한 발걸음

조선반도에서는 6세기에 들면서 종래 고구려에 압박당하고 있던 백제·신라 두 나라가 각각 정치제도를 정비하고 세력을 강화하여, 남방의 가야제국(임나)을 562년까지 차례로 지배하에 넣었다. 그 결과 야마토정권은 가야에 가지고 있던 세력거점을 잃었다.

그 사이 야마토정권은 6세기 초에 일어난 筑紫國造 磐井의 난을 진압하고, 屯倉과 名代의 部를 각지에 설치하는 등, 지방에 대한 지배를 강화하였다. 이와 더불어 야마토정권을 형성하고 있던 중앙호족들도, 많은 토지와 농민을 지배하여 세력을 강화하게 되어, 호족 간의 대립이 격화되었다. 6세기 초 繼體天皇 때 정치를 주도하고 있던 大連 大伴氏는 조선반도에서 임나 4현에 대한 정책실패로 인하여 세력을 잃고, 6세기경의 欽明天皇 무렵에는 大連 物部氏와 大臣 蘇我氏가 대립하게 되었다. 당시 조정에서는 品部 조직을 정비하고 정치기구를 정비하려는 움직임이 진행되고 있었는데, 蘇我氏는 도래인과 연계하여 이러한 움직임을 적극적으로 추진하였다.

(2) 石井進·笠原一男·兒玉幸多·笹山晴生, 『詳說日本史』, 山川出版社, 1996.3.5

○대륙문화의 수용

중국대륙에서는 삼국시대 이후 쯥이 국내를 통일하였으나, 4세기 초부터는 북방의 匈奴를 비롯한 제민족의 침입을 받아서 남쪽으로 옮겨갔으며, 북방은 五胡十六國時代가 되어, 남북 분열시대(南北朝時代)를 맞이하였다. 이 때문에, 주변제민족에 대한 중국의 지배력은 약화되고, 동아시아의 제민족은 속속 중국의 지배로부터 벗어나 국가형성의 방향으로 나아갔다.

중국 동북부에서 일어난 고구려는, 조선반도 북부에서 영토를 넓혀, 313년에는 중국의 낙랑군을 멸하였다. 한편 조선반도 남부에서는 마한·변한·진한이라는 소국연합이 형성되어 있었으나, 4세기에는 마한에서 백제(4C~660)가, 진한에서 신라(4C~935)가 일어나 각각 국가를 형성하였다.

또한 4세기 후반에 고구려가 남하책을 추진하자, 조선반도 남부의 철자원 확보를 위해서 일찍부터 伽耶(加羅)9)와 밀접한 관계를 가지고 있던 왜국(야마토정권)도 고구려와 싸우게 되었다.

당시 고구려의 도읍이었던 丸都(중국 길림성 집안시)에 있는 고구려의 호태왕의 비문에는 왜가 고구려와 교전한 사실이 기록되어 있다. 고구려의 기마군단과의 싸움은 그때까지 승마의 풍습이 없었던 왜인들로 하여금 선택의 여지없이 기마전술을 배우게 한 것 같으며, 또 이 전란을 피하려던 많은 도래인이 바다를 건너와, 여러 가지 기술 및 문화를 일본에 전하였다.

---

9) 교과서의 원주 : 伽耶는 3세기에 변한이라고 불리던 조선반도 남부의 지역으로, 마한제국에서 백제가, 진한제국에서는 신라가 대두한 데 대하여, 이 지역에서는 4~6세기가 되어서도 소국 분립상태가 계속되었다. 한편 『일본서기』에서는 伽耶諸國을 任那라고 부르고 있다.

나아가 이러한 조선반도 남부를 둘러싼 외교 군사상의 입장을 유리하게 만들기 위해, 5세기 초부터 약 1세기 동안, 『송서』의 왜국전에 찬·진·제·흥·무로 기록된 왜의 오왕이 연이어 중국의 남조에 조공하였다.

이러한 조선반도 및 중국과의 빈번한 교섭 가운데 새로운 문화 및 철기·스에키의 생산, 機織·금속공예·토목 등의 여러 기술이 주로 조선반도에서 건너온 도래인들에 의하여 전해졌다. 야마토정권은 그들을 한단야부·도작부·금직부·안작부 등으로 불리는 기술자집단으로 조직하여 각지에 거주토록 하였다.

또한 한자의 사용도 시작되어, 한자 음을 빌어 일본인의 이름과 지명 등을 표기할 수 있게 되었다. 한자를 사용하여 야마토정권의 여러 가지 기록, 출납, 외교문서 등의 작성을 담당한 것도 史部 등으로 불리는 도래인들이었다.

이러한 지식을 바탕으로 6세기에는 백제에서 도래한 오경박사에 의하여 유교가 전래된 이외에, 의·역·력 등의 학술도 일부 지배자층에게 받아들여졌으며, 불교도 조선반도로부터 전해졌다. 8세기 초에 만들어진 『고사기』·『일본서기』의 자료가 된 『제기』(대왕의 계보) 및 『구사』(조정의 설화 전승)도 이 무렵 정리되기 시작한 것으로 생각된다. (중략)

ㅇ중앙집권을 향한 발걸음

5세기 중엽을 지나, 조선반도에서는 고구려의 세력이 강해져서 백제·신라를 압박하고 있었다. 그러나 6세기에 들어서면 백제·신라는 각각 정치제도를 정비하고 세력을 강화하여, 남방의 가야제국(임나)은 562년까지 속속 백제와 신라의 지배하에 들어갔다. 야마토정권은 가야제국에서 가지고 있던 세력거점을 잃었으나, 여전히 백제 등을 통하여 대륙문화의 연결을 유지하였다. (하략)

興이 죽고 아우 武가 섰다. 스스로 사지절도독 왜 백제 신라 임나 가라 진한 모한 칠국제군사안동대장군왜국왕을 칭하였다. 順帝 昇明 2 년(478)에 사신을 보내어 상표하여 말하기를 "나라가 궁벽하고 먼 곳에 있어 藩을 바깥에서 이루고 있습니다. 예로부터 祖禰가 스스로 갑주를 두르고 산천을 섭렵하여 편히 있을 겨를이 없었습니다. 동으로는 毛人을 정벌한 것이 55국이며, 서로는 衆夷를 복속한 것이 66국이고, 건너서 海北을 평정한 것이 95국입니다.(海北은 조선반도인가?)

(3) 石井進 · 笠原一男 · 兒玉幸多 · 笹山晴生,『詳說日本史』, 山川出版社, 1998.3.1

중국 동북부에서 일어난 고구려(?~668)는, 조선반도 북부에 영토를 넓히고, 313년에는 중국의 낙랑군을 멸하였다. 한편 조선반도 남부에서는, 마한 · 변한 · 진한이라는 소국의 연합이 형성되어 있었으나, 4세기에는 마한에서 백제(4C~660)가, 진한에서 신라(4C~935)가 일어나 각각 국가를 형성하였다.

또한 4세기 후반에 고구려가 남하책을 추진하자, 조선반도 남부의 철자원을 확보하기 위하여 일찍부터 加耶(加羅)와 밀접한 관계를 가지고 있던 왜국(야마토정권)도, 고구려와 싸우게 되었다.

당시 고구려의 도읍이었던 丸都(중국 길림성 집안시)에 있는 고구려의 호태왕비의 비문에는, 왜가 고구려와 교전하였던 사실이 기록되어 있다. 고구려의 기마군단과의 전투는, 그때까지 승마의 풍습이 없었던 왜인들에게, 좋든 싫든 간에 기마기술을 익히도록 한 것 같으며, 5세기가 되면 일본의 고분에도 마구가 부장된다. 또 이 전란을 피하려던 많은 도래인이 바다를 건너와 여러 가지 기술 및 문화를 일본에 전했다.

(4) 直木孝次郎 · 都出比呂志 · 榮原永遠男 · 河音能平 · 大山喬平 · 脇田修 · 池田敬正 · 江口圭一 · 廣川禎秀,『日本史 B』, 實敎出版社, 1996.1.25

○ 야마토정권의 성립

　고분시대 전기에는 奈良현 箸墓(하시하카)古墳을 비롯하여 나라분지에 특히 거대한 고분이 많아서, 각지의 수장과 비교하여 우세한 수장이 나타났음을 알 수 있다. 4세기 전반경, 그 중에서도 가장 유력한 수장을 중심으로 연합하여, 커다란 정치세력을 형성한 것으로 생각된다(야마토정권).

　야마토정권은 먼저 畿內지방을 기반으로 하였고, 이후 점차 세력을 동서로 뻗쳤다. 고분의 분포로 생각하면, 그 세력은 4세기 말경까지는 九州 중부에서 關東지방까지 확대된 것 같으며, 그 중간에는 야마토정권에 종속하지 않은 수장도 있었던 것으로 생각된다.

○ 야마토정권과 조선·중국

　야마토정권이 성립된 4세기에는, 조선의 정세에도 변화가 생겼다. 고구려는 일찍부터 중국 동북부에 국가를 형성하였으나, 4세기 초에 낙랑군을 멸하고, 조선 북부를 지배하였다. 또 대방군도 같은 무렵 멸망하였다. 조선 남부는 많은 소국으로 이루어진 마한·변한·진한의 3지역으로 나누어져 있었는데, 4세기 중엽에는 마한에서는 백제가, 진한에서는 신라가 일어나서 각각 소국을 통일하여 건국되었다. 이후 고구려·백제·신라의 3국이 대립하였으며, 4세기 말에는 고구려가 남하하여 백제·신라를 압박하였다.

　야마토정권은 백제와 결탁하여, 신라에 침입하였으며 고구려와도 싸웠다. 414년에 세워진 고구려의 호태왕(광개토왕) 비문[10]에는 4세기 말부터 5세기 초 무렵, 각국이 한반도에서 대립하여 싸운 상황이 기록되어 있다. 야마토정권은 그 이후에도 백제와 대체로 우호관계를 유지

---

10) 교과서의 원주 : 비는 압록강 중류 북안의 집안 부근에 있다. 비문의 한 구절에 "百殘新羅는 원래 屬民으로서 대대로 조공하였다. 그런데 왜가 신묘년(391년) 이후 바다를 건너와 百殘□□□羅를 쳐서 臣民으로 삼았다"는 말이 있어서, 왜가 조선에 침입하여 백제 및 그밖의 나라를 지배하였다고 해석할 수 있는 부분이 있다. 왜는 야마토정권으로 보는 의견이 유력하지만, 九州지방의 왜로 보는 견해도 있는 등 비문의 해석에는 문제가 많다.

하면서, 소국 분립 상태에 있었던 변한의 땅에 세력을 뻗쳐, 이를 任那[11]라고 칭하였다.『宋書』倭國傳 등 중국의 사서에 의하면, 5세기 초부터 거의 1세기 동안 왜의 다섯명의 왕(왜의 五王)이 연속적으로 중국의 남조에 조공하여, 조선 남부에 대한 지배권을 가지고 있음을 보이는 칭호를 얻고자 하였다고 한다. 이는 야마토정권의 왕이, 중국의 황제의 권위를 빌어, 조선제국에 대한 정치적 지위를 확보하려는 목적을 가진 것으로 생각된다. 또 칠지도의 명문[12]에 의하면 이 당시 왜와 백제가 통교하고 있었음을 알 수 있다.

○고분문화의 발전

5세기가 되면 평야부에 작은 산처럼 인공적으로 盛土하고 호를 두른 거대한 고분이 출현한다. 그 중에서도 오사카부에 있는 譽田御廟山古墳(現應神陵) 및 大山古墳(現仁德陵) 등 전방후원분은 최대급 규모를 가져서, 야마토정권의 최고수장인 大王[13]의 권력이 이 시기에 오사카평야를 거점으로 강해졌음을 보여준다.

또한 이 시기에는 畿內지방만이 아니라, 岡山평야 및 北關東 등에도 거대한 고분이 건설되었으므로, 이러한 지역에도 유력수장이 있었음을 알 수 있다. 그 중에서도 오카야마(岡山)현의 造山古墳은 畿內지방의 거대고분에 가까운 규모를 가지고 있는 것으로, 각지의 유력수장 중에, 야마토정권의 대왕에 버금가는 힘을 가진 자가 있었음을 보여주고 있다. 이렇게 5세기에는, 고분이 東北지방 북부에서 九州 남부에 이르는 지역에 확산되었다.

---

11) 교과서의 원주 : 조선의 각국에서는 이 지방을 加羅(加洛, 伽耶라고도 한다)라고 부르고 있었다.

12) 교과서의 원주 : 나라현 石上神宮에 전하는 6개의 가지가 나있는 검. 금상감 명문에 '백제에서 왜왕에게 보낸다(贈)'고 되어 있다.

13) 교과서의 원주 : 전방후원분의 전체 길이를 비교하면, 大山古墳이 486m, 譽田御廟山古墳이 420m, 石津ヶ岡古墳이 360m, 造山古墳이 360m이다. 大山古墳의 분구 체적은 140만m³이며, 축조하는 데 1일 1000명이 일하여 4년이 걸리는 것으로 추산되었으나, 그 4배 이상의 인원이 필요하였을 것이라는 설도 있다.

5세기의 고분의 부장품으로는, 마구·관·금은장신구·스에키 등 대륙에서 전래된 기술에 의한 것이 현저해질 뿐만 아니라, 도검이나 갑주 등 철제 무기와 무구 등도 수많이 보인다. 이러한 사실은, 야마토 정권 및 지방의 유력수장이 철기를 많이 모아서, 군사적인 힘을 과시하고 있었음을 보여주는 것으로 생각된다. (중략)

○새로운 기술과 渡來人

5세기에는 조선과의 교류가 활발해졌기 때문에, 조선에서 일본으로 도래하는 사람들이 늘어났다. 이러한 도래인14)은 직기·금속공예·제도·건축·토목공사 등 새로운 기술 및 말의 사육, 승마기술 등을 전하였다. 문자에 대한 지식도 도래인들이 가지고 왔다. 야마토정권은 그들을 陶部, 한단야부, 안작부, 금직부 등의 品部로 조직하여 적극적으로 활용하였다. 또 문필에 능한 자를 史部로 썼으며, 정치 외교에 필요한 기록, 문서의 작성 및 재정상의 사무를 담당케 하였다.15)

(5) 家永三郎·井原今朝男·大日方純夫·齋藤善之·田中義昭, 『신일본사 B』, 三省堂, 1995.3.30

○동아시아의 동향과 왜의 오왕

기원 3세기경, 조선반도 남부에는 한민족이 당시의 일본과 마찬가지로 소국가군을 형성하여, 마한·진한·변한의 세 개로 나누어져 있었는데, 4세기 전반 무렵 마한·진한은 각각 백제·신라의 한민족 국가에 의하여 통일되었으며, 변한의 땅[加羅(耶)지방]은 소국 분립 상태가 계속되었다.

조선 북부에서 중국 동북부에 걸쳐서는 일찍부터 퉁구스족이 세운

---

14) 교과서의 원주 : 도래인은 후에 왕의 德에 化하기 위해서 귀순한 사람들이라는 의미에서 '귀화인'이라고 불리웠다.

15) 교과서의 원주 : 조선에서 도래한 유력한 氏로는, 東漢·西文·秦 등의 씨족이 있다. 記紀에는 이들의 선조로서 王仁·阿知使主·弓月君 등이 도래하였다는 설화가 보인다.

고구려국이 있었으며, 낙랑군의 땅을 아울러 세력을 강화하였다. 압록강 북안에 남은 고구려의 광개토왕(호태왕)비에는, 4세기 말부터 5세기에 백제와 結好한 왜의 군대와 싸웠던 사실 등이 기록되어 있는데, 비문의 독법 및 사실해석에 대해서는 학계에서도 견해가 나누어져 있다.16)

중국사서인 『송서』 등은 5세기에 찬·진·제·흥·무라는 왜의 五王이 송·제 등의 南朝의 왕조에 入貢하였다는 사실을 기록하고 있다. 이 오왕은 雄略天皇을 포함하는 야마토정권의 다섯 大王에 비정되고 있는데, 그 조공의 목적은 任那에 세력을 뻗친 야마토정권이 조선 남부의 지배권을 주장하여, 그 승인을 얻기 위한 데 있었다고 한다.17)

○대륙문화의 섭취

조선·중국과의 통교로 고도로 발달한 대륙문화가 수입된 것은, 야마토정권 및 지방호족의 정치력·경제력을 높이는 데 기여하였다. 대륙의 선진문화는, 주로 농업, 토목건축, 각종 수공업기술을 몸에 익힌 사람들의 도래에 의하여 이루어졌다. 야마토정권은 이러한 도래기술자를 畿內와 그 주변 지역에 살게 하고, 단야부·도작부·금직부 등의 전업진단으로 조직하였다.

일본에는 원래 고유한 문자가 없었으나, 5세기에 조선에서 한자가 수입되어 야마토정권의 외교문서 등이 작성되기에 이르렀다. 이러한 기록 업무도 史部라고 불리는 이주자 전업집단이 담당하였다.

대륙의 앞선 도구와 토목기술 수공업자를 받아들임으로써 대규모

---

16) 교과서의 원주 : 종래는 이 비문에서 391년에 왜가 바다를 건너가 백제 등을 복속시켜 고구려와 싸웠음을 알 수 있다고 하여, 그 이전에 야마토정권이 규슈 북부까지 통일을 달성한 것으로 생각해 왔으나, 그후 백제 등을 복속시킨 것은 고구려로 읽어야 한다는 설 및 왜는 야마토정권이 아니라는 설 등 다양한 견해가 나와있다.

17) 교과서의 원주 : 종래, 야마토정권은 加羅에 任那日本府를 두고, 그 땅을 지배하였다는 견해가 있었으나, 최근에는 단지 代表府와 같은 出先機關이 존재하였던 데 불과한 것이 아니냐는 견해도 제출되었다.

遊水池 및 수로를 만들면서 경지가 넓어졌다. 또 산의 사면을 이용해서 만든 요에서는 도기가 활발히 생산되었다.[18]

(6) 中村政則·小笠原好彦·小山靖憲·佐藤宗諄·峯岸賢太郎·鬼頭明成·宮內正勝,『新版 高校 日本史』, 日本書籍, 1996.1.20

○ 야마토정권과 조선반도

야마토정권이 성립될 무렵, 중국에서는 삼국시대가 끝나고 晋이 국내를 통일하였으나, 북방의 흉노를 비롯한 제민족의 침입을 받아 곧 쇠망하였다. 그 때문에 주변제민족에 대한 중국의 지배력이 약화되어, 동아시아 제민족이 국가로서 자립성을 강화하게 되었다.

중국 동북부의 압록강 지류인 동가강 유역에서 건국한 고구려는 조선 북부에 진출하여, 4세기 전반에 낙랑군을 멸하였다. 조선 남부는 마한·변한·진한으로 나누어져 있었는데, 4세기 중엽경 마한에서 백제, 진한에서 신라가 일어났으며, 대방군도 멸망하였다. 그 결과 고구려·백제·신라 삼국이 세력을 다투게 되었다. 그러나 반도 남부의 가야지역만은 소국이 분립된 상태가 계속되었다. 야마토정권은 이 지역에 침입하여 백제와 결탁하고 신라를 억누르면서, 고구려와 싸웠다. 이 사실은 광개토왕(호태왕)비에 기록되어 있다.

○ 왜의 오왕

중국의『송서』에 의하면, 5세기에 찬·진·제·흥·무라는 왜의 오왕이 중국 남조 송에 연이어 사자를 파견한 사실이 기록되어 있다. 이는 왜의 대왕이 국내 지배권과 근린 제국에 대한 자기의 권위를 강화하기 위해, 조선 남부에 대한 군사 행정권의 승인, 특히 백제에 대한 유리한 입장을 승인받고자 한 것이다.

최후의 왜왕 武가 478년에 바친 상표문에서는 조선 이래의 통일과

---

18) 교과서의 원주 : 오사카 남부의 구릉지대에는 스에무라(陶邑)라는 지명이 있으며, 여기에서 대륙에서 전래된 기법에 바탕을 둔 경질 토기인 스에키를 생산한 요의 혼적이 많이 발견되고 있다.

정과 송왕조에 대한 충성과 공적을, 나아가서 조선반도에서 고구려의 무도함을 호소하고, 고구려에 대한 반격의 결의를 기록하고 있다. 이는 5세기 전반에 국도를 평양으로 옮긴 고구려가 5세기 후반에 백제를 공격하고, 남으로 세력을 미쳤으므로, 이에 대항하기 위한 것이었다. 이러한 조선반도 및 중국 남조와의 교섭을 가짐으로써 야마토정권은 대륙의 앞선 문화와 기술을 받아들일 수 있었다.

(7) 尾藤正英 · 藤村道生 · 益田宗 · 吉田孝 · 大口勇次郎 · 萱原昌二 · 原口幸男 · 福士堯夫, 『日本史 B』, 東京書籍, 1996

○ 동아시아의 정세

중국에서는 삼국시대 이후 晉(265~316)이 전국을 통일하였으나, 4세기 초 흉노 등 북방민족의 침입을 받아 강남(長江 유역)으로 옮겼으며, 이후 남북으로 분열되어 각각 왕조의 교체가 거듭되었다. 중국의 내부가 분열되어 조선을 지배하는 힘이 약해지자, 중국 동북부에 거점을 두고 있던 고구려가 조선 북부에 세력을 뻗쳐 4세기 초에 낙랑군과 대방군을 멸하였다. 조선 남부의 마한 및 진한 · 변한의 각지역에서는 소국이 분립되어 있었으나, 이러한 정세를 틈타, 마한의 제국을 백제가, 진한의 제국을 신라가 통일하였다. 다만 변한 지역은 소국이 분립된 상태가 이어졌다. 왜에 대해서는 3세기 후반부터 약 150년간 중국 역사서에 기록이 없으나, 고분 등의 유적 및 기타 유물에서 왜에서도 통일을 향한 움직임이 진전되고 있었음을 알 수 있다. (중략)

○ 조선반도에 진출

조선반도에서는 4세기 중엽경, 고구려 · 백제 · 신라가 세력을 다투는 형세가 되었다. 소국이 분립되어 있던 변한의 제국은, 백제 및 신라와 대항하기 위해서 일찍부터 철을 구해서 조선 남부와 교섭이 있었던 왜의 세력과의 결속을 강화하였던 것으로 생각된다. 4세기 후반에 이르면, 고구려의 세력이 남으로 뻗쳐 백제를 침공하였고 또 신라의 세력도 강해졌으므로, 백제는 야마토왕권과 동맹하여 고구려·신라에 대항하려고 하였다. 고구려의 광개토왕(호태왕) 비문에 의하면 야마토왕권은 군대를 조선반도에 보내어 고구려와 싸운 것으로 보인다. 이 무렵부터 야마토왕권은 가라지방(가야라고도 한다. 원래 변한 지역)에 세력을 뻗쳐, 그 세력하에 들어온 것으로 간주한 지역을 任那[19]라고 불렀다.

5세기 초부터 약 1세기 동안, 5대의 왜왕(왜의 오왕)은 중국 남조(宋)에 조공하고, 조선 남부에 대한 군사지휘권을 나타내는 높은 칭호를 얻고자 하였다. 이는 중국황제의 권위를 배경으로 하여, 조선제국에 대한 정치적 입장을 유리하게 하려는 것이었다.[20] 이렇게 조선반도에 진출함으로써, 야마토왕권은 대륙의 앞선 문화를 받아들여 군사적으로도 경제적으로도 큰 힘을 갖게 되었다. 왜의 오왕 중 마지막인 武는 雄略天皇에 해당하는 것으로 추정되는데, 이 무렵에는 야마토왕권은 지방 소국의 수장 및 그 일족을 대왕의 궁정에 직접 출사하도록 하였던 것으로 생각된다. (중략)

○대륙문화의 섭취

5세기에 들면, 야마토왕권은 조선 및 중국의 앞선 문화를 받아들이기 위해, 일본에 이주해온 도래인(귀화인)을 다수 받아들였다. 그들은 철제 무기 및 농구 공구, 스에키라고 불리는 경질 토기, 양잠과 고급견직물, 마구 및 장신구 등의 금속세공 및 말의 사육 등, 각종 새로운 기술을 전하였다. 야마토왕권은 이러한 기술자를 각각의 특기에 따라서 단야부, 도부, 금직부 등으로 불리는 기술자집단(品部)으로 조직하였다. 일본에는 원래 고유한 문자가 없었으나, 한자가 전해져서 도래인이

---

19) 교과서의 원주 : 任那는 본래는 조선반도의 남단에 있던 소국의 이름이었으나, 야마토왕권은 그곳을 거점으로 하여 가라제국에 세력을 뻗쳤으므로, 그 세력에 들어온 것으로 간주한 지역을 임나라고 불렀다.

20) 교과서의 원주 : 야마토왕권의 요청은 중국 왕조로부터 거의 인정을 받았으나, 백제에 대한 유리한 입장을 나타내는 칭호는 결국 인정받지 못했다.

史部로서 궁정의 기록 및 외교문서 등의 작성을 담당하였다. 이렇게 도래인은 야마토왕권의 발전에 커다란 역할을 하였다. 6세기에 들어서 유교 등 고도의 내용을 가진 문화가 전해졌으며, 또 백제 등 조선제국으로부터 불교가 전해졌다.

(8) 上橫手雅敬·和田萃·井上滿郞·西山克·喜舍場一隆,『新考日本史 B』, 帝國書院, 1997.1.20

○야마토정권의 성립

4세기 초를 전후해서 나라분지의 동남부에 箸墓古墳이라는 거대한 전방후원분이 출현하였다. 이후 4세기 후반까지 차례로 거대한 전방후원분이 축조되고 있으며, 강대한 지배력을 가진 권력자가 탄생하여, 야마토정권이 성립된 것으로 보인다. 서일본 각지의 제호족 수장들에 의하여 왜국 왕으로 옹립된 야마토의 수장이, 중국의 영향에서 벗어나 급격하게 강대화하여, 드디어 타지역의 수장을 제압하기에 이르른 것으로 생각된다. 東北地方에서는 蝦夷, 南九州에서는 隼人(熊襲)이라고 불리는 사람들이 거주하고 있었고, 그 생활 및 문화는 畿內지방과 달랐다. 야마토정권은 5세기 이후 蝦夷 및 熊襲에 대한 정복도 추진하였다.

당시 동아시아 세계의 동향을 보자. 중국에서는 3세기 후반에 서진이 성립되어 280년에는 중국을 통일하였다. 그러나 국력은 약하여 4세기 초에는 북방의 기마민족의 침입으로 강남으로 옮기면서 남북조시대가 시작되었다. 왕조의 약체화로 말미암아 중국 북부에서는 북방제민족이 자립하였는데, 그 중에서 고구려는 조선반도 북부에 영토를 넓혔고 313년에는 낙랑군을 멸하였다. 조선반도 남부의 마한에서는 백제, 진한에서는 신라가 강력해져서, 4세기 중엽에는 고구려·백제·신라가 병립하였다. 최남부의 변한에는 제소국이 성립되어, 가야(가라)로 총칭되었다. 야마토정권이 성립한 것은, 조선의 3국 성립과 거의 같은 시기이다.(중략)

○ 왜의 오왕의 시대

4세기 후반에서 5세기에 걸친 왜국의 상황은, 도검의 명문이나 비문 (금석문) 및 중국 사서를 통해서 그 편린을 알 수 있다. 나라현의 石上神宮에 전하는 칠지도 명문에는 369년에 백제왕이거나 그 태자가 왜왕을 위해서 이 칼을 만들었다는 사실이 기록되어 있다. 또 고구려의 호태왕비에 의하면, 391년에 왜국은 渡海하여 백제를 파하였으나, 고구려와 싸워 패하였다고 한다. 왜국은 가야지역에서 생산되는 풍부한 철자원을 확보할 목적으로 파병하였던 것으로 생각된다. 5세기에 들어 찬·진·제·흥·무라는 왜의 오왕이 중국 남조의 여러 왕조에 조공하여 왜국왕의 칭호를 받고자 하였던 사실을 『송서』 왜국전을 통해서 알 수 있다. 그 중 왜국왕 武에 해당하는 雄略天皇은 강대한 권력을 가지고 있었으나, 그가 죽은 후 대왕위의 계승을 둘러싸고 혼란이 생겨, 야마토왕권은 현저히 약체화되었다. 6세기 초, 近江(滋賀縣) 및 越前(福井縣)을 세력기반으로 하고 있던 繼體天皇은 大伴金村 등이 옹립하여, 대왕의 자리에 올랐다.

○ 대륙문화의 전래

5세기에 들어서 조선반도 남부의 제국가 및 중국에서 도래한 사람들에 의하여 스에키·무기·마구류·비단 등을 제작하는 새로운 기술이 전해졌다. 야마토정권은 그러한 사람들을 야마토(奈良縣) 가와치 (大阪府)에 두었으며, 5세기 후반에는 도부·한단야부·금직부 등으로 편성하여 생산된 제품을 독점하는 체제를 갖추었다. 중국문자인 한자도 전해졌는데, 왜국에 도래한 사람 및 그 자손들은 점차 왜국어를 익혀, 한자를 써서 왜국어를 표기하게 되었다. 야마토정권은 그들을 안팎의 여러 가지 일에 대한 기록 및 외교문서의 작성, 창고의 출납 및 관리, 징세사무 등에 종사토록 하였다. 東西史 및 秦氏는 그 대표적인 씨족이다.

한반도에서는 고구려·백제·신라의 3국이 병립하여 서로 연대하기도 하면서 항쟁을 거듭하고 있었다. 왜국은 일찍부터 조선반도 남부의 가야제국에 강한 영향력을 가졌으며, 백제와는 우호관계를 유지하고 있었다. 이러한 동아시아의 제국은 5세기에는 중국의 북위 및 남조의 제왕조에 조공하였는데, 6세기에 들어서 북위가 약화되고 영향이 줄어 들었기 때문에 동아시아는 격동기를 맞이하였고, 각국의 국가의식이 고조되었다.

512년 왜국은 백제의 요청을 받아, 가야의 4國을 할양하였는데, 다른 가야제국은 여기에 반발하여 신라의 영향하에 들어갔다. 527년 왜국은 가야에 출병을 계획하였으나, 筑滋國造 磐井의 내란으로 중지되었다. (하략)

(9) 黛弘道·大橋信彌·星野良作·大隅和雄·安田次郎 등 14명, 『詳解日本史 B』, 淸水書院, 1997.2.10

○ 동아시아와 야마토정권

중국에서는 4세기 초 쯤이 전국을 통일하여 삼국시대가 끝났으나, 晉도 북방에서 흉노 등 제민족의 침입을 받아 남쪽으로 도망하면서 오호십육국의 분열시대를 맞이하였다. 이러한 속에서 동아시아에 있어서 중국왕조의 지배력이 크게 후퇴하고, 제민족의 자립이 촉진되어, 국가형성의 기운이 높아졌다. 조선에서는 중국 동북부에서 일어난 고구려가 남하하여 반도 북부에 달하였으며 313년에는 낙랑군을 멸하였다. 남부에서는 한족의 마한·진한·변한(변진) 등 부족적인 小國이 형성되어 있었는데, 그 중에서 마한지방을 기반으로 한 백제, 진한지방의 1국이었던 신라가 4세기 중엽경부터 본격적인 국가형성을 향해서 움직이기 시작하였다. 일본열도에서도 야마토를 중심으로 한 近畿지방의 유력호족이 연합하여 정권(야마토정권)을 만들고, 4세기 후반경에는 東北지방 남부부터 북부 九州까지 그 세력을 확대하였다. (중략)

○ 국제정세와 대륙문화의 섭취

4세기 후반부터 5세기에 걸쳐 조선에서는 고구려·백제·신라가 대립항쟁을 거듭하였다. 특히 고구려의 세력은 강대하여 종종 남하하여 백제와 신라의 지위를 위협하였다. 신라가 고구려의 속국이 되자, 백제는 야마토정권과 동맹관계를 맺고 이에 대항하였다. 4세기 말에는 백제의 요청에 응한 왜가 고구려와 싸워 패하였다고 한다. 또 조선 삼국은 중국 북부의 북위 및 남조 송에 조공하여 冊封을 받아 정치적·군사적 입장을 강화하고자 하였다. 왜도 5세기 초부터 6세기 초에 걸쳐, 5인의 대왕(왜의 오왕)이 남조에 여러 차례 조공하여 책봉을 받은 사실이『송서』왜국전 등에 기록되어 있다.

　중국 및 조선과의 정치적·군사적 교섭이 진전되면서, 5세기 이후 선진적인 대륙문화가 열도에 유입되었다. 중국왕조 및 백제·신라에서 기술을 원조한 것으로 보이는 것도 있으나, 전란을 피해서 도래한 사람들의 존재도 무시할 수 없다. 이러한 도래인은 특히 후에 東漢氏 및 秦氏 같은 도래씨족 아래에서 한자를 사용하여 기록 및 출납, 외교문서의 작성을 담당하였으며, 야마토정권의 행정기구 형성에 커다란 역할을 하였다. 또한 철제품 및 토기(須惠器)의 생산, 직기·금공 등의 선진적인 기술을 가지고 크게 공헌하였다. 이 무렵 유교도 전해졌다고 한다.

　○철기의 보급과 농업의 혁신

　중국 및 조선에서 전래된 선진적인 기술 중에서 우리나라의 사회 및 경제에 커다란 영향을 미친 것은 철기의 생산이다. 야요이시대에 전해진 철기는 원재료를 조선 남부에서 얻으면서 점차 보급되었으나, 5세기 중엽 무렵에 이르러 생산이 비약적으로 확대된 것으로 보인다. 이러한 철기의 급속한 보급은 군사면만이 아니라 농업의 면에서 커다란 역할을 하였다. 쟁기나 보습에 철기가 사용되면서, 종래의 저습지 중심의 水田經營에서 관개시설을 갖춘 乾田經營으로 농업기술의 혁신이 이루어졌고, 생산력이 향상되었다. 또 6세기 중엽 이후에는 국내에서

도 생산되기에 이르러 철기의 보급은 한층 진전되었다. (중략)

○6세기 초의 동아시아와 왜국

조선에서는 5세기 후반에 고구려가 다시 남하하는 움직임을 강화하여, 475년에 백제의 도읍 漢城을 점령하자, 백제는 왜국의 지원을 받아 남쪽의 웅진으로 도읍을 옮겼다. 오랫동안 고구려의 속국이었던 신라도 6세기 이후 급속하게 국가체제를 갖추어 자립을 도모하여, 조선반도 남부에 있던 가라제국의 동부에 진출하였고 532년에는 이를 합병하였다. 이어서 가라제국의 서부도 백제의 지배하에 들어가 왜국과 우호관계에 있었던 가라제국이 562년에 멸망하였다. 이 때문에 왜국의 세력은 조선반도에서 구축되었으며, 새로운 국가체제의 조속한 정비를 하지 않을 수 없었다. 여기서 다시 백제와의 연계를 추진하여, 오경박사를 비롯한 최신의 지식 및 기술의 도입을 꾀하여, 정치기구의 확립을 향하여 적극적인 정책을 전개하였다.

3) 2001년도 일본사 교과서

(1) 黛弘道 외, 『詳解日本史』, 淸水書院, 2001(1998년 검정)

○동아시아와 야마토정권

중국에서는 280년에 晋이 전국을 통일하여 삼국시대가 끝이 났으나, 4세기 초부터 진도 북방으로부터 흉노 등 이민족의 침입을 받아서 남쪽으로 이동하면서, 오호십육국의 분열시대를 맞이하였다. 그런 중에 동아시아에 대한 중국왕조의 지배력은 크게 후퇴하고 여러 민족이 자립하여 국가를 형성하려는 기운이 고조되었다.

조선에서는 중국 동북부에서 일어난 고구려가 남하하여 반도 북부에 도달하였으며, 313년에는 낙랑군을 멸하였다. 남부에서는 韓族의 마한·진한·변한(변진) 등 부족적인 소국이 형성되어 있었는데, 그 중에서 마한지방을 기반으로 한 백제, 진한 지방의 한 나라인 신라가 4세기 중엽경부터 본격적인 국가형성을 향하여 움직이기 시작하였다.

남쪽의 伽耶(加羅) 지방은 소국이 툰립된 상태였다.

일본열도에서도 야마토(奈良縣)를 중심으로 한 近畿의 유력호족이 연합하여 정권(야마토정권)을 만들어, 4세기 후반경에는 東北 남부에서 북부 九州까지 그 세력을 확대하였다. (중략)

ㅇ 국제정세와 대륙문화의 섭취

4세기 후반부터 5세기에 걸쳐 조선에서는 고구려・백제・신라가 대립항쟁을 거듭하였다. 특히 고구려의 세력은 강대하여 종종 남하하여 백제와 신라의 지위를 위협하였다. 신라가 고구려의 속국상태가 되자, 백제는 야마토정권과 동맹관계를 맺고 이에 대항하였다. 4세기 말에는 백제의 요청에 응한 왜가 고구려와 싸워 패하였다고 한다.[21]

또 조선 삼국은 중국 북조의 북위 및 남조의 송에 조공하여 책봉[22]을 받아 정치적・군사적 입장을 강화하려고 하였다. 왜도 5세기 초에서 6세기 초에 걸쳐 다섯 명의 대왕(왜의 오왕)이 남조에 여러 차례 조공하고 책봉을 구하였다는 사실이,『송서』왜국전 등에 기록되어 있다.

중국 및 조선의 정치적・군사적 교섭의 진전과 더불어, 5세기 이후 선진적인 대륙문화가 열도에 유입되었다. 중국왕조 및 백제・신라로부터 기술원조를 받은 것으로 보이는 것도 있으나, 전란을 피하여 도래한 사람들의 존재도 무시할 수 없다. 이러한 도래인은 특히 후에 東漢氏 및 秦氏와 같은 도래씨족 아래에서 한자를 사용하여 기록 및 출납, 외교문서의 작성을 담당하였으며, 야마토정권의 행정기구 형성에 커다란 역할을 하였다. 또한 철제품이나 새로운 토기(須惠器)의 생산, 機

---

21) 교과서의 원주 : 고구려의 호태왕(광개토왕) 일대의 공적을 드러내는 석비가 당시 고구려의 수도 丸都(중국 길림성 집안현)에 남아 있으며, 비의 사면에 새겨진 기록에 의하여, 4세기 후반에서 5세기에 걸쳐, 조선 삼국과 왜국의 공방을 거듭한 역사를 알 수 있다. 그 속에는 왜가 신묘년(391)에 바다를 건너와, 백제 등을 파하여 臣民으로 삼았다고 기록되어 있다.
22) 교과서의 원주 : 중국의 황제가 복종하는 주변 제국의 왕에게 칭호를 주는 것을 책봉이라고 한다. 책봉에 의하여 제국의 왕의 입장이 정당화되었다. 이러한 중국 중심의 정치적인 질서를 책봉체제라고 한다.

織·金工 등의 앞선 기술을 가지고 많은 공헌을 하였다. 이 무렵 유교도 전해진 것으로 되어 있다.

○철기의 보급과 농업의 혁신

중국 및 조선에서 전래된 선진적인 기술 중에서 우리나라의 사회 및 경제에 커다란 영향을 미친 것은 철기의 생산이다. 야요이시대에 전해진 철기는 원재료를 조선 남부에서 얻으면서 점차 보급되었으나, 5세기 중엽경이 되면 생산이 비약적으로 확대된 것으로 보인다. 이러한 철기의 급속한 보급은 군사면만이 아니라 농업면에서도 커다란 역할을 하였다. 쟁기나 써레에 철기가 사용됨으로써 그때까지 저습지 중심의 水田經營이 관개시설을 갖춘 乾田經營으로 농업기술의 혁신을 보게 되었고, 생산력이 향상되었다. 또한 6세기 중엽경 이후는 국내에서도 철의 精練이 이루어지게 되어 철기의 보급이 한층 진행되었다. (중략)

○6세기 초두의 동아시아와 왜국

조선에서는 5세기 후반에 고구려가 다시 남하정책을 강화하여 475년에 백제의 수도 한성을 점령하자, 백제는 왜국의 지원을 받아 남쪽의 웅진으로 도읍을 옮겼다. 오랫동안 고구려의 속국상태에 있던 신라도 6세기 이후 급속하게 국가체제를 갖추어 자립코자 하였으며, 조선반도 남부에 있던 伽耶(加羅)제국의 동부에 진출하여 532년에는 이를 합병하였다. 이어서 伽耶諸國의 서부도 백제의 지배하에 놓여, 오랫동안 왜국과 우호관계에 있던 伽耶諸國은 562년에 멸망하였다. 그 때문에 왜국의 세력은 조선반도로부터 구축되었으며, 새로운 국가체제를 조속히 정비해야 할 상황에 놓였다. 그래서 다시 백제와 제휴하였고, 오경박사를 비롯한 최신의 지식 및 기술의 도입을 꾀하여 정치기구의 확립을 목표로 적극적인 정책을 전개하였다.

(2) 尾藤正英 외, 『新選日本史 B』, 東京書籍, 2001(1998년 검정)

○ 동아시아의 동향

중국에서는 삼국시대 이후 晋이 전국을 통일하였으나 북방민족이 침입해와 북조와 남조로 나누어지면서 왕조의 교체를 거듭하게 되었다. 중국의 내부가 분열되어 조선을 지배하던 힘이 약해지자, 중국 동북부에서 일어난 고구려가 조선 북부에 세력을 뻗쳐, 4세기 초에는 낙랑군·대방군을 멸하였다. 또 소국으로 분립되어 있던 조선 남부에서는 마한의 여러 나라를 백제가, 진한의 여러 나라를 신라가 통일하였다.23) 일본열도에서도 이 무렵 소국을 통일하려는 움직임이 진행되고 있었던 사실을 고분 등에서 알 수 있다.

○ 고분의 출현과 야마토왕권의 성립

3세기 후반 무렵, 近畿 지방에서 瀨戶內海 연안의 각지에 커다란 분구를 가진 고분이 출현하였다. 고분은 그후 점차 확산되어 4세기 후반 무렵에는 九州 남부에서 東北 지방 남부에 미쳤다. 이러한 전기 고분의 대부분은 전방후원분이라고 하는 독특한 외형을 가지며, 분구의 표면에는 葺石을 덮고 埴輪을 돌렸다. 유체를 안치하는 수혈식 석실 속에는 거울·옥·칼, 석제품 등이 부장되었다. 이러한 부장품은 주로 제사를 위한 寶器이며, 고분에 묻힌 왕은 정치적인 지배자인 동시에 종교적인 사제자이기도 하였다.

각지의 전기 고분은 분형이나 부장품이 거의 공통되며, 야마토를 중심으로 한 近畿 지방에 특히 거대한 고분이 집중되어 있다. 고분을 만들었던 각지의 왕이 야마토지방의 왕을 맹주로 하여 정치적인 연합체를 형성하고 있었던 것으로 생각된다. 이를 야마토왕권이라고 한다. 야마토왕권의 맹주가 된 왕은 후에 대왕이라고 불리웠다.

○ 야마토왕권과 조선·중국

---

23) 교과서의 원주 : 변한 지역은 소국이 분립되어 있었다.

조선반도에서는 4세기 중엽 고구려·백제·신라가 세력을 다투게 되었다. 그 중에서 소국이 분립되어 있던 변한의 여러 나라는 백제 및 신라와 대항하기 위하여 철과 뛰어난 기술을 찾아서 조선반도에 진출한 왜와의 결속을 강화한 것으로 생각된다.

4세기 후반이 되면 고구려는 백제에 침공하고, 또 신라의 세력도 강해져서, 백제는 야마토왕권과 동맹하여 고구려에 대항하려고 하였다. 고구려의 광개토왕(호태왕)비문에 의하면, 야마토왕권은 군대를 조선반도에 보내어 고구려와 싸웠음을 알 수 있다. 이 무렵 야마토왕권은 伽耶(加羅라고도 불렀다. 원래 변한 지역)의 任那(金官國)24)과 결합하여 조선반도 남부에 세력을 뻗쳤다.

또 5세기 초부터 약 1세기 동안 야마토왕권의 다섯 대에 걸친 왕(왜의 오왕)은 중국의 남조(宋 등)에 조공하고 군사지휘권을 나타내는 높은 칭호를 얻고자 하였다. 이는 중국황제의 권위를 배경으로 하여 조선제국에 대한 정치적인 입장을 유리하게 하려는 것이었다.

야마토왕권은 이러한 조선반도에 대한 진출을 통하여 대륙의 선진문화를 받아들여 군사적으로나 경제적으로 커다란 힘을 갖게 되었다. (중략)

○ 동아시아의 변화와 야마토왕권

조선반도에서는 5세기 후반 무렵부터 고구려에 압박을 받은 백제 및 국가조직을 갖추게 된 신라가 남방의 伽耶諸國에 세력을 뻗쳤다. 야마토왕권은 조선반도에 병사를 보내어 가야제국과의 연결을 유지하려고 하였으나, 562년까지 가야제국은 백제·신라의 지배하에 들어갔으며,25) 조선반도에 있어서 야마토왕권의 거점은 상실되었다.

이러한 어려운 정세 속에서 야마토왕권은 지방의 지배 및 조정의 기구를 갖추고자 노력하였다.26) 이러한 정세 속에서 蘇我氏는 도래인과

---

24) 교과서의 원주 : '임나'는 본래 조선반도 남단에 있던 나라였으나, 왜와 결합한 임나의 세력하에 있었던 지역도 『日本書紀』는 임나라고 부르고 있다.
25) 교과서의 원주 : 532년 任那(金官國)도 신라에 병합되었다.

손잡고 조정의 재정권을 장악하였으며 6세기 말에는 大伴氏를 대신하
여 세력을 키우고 있던 物部氏를 타도하였다.

(3) 福田豊彦 외, 『高等學校 精選日本史 B』, 第一學習社, 2001(1998 년 검정)

○야마토정권

세 개의 나라로 나누어져 있던 중국을 통일한 晉은 4세기가 되면 북
방의 제민족에게 쫓겨서 남으로 이동한다. 이 때문에 중국의 북부에는
작은 나라들이 난립하고 남부에서도 왕조의 교대가 6세기 후반까지 반
복되었다(남북조시대). 조선반도에서는 북부에 고구려가 일어나, 낙랑
군을 멸하였다. 남부에 있었던 소국 연합 중에서도 백제와 신라라는
새로운 나라가 일어났다.

일본에서는 3세기 말부터 4세기 초에 걸쳐서, 近畿지방, 瀨戸内海지
방에서, 지역별로 다른 분구묘 및 제사와 관련하여, 규격성·통일성이
있는 대형의 고분이 만들어지게 되었다. 그 전형적인 것이 전방후원분
이다. 또 매장시설 및 부장품의 종류 등도 공통성이 보인다. 각지의 수
장이 같은 葬法을 채용한 결과이다.

전방후원분 중 200미터를 넘는 큰 규모를 가진 것은 近畿지방에 집
중되어 있다. 그 중에서도 초기 것은 야마토(나라현)에서 나타난다. 따
라서 고분은 야마토의 호족을 정점으로 하는 정치체제(야마토정권)의
성립과 함께 생겨난 것이다. 거대한 분구를 가진 무덤이라고 할 수 있
다. 고분이 만들어진 4~7세기를 고분시대라고 한다.

○왜의 오왕

4세기 후반이 되면, 조선반도에서는 고구려와 백제의 다툼이 격화된
다. 야마토정권은 백제와 손을 잡고 조선반도 남부의 가라제국(伽耶

---

26) 교과서의 원주 : 신라와 결탁하여 반란을 일으킨 筑紫國造 磐井을 타도하자
    그 토지의 일부를 屯倉으로 하는 등 각지에 둔창을 늘리고 또 部의 조직을
    확대하였다.

또는 任那)에 진출하여, 선진문화 및 철자원을 손에 넣고자 하였다. 고구려 호태왕비문에는 그 당시의 전투양상을 기록하고 있다. 또『송서』에 의하면 5세기에는 왜의 다섯 명의 대왕들(왜의 오왕)이 연이어 중국의 남조에 사자를 보내고 있다. 이는 조선반도에서의 세력을 강화하기 위하여, 중국황제의 권위를 빌려고 한 것이다. 이처럼 조선반도에 진출한 야마토정권은 왜의 오왕 중 마지막 왕인 武(雄略天皇) 때에, 九州에서 關東지방을 지배하게 된다.

(중략)

○ 대륙문화의 전래

중국 및 조선의 나라들과 관련을 강화하게 되면서, 철기 생산 및 직조, 금속가공, 스에키 제조, 토목공사 등의 기술을 가진 사람 등, 많은 사람들이 일본에 건너왔다(渡來人). 야마토정권은 그들 중에서 뛰어난 기술을 가진 사람들을 韓鍛冶部 등 部(品部)로 삼아 야마토주변에 살게 하였다. 또 한자의 지식을 가진 사람들을 史部라고 하여, 대왕의 정치 및 외교를 위한 문서와 기록작성을 담당토록 하였다.

6세기에는 백제는 고구려 및 신라와 대항하기 위하여, 야마토정권과 점점 강한 결합을 요구하게 되었다. 이 때문에 백제는 오경박사를 일본에 보내어 유교를 전하고, 나아가서 도교, 후대에 큰 영향을 끼친 불교도 전하였다.

○ 야마토정권의 발전

6세기의 조선반도에서는 고구려의 세력이 점차 커지면서 종종 백제 및 신라를 침입하였다. 백제 및 신라도 정치체제와 군사력을 갖추고 고구려와 대항하였으며, 또한 남쪽의 가라를 지배하려고 하였다. 야마토정권도 가라제국에 관심을 가지고 있었기 때문에 백제 등과 활발한 교섭을 행하는 동시에, 국력을 축적하기 위하여 힘을 쏟았다.

또 국내에서는 대왕의 지위를 둘러싼 혼란 및 지방호족의 반란도 일어났다. 그러나 527년에 九州에서 일어난 磐井(이와이)의 반란을 진압한 후에는 각지에 대왕의 직할지인 屯倉을 설치하게 되어 야마토정권의 지방지배를 강화하였다. (중략)

○ 야마토정권과 동아시아

6세기 후반이 되면, 야마토정권의 재정을 담당하고 있던 소가씨의 세력이 커진다. 소가씨는 불교를 숭배하고 도래인의 자손들의 신뢰를 얻어, 천황가와 혼인관계를 맺는 등 조정 내에서 큰 세력을 행사할 수 있게 된다. 특히 대신 소가노우마코는 大連(오무라지)인 모노노베씨를 멸하고, 스슌천황을 암살하고 스이코천황을 즉위시켰다. 스이코천황은 조카인 쇼토쿠태자를 섭정으로 삼아 정무를 보좌케 하였으므로, 우마코와 쇼토쿠태자는 협력하여 나라의 내외 동향에 대응하기 위하여 정치개혁을 행하였다.

이에 앞서 조선반도에서는 신라의 세력이 점차 커지면서 백제를 능가하게 되었다. 또 신라는 남으로도 세력을 뻗쳐 562년에는 가라계국을 지배하게 되었다. 그 때문에 야마토정권은 조선반도에서의 거점을 잃었고, 이를 회복하기 위하여 군대를 파견하여 신라를 공격하거나, 신라와의 교섭을 추진하였다. 또한 고구려·백제와의 외교교섭을 통하여, 조선반도에서의 영향력을 지키려고 하였으나, 그 목적을 이룰 수는 없었다.

그후 589년에 중국에서 남북조를 통일한 수에, 고구려 및 백제·신라가 사신을 보내어 그 지위를 인정받았기 때문에, 야마토조정도 607년에 遣隋使로 오노노이모코를 파견하였다. 이는 수와의 대등한 외교를 행하여, 신라 등보다 우위에 서려는 것이었다. 또 조정은 견수사와 함께 다카무코노노쿠로마로, 민 등의 유학생 학문승을 보내어, 중국의 제도 및 종교 학문을 배우도록 하였다. 그들은 수 및 그후에 중국을 통일한 당의 제도와 문화를 배우고 귀국하여, 후에 대화개신에 큰 역할을 하였다.

(4) ワイド 日本の歴史, 江坂輝彌 외, 桐原書店, 2001년(1998년 검정)

　○야마토정권

3세기 말경 출현한 고분의 분포상황에서, 후에 야마토를 중심으로 한 畿內에서는 유력호족인 수장을 중심으로 제호족을 연합한 야마토정권이 형성되었으며, 4세기 중엽경에는 九州 북부로부터 中部지방의 호족을 복속시켰던 것으로 보인다.

4세기 말부터 5세기에 걸쳐서 고분은 거대화하는데, 그 중에서도 大山古墳(傳仁德陵) 등은 세계에서도 예가 없는 거대한 것이며, 야마토정권의 수장(대왕)의 권위를 짐작케 한다.

중국에서는 삼국시대 이후 3세기 말에 진(서진)이 전토를 통일하였다. 그러나 진은 곧 북방의 이민족의 압박을 받아 장강의 남쪽으로 이동하고, 중국은 마침내 남북조시대에 들어간다. 그 때문에 조선반도의 북부에서는 고구려가 낙랑군을 멸하고 영토를 넓혔으며, 남부에서는 소국가군을 통일하여, 백제와 신라가 건국되었다. 조선반도의 뛰어난 생산기술 및 철자원을 얻고자 하였던 야마토정권은 백제와 연합하여 신라와 싸웠으며, 조선반도 남단의 가라(임나)라고 불리는 소국가군에 세력을 뻗쳤다. 나아가서 북방의 고구려와도 싸웠는데, 그 경과는 고구려의 호태왕비에 기록되어 있다.

그러나 5세기에 이르면 고구려·신라의 세력이 강해졌으므로, 야마토정권은 중국 남조의 권위를 빌어 그 지위를 강화하고자 하여 왜의 오왕이 연이어 남조에 사신을 보냈다. (중략)

　○동아시아문화의 전래

조선반도에 대한 출병 및 중국과의 교섭이 활발해짐에 따라서, 조선반도 및 중국대륙에서 많은 도래인이 來住하여, 우리나라 문화의 발전에 크게 공헌하였다. 이미 4세기 초 무렵 고구려에 멸망한 낙랑군의 유민이 다수 우리나라에 건너왔다. 그들은 東漢氏·秦氏 등으로 칭해졌으며, 중국의 기직기술 등을 전하였고, 그 자손은 문필·무예·산업에 공헌하였다. 5세기에는 단야·제도·토목 등의 신기법이 전해졌으며, 그 중에서도 토목기술은 야마토 가와치 지방의 수로 및 저수지를 만드는 데 사용되어 농업의 발전에 기여하였다.

5세기경에는 한자가 우리나라에서도 사용되었음이 확인되었는데, 한자를 사용하여 외교문서 및 기록을 작성한 것도 도래인이었다. 또 4세기 말에 백제에서 왕인이 와서 논어 등의 책을 바치고, 6세기에는 오경박사가 왔다고 하는 전설은 유교가 전래된 것을 전하는 것이다. 같은 무렵, 의·역·력 등의 학문도 전해졌으며, 드디어 불교도 전해졌다. 6세기 중엽 무렵, 백제의 성명왕이 불상·불경을 야마토정권에 바친 것을 불교공전의 시기로 여기고 있다. 이들은 모두 조선반도의 여러 나라에서 전해진 것으로, 우리나라의 고대문화는 조선반도의 문화에 빚진 바가 많다.

이렇게 하여 오랫동안 일본인의 생활 및 사상에 커다란 영향을 끼쳐 일본문화의 근간이 된 유교와 불교가 일본인의 마음속에 침투하기 시작하였다. (중략)

○ 야마토정권의 동요

야마토정권과 각지의 호족의 대립이 격화되어 반란이 이어졌으며, 정권의 내부에서도 중앙호족들의 세력투쟁이 격화되었다. 그 때문에 야마토정권의 대외정책은 일관성을 잃었으며, 더욱이 조선반도에서는 고구려·신라의 세력이 한층 강해져서, 562년에 가라제국은 마침내 신라에 멸망당하였으며, 우리나라는 조선반도의 거점을 잃었다. (하략)

(5) 朝比奈正幸 등, 『高等學校 最新 日本史』, 國書刊行會, 2001년
   (1994년 검정)

○ 조선반도에 진출

3세기부터 4세기에 걸쳐서 우리나라는 국내통일이 진행되고 있었는데, 중국에서는 삼국시대 이후 위를 멸한 진이 국내를 통일하였다(280

년). 그러나 4세기 초 흉노 등의 북방 제민족이 화북에 세력을 뻗쳐(오호십육국), 진은 남쪽으로 옮겼다. 드디어 남북조시대가 시작되어, 여러 왕조가 흥기하였다.

조선반도에서는 압록강의 북안에 위치한 고구려가 남하하여, 313년 낙랑군을 멸하였다. 반도 남부는 한족이 마한·진한·변한(변진)[27]의 3지방으로 나누어져 소국연합을 이루고 있었으나, 4세기 후반 무렵 마한에서 백제, 진한에서 신라가 일어났다. 이렇게 하여 북부에 고구려, 남동에 신라, 남서에 백제의 삼국이 성립되었다.[28]

야마토조정은 4세기 후반에 백제와 우호관계를 맺고, 반도의 철자원 및 선진기술 등을 확보하기 위하여 조선반도에 진출하여, 아직 통일되지 않은 낙동강하류역의 가라(임나)라고 불리는 변한제국에 진출하여 거점을 두고자 하였던 것으로 생각된다. 고구려의 호태왕(광개토왕)비의 비문에 의하면, 왜인은 백잔(백제)·신라에 대하여 우월한 지위를 얻기 위하여 원정군을 보내어, 남하하는 고구려와도 교전하였음을 알 수 있다.

이렇게 하여 조선반도에까지 세력을 뻗친 야마토조정은, 5세기 들면 중국의 남조(송과 제) 등과도 적극적으로 외교를 전개하였다. 『송서』 왜국전에 의하면, 찬·진·제·흥·무 왜의 오왕은 송 및 제에 사자를 파견하여, 조선 남부 여러 나라에 대하여 군사지휘권을 가지고 있음을 의미하는 높은 작호(안동대장군)을 얻고자 하였다. 이는 중국황제의 권위를 빌어 조선반도에서 일본의 정치적 입장을 유리하게 하기 위한 것으로 생각된다. 그 당시의 야마토조정은 조선반도 및 중국 남조와의 연계를 통하여 대륙의 앞선 문화를 받아들였으며, 그러한 세력은 應神天皇 및 仁德天皇의 산릉(御陵)이라고 전하는 거대한 고분을 통해서

---

27) 교과서의 원주 : 『위지』 왜인전에 의하면, 구야한국은 왜국의 일부로 되어 있으며, 『위지』 한전 및 『후한서』 동이전에 의하면, 조선 동남부의 변한은 철을 산출하였으므로, 왜인 및 예인·한인이 다투어 이를 얻어 거래하였다고 한다.
28) 교과서의 원주 : 변한의 땅은 통일되지 않았고, 아직 소국 분립상태가 이어지고 있었다.

미루어 짐작할 수 있다. (중략)

○ 대륙문화의 전래

고분시대 중기의 5세기 전후에는 조선반도의 동란에서 벗어나기 위하여, 우리나라에 도래하여 정주한 사람들이 끊이지 않았다.[29] 그들을 귀화인(도래인)이라고 한다. 야마토조정은 제철·제도·기직·피혁·가공·금공 등의 뛰어난 기술을 가진 귀화인을 한단야부, 도부, 금직부, 안작부 등의 직업집단(품부)로 조직하고, 畿內 및 그 주변에 거주토록 하였다. 그들이 우리나라의 산업 문화의 발전에 미친 역할은 크다.

또 한자를 일본에 전한 것도 귀화인이었다. 그때까지 우리나라에는 문자가 없었는데, 드디어 한자를 사용하여 간단한 조정의 기록, 출납, 외교문서 등이 작성되기에 이르렀다. 5세기부터 6세기에 걸쳐서 만들어진 동경 및 칼의 명문에도 한자의 음을 이용하여 지명 및 인명 등을 능숙하게 나타내고 있다. 이처럼 국어를 표기하는 기술을 얻은 것을 배경으로 하여, 6세기 중엽에는 『제기』(황실의 계보) 및 『구사』(오랜 신화전설)가 정리된 것으로 생각된다.

또 6세기에 들면, 백제로부터 오경박사인 단양이 등이 내조하였으며, 마침내 의술·역학·역법 등의 학술이 전해졌으며, 또한 유교도 본격적으로 섭취되었다. 또한 6세기 중엽에는 조선에서 활발해진 불교가 백제 등을 통하여 전해졌다. 불교는 이후 유교와 함께 우리나라의 정치사상 및 윤리도덕에 커다란 영향을 미치게 되었다. 중국의 민간신앙이었던 신선사상의 도교도 전해졌는데, 불교·유교처럼 중요시되지는 않았다. (중략)

---

29) 교과서의 원주 : 낙랑군 및 대방군이 멸망한 뒤 도래한 한민족의 귀화인 중에는 양잠업 등을 가져왔다고 하는 진씨의 조상 궁월군, 문필로서 조정에 봉사하였다고 하는 동한씨의 조상 아지사주 등이 있다. 또 6~7세기가 되면 조선의 사람들이 많이 귀화하였다.

○야마토조정의 동요

6세기에 들면 야마토조정은 황위를 둘러싼 다툼이 생겨, 유력호족들도 여기에 관여하여 항쟁을 거듭하였다. 호족들은 토지·인민을 획득하고자 노력하였으며, 527년의 筑紫國造 磐井처럼, 신라와 결탁하여 반란을 일으킨 호족도 나타났다(이와이의 난).

조선반도에서는 5세기 후반 이후, 고구려가 남진을 거듭하였고, 그 압박을 받은 신라도 또한 임나(가라)를 공격하였다. 512년에는 繼體天皇을 옹립한 大連 大伴金村의 의견을 받아들여, 백제에 임나의 4개 지역(현)을 할양하였는데, 그후 임나는 점차 쇠퇴하여, 562년에는 마침내 신라에 멸망당하였다. 이로써 조선반도의 우리나라 거점이 상실되었는데, 백제와는 우호관계를 유지하여, 대륙문화와의 접점을 남기게 되었다. (하략)

3. 가야사 기술의 특징과 문제점

1) 가야사 기술의 특징

(1) 집필진

먼저 검토한 일본사 교과서의 경우, 집필자의 거의 대부분이 일본사 전공자라는 점을 특징의 하나로 지적할 수 있다. 전체 집필자 중에서 고대한일관계사 전공자라고 할 수 있는 인물은 전무하였으며, 그나마 한국고대사 쪽을 어느 정도 연구한 인물로 平野邦雄 정도를 확인할 수 있었다. 따라서 한국고대사 및 고대한일관계사와 관련된 최근 연구성과가 교과서에 반영되기 어려운 상황이다.

(2) 교과서 간의 차이

검토한 교과서 간의 차이는 크지 않았다. 관련 부분의 목차구성까지도 대체로 일정하여 검인정제임에도 불구하고 학계의 연구성과를 자유롭게 반영하고 있다고 보기 어려웠다. 목차구성에 있어서 ① 소국분립 및 히미코(卑彌呼) ② 고분의 성립 혹은 고분문화 ③ 야마토정권 ④ 조선·중국과의 교섭 ⑤ 씨성제도 및 부민제 등을 구성요소로 하여 그 배열순서에 다소 차이가 있을 뿐 다루고 있는 내용은 거의 천편일률적이었다. 이처럼 다양한 연구자들이 교과서를 집필하는 현실에도 불구하고 이렇게 내용이 유사한 것은 검인정과정에 대단히 구체적인 가이드라인이 작용하고 있기 때문이라고 볼 수밖에 없다.

(3) 연도별 내용의 변화

연도별로 검토해 보아도 내용의 차이는 크지 않았다. 1982년에 검인정을 받은 교과서가 1984년과 1987년에 그대로 개정검정을 받고 있는 경우도 있으며, 같은 출판사에서 1990년에 나온 교과서와 1996년에 나온 교과서를 비교해 보아도 자구에 조금의 차이가 있을 뿐 내용상으로는 큰 변화가 없었다. 또 한 출판사에서 이름은 달리하면서도 집필자는 동일한 몇 종의 교과서를 검정받는 경우도 있었는데 이러한 경우에도 역시 내용 차이는 거의 없었다. 결국 우리나라의 교과서 내용 개정 요구에도 불구하고 임나일본부설과 관련이 있는 가야사서술 부분은 큰 변화가 없었던 셈이다.

(4) 사료의 인용

내용만이 아니라 교과서에 인용하고 있는 사료 역시 대체로 같은 것들을 사용하고 있었다. 왜가 백제와 연합하여 신라 및 고구려와 전쟁을 벌였다는 내용에 대해서는 한결같이 광개토대왕비의 명문을 그 증거로 들고 있다. 또 한반도 남부에 대하여 지배력을 행사하였다는 근거로는 『송서』 등의 중국사료를 인용하고 있다. 그 중에서도 왜왕 武의 상표문이 자주 인용되었다.

2) 가야사 기술의 문제점

(1) 국명에 관한 문제

우선은 任那라는 용어가 加羅라는 용어와 같은 뜻으로 사용될 때도 있고, 왜가 지배한 지역을 지칭하는 용어로 쓰이는 경우도 있다는 것이다. 후자의 경우에는 전라남도지역을 포괄하는 뜻으로 사용하고 있다. 任那라는 용어가 이렇게 모호하게 사용되고 있는 것은 임나일본부설의 잔재라고도 할 수 있으며, 우리 학계에서도 아직 任那라는 용어에 대해서 명확하게 개념을 규정하지 못한 상황과도 관련이 있다고 하겠다.

다음으로 任那라는 호칭과 관련된 것으로 "야마토정권은 소국 분립 상태에 있던 변한의 땅에 세력을 뻗쳐 이를 任那라고 칭하였다"(90-1, 95-4), 야마토왕권은 가라지방(가야라고도 한다, 원래 변한지역)에 세력을 뻗쳐 그 세력하에 들어온 것으로 간주한 지역을 임나라고 불렀다(95-7)라고 서술한 예가 있다. 그런데 과연 任那라는 호칭이 왜가 가야지역을 지칭하는 용어로 사용한 것인지는 명확하지 않다. 우리측 사료인 광개토대왕비문에도 任那加羅라는 용어가 등장하고 있고, 『삼국사기』나 금석문에서도 任那라는 용어가 보이기 때문이다. 또 같은 교과서에서는 임나에 주석을 달아서 "조선 각국에서는 이 지방을 가라라고 부르고 있었다"고 하여, 임나는 일본측 용어이고, 가라는 우리측 용어로 대비하고 있는 점에서도 같은 문제점을 지적할 수 있다(각주 11번 참조)

또 "가라(임나)라고 불리는 변한제국을 그 세력하에 두고"(90-7)라고 하여, 任那라고 불리는 단계와 弁韓이라고 불리는 단계를 구별하지 않은 경우도 있다. 구변한제국을 任那라고 한 예도 있는 것을 보면 이 문제에 대해서도 역시 일본의 일본사 연구자들 사이에서 가야의 문제는 임나일본부설과 관련하여 의미를 가질 뿐이지 가야사 자체의 발전 과정 등은 고려의 대상이 아님을 알 수 있다.

(2) 가야지역 지배에 관련된 기술

이상의 교과서에서 거의 공통적으로, 한반도의 북부에서는 고구려가 일찍부터 국가의 형태를 갖추었으며, 남부에서는 4세기경에 마한으로부터 백제가, 진한으로부터 신라가 성장하였으나, 小國家群의 상태를 벗어나지 못한 변한지역은 선진문물과 철자원을 획득하려고 한 야마토정권이 지배 혹은 영향력을 행사하였다고 기술하고 있다.

이러한 기술은 일제 지배기의 임나일본부설에 바탕을 둔 것이라고 할 수 있다. 비록 표현자체는 구체적으로 지배하였다고 언급하지 않았으나, 야마토정권이 ‘세력을 뻗쳤다’, ‘발판으로 삼았다’, ‘세력하에 두었다’, ‘변한의 각국을 제압하였다’, ‘가라(임나)에 진출하여, 그곳을 거점으로 하여 고구려의 세력과 대항하였다’, ‘한반도의 남부에 진출하여 고구려와 대항하였다’, ‘변한 지역에 세력을 뻗쳐, 이를 임나라고 칭하였다’, ‘4세기 후반 가라(임나)라고 불리는 구변한제국에 세력을 뻗쳤다’, ‘한반도 남단의 가라(임나)라고 불리는 소국가군에 세력을 뻗쳤다’라는 등의 표현을 사용하고 있다. 이처럼 많은 일본의 교과서들이 임나일본부설을 구체적으로 언급하지 않았다고 하더라도, 간접적으로 야마토정권이 가야지역에 진출하였거나 지배하였다는 것을 기정사실화하고 있음을 알 수 있다.

그러나 근년의 고고학적인 발굴성과를 통해서도 알 수 있게 된 바와 같이, 과거 임나일본부설에서 주장되었던 것처럼 4세기 후반 이후 야마토정권에 종속되어 독자적인 발전을 하지 못했던 것이 아니라, 증심세력의 이동은 있었지만 5~6세기에도 독자적인 정치세력으로서 낙동강 유역 및 섬진강 유역을 지배하고 있었고, 그 기간 동안 백제·신라에도 뒤지지 않는 문화적인 수준을 유지하였다. 4세기 이전 단계에 있어서도 가야지역은 최소한 신라와 같은 문화수준 내지는 그보다 우월한 수준을 가지고 있었으며, 오히려 가야지역의 문화가 신라에 영향을 준 측면도 적지 않았다.

<표 2> 교과서별 가야관계 서술 용례

교과서	지 역	상 태	경 과	결 과	목 적
90-1	변한지역	소국분립	세력을 뻗침	임나로 칭함	
90-2	한반도 남부		진출		앞선 문화와 철자원 획득
90-3	가라(임나)	소국가군	진출	거점으로 삼음	〃
90-4	임나		지배		〃
90-5	가라(임나)	소국분립		발판으로 삼음	
90-7	가라(임나)	소국연합		세력하에 둠	뛰어난 생산기술 및 철자원획득
95-1	가야(가라)	분립상태	밀접한 관련	세력거점	철자원획득
95-2	가야(가라)	소국연합	밀접한 관계	세력거점	철자원확보
95-3	가야(가라)	소국연합	밀접한 관계		철자원확보
95-4	변한	소국분립	세력을 뻗침	임나로 칭함	
95-5	변한(가라)	소국분립	세력을 뻗침	임나	
95-6	가야지역	소국분립	침입		
95-7	가라지방	소국분립	세력을 뻗침	임나라 부름	철을 구함
95-8	가라제국			우호관계	
01-1	가야(가라)	소국분립		우호관계	
01-2	가야(가라)	임나와결합	세력을 뻗침	조선반도 진출	철과 뛰어난 기술
01-3	가라제국 (가야, 임나)		진출		선진문화 및 철자원 획득
01-4	가라(임나)	소국가군	세력을 뻗침	거점	뛰어난 생산기술과 철자원
01-5	가라(임나)	변한제국	세력을 뻗침	거점	철자원과 선진기술

　그럼에도 불구하고 일본의 역사교과서에서 4세기 후반부터 가야지역이 그 독자성을 상실하고 왜의 지배 내지 영향력하에 놓이게 되었던 것으로 기술하고 있는 것은, 지금까지 한국고대사를 고구려·백제·신라의 삼국 위주로 이해해 온 일제 식민지시대의 일본인 학자들의 시각과 그 시각에서 크게 벗어나지 못한 우리 자신의 인식이 반영된 결과라고 할 수 있다. 우리가 가야사의 비중을 정당하게 평가하지 못하거나 공백으로 남겨둔다면, 일본측의 가야사 인식을 결코 바꾸어놓을 수 없다고 하겠다.

(3) 가야지역 진출 목적에 대한 기술

다음으로 야마토정권이 한반도 남부에 진출한 이유에 대하여 거의 모든 교과서가 가야지역이 생산하는 철자원을 비롯한 선진문물을 확보하려는 데 있다고 하였다. 그러나 이러한 기술은 중요한 문제를 내포하고 있다. 이는 제국주의시대에 식민지에서 원료를 획득하였던 사실과 같은 맥락에서 야마토정권과 가야지역의 관계를 규정한 것이라고 볼 수 있다. 그러나 제국주의시대의 본국과 식민지의 관계를 야마토정권과 가야지역의 관계와 동일한 맥락에서 파악할 수 없는 것은 명백하다.

왜냐하면 제국주의시대의 본국과 식민지의 관계에 있어서, 본국은 식민지보다 앞선 공업기술을 바탕으로 하여 가공에 필요한 원료를 식민지에서 획득하고자 하였으며, 동시에 식민지를 본국이 생산한 제품의 시장으로 활용하였다. 이처럼 본국과 식민지의 관계는 기술적인 우열관계를 전제로 하고 있다. 그러나 당시 야마토정권이 획득하고자 한 철자원은 일본열도가 갖지 못했던 앞선 기술에 의해서 생산되는 것이었다. 즉 기술수준에 있어서 한반도의 가야지역이 우위에 있었던 것이다. 기술수준만을 문제삼는다면 가야지역이 본국이며 야마토정권이 식민지였다고 할 수 있다. 그런 상황에서 철자원의 획득이라는 표현만으로 기술적인 우열관계를 역전시킬 수는 없는 것이다.

가야지역의 발굴성과를 통해서도 풍부한 철생산을 바탕으로 단순히 철기의 원료만을 생산하는 것이 아니라 다양한 철기를 생산하였음을 확인할 수 있었다. 철제 무기, 무구, 도구 등 실로 다양한 물품을 제조하였을 뿐만 아니라, 기마전술 내지는 기마군단을 연상케 하는 각종 마구를 생산하였다. 또 이러한 각종 철제품의 생산기술은 일본열도에 지대한 영향을 끼쳤다는 사실도 알게 되었다. 종래에는 일본열도에서 먼저 생산되었던 것으로 여겨왔던 각종 물품들이 사실은 대부분 가야지역의 물품에 연원을 두고 있음이 확인되었다. 따라서 비록 가야지역에 통일적인 왕권이나 통일국가가 성립되지 않았다고 하더라도, 철의 생산기술 및 철기의 제작기술이 미흡하였던 야마토정권이 가야지역을 무력으로 정복하거나 통제하에 두었다고 하는 주장은 성립될 수 없다.

그럼에도 불구하고 일본의 고등학교 교과서에 야마토정권이 가야지역을 지배하였다는 임나일본부설에 입각한 주장이 기술되어 있는 것은, 가야지역의 고고학적인 발굴성과를 체계적으로 일본학계 및 교과서 집필자에게 알리지 못한 데 중요한 원인이 있다고 하겠다.

(4) 도래인과 선진문물에 대한 기술

사례로 인용한 많은 일본 교과서에서 중국 및 한반도의 선진문물의 수용이 일본의 국가성립과 문화발전에 크게 기여하였음을 '대륙문화의 수입' 등의 항목에 아주 비중있게 다루고 있음을 확인할 수 있다. 예를 들면, '조선·중국과의 통교에 의하여 고도로 발달한 대륙문화가 수입된 것은 야마토정권 및 지방호족의 문화를 높이는 데 기여하였다. 야마토정권은 이러한 도래기술자를 畿內와 그 주변 지역에 거주케 하고, 鍛冶部, 陶作部, 錦織部 등의 전업집단이 조직되었다. 대륙의 앞선 도구와 토목기술, 기술자를 받아들임으로써 농업생산 및 수공업도 발전하여, 대규모의 저수지 및 수로를 만들어 경지가 넓어졌으며, 또한 산의 사면을 이용하여 만든 가마에서는 활발하게 도기가 생산되었다'(90－4), '이러한 도래인에 의하여 기직, 제도, 금속공예, 농업, 토목건축 등의 뛰어난 기술이 전해졌다'(90－7)고 한 것처럼, 직조기술, 도자기 제조술, 금속공예술, 농업기술, 토목건축술 등의 많은 기술이 한반도로부터 전해졌음을 기술하고 있다. 그리고 그러한 기술을 바탕으로 일본 열도에서 제조된 물품들은 가야지역의 물품과 유사한 것이 많으므로, 각종 선진기술들이 5세기대까지는 주로 가야지역에서 전해진 것으로 볼 수 있다.

이렇게 일본 교과서에서는 가야지역의 영향을 자세히 기술하고 있는 반면, 오히려 우리의 교과서에서는 이러한 가야지역의 선진기술에 대한 서술이 대단히 부족하다.

(5) 대륙이라는 표현

일본 교과서의 대부분에서는 야마토정권이 진출 혹은 세력을 확대한 지역을 언급할 경우에는 조선반도, 조선제국 등 한반도지역을 명시하고 있는데 대해서, 선진문물의 수용과 관련해서는 한반도로부터 전래된 것이 분명한 내용에 대해서도 대체로 대륙이라는 표현으로 그 전래지역을 모호하게 표현하고 있는 특징을 보인다. 예를 들어 작은 제목으로 '대륙의 사람들'이라고 하고, "조선반도 및 중국과의 교섭이 활발해지면서, 대륙에서 많은 사람들이 일본에 건너왔다. 그들의 대부분은 반도의 전란을 피해서 온 사람들이었는데, 야마토왕권은 적극적으로 그들을 받아들였다. 5세기까지는 秦氏와 漢氏가 도래한 것으로 전하며, 5세기 말부터 백제가 고구려의 압박을 받으면서, 다시 이 지역 사람들이 도래해 왔다. 이러한 도래인을 조정은 귀화인이라고 불렀다."(90-5)

이러한 대륙이라는 표현은 한반도와 중국대륙을 다 포함하고 있지만, 교과서를 읽는 학생의 입장에서는 중국대륙이라고 받아들일 가능성이 높다. 이러한 표현방식의 배경에는 야마토정권이 진출 혹은 지배한 지역은 한반도이고, 선진문물은 중국대륙에서 받아들인 것으로 학생들의 이해를 몰고가려는 의도가 있는 것이 아닌가 하는 의심이 든다. 동시에 무력으로 한반도 남부에 진출하여 그 지역으로부터 무력을 갖추는 데 필요한 각종 선진문물을 배워왔다고 하는 모순되는 사실을 糊塗하려는 것으로도 이해할 수 있다.

(6) 관련 도판이 갖는 문제점

살펴본 교과서의 대부분에는 3세기 내지 4세기 혹은 6세기의 조선반도라는 제목으로 도판이 게재되어 있는데, 이 도판들 중에는 우리의 가야사 인식과 전혀 배치되는 내용들이 포함되어 있다. 특히 4세기의 조선반도라는 제목으로 게재된 도판들 중에는 加羅(任那) 지역을 경상북도 내륙지역은 물론 전라남도와 전라북도 일부까지를 포함하는

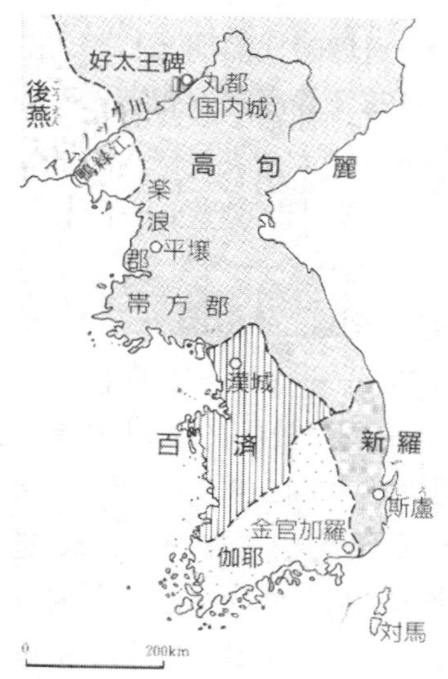

도판. 4세기의 조선반도(출처 : 詳解
日本史B, 淸水書院, 2001. 22쪽)

것으로 표시해 놓고 있다. 도판의 이러한 내용은 임나일본부설에 입각한 것이다. 교과서의 본문 중에는 4세기대에도 변한지역은 소국으로 분립된 상태에 있었으며 이들을 가라 혹은 임나라고 한다고 하였으면서도, 변한과는 관련이 없는 전라도 및 경상북도 지역까지도 加羅(任那)라고 표시한 것은, 『일본서기』의 任那 4현 기사와 관련하여 이 4현을 전라도 지역으로 비정한 일본학계의 통설을 반영하였기 때문이다.

그렇다면 현재의 일본 역사 교과서는 직접적으로 임나일본부를 두고 한반도 남부를 지배하였다는 주장은 담고 있지 않지만, 도판은 여전히 임나일본부설에 입각해서 그려진 것이라고 할 수 있다. 이들 도판은 단순히 임나일본부설에 입각하고 있는 것만이 문제가 아니라, 그 자체에 논리적인 모순을 내포하고 있다는 점을 간과할 수 없다. 즉 변한지역에서 加羅諸國이 생겨났다고 하면서 그 가라지역을 마한지역 및 진한지역까지도 加羅(任那)라고 한 것이다.

그리고 任那의 영역 속에는 현재 우리 학계에서 일반적으로 가야제국에 포함시키지 않는 성주(벽진가야)[30]나 대구 경산지역까지도 포함시킨 예가 있다. 이는 왜의 거점 혹은 지배지역으로 간주하는 임나의 영역을 최대한 확대시키려는 의도에서 비롯된 것으로 생각된다. 결국 이러한 도판은 『일본서기』를 비롯하여 고려시대의 인식을 반영하는

---

30) 성주를 가야의 일원으로 보려는 인식은 나말여초에 호족들이 할거하는 상황에서 비롯된 후대의 산물이다.

『삼국유사』의 기술까지 무비판적으로 수용한 결과라고 할 수 있다.

또 3세기의 동아시아라는 이름하에 마한·진한·변한을 표시한 도판에서 변한이 전라도 지역까지를 포함하는 것으로 그린 사례도 있다. 이러한 문제는 일본사 교과서를 집필하는 연구자들이 우리나라 고대사에 관한 지식이 대단히 부족한 데서 기인하는 것으로 생각된다.

또 어떤 경우에는 "반도 남부의 加羅(任那)라고 불리는 지역만은 소국분립상태가 계속되었으며, 야마토왕권은 이 지역을 발판으로 4세기 후반부터 백제와 통교하고, 신라를 제압하고 고구려와 대립하였다"고 하여, 한반도 남부가 전혀 통합되지 않은 채 소국분립 상태에 있었고, 그렇기 때문에 그 지역에 야마토정권이 진출할 수 있었다는 식으로 서술하고 있다.

4. 맺음말

교과서 왜곡문제와 관련해서 우리나라 정부가 빈번하게 교과서 개정을 요구하였던 것으로 들어왔으나, 실질적으로 일본사 교과서의 내용은 여전히 잘못된 기술이나 왜곡된 서술이 적지 않으며, 가야사와 관련해서는 기본적으로 임나일본부설의 핵심적인 논리들을 그대로 계승하고 있다고 볼 수밖에 없는 내용들이 들어 있다. 이는 정부차원에서 개정을 요구하는 것만으로는 교과서 집필의 현장에 그 목소리가 전달되지 않는다고 할 수 있다. 그러므로 앞으로는 교과서를 출판하는 출판사나 교과서를 집필하는 집필자들에게 잘못된 내용을 적시하고 그 시정을 요구하는 보다 직접적이고 구체적인 방법으로 대응해야 할 것이라고 생각된다.

우리 학계에서 아무리 가야사에 대한 심도있는 연구와 새로운 논의를 거듭한다고 해도 그것만으로는 일본 교과서의 서술이 바뀌지는 않을 것이다. 그러한 연구성과가 교과서 집필자에게 전달될 때 비로소 일본 교과서 문제는 해결의 단서를 얻게 될 것이다.

동시에 우리나라의 교과서에 가야사에 대하여 보다 적극적으로 평가하고 기술할 필요가 있다. 가야제국이 소국으로 분립되어 있었기 때문에 왜가 진출할 수 있었다는 일본측의 논리에 대응하는 한 방편으로, 가야제국의 문화양상이나 국가로서의 발전단계 등에서 좀더 구체적으로 우리의 교과서에서 기술해야 할 것이다. 현행 교과서처럼 삼국의 역사에 종속되어 있는 소국들의 역사로 기술해서는, 결국 왜가 진출 혹은 지배할 수 있는 지역일 수 있다는 인식을 허용할 수밖에 없다고 하겠다.

〔토론〕

발표자 : 이 근 우
토론자 : 연 민 수[*]

〔요지〕

본 논고는 일본 고등학교 일본사 교과서의 가야사 관련 서술 내용을 분석하고 문제점을 지적한 것이다. 90년대 교과서 10여 종, 95년 이후에 검인정 10여 종 도합 20여 종을 분석하였다. 분석결과와 문제점의 지적에 대해서는 대체로 동의하며 특별한 이의를 제기할 필요성은 느끼지 않는다. 다만 분석방법에 있어 소홀했다고 생각되는 점, 보충할 필요가 있다고 보이는 부분에 대해 몇 가지 지적을 하고자 한다.

1) 현행 일본 고등학교 일본사 교과서는 일본사 A, 일본사 B를 합쳐 26종에 이르고 있으며 4년마다 일본 문부성의 검정을 받아야 하는 검인정 교과서이다. 이들 교과서는 출판사에 따라 각 학교에서의 채택률이 50%에 육박하는 것과 불과 1, 2%밖에 안 되는 것도 있다. 최근에 문제가 된 扶桑社교과서(중학교용)는 불과 0.03%의 채택률을 보였다. 각 교과서의 채택률을 확인하는 일은 교과서 서술내용의 영향력과 비례하기 때문에 중요한 의미를 갖는다. 적어도 서론에서 이와 관련된 내용을 소개하고 분석자료로서 선정한 이유 정도는 언급했어야 했다. 서론도 생략한 채 바로 교과서의 내용을 소개한 것은 교과서 분석의 논고로서 충분하지 않다고 본다.

2) 전체 내용의 5분의 4가 교과서 서술로서 그대로 전재하고 있으며 분석 결과는 5분의 1에 불과하여 자료집으로서의 성격이 강하며 좀더 깊이있는 분석을 요한다. 각 교과서 간의 서술의 내용과 그 차이, 용어의 문제 등을 비교할 수 있는 도표의 작성이 있었으면 독자의 이해도를 높힐 수 있을 것으로 본다.

3) 가야사를 포함한 고대한일관계에 대한 일본 교과서의 서술은 70

---

* 동국대학교 사학과 강사

년대까지의 교과서와, 80년대, 90년대 교과서의 내용은 많은 차이가 있다. 1982년 교과서 파동 이후 점차 개선되면서 90년대 이후에는 상당한 변화가 있다. 이런 변화의 과정을 알 수 있도록 몇 개의 주요 교과서를 선정해서 시대별 서술의 변화 추이를 분석했더라면 보다 효과적이지 않았을까 생각된다.

4) 가야사 내용이 일본고대사 서술 중에서 어떠한 형식을 띠고 있으며 그 특징과 성격에 대해서 자세한 언급이 필요하다. 아울러 교과서에 공통적으로 들어가 있는 광개토왕비문과『송서』왜국전을 전거로 한 가야사 서술을 근년의 한일양국의 연구성과를 원용하여 체계적으로 비판할 필요가 있다. 특히 가야사의 고고학적 연구성과가 상당히 축적된 만큼 이를 토대로 비판하는 방법도 필요하리라 본다.

5) 4~6세기 일본고대사의 서술 가운데 가야를 포함한 한반도 관련 내용이 많은 것은 일본고대국가 형성기인 야마토정권의 성립과 발전 과정을 설명하는 데 필수불가결하고 중요하기 때문이다. 이 점에서 일본 교과서 서술은 상호 모순 충돌하는 기술을 하고 있다. 정치, 군사적으로는 고대일본의 한반도제국에 대한 지배, 영향력을 강하게 표현하면서도, 한편으로는 한반도로부터의 도래문화와 그 영향에 대해 비중 있게 다루고 있다. 이중성 있는 서술로서 비판적 지적이 필요하다. 특히 외교사적 문제로서 취급해야 할 문제들을 고대일본의 주체적인 입장에서 정치, 군사적인 행동을 한 것처럼 기술한 내용도 당연히 비판을 요한다.

6) 근년 영산강 유역에서 발견되고 전방후원분 등의 왜계 문물에 관한 문제가 관심을 끌고 있다. 이른바 일본서기의 임나4현의 위치와 관련해서 논의도 되고 있다. 일본 교과서의 지도에서 가야의 영역이 전라남북도 일원에까지 미치고 있는 것은 물론 스에마쓰 야스카즈(末松保和)의『任那興亡史』의 영향이다. 이 문제도 언급이 필요하다고 본다.

7) 많은 교과서에서 다루고 있는 6세기초 大連大伴氏의 임나4현에

대한 정책실패로 야마토 조정은 임나에서의 세력을 잃었다는 기술도
고대일본의 가야지배설과 관련하여 강한 비판을 요하는 부분이다. 당
연히 관련사료의 비판과 함께 관련 연구성과를 원용하여 문제점을 지
적해야 할 것이다.

8) 기타

분석결과에 있어서 부분적으로 인용된 교과서의 출전이 명기되지
않아 불편하다.

발표자의 논고가 일본 교과서를 분석한 최초의 것이 아닌 만큼 이와
관련된 국내외 논고를 소개 내지는 반영할 필요가 있다.

〔답변〕

이근우 : 여러 가지로 논문의 체제를 갖추지 못한 점에 대해서 지적
해주셔서 감사합니다. 마지막 원고를 제출할 때에는 좀더 형식적인 측
면 속에서 어떤 문제들을 어떤 입장에서 다루려고 한다는 것을 자세히
설명하도록 하겠습니다. 그리고 도표 같은 것도 작성하여 일목요연하
게 파악되도록 하겠습니다.

첫 번째 지적해주신 문제입니다만, 일본사 A, B는 단위의 문제입니
다. 일본사 A라고 하는 것은 고등학교에서 주당 2시간 수업으로 한 학
기를 하는 것이고, B는 그것의 두 배의 수강시간을 할당할 경우 일본
사 B를 사용하게 하는 것으로 알고 있습니다. 그리고 채택률에 대해서
말씀해주셨는데, 가장 많은 비율을 차지하는 것은 관동지역의 경우는
東京書籍이고 관서쪽에서는 大阪書籍에서 나온 교과서가 가장 큰 비
율을 차지하고 있는 것으로 알고 있습니다. 東京書籍의 경우 발표문
72쪽(이 책의 148쪽)에 (7) 일본사 B 교과서입니다. 이 교과서의 경우
에도 내용에서는 앞에서도 말씀드린 것처럼 차지하는 비율문제에 앞
서서 큰 차이가 없다는 점도 있습니다. 그래서 '조선반도에 진출'이라
고 내용들이 설명되어 있습니다만 5세기초부터 왜왕에 대한 설명이라
든지, 교과서의 원주에서 야마토정권이 중국왕조에 작호를 요청했다든
지 하듯이 전반적으로는 내용의 별 차이가 없습니다. 그것은 역시 일

본 문부성쪽이나 이외에 우라검정이라고 해서 어떤 가이드라인을 벗어났을 때에는 채택하지 않도록 하는 운동조직들이 있습니다. 예를 들어서 부락차별을 주장하는 부락동맹같은 쪽에서 피차별민에 대한 기술이 충분한가 등 이런 식으로 해서 현실적으로 채택되는 장에서는 우라검정이라는 것이 위력을 발휘하고 있어서 교과서들이 대체로 동일한 내용이라고 생각됩니다만, 역시 지적하신 대로 채택률의 문제도 전체적인 논리에서 고려되어야 한다고 생각합니다.

그리고 70년대, 80년대, 90년대 전체적인 변화의 추이를 서술하면 좋지 않겠느냐고 지적해주셨지만, 사실 일본사교과서의 구입이 어려운 점이 있습니다. 저도 이 글을 쓰다가 마음에 걸리는 것이 있어서 이 원고를 제출해 놓고 동경에 가서 교과서를 파는 2002년도 9종의 교과서를 입수했습니다. 역시 이것도 마지막 원고에 반영할 생각입니다. 물론 교과서의 전체적인 추이가 문제가 되겠지만 가장 중요한 것은 당장 어떤 내용들이 가르쳐지고 있느냐 하는 것이 더욱 심각한 문제라는 생각이 듭니다.

개별적으로 더 비판을 해야할 부분이 있다고 하셨는데, 지적하신 그대로입니다. 그리고 크게 문제가 되는 것이 영산강 유역의 전방후원분의 발견 때문에 이 지역이 임나4현이라고 하는 것은 일본쪽에서는 상당히 관심을 가진 것 같고, 저희들쪽에서도 일부에서는 영산강 유역이 백제로 편입되지 않고 있다가 백제가 진출해오니까 자구책으로서 왜의 문물을 받아들이고 하는 과정에서 영산강 유역의 호족층들이 일본의 묘제를 채택한 것이 아니냐는 논의를 하고 있어서 앞으로 더욱 큰 문제로 발전할 소지를 가지고 있다고 할 수 있겠습니다.

그렇지만 이것을 임나라고 했을 때에는 별문제이지만, 가라라고 했을 때에는 저희들의 가라문제 인식과 정면으로 배치되는 것이 있어 문제가 되겠고요.

역시 임나에서 세를 잃었다고 하는 것은 다른 문제입니다. 임나4현이라고 하는 것은 전라남도지역이라고 생각되는데, 이 지역의 정책실패로 임나의 세를 잃었던 것이 아니라, 가야 전체의 문제로 본다면 신라의 성장에 의해서 이 지역이 멸망한 것이기 때문에 임나의 문제가 마치 임나 자체의 실수, 한반도의 문제가 아니라, 자기쪽의 호족들의 실수로 잃었다는 표현은 문제가 있다고 하겠습니다. 이런 문제들도 한번 고려해 보도록 하겠습니다.

백승충 : 발표에 참여하신 두 분 선생님은 한일관계사에 관심을 많이 가지고 있고 전공자라고 해도 과언이 아닌데 여러 가지 이야기들이 있었습니다. 특히 발표자께서는 토론요지를 건너뛰기도 했습니다만, 특히 두 번째 토론요지가 전제한 면이 많다는 말이 있었습니다. 그러나 아무래도 이번 심포지엄의 주제 자체가 가야사 서술에 있어서 현황 파악에 초점이 맞추어져 있기 때문에 그런 불가피한 측면도 있다고 하는 점은 이번 발표문뿐만 아니라 다른 발표문도 해당되는 문제입니다. 그래서 이런 것들은 향후 논고가 완성될 때 분석적 측면을 가한다든지 해서 보충이 되도록 해주십시오.

그리고 토론자께서 다섯 번째 질문하신 내용 가운데 그 질문의 마지막 부분, 특히 외교사적 문제로서 취급해야 할 문제들이 고대일본의 주체적인 입장에서 정치, 군사적인 행동을 한 것처럼 기술한 내용도 당연히 비판을 요한다라는 부분도 있습니다. 사실 한일고대관계는 내용도 내용이지만 지적된 것처럼 체제적인 문제도 상당히 비판을 받아야 될 부분들이 많이 있습니다. 특히 일본사도 마찬가지이고 세계사의 기술도 마찬가지입니다. 교과서 자체가 모두 일본을 중심으로 하는 기술로 채워져 있습니다. 그런 부분에 대한 비판, 체제에 대한 비판도 신경을 써야 될 부분이 아닌가 개인적으로 그런 생각이 들기도 합니다.

연민수 : 조금 전에 교과서 채택률 문제를 잘못 말씀하신 것 같습니다. 東京書籍은 중학교입니다. 고등학교는 다른 곳에서 나온 것이 50% 차지하고 있습니다. 그것을 바꿔서 말씀하신 것 같습니다.

이근우 : 그 말이 맞습니다. 문제가 되고 있는 扶桑社의 것도 중학교 교과서입니다. 제가 말씀을 잘못 드린 것 같습니다.

구미 교과서 및 백과사전류의 가야사 서술

권 학 수[*]

1. 연구 배경

가야에 대한 연구는 얼마 전까지만 하더라도 고구려, 백제, 신라에 비해 매우 침체된 상태였다. 그러던 것이 1980년대 후반부터 상당한 변화를 보이기 시작하였다. 여기에는 연구자의 증가와 새로운 자료의 등장이 큰 기여를 하였다. 역사학계를 보자면 비록 사료의 양은 한정되었지만 새로운 해석들이 제기되었고, 고고학계 내에서는 새로이 등장한 방대한 유물과 유구에 대한 편년과 문화 내용 파악이 적극적으로 이루어졌다.

물론 가야에 대한 우리의 이해 정도는 이제 겨우 본격적인 발걸음을 옮기기 시작한 단계에 불과하겠지만, 그간의 성과를 토대로 가야에 대한 사회 전반의 이해정도를 짚어 보는 과정이 필요한 단계에 도달해 있다. 최근의 학문적 성과에 비교했을 때 가야에 대한 일반인의 인식은 크게 개선되었다고 보기는 어렵다. 가야에 대한 인식의 제고를 위

---

  * 충북대학교 고고미술사학과 교수
    이 글에 필요한 자료를 수집하는 데 많은 도움을 준 박선주, 박노플, 송정묵, 김영자, 강봉원, 유현준님 등 여러분께 감사드린다.

해서는 무엇보다도 그들의 눈에 가야의 실상이 어떻게 비추어져 있는 가를 검토하는 작업이 필수적이다.

가야의 실상은 우리나라 내에서 물론 정확하고 상세히 알려져야 하지만 외국에서도 합당하게 이해되고 그에 걸맞은 주목을 받아야 할 것이다. 이러한 점에서 이 글은 서구권의 서적류에 가야의 존재가 어떻게 서술되어 있는지를 살펴서 가야에 대한 서구사회의 인식수준을 검토하고, 이를 통해 앞으로의 대처 방안을 짚어 보았다.

2. 자료의 성격

이번 연구에서 검토 대상이 된 것은 서구권의 교과서와 사전류이다. 이 경우 서구권에 속한 국가를 선정하는 작업이 필요하다. 수십 개 국에 달하는 서구의 나라를 모두 대상으로 하는 것은 현실적으로 불가능할 뿐 아니라 실제 기대되는 효능도 크지 않다.

상당수의 서구 국가들에게 있어 한국의 존재, 특히 고대 역사의 내용은 부각되어 있지 않다. 그러한 사정은 최근에야 교류가 시작된 동유럽 국가인 경우에 심하고, 서유럽 국가라고 해도 정치적 혹은 경제적으로 규모가 작아 오늘날 우리나라와 교류가 많지 않은 국가일수록 더욱 심한 것으로 판단되었다.

이와 같은 점을 고려하여 이번 발표에서는 영어권, 불어권, 독어권의 국가를 대상으로 삼아 미국, 캐나다, 프랑스, 독일에서 출판된 서적을 검토하였다. 물론 이 외에도 포함되어야 마땅한 나라들이 다수 있겠지만 자료 확보의 현실적 어려움 때문에 생략되었다.[1] 검토한 서적의 종

---

1) 2001년 9월 국회에 제출된 교육인적자원부의 16쪽 분량의 보고서 『세계각국(OECD국가) 초・중등과정 역사교과서 한국관련 기술 내용 현황』에는 OECD 소속 28개국의 교과서에 수록된 한국관련 내용이 간략히 정리되어 있다. 이것 역시 선별적인 현황 파악을 벗어나지 못하지만, 이 보고서를 보면 이들 나라의 교과서에 수록된 우리나라 관련 내용은 매우 빈약하고, 그나마 대부분 현대사에 집중되어 있음을 알 수 있다. 그 중에서 우리나라 삼국시대

류는 중고등학교에서 사용되는 교과서, 대학교 교과서수준의 개설서, 백과사전, 역사나 고고학 사전류였다.

이상의 국가들 내에서 중고등과정의 교과서는 학교마다 달리 선정한다. 그렇기 때문에 자료 확보가 가능한 지역 한 곳을 선택해서 이루어진 중고등학교 교과서에 대한 조사 결과는 엄격한 의미에서 대표성을 띤다고 할 수는 없다. 그렇지만 하나의 사례로서 받아들이거나, 상식적인 수준에서 전반적인 상황을 가늠해 본다는 차원에서는 큰 문제가 없으리라 기대한다.

개설서의 경우 우리나라의 시각을 서술한 우리나라 학자의 번역본이나 우리나라 공공기관이 홍보 목적으로 하여 외국어로 발행한 서적은 제외하였다.

3. 각국의 가야사 서술 상황

1) 미국과 캐나다

영어권의 중고등과정 교과서로는 미국과 캐나다의 경우를 살펴보았다. 그렇지만 대학교재 수준의 개설서와 사전의 경우는 영연방에서 영어로 출판된 책자도 포함되었다.

(1) 중고등과정 교과서

에 관한 구체적인 내용은 단 두 건에 불과하다. 첫 번째 것은 영국의 사례로 "366~562년 일본이 한반도 남부를 정복함"(Jay Haywood, 1998, *The Cassell Atlas of World History*, Cassell Publication)이라는 내용이다. 두 번째는 미국의 사례로 "일본은 백제의 동맹국이었다. 또한 일본은 아마도 한국의 남쪽 가장자리에 무역기지나 군사적 식민지를 건설한 것 같다. … 532년 백제는 남쪽의 일본 식민지를 공격하는데 신라와 연합하였고, 562년 일본은 한국으로부터 축출되었다"(Albert M. Craig et al., *The Heritage of World Civilization*, 2nd edition, pp.264~265, MacMillan Publishing Company : 출판 연도 불명)는 내용이다.

중고등과정의 교과서의 경우 미국 캘리포니아주의 공립 고등학교와 캐나다 온타리오주 공립고등학교의 사례를 조사했다. 미국의 경우는 다양하게 출판된 교과서 중에서 각 학교별로 결정을 하고 있었고, 캐나다의 경우는 주 교육부에서 정한 교과서 목록 중에서 학교별로 선택을 하는 제도를 운영하고 있었다.

① 미국 캘리포니아주의 한 고등학교 세계사 교과서에는 '중국과 일본의 황금기'라는 이름으로 300년에서 1650년 사이의 중국과 일본을 한 章으로 설정하여 서술하고 있다. 여기에서 한국에 관한 서술은 일본과의 관계라는 맥락에서 간혹 나타날 뿐이다. 가야를 명시한 내용은 없다.

서기 500년경 일본은 대륙과 더 많은 접촉을 하기 시작했다. 그들은 곧 중국의 이념과 관습의 영향을 받게 되었는데, 처음에는 한국에서 건너온 사람들을 통해 배웠다. … 수백 년간 한국은 중국과 밀접한 관계를 유지했다. 서기 500년대에 많은 한국인들이 일본으로 건너가 중국의 문물을 전해주었다. 그들 중에는 청동 불상을 전해주기도 하였다.
(Larry S. Krieger et als., 1992, *World History : Perspectives on the Past,* p.291, D.C.Heath and Company)

② 캐나다 온타리오주의 한 고등학교 세계사 교과서에는 '일본 : 고립 속에서의 성장'이라는 章 속에서 고대의 한국과 일본 관계를 기술하고 있다. 이 책은 아프리카와 아시아를 주로 다룬 책이기 때문에 미국의 사례보다 훨씬 상세한 내용을 담고 있다. 한국은 따로 서술되어 있지 않지만, 가야와 관련된 사항으로서 학자들 중에는 임나일본부설과 기마민족설을 주장하는 사람도 있다고 소개하고 있다.

야요이 초기에 벌어진 문화 변화 중 가장 중요한 돌파구 역할을 한 것은 水稻作 기술의 도입이었다. 이 기술은 남부 중국에서 한국을 거쳐 들어온 것으로 추측된다.

......

고분시대(250~710)의 전기 무덤은 작은 매장칸을 갖추고 있었는데, 후기 무덤은 큰 현실과 연도를 지니고 있었다. 부장품으로는 거울, 구슬, 팔찌, 목걸이, 농경도구, 칼 등이 있었다. 이들 중 많은 것들의 조형이 한국이나 중국에서 발견되고, 상당 부분은 직접 수입된 것들이라는 점에서 대륙과의 긴밀한 관계를 알 수 있다. 어떤 역사학자들은 당시 일본이 한국을 침공해서 '미마나(Mimana)' 혹은 '가야(Kaya)'라는 식민지를 확보했다고 믿고 있다.

5세기에는 형태나 크기별로 무덤들이 군집되었다. 이 점은 지역 사회의 신분 차이를 반영하는 것으로 생각된다. 5세기의 무덤에서 마구가 발견되는 점에 대해 어떤 고고학자들은 칼, 갑옷, 투구를 장착한 기마 전사들이 대륙에서 침공해 들어와 일본 황실의 기원이 되는 야마토 조정을 세웠다고 주장하기도 한다.

(M. Dale Davis and Renate Davis, 1992, *Civilizations in History : Africa and Asia*, pp.72~74, Toronto : Oxford University Press)

(2) 개설서와 사전

① 비교적 최근에 간행된 한국사 개설서로 일본의 야마토가 당시 가야에 대해 우월적 인식을 하고 있었지만, 임나일본부설의 내용은 과장된 면이 있다고 소개하였다.

남동쪽의 신라와 서쪽의 백제 사이에 가야가 있었다. 가야는 6개의 부족으로 이루어졌는데, 낙동강의 하류와 서쪽 지류인 남강 사이의 비옥한 지역을 장악한 두 개의 부유한 군장사회로 발전하였다. 그들은 변한의 후예들이고 그들의 문화는 신라와 매우 유사했다. 그들은 일본의 야마토 조정과 긴밀한 교역관계를 맺었는데, 야마토는 한반도의 해안지역에 미마나라는 거주지역을 보유했다. 일본의 역사 지도에 표시된 미마나의 크기는 아마도 과장된 것으로 생각된다. 야마토를 세운 집단이 남쪽의 규슈 섬에서 이주해왔다고 전해지기 때문에 그들이 사실은 원주민인 아이누족을 몰아낸 한국계일 것이라는 견해도 있다. 강한 세력으로 보아 야마토가 가야를 속국으로 간주했던 것은 분명한 것 같다. 그렇지만 이러한 종류의 위계 인식은 당시 외교에서는 관례였고, 서양 방식의 식민지 지배와는 다른 것이었다.

최근의 고고학적 발견은 4세기경 삼각주지역의 항구를 중심으로 한 옛 가야와 내륙의 대가야지역에 중국 화폐가 많이 쓰였음을 시사해 준다. 그것은 북서부의 한의 군현들, 동해안의 고구려 항구들, 일본 등에 철광을 수출하고, 철제용구·철제 무기·중국의 사치품 등을 수입하는 광범위한 무역의 결과일 것이다. 4세기와 5세기대 가야의 무덤에서 가야 고유의 양식뿐 아니라 일본 양식의 철제 갑옷이 발견되어 가야와 야마토 조정간의 관계에 대한 수수께끼를 더욱 흥미롭게 해주고 있다.

가야의 상위계층은 신라와 마찬가지로 말을 탔고, 지배자들의 지위는 대형 분묘에서 잘 나타난다. 가야의 음악, 그릇, 직물 등은 높은 수준에 이르렀다. 4세기 말 가야는 백제, 야마토와 함께 신라를 공격했다. 이에 신라는 고구려의 광개토왕에게 도움을 청했고, 고구려는 신라가 자신들에게 조공하던 나라였기 때문에 5만의 군사를 보내어 신라에 대한 침공을 격퇴시켰다.

(Roger Tennant, 1996, *A History of Korea*, pp.27~28, Kegan Paul International)

② 한국의 선사문화와 삼국시대 문화를 다룬 한국고고학 개설서이다. 가야의 기본적인 성격에 관해서는 철 수출과 북방계 銅鍑을 예로 들면서 국제 교역의 중요성을 시사했다. 또한 임나일본부설에 대비시켜 기마민족설을 소개하면서 가야에서의 마구와 갑옷 출토사례 증가를 서술하고 있다. 가야에 관한 서술의 대부분을 차지하는 가야의 고고학적 문화 항목에서는 특기할 만한 발굴내용을 유적별로 열거하였다.

가야의 경제기반은 철의 교역에 있었다. … 한반도 내에서의 교역뿐 아니라 일본·중국과의 장거리 교역이 이루어졌는데, 김해 대성동 출토 스키타이 양식의 銅鍑과 같은 일부 유물은 더 먼 곳과의 관계를 시사해준다. … 한반도의 남해안이 야마토의 지배를 받았다는 주장에 대해 한국 역사학자와 고고학자들은 이를 강력히 부정하였다. 이들은 일본의 주장은 오히려 한국에 의한 일본 규슈와 일부 혼슈의 정복을 숨기려는 곡해된 주장으로 여기고 있다. 대륙의 기마집단이 야마토를 세웠다는 이론은 일본에서 제기되었는데, 한국과의 관련성은 자주 감추어진다. 김정배는 당시 한국에 기마 습속이 널리 퍼졌다는 기록이나 고고학적 자료가 없기 때문에 기마민족설을 부정하였다. 그렇지만 한국의 남부, 특히 가야지역에서 기마에 관한 증거가 증가해가고 있다. (Sarah Milledge Nelson, 1993, *The Archaeology of Korea*, pp.237~243, Cambridge University Press)

③ 한국의 미술과 고고학에 관해 대영박물관(The British Museum)이 주관이 되어 간행한 개설서이다. 복천동 출토 馬冑 사진과 함께 기마민족설을 부각시키고 있다. 가야에 관한 서술의 분량이 많지는 않지만 비교적 최근의 발굴자료를 소개하고 있다.

본가야는 해상무역을 통해 가야에서 제작된 철을 일본의 倭에 수출하였다. 비록 일본의 많은 역사학자들이 일본서기를 근거로 가야가 일본의 식민지였다고 주장하지만, 어가미 나미오(江上波夫)의 기마민족설도 상당한 지지를 얻고 있다. … 기마민족설은 한반도 남부에서 기마와 관련된 유물이 없어 비판을 받아왔지만, 최근 발굴에서 사람과 말을 위한 갑옷이 상당량 출토되었다. … 가야의 갑옷은 고구려의 것을 조형으로 하여 발전된 것으로 추정된다. 일본으로 건너가 고총 고분의 축조 관습을 전해줌으로써 일본의 묘제에 커다란 변화를 일으킨 기마집단은 가야로부터 온 집단이었다는 점이 장차 증명될 수도 있을 것이다.

    ……

단갑의 철판을 못으로 결합하는 기술은 4세기에 가야에서 나타나 5세기에는 일본에 전해진 것으로 추정된다.

    ……

角杯는 서아시아와의 접촉을 시사해준다. 이러한 추측은 대성동에서 발견된 스키타이 혹은 북방계통의 銅鍑에 의해 더욱 설득력을 가지게 되었다.

......

5세기 초 야마토의 무덤에서 발견되는 가야토기는 한국의 도공들에 의해 일본에 고온 소성의 경질토기 제작기술이 전해지기 전에 가야토기가 일본에 수출되었다는 사실을 알려준다. 일본은 한국으로부터 그 기술을 받아들임으로써 4~5세기경 須惠器를 제작할 수 있게 되었다. (Jane Portal, 2000, *Korea : Art and Archaeology*, pp.55~58, Thames and Hudson)

④ 한국, 중국, 일본의 고대문화를 다룬 고고학 서적으로 임나일본부설과 기마민족설의 문제점을 소개하였다. 그리고 가야와 일본이 맺었던 관계의 성격이나 위계관계는 불확실하지만, 최근의 고고학적 자료를 통해 볼 때 적어도 외관상으로는 군사적인 모습을 갖추었을 것으로 추정하고 있다.

가야 지역은 철 생산지로 유명했다. 이곳에서 산출된 철은 낙랑과 서해 연안의 집단들이 사용하였다. 한의 군현이 망하자 철광 자원에 대한 경쟁이 치열해져 4세기 후반에서 5세기 전반 동안 한반도와 일본의 세력들간에 무력분쟁이 생겼다. 가야와 야마토의 무덤에는 철제 갑옷과 무기가 출토되는데, 어느 집단의 군대가 어느 지역에 진주했는지, 어느 집단이 어느 지역을 지배했는지가 불확실하다. 이러한 고고학 자료는 기마민족설이나 미마나 문제와 같은 논쟁을 불러 일으켰다.

불완전한 화도 때문에 완전한 경질토기(stoneware)의 수준에 못 미치는 경우가 있기는 하지만 4세기에 들어서서 한반도 토기는 특징적인 경질토기단계로 들어섰다. 이 토기 전통은 지역적인 특성을 띠게 되는데 이들의 분포는 대체로 고구려, 백제, 가야의 경계와 일치된다. 가야의 경질 토기는 일찍부터 일본에 수출되었고, 5세기 전반에는 가야의 장인들이 일본에 건너가 야마토에 가마를 만들어 일본 귀족들의 수요를 충족시켰다. 일본 고고학자들이 須惠器라고 부르는 이 토기는 당시까지 무덤에 부장품으로 사용되지 않았던 일본 재래의 土師器와는 완전히 다르게 취급되었다. 須惠器는 가장 중요한 부장토기가 되어 야마토 지배계층의 신앙체계에 심각한 변화가 있었음을 짐작하게 해준다.

초기 고분시대에는 귀중품, 도구, 무기를 대량으로 부장했지만 5세기 후반부터는 많은 음식과 음료를 넣은 須惠器를 부장했고, 피장자는 장신구와 軍裝 만을 지녔다.

......

예전에는 宋에 사신을 보냈다거나 광개토왕비문에 나온 바와 같은 문헌 기록상의 倭를 야마토라고 생각하여 왔다. 그렇지만 야마토의 시기별 세력범위에 대한 인식이 바뀌면서 무비판적으로 왜와 야마토를 동일시하던 견해가 재고되고 있다. 4세기대 일본의 고분문화는 야마토 세력이 서일본 전역에 확대되었던 증거로 해석되어 왔다. 그렇지만 지금은 이러한 분포상태는 문화적 현상이고, 5세기에는 야마토의 세력이 성장 중에 있었으며, 그 세력권은 畿內지역에 국한되어 있었다고 인식되고 있다. 그러므로 야마토 중심지역 이외의 많은 지역들은-문헌에 언급된 한반도의 남단 지역을 포함해서-왜가 장악하고 있던 지역일 가능성이 있다.

왜의 활동영역 내에서 가야의 역할은 특히 한반도 남부 지역에 대한 야마토의 개입과 관련해서 많은 어려운 문제를 던져준다. 가야 지역에서 일본이 필요로 했던 철을 생산했다는 것은 분명하다. 그리고 5세기 전반 이 지역에서 야마토에 경질토기 기술을 전해준 것은 분명한 고고학적 사실이다. 일본의 국가 형성에 관한 기마민족설은 한반도의 남부에서 한 집단이 바다를 건너 야마토를 정복했다고 주장한다. 이와 반대로 일본서기는 그 지역이 야마토에 속한 미마나라는 식민지였다고 주장한다. 이 두 가지 해석은 모두 많은 문제점을 안고 있다. 야마토의 기마 관련 고고학 자료는 기마민족설에 부합되기에는 시기가 너무 떨어진다. 그런가 하면 일본서기에 기록된 미마나의 존재도 문헌비판을 통해 왜곡된 것임을 알게 되었다. 그렇지만 최근 가야 무덤에서 야마토에서 나타나는 것과 같은 종류의 철제 갑옷과 무기가 다량으로 출토되어, 두 지역간의 관계가 혼인, 경제, 정치 등의 요소 중 어느 것에 속하든지 간에 외형상 군사적인 모습을 지녔음이 분명해졌다.

(Gina L. Barnes, 1999, *The Rise of Civilization in East Asia : The Archaeology of China, Korea and Japan*, pp.232~245, Thames and Hudson)

⑤ 일본의 고대사를 기술한 책으로 일본서기에 서술된 내용을 그대로 소개하였다. 일본사에 관한 책이어서 가야라는 이름 대신 미마나를 사용했다. 미마나와 일본의 관계를 명확하게 서술하지는 않았다.

> 일본서기의 6세기대 기사는 한국과 관련된 내용으로 가득 차 있다.
> ……
> 백제는 더 많은 영토를 신라에게 빼앗겼고, 562년에는 신라가 미마나를 멸망시켰다. 당시 일본은 내부적으로도 어려움을 겪고 있었다. 족벌간의 경쟁과 신라에 맞서서 군사적 대응을 하는 것에 대한 규슈지역의 반대 때문에 원군을 보내는 것은 불가능했다. 장수들을 선발하고 군사를 불러모았지만 한번만 파병되었을 뿐이다. 백제는 군사, 활, 말이 필요했지만 미마나를 제대로 보호하지 못했다는 책망을 일본으로부터 들을 수밖에 없었다.
> (Edward Kiddler, 1977, *Making of the Past : Ancient Japan*, p.72, Elvesier-Phaidon Press)

⑥ 기마민족설을 흥미로운 가설로 소개하고 있다. 그러면서도 일본이 가야의 일부지역을 미마나라는 이름으로 장악했다고 서술하였다.

> 5세기의 埴輪에서 보이는 말의 모습은 당시 한국으로부터 기마전사들이 들어와 일본을 정복하고 새로운 지배계층으로 자리잡았다는 내용의 제2차 세계대전 직후 주장된 이론을 강력히 지지해주었다. 비록 이 기마민족설은 모든 학자들의 지지를 얻지는 못하지만 당시 북동 아시아 대륙의 유목민들의 움직임과 관련해서 생각해 볼 때 흥미로운 견해이다.
> ……
> 일본은 국력이 신장되자 신라, 고구려, 백제의 삼국이 경합을 벌이고 있는 한국으로 군사적 팽창을 꾀하는 정책을 추구하였다. 일본은 한국의 남단부에 미마나라고 불리는 군사 식민지 혹은 거류지를 건설했던 것 같다.
> (H. Paul Varley, 1984, *Japanese Culture*, pp.14~15, University of

Hawaii Press)

⑦ 일본의 역사를 서술한 책이면서도 미마나라는 이름보다 가야라
는 명칭을 사용하고 있다. 임나일본부설에 대해 부정적인 입장을 명시
하고 있고, 당시 일본이 한국으로부터 많은 혜택을 받았다는 점을 강
조하고 있다.

　　崇神천황은 4세기경 한국에서 일본에 침공해 들어온 기마족의 수장
이었으며 이들이 야마토 국가를 세웠을 것이라는 의견도 있다. 물론
이것은 불가능한 일은 아니지만 崇神천황은 야마토의 씨족이었을 가
능성이 더 많다.
　　……
　　야마토의 강력한 씨족이었던 蘇我씨는 특히 불교를 숭상하였다. 蘇
我씨는 당시 많은 일본 귀족가계와 마찬가지로 한국계였고, 일본 원주
민들보다 불교에 더 친근감을 가졌다. 불교는 6세기 중엽 백제의 승려
와 학자들에 의해 전해졌다. 불교가 수용된 데에는 백 년 전 백제의 학
자에 의해 전해진 문자의 역할이 컸다.
　　……
　　신라와 백제와의 사이에 6개 정도의 군장사회 혹은 작은 왕국들이
연맹을 이룬 가야(일본어로는 미마나)라고 불리는 작은 지역이 있었다.
일본서기는 가야를 일본의 식민지로 취급했지만 사실일 가능성이 없
다. 또 4세기 제사장이면서 통치자였던 전설적인 神功황후가 신라를
침공했다는 것 역시 사실이 아닐 것이다. 일본과 한국의 왕국들이 맺
었던 관계의 많은 부분은 불확실하다. 그렇지만 일본은 가야와 백제와
는 대체로 긴밀하고 유익한 관계를 맺었다. 일본은 한국으로부터 문자
와 불교뿐 아니라 철이라는 중요한 물자를 받아들임으로써 많은 이득
을 얻을 수 있었다.
　　(Kenneth G. Henshall, 2001, *A History of Japan*, pp.11~14, St.
Martin's Press)

⑧ 대표적인 백과사전인 *Encyclopedia Britanica*는 '가야'와 '미마나'

라는 항목을 모두 설정했지만 설명은 '가야' 항목에 두었다. 가야 혹은 미마나에 대한 언급은 '동아시아의 예술'과 '일본' 항목에서도 나타난다. 대체로 임나일본부설에 대해 비판적인 입장을 보이고 있다.

가야(Kaya) : 가락 혹은 일본말로 미마나로 불린다. 서기 3세기 이전에 한국 남부 낙동강 서쪽 지역에 형성된 부족 연맹이다. 이 연맹은 서기 42년에 세워진 것으로 알려지기도 하지만, 이 연대는 믿을 만하지 않다. 이 연맹은 그 중 가장 강력했던 집단의 이름을 따라 가락이라고도 불려진다.

이 지역은 서쪽의 지리산과 북쪽의 가야산에 의해 한반도의 다른 지역으로부터 고립된 상태이기 때문에 가야연맹은 주로 중국, 일본과 바다를 통한 교역을 활발히 하였다. 가야의 주민들은 100년 혹은 200년쯤 전에 한국에서 일본으로 건너간 집단과 밀접한 관계가 있는 것으로 생각되며, 강력한 이웃 나라와 분쟁이 있을 때 일본에 도움을 구했다.

고고학 발굴을 통해 볼 때 가야는 이웃 신라에 비해 그다지 뒤떨어지지 않은 문화를 영위했음을 알 수 있다. 가야 지역에서는 신라와는 특성이 다른 다양한 토기들이 출토되었다. 가야는 가야금이라는 독특한 악기를 발명했고, 우륵이라는 유명한 음악가를 배출하였다.

신라와 백제라는 강대한 국가에 둘러싸인 불리한 환경 때문에 가야의 정치적·사회적 발전은 여의치 않았고, 중앙집권적 국가로 성장하지 못했다. 신라는 532년에 가야의 동반부를, 562년에 서반부를 병합하였다.

미마나(Mimana) : 한국의 연맹체. 가야(Kaya)를 볼 것.

동아시아의 예술(East Asian arts) : 남쪽의 신라, 백제, 그리고 가야라는 소국(가라 혹은 가락으로도 알려져 있고, 일본에서는 미마나로 칭함)은 일본과 긴밀한 문화접촉을 유지했다. 일본의 예술에 한국이 중요한 영향을 미치기 시작한 것은 삼국시대부터이다.

일본(Japan) : 제2차 세계대전 이후부터 역사학자들은 아시아에서의 야마토의 지위에 대한 시각을 심각하게 수정하여, 종전에 주장했던 한반도에 대한 야마토의 지배력을 평가 절하하였다.

......

제2차 세계대전 이전의 역사학자들은 백제가 일본에 조공을 받쳤고, 일본이 한반도의 남부를 정복하여 미마나라는 식민지를 건설했다고 주장했다. 그렇지만 이 주장은 일본과 한국 양국의 역사학자들에 의해 대부분 부정되어졌다.

......

한국에 대한 야마토의 관심은 대륙의 선진 기술과 물자의 확보에 있었다. 그 중에서도 한반도 남부 낙동강 하류지역에 풍부한 철은 매우 중요한 물자였다. 야마토는 백제와 신라 사이의 가야 연맹(일본에서는 미마나로 칭함)이 장악하고 있던 이 지역에서 동맹의 관계인지 혹은 조공의 관계인지는 불확실하지만 약간의 세력을 분명히 지녔던 것 같다. 그러나 6세기에 신라가 군사 강국이 되었고, 야마토는 이 지역에서 수 차례의 우여곡절을 겪다가 562년 신라가 가야연맹을 병합하자 한반도에서 완전히 퇴각하게 되었다.

(*Encyclopedia Britanica*, 1998, Encyclopedia Britanica Inc.)

⑨ 비교적 최근에 간행된 고고학 사전에 'Japan and Korea'라는 하나의 항목 속에서 양국의 선사시대와 고대국가에 관한 내용이 서술되어 있다. 이 중에서 가야에 관한 내용으로는 가야가 철산지로 유명하고, 야마토가 그 지역에 깊은 이해관계를 가지고 있었다는 점을 강조하였다. 이와 함께 기마민족설과 임나일본부설을 중립적인 입장에서 소개하고 있다.

일본과 한국(Japan and Korea) : 야마토는 철과 토기의 주요 산지였던 한반도 남부 해안지역의 가야와도 깊은 관련을 지니고 있었다. 가야의 도공들은 5세기 초 야마토지역에 정착하여 지배계층을 위해 토기를 제작했고, 그 보다는 약간 늦은 5세기대에 백제의 많은 장인들이 일본에 건너가 야마토 조정을 위해 금세공, 마구제작, 직조 등의 일에 종사하였다. 야마토는 6세기에 자체적으로 사철을 제련할 수 있게 될 때까지 모든 철을 가야로부터 공급받았다. 6세기에 신라는 가야를 정복하고 야마토에 군사적 위협을 가하기 시작했다.

당시 한국과 일본의 고대국가들의 관계를 이해하는 데에는 두 가지 중요한 문제가 놓여 있다. 첫 번째는 에가미 나미오(江上波夫)의 이론으로서 5세기 초 야마토가 대륙의 기마집단에 의해 정복되었다는 것이다. 이 집단을 레드야드(Gari Ledyard)는 백제였다고 추정했다. 이러한 정복설은 물질문화, 특히 마구의 유사성에서 유래된 것이다. 그렇지만 그러한 유사성은 4세기에서 5세기까지 야마토와 백제 사이에 있었던 선물교류, 교역, 정치적 망명이나 결혼동맹을 통한 주민 이동 등과 같은 긴밀한 사회적 교류에 의해서도 얼마든지 나타날 수 있는 것이다. 두 번째 문제는 야마토가 한국의 남부 해안지역에 미마나라고 부르는 식민지를 운영했다는 일본서기의 기록이다. 가야는 야마토의 유일한 철 확보선이었기 때문에 야마토가 철을 확보하기 위한 어떠한 조치를 취했다고 해도 전혀 놀라운 일은 아니다. 그렇지만 군사적 식민지나 합병을 통해서만 경제적 이익이 확보되는 것은 아니다.[2)]
(Brian M. Fagan(ed.), 1996, *The Oxford Companion to Archaeology*, Oxford University Press)

⑩ 일본 역사 사전으로 가야지역을 일본이 장악하여 식민 통치를 했다는 임나일본부설을 그대로 기술하고 있다.

任那(Mimana) : 4세기에서 6세기까지 일본이 한국 남부에 세운 식민지이다. 3세기부터 느슨하게 연합된 집단으로 구성되었고, 4세기 중엽 야마토가 한국의 여러 곳을 공격하는 데 본거지 역할을 하였다. 후에 백제와 신라의 공격을 받아 562년 멸망했다.

日本府(Nihon-fu) : 야마토시대에 한국 남부에 일본이 세운 식민지

---

2) 여기서 인용한 내용은 지나 반스(Gina L. Barnes)가 서술한 부분이다. 반스가 한국 고고학과 관련된 자신의 글들을 편집한 *State Formation in Korea* (2001, Curzon Press)라는 단행본에는 가야의 고고학과 역사학의 성과가 보다 자세히 서술되어 있다. 개설서나 사전류가 아니기 때문에 이 글에서 다루지 않았지만, 그 책에서 보이는 가야에 대한 관점은 앞에서 언급된 *The Rise of Civilizations in East Asia*에 나타난 바와 유사하다.

인 미마나의 통치기구이다. 일본이 한국 남부를 언제부터 통치했는지는 불분명하지만, 백제와 신라가 확고한 세력으로 자리잡은 4세기경으로 추정된다. 미마나는 일본의 보호 아래 있었다. 일본은 일본부를 통해 미마나를 다스렸고, 총독은 영구적으로 미마나에 거주했다. 미마나는 520년에 백제에게 복속되었다. 그 후 일본부는 안라로 옮겨졌다가 562년에 폐지되었다.

(Joseph M. Goedertier, 1968, *A Dictionary of Japanese History*, John Weatherhill Inc.)

⑪ 아시아 역사 사전으로 가야보다는 미마나라는 이름을 중시하였지만, 내용상으로는 임나일본부설에 대한 논란을 소개했다.

미마나(Mimana) : 가야 연맹에 속해 있던 고대 한국의 나라 중 하나를 칭하는 이름이다. 이 나라는 임나, 가야, 또는 가락으로도 알려져 있다. 한국의 남단에 자리잡았고, 42년에 세워졌으며, 4세기 후엽에는 왜의 지배를 받았고, 562년 한국의 신라에 흡수되었다. 미마나의 역사적 성격은 1982년에 벌어진 일본 역사 교과서 문제의 논란과도 관련이 있다.

8세기 일본의 사료인 일본서기에 따르면, 神功황후가 4세기에 이 지역을 정복하였다고 한다. 일본인들이 이곳을 통치했고, 이 곳의 수장들은 공물로서 해산물, 농산물, 철광을 받쳤다. 5세기와 6세기 초 일본은 북쪽의 고구려에게 땅을 뺏긴 연합국 백제에게 이 지역을 양보했고, 562년 신라가 이 곳을 차지했다. 신라와 일본 나라의 조정은 8세기 내내 미마나에 대한 문제로 적대적 관계 속에 있었다.

그렇지만 문제의 이 사료는 일본 황실의 정통성을 마련하기 위해 편찬된 책으로 德川 시대 중기에 국학연구가 시작되기 전에는 중시되지 않았다. 한국의 일부 지역을 침공하여 점령했다는 이 주장은 일본이 한국을 장악해가기 시작한 명치유신 동안 국수주의 학자들에게 매력적으로 다가왔고, 일본 통치시대의 한국 학계와 현대의 일본학계에서 사실로 받아들여졌다.

그렇지만 제2차 세계대전이후 한국과 일본의 역사학자들은 미마나가 일본의 식민지였다는 주장의 진실성에 대해 의심하기 시작했고, 그 대신 초기 일본에 대한 한국의 지대한 공헌을 강조했다. 에가미 나미오(江上波夫)는 한국이 일본의 영향 속에 있었던 것이 아니라 거꾸로 일본이 한국의 영향 속에 있었으며, 대륙의 기마족들이 한국에서 일본으로 건너가 지배계층을 형성했고, 국가를 세웠을 것이라고 주장했다. 1972년 奈良 근처의 高松塚에서는 한국과 중국의 것과 매우 유사한 벽화와 유물이 발견되었다. 비록 초기 일본에 미친 한국 문화의 중요성에 관해서는 모든 역사가들이 인정을 하고 있지만, 미마나 혹은 가야에 관해서는 전문가들 사이에 의견이 첨예하게 대립되어 있다.

가야(Kaya) : 미마나(Mimana)를 볼 것.

(Ainslie T. Embree, 1988, *Encyclopedia of Asian History*, Charles Scribner's Sons)

⑫ CD-ROM이나 인터넷을 통해 검색되는 Encarta 백과사전은 가야와 일본의 관계에 있어 어느 집단이 우위에 있었는지에 대한 논란이 있음을 소개하고, 한국이 일본에 선진기술을 알려주었음을 기술하였다.

Korea : (Introduction 부분) 백제와 가야는 일본과 정치적·군사적 동맹을 맺었다. 백제는 그후 신라와 전쟁을 할 때 일본의 도움을 청했지만 패망을 피하기에는 원조가 너무 늦었다. 가야와 일본은 특히 긴밀한 관계를 가졌다. 오랫동안 일본 학자들은 가야를 일본이 지배했던 지역으로 묘사했었고, 한국의 학자들은 그러한 견해를 기각해왔다. 오늘날 학자들은 만약 두 지역 간에 종속관계가 있었다면 어느 편이 어느 편을 지배했는지에 관해 의견이 대립되어 있다. 당시 한국과 일본은 모두 여러 왕국들로 나뉘어져 있었다.

Japan : (History 부분) 어떤 역사학자들은 갑옷과 무기를 지니고 말을 탄 모습을 보여주는 埴輪을 근거로 5세기 초 아시아대륙에서 기마인들이 고분문화를 가지고 침공해 왔다고 주장한다. 그렇지만 대부분의 학자들은 이를 받아들이지 않는다. 당시의 선박 제조기술을 고려해 볼 때 그렇게 대규모의 군사와 말들이 한반도에서 바다를 건너지 못했을 것으로 보인다.

그렇지만 무덤의 발굴자료는 한반도에서 일본으로 새로운 기술, 새로운 문물, 그리고 이주민들이 지속적으로 들어왔음을 보여준다. 일본인들은 그들로부터 동모와 동탁을 만드는 방법을 배웠다. 특히 역사문헌에는 5세기 후반경 한국의 장인들이 야철기술, 칼과 갑옷 제작기술, 경질토기 제작기술, 마구 제작기술 등의 선진기술을 일본에 전해주었다고 기술되어 있다.

(http://encarta.msn.com)

2) 프랑스

(1) 중고등과정 교과서

프랑스에서는 지리와 역사가 하나의 과목으로 통합되어 있다. 교과서는 교육부의 지침을 기준으로 하여 여러 업체들이 제작하고, 각 학교들이 그 중에서 선택을 한다.

리모즈 시의 한 고등학교에서 사용하는 교과서의 경우 극동지역의 고대 역사로서 중국을 약간 언급하고 있을 뿐 한국과 일본의 고대 역사는 전혀 다루지 않고 있다. 그 학교 역사 교사들은 한국의 삼국시대에 대해 전혀 들어본 적도 없을 정도이다.

(2) 개설서와 사전

① 한국사를 포괄적으로 다룬 책답게 가야에 관해 자세한 내용을 서술하였다. 가야가 북방계이고, 일부가 일본으로 이주하였을 가능성을 거론하고 있다. 임나일본부설에 대해서는 일본서기의 내용을 따르는 듯하면서도 뚜렷한 증거가 없다고 비판을 가하기도 하였다.

가야 연맹은 일본의 왜와 긴밀한 관계가 있었다. 대마도에서 온 왜의 사신이 중국에 갈 때는 가야를 거쳐서 갔다. 기원전 1세기부터 한국과 일본 간에는 중요한 해상무역이 있었다.

변한 사람들은 남쪽으로 이주한 고구려계 사람들과 혈연 관계도 맺었다. 학자들은 이주민의 일부가 규슈 북쪽과 혼슈 남쪽에 도달하여 일본 주민의 일부가 되었다고 생각한다.

기원전 5세기에서 3세기 사이에 있었던 한반도에서의 주민 이동은 중국의 주의 멸망과 진의 일시적 성장과 관계가 있다. 야요이 문화의 주인공인 주민집단이 쌀, 토기, 철 문화를 가지고 규슈 북쪽에 들어간 것도, 그리고 이들 이민과 관련성을 지닌 집단이 가야연맹의 본거지인 낙동강 하류지역에 정착한 것도 이 시기이다(pp.54~55).

……

빈약한 언어학적 근거를 빌어 가야의 주민들이 북방계이고, 일본 주민이나 고구려 주민과 유사한 언어를 말했다는 주장도 있다. 그런가하면 가야의 언어는 후에 신라로 발전하는 북쪽 이웃인 진한의 언어와 달랐다는 견해도 있다.

가야 연맹의 주민들은 고구려나 백제의 지배계층과 같이 만주의 어느 곳, 아마도 부여에서 내려 온 이주민이라고 가정할 수 있다. 다른 한편으로는 조몽시대부터 한반도의 남쪽과 일본의 규슈 북쪽과 혼슈 남쪽의 주민이 서로 관계를 맺고 있었다고 추정되기도 한다.

가야와 야마토 조정과의 관계는 분명하지 않다. 두 지역 간의 관계는 선사시대로 거슬러 올라갈 수 있는데, 가야의 주민과 일본의 남부지역과 대마도의 주민들은 서로 교역을 행했다.

가야는 고유한 문화를 지니고 있었다. 그들의 토기는 신라와 마찬가지로 일본 須惠器의 기원이 되었다.

가야는 낙동강 서쪽연안 지리산 지역에 위치했다. 가야의 6개 부족 국가는 연맹을 이루었는데, 가장 강력한 집단은 고령의 대가야와 김해의 본가야였다(pp.55~56).

……

김해의 금관가야 혹은 본가야은 532년 신라에 의해 멸망할 때까지 연맹의 우두머리였다. 금관가야의 멸망과 함께 주도권은 대가야(미마나/임나)로 넘어갔고, 562년 몰락할 때까지 신라의 위협을 받았다. 고령지역에 있던 대가야은 본가야의 경쟁자였다. 이 외에 536년 신라에 의해 정복된 아라가야, 고녕가야, 성산가야, 소가야가 있었다.

백제와 신라에게서 이중으로 압력을 받던 가야연맹은 종속관계의 대가로 왜에게 군사적 도움을 청했다. 만일 일본서기를 그대로 믿는다면 미마나는 신라에 의해 붕괴될 때까지 가야 연맹을 다스렸던 일본 행정적·군사적 거점이었다고 할 수 있다.

미마나의 상실에 따른 일본서기의 장황한 탄식, 비난, 질책의 내용은 미마나의 멸망을 일본 조정이 매우 심각하게 받아들였음을 보여준다.

고구려 광개토왕의 비문(414), 일본서기(720), 진경대사 비문(924), 삼국사기(1145) 등의 고대의 기록에 가야의 총칭적인 용어로 보이는 임나(일본어로 미마나)가 나타난다.

일본서기는 특히 미마나에 대해 장황한 서술을 남겼다. 그리고 미마나를 일본부 혹은 일본의 점령지라고 기술하였다. 하지만 그것이 군사기지이든 식민지이든 간에 일본의 존재가 한반도에서 중요했다는 확증은 없다. 다만 한국의 문헌을 포함한 고대의 문헌을 보면 백제가 일본의 궁정에 지위가 높은 인질을 보낸 것은 사실인 것 같고, 그 반대의 상황은 아니었던 것 같다. 그렇지만 확증적인 것은 아니다(pp.56~57).

......

567년에 신라의 이사부 장군이 고령의 대가야를 정복했다. 이 승리로 인해 풍요한 낙동강 유역은 완전히 신라의 차지가 되었다. 이것은 백제에 대한 승리였을 뿐만 아니라, 특히 일본의 세력을 반도로부터 완전히 몰아냈다는 점에서 일본에 대한 승리이기도 했다(pp.60~61).

(André Fabre, 1988, *La grande histoire de la Corée*, pp.54~61, Paris : Favre)

② 일본사의 개설서로서 가야를 일본에 조공하던 집단으로 표현하는가 하면, 임나일본부설을 비판적으로 보아 양국 사이에 종속관계보다는 유대관계가 있었을 것으로 해석하기도 하였다. 그러면서도 한국 내의 전방후원분의 존재가 새로운 연구과제라고 서술하였다.

에가미 나미오(江上波夫)는 한반도에서 기마민족이 들어와 규슈에 야마토정권을 세우고, 계속된 정복활동을 통해 奈良분지에 정착했다고 주장했다.

......

중국계이기도 한 이 기마민족은 일본문헌에 나오는 미마나의 땅인 한반도 남부에 정착하고 있었을 것이다.

......

에가미 나미오(江上波夫)는 기마민족의 정복 시기에 문화가 급변하는데, 변화된 고분시대의 부장품이나 새로운 형태의 갑옷과 마구들은 당시 한국의 것과 유사하다고 주장한다.

......

하지만 이 설은 몇 가지 문제점을 안고 있다.

......

북동아시아에서 가장 큰 나라인 고구려는 427년에 평양에 도읍하여 남쪽으로 세력 확장이 용이하게 되었다. 당시 남서쪽에는 백제, 남동쪽에는 신라, 백제와 신라 사이에는 일본에 조공했고 일본에서는 미마나로 불리던 가야연맹이 있었다. 한반도의 세 왕국은 끊임없이 충돌했기 때문에 적국에 대항하기 위해 중국이나 왜와 친교를 맺고자 했다. 백제가 볼모를 보내면서 야마토와 매우 긴밀한 관계를 유지해야 했던 것이 바로 이 때문이었다.

......

일본서기는 한반도 남쪽에 있는 임나일본부에 대해 서술하고 있다. 하지만 12세기에 편찬된 한국의 중요한 사료인 삼국사기는 단지 왜의 침입만을 서술하였고, 어떠한 점령도 언급하지 않았다. 그러므로 임나일본부설은 한국의 역사가들에 의해 완전히 배척되었고, 후대의 일본 역사가들로부터는 전적인 지지를 받았다. 그렇지만 다행히도 이 논쟁은 가라앉기 시작했다. 이제는 이곳을 일본에 의해 병합된 땅과 같은 시대착오적인 보호령으로 인식하기보다는, 몇몇 큰 친족집단들이 연맹을 도모하고 모험을 시도하는 방식으로 일본과 관련을 맺고 있는 지역으로 보려고 한다. 그런데 아직도 논란이 있는 전방후원분이 이 지역에서 최근 발견되어 논쟁을 다시 촉발시키기도 한다.

지금 의심의 여지가 없는 것은 한반도 왕국들의 대립에 일본이 개입했다는 점이다. 그 개입은 결국 662년에 완전한 실패로 끝났다.

일본은 한반도의 분쟁에 개입하는 한편 중국에서 유래된 문물을 받아들여 발전을 이룩했다. 일본의 문헌들은 한국에서 온 수많은 전문가들, 의사, 장인, 학자, 승려 등을 감추지 않는다. 고고학은 이들의 영향을 많이 확증해 준다. 須惠器는 한국의 토기를 기본으로 했고, 아마도 한반도로부터 온 장인에 의해 제작되었을 것이다. 마구, 관모, 과대 등은 대마도 해협 양쪽이 동일한 특징을 지니고 있다(pp.32~33).

(Jean Esmein, François Macé, Hiroyuki Ninomiya, Pierre Souyri, Le Coteau, 1990, *Histoire du Japon*, pp.31~33, Horvath)

③ 백과사전의 한국과 일본 항목에서 가야가 언급되었다. 한국 항목에서는 가야를 간략히 소개하면서 일본과의 관계에 대해 논란이 있다고 서술하였다. 그렇지만 일본 항목에서는 일본서기의 임나일본부 내용을 그대로 옮겨 놓았다.

Corée : (초기의 왕국들) 한반도의 남동쪽에서는 가야가 신라의 압력에 오랫동안 대항하였다. 신라는 6세기 중반에 이 지역을 합병하고 668년에는 한반도 전체를 통일하였다. … 낙동강 하구의 가야 분묘에서는 화려한 부장품이 다량으로 출토되었다. 그 중에는 금동관, 은제 과대, 철제 갑주, 금제 귀걸이, 봉황 혹은 삼엽 장식 대도와 소도가 있다. 이 외에도 신라 토기와 유사한 종류로서 오리모양 토기를 포함한 많은 토기들이 있다. 서쪽의 일본과의 관계에 대해서는 많은 논란이 있다. 일본에서 미마나라고 부르는 가야는 철 교역에 의해 부강해졌다. 가야는 경제력이나 사회 조직의 발전정도에서 이웃과 별로 다를 바 없었지만 역사문헌에 설정되어 있는 '삼국'에서 배제되어 있다.

Japon : (야마토 조정) 3세기 전반부터 일본은 중국의 지배를 피하려는 한국의 이민을 받아들였다. … 4세기부터 중국이 혼란에 휩싸이고, 한반도 내의 국가들이 북방 초원지대의 영향으로 동요되면서 일본으로의 이주는 확대되었다. 이 과정에서 서쪽에 백제, 동쪽에 신라, 북쪽에 고구려의 세 왕국이 나타났고, 남쪽 지역은 많은 부족 집단으로 나뉘어져 있었다. 이러한 상황에서 일본은 도움을 청하는 왕국의 정치에 개입할 수 있는 유리한 위치에 서게 되었다. 한반도의 통일이 일본에 대한 정복으로 이어질 수도 있다는 불안과, 이주민의 정치적·문화적 영향 때문에 일본은 369년에 신라의 공격으로 위기에 처한 백제를 돕기 위해 군대를 보냈다. 이렇게 해서 20세기 한국에 대한 식민지 통치의 전조라 할 수 있는 임나일본부가 세워졌다. 일본은 이를 통해 4세기 말에서 5세기 중엽의 기간 동안 대륙문화를 폭넓게 접할 수 있었다. 6세기부터 신라는 정치적으로나 군사적으로 강력해졌다. 이와 반대로 중국과의 접촉을 통해서 한반도 내에서의 지위를 유지하고 싶어했던 야마토 조정은 귀족의 소요로 발생된 많은 어려움 때문에 562년 신라에 의한 미마나의 붕괴를 막을 수 없었다. … 그후 천황들은 한반도 내에서의 일본의 지배를 회복하려 노력했지만 중국 당나라의 도움을 받은 신라는 663년 일본에게 결정적인 패배를 안겨주었다. 일본은 그때부터 통일로 접어든 한국으로부터 멀어지게 되었다.

… (한국 문화의 역할) 동아시아 전체에 걸쳐 급변의 시기라 할 수 있는 고분시대 동안 일본은 畿內의 중앙지역에서 대륙의 정치에 참여하면서 야마토 조정을 굳히고자 하였다. 이를 위해서는 문화 교류가 수반되는 대외관계의 구축이 필요했다. 그 결과 일본은 한국으로부터 새로운 농업기술, 제철기술, 직물기술을 받아들이게 되었다.

(*Encyclopaedia Universalia*, 1996, Paris : Universalia)

3) 독일

(1) 중고등과정 교과서

독일 연방을 이루는 주마다 교과서의 선택이 다르다. 바이에른 주의 중등과정 역사 교과서들의 경우 아시아에서는 중국, 일본, 인도 정도가 다루어져 있을 뿐이며, 한국은 전혀 거론되어 있지 않다.

(2) 개설서와 사전

① 백과사전으로 한국의 역사를 서술하면서 가야에 대해 매우 간략한 내용을 실었을 뿐인데, 그런 중에도 가야가 일본에서는 미마나라고 불려진다고 소개하고 있다.

Korea : 백제와 신라 사이에 독자적 문화를 지닌 가야 혹은 가야연맹이 있었다. 이 집단은 일본의 문헌에서 미마나로 칭해진다. 가야연맹에는 6개의 작은 국가들이 속해 있었는데, 김해토기의 중요 출토지인 김해에 자리잡은 본가야가 이 중 하나였다.

삼국시대에는 고구려, 신라, 백제가 한반도의 패권을 놓고 전쟁을 빈번하게 벌였다. 이 과정에서 한 나라에 대하여 두 나라가 연합해서 대항하기도 하였는데, 그 상대가 자주 바뀌었다. 6세기를 지나면서 신라는 점차 우위를 차지하여 가야연맹을 멸망시켰고, 663년에 백제를 병합했으며, 668년에는 당나라의 군사적 도움을 받아 고구려를 정복했다.

(*Brockhaus Enzyklopädie*, 1990, Mannheim : F. A. Brockhaus)

② 백과사전으로서 몇 줄밖에 되지 않는 한국의 고대 역사 서술 중 가야가 일본의 통치를 받았던 미마나였다고 서술하였다.

Koreanische Geschichte(한국의 역사) : 낙동강 하류에는 가야(42~562년)가 발달하였는데, 이는 일본의 통치를 받았던 식민지인 미마나이다.

(Reinhard Schönenberg und Heinz Zemanek, 1983, *Meyers Großes Universal Lexikon*, Mannheim / Wien /Zürich : Bibliographisches Institut)

③ 백과사전으로 한국 항목 중 역사를 서술하면서 가야가 일본의 식민지였다고 기재하였다.

Korea : 한반도 남부에는 마한, 진한, 변한의 삼한이 있었는데, 이들은 남서부의 백제와 남동부의 신라에 병합되었다. 이 과정에서 가야(임나)가 일시적으로 일본의 식민지가 되었다.

(*Der Grosse Herder*, 1954, Verlag Herder Freiburg)

④ 100여 년 전에 출판된 백과사전으로, 한국의 역사가 매우 간략히 소개되어 있다. 열거된 고대 왕국 이름 중에 가야가 포함되어 있다.

Korea : … (한반도의) 남동쪽에 가라(Zinna, Miname) …가 있었다. (J. S. Ersch und J. E. Gruber, 1886, *Allgemeine Encyklopädie der Wissenschaften und Künste in alphabetischer Folge*, Leipzig : F. A. Brockhaus)

4. 종합 평가와 제언

미국이나 캐나다 중고등과정의 세계사 교육 내용을 살펴보면 동양의 경우 중국은 반드시 다루어지고, 다음으로 일본에 높은 비중이 주어진다. 이에 반해서 우리나라의 고대사는 거의 주목을 받지 못하고 있다. 그러므로 가야에 대한 인식도 전혀 없거나, 있다고 해도 매우 미약한 상태이다. 캐나다의 한 교과서에서는 가야에 대한 언급이 나타나지만, 일본의 역사를 서술하는 맥락에서 가야를 임나일본부설과 연계시켜 설명한 것에 불과하다. 그 책은 임나일본부의 존재를 믿는 학자가 있기는 하다고 하여 임나일본부설에 다소 유보적인 입장을 보였지만, 비판의 정도는 약한 편이다.

개설서와 사전의 경우도 마찬가지 상황이다. 우리나라의 삼국시대에 관한 상세한 내용을 다루고 있지 않아 가야에 대한 충실한 내용을 찾기 어려웠다. 한국사만을 다룬 개설서(Roger Tennant, 1996)에 가야사가 비교적 자세히 서술된 것은 너무나 당연한 일로서 주목할 만한 일이 아니고, 그보다는 내용상으로 아직도 미흡한 점이 많다는 사실을 지적해야 할 것 같다. 그 책에서 임나일본부설이 일본 입장에서의 과장된 인식이라고 비판하고 있지만, 이것 역시 강력한 비판의 입장을 보이지 못했다. 물론 아무런 비판 없이 가야지역을 일본의 점령지로 묘사한 책도 있기는 했다. 그렇지만 일본사 개설서 중에 임나일본부설을 명확하게 부정한 경우(Kenneth G. Henshall, 2001)가 있다는 점, 대영박물관의 한국 개설서(Jane Portal, 2000)에서 일본의 고분과 철기문화 형성에 미친 가야의 영향을 강조한 점, 그리고 영향력이 매우 크다고 할 수 있는 대표적 백과사전인 브리태니커 사전에서 가야의 항목을 설정하고 임나일본부설에 대해 비판적 입장을 보인 점은 고무적이라 할 수 있다.

임나일본부설에 대한 중립적 혹은 유보적 시각은 이번에 조사된 영문 서적에서 가장 많이 발견되는 입장이었다. 즉 일본이 당시 가야지역을 지배했다는 임나일본부설을 소개하면서 이를 다소 과장된 묘사로 평가하거나, 증거가 분명하지 않다고 지적하거나, 상호 필요성에 의한 대등한 관계로 파악하는 것 등이 그것이다. 임나일본부설을 기마민족설과 대비시켜 서술한 경우도 상당히 많았다. 그런가 하면 가야를 명시했건 안 했건 당시 일본의 문화가 한국의 영향을 많이 받았다는 서술은 쉽게 발견된다.

임나일본부설의 진위에 대한 서술은 물론 중요한 내용임에 분명하다. 그렇지만 가야에 대한 서술이 지극히 적은 경우에도 임나일본부의 논란이 기재된 것처럼 정치적 내용의 서술에 치중하고 문화상 서술에 인색한 것은 앞으로 개선되어야 할 바라고 생각된다.

프랑스에서는 중고등과정의 교과서에 한국의 고대사가 전혀 언급되어 있지 않았다. 이는 프랑스의 아시아관이 중국, 일본, 그리고 자신들과 관련이 깊었던 동남아시아를 중시하는 것에도 기인한다고 생각된다.

프랑스의 한국사 개설서(André Fabre, 1988)는 이번에 조사된 다른 어떤 서적보다도 가야에 대해 자세한 내용을 서술하고 있다. 여기서도 임나일본부설의 논란이 소개되었는데, 한정적 비판의 입장을 보여준다. 한국사 개설서에서 보이는 이러한 시각은 아쉬움을 남기지만, 이와 유사한 비판적 입장이 일본사 개설서에서도 보이는 점이 약간의 위안이 된다. 그렇지만 최근의 백과사전이 일본의 고대사를 설명하면서 임나일본부설을 아무런 여과 없이 서술하고 있는 점은 영어권의 브리태니커 사전과 매우 대조가 된다.

독일은 이번에 조사된 국가들 중에서 한국 고대사에 대한 정보가 가장 부실하게 서술된 나라임을 알 수 있었다. 그것은 아마도 독일과 아시아 지역과의 관련성이 예나 지금이나 가장 적기 때문인 탓도 있을 것이다. 여하튼 독일에서는 중고등과정 교과서는 말할 것도 없고 개설서나 백과사전에서도 가야의 존재는 거의 없다고 할 정도로 부실한 상태이다.

이상 서구의 세 개 언어권 국가의 예를 통해 나타나듯이 전반적으로 한국 고대사의 내용은 서구 사회에 별로 알려져 있지 않다. 이러한 상태에서 가야에 대한 인식은 지극히 낮을 수밖에 없다. 다만 최근의 한국사 개설서, 일본사 개설서, 사전 등에서 임나일본부설의 문제점이 지적되고 있다는 점은 그나마 다행이라고 할 수 있다.

국가들을 비교해 보자면 전반적인 빈곤 속에서도 영어 서적에 서술된 가야사의 내용이 프랑스어나 독일어 서적보다는 양적으로나 질적으로 나은 편이었다. 그것은 절대적으로 부족함을 면하기는 어렵지만, 영어권에 대한 한국 고대사의 홍보 결과로 보여지기 때문에 홍보의 중요성을 되새기게 해 준다. 현재 서구사회의 가야사 서술 현황과 세계 공용어로서 높아진 영어의 위상을 고려할 때 영어권에 대한 가야사의 홍보노력이 매우 적극적으로 이루어져야 한다는 점에는 의심의 여지가 없다. 홍보 방법도 여러 가지가 있겠지만 무엇보다도 영미학계에 가야 관련 글을 많이 발표하고, 외국학자의 한국학 연구를 장려하는 것이 필요할 것이다. 그렇지만 영어권에 대한 노력만으로는 만족스러운 효과를 기대하기 어렵다. 물론 영어권에 대한 홍보가 타 언어권에 대해서도 간접적인 효과가 있을 것이라는 점을 부인할 수 없다. 그러나 영어권에 비해 가야사가 매우 열악하게 알려져 있는 프랑스나 독일의 상황을 개선하기 위해서는 이들 언어를 통해 가야사의 정보를 직접 전달하는 노력도 수반되어야 할 것이다.

〔토론〕

발표자 : 권 학 수
토론자 : 강 봉 원[*]

〔요지〕

　본인이 오늘 토론해야 할 글은 구미의 역사 혹은 고고학 교과서 및 백과사전류에 실려 있는 가야사에 대한 내용을 권학수 선생께서 간단하게 소개하고 국가별로 일별하여 본 내용이다. 구미의 각종 서적에 실려 있는 가야사에 관한 내용이 그다지 풍부한 것은 아니지만 영어권의 국가에서 출간된 서적만 하더라도 적지 않은 분량이다. 여기에 불어권과 독일어권의 국가에서 출간된 서적까지 포함되어 있어 권학수 선생이 검토하여야 할 분량이 엄청나게 많았다. 이들의 내용을 일목요연하게 잘 정리하신 권학수 선생님께 노고가 컸다는 것을 우선 말씀드리고 싶다. 이러한 노력은 서구 학자들의 세계 역사연구에서 가야사 및 한국 고대사나 고고학에 대한 그들의 인식 수준이 어느 정도까지와 있는가를 가늠할 수 있는 좋은 기회라고 생각한다. 차제에 관련 분야의 국내 연구자들이 어떻게 하면 가야사에 대한 좀더 정확한 우리 학계의 연구 성과를 외국 학계에 소개할 수 있을 것인가를 모색해야 할 것이다. 이것이 원활하게 이루어진다면 서구의 학자들이 우리들의 연구성과를 그들이 연구하는 가야사 서술에 충분히 반영시킬 수 있을 것이라고 생각한다. 오늘 권학수 선생의 글에 대하여 토론을 하는 것은 선생이 작성한 발표문에 대한 것이라기보다는 가야사를 전공하는 국내 연구자들 나아가서는 한국사나 한국 고고학을 전공하는 대부분의 사람들에게 하는 것으로 보아야 할 것으로 생각된다.

　아직도 서구 학계의 일부에서는 가야를 임나일본부로 간주하고 가야지역이 일본의 식민지였던 것으로 서술하고 있는 서적들이 다소 있지만 가야사에 대한 안목이 과거보다는 많이 달라졌다는 것을 권학수

---

* 경주대학교 문화재학부 교수

선생의 글 내용에서 파악할 수 있다. 구미 역사 연구에서 가야사의 일부가 왜곡된 채로 소개되었던 것은 과거 얼마 전까지 우리나라의 역사 및 고고학계의 활동이 다소 미진하였던 탓이 아닌가 생각된다. 또 비록 1980년대 들어와서 가야사 연구가 비교적 활발하게 이루어졌으나 이를 외국 학계에 제대로 소개하지 못하였던 탓도 있었을 것으로 짐작된다. 전반적인 한국사나 고고학도 그러하지만 특히 가야사와 관련하여 국내 연구자들에 의해서 영어로 작성된 논문이나 개설서 수준의 글이 있기는 하나 그 수가 미미하다. 반면 일본인 연구자들에 의해서 영어로 작성된 가야사 및 일본 고대사와 연계된 가야사 관련 논문이 상대적으로 많았다. 그러다 보니 일본인에 의해서 작성된 다소 왜곡된 가야사의 내용이 여과 없이 그대로 서구 학자들에게 전달되었을 것으로 생각된다. 이러한 것은 가야사뿐만 아니라 우리나라 전체 역사 및 고고학계가 당면하고 있는 큰 문제점들 중의 하나가 아닌가 생각한다.

가야사에 대하여 왜곡된 부분이 일본에게 유리한 방향으로 전개된 것은 과거 일본과 한국의 국제적 위상과도 관련이 있을 것으로 사료된다. 특히 일본 정부는 풍부한 자금력을 바탕으로 일본역사 혹은 동아시아 역사 연구 관련 외국인 학자들에게 많은 연구비를 지급한 탓도 있지 않았나 짐작되기도 한다. 한국 정부도 1980년대 이후 경제적인 여유가 생겨 Korea Foundation 등을 통하여 약간의 연구비를 한국학 연구를 하는 외국인들에게 지급하고 있는 것은 그나마 다행한 일이라고 생각한다. 또 가야사나 한국 고고학에 관심이 있는 서구 학자들이 1980년대 들어와서는 한국에 직접 와서 현지조사를 실시하였기 때문에 가야사에 대한 인식이 많이 달라지게 되었다는 것을 쉽게 알 수 있다. 예를 들면, Gina Barnes나 Sarah Nelson과 같은 사람들의 가야사에 대한 인식은 여타 서구 학자들의 왜곡된 가야사 인식과는 상당히 다르다.

서구 학자들의 가야사에 대한 인식이 미진하고 그들의 역사 교과서나 교재에 충분히 반영되지 않은 것은 권학수 선생의 검토에서 잘 알 수 있다. 그러나 이러한 현상은 비단 가야사에만 국한된 것이 아니고 신라, 고구려, 백제 나아가서는 한국 고대사 혹은 한국의 고고학 전반에 걸쳐있는 문제이다. 어쨌든 왜곡된 가야사 인식의 정도를 극단적으로 보여주는 것이 독일의 중고등학교 교과서의 경우라고 볼 수 있겠다.

권학수 선생은 영어 사용권 국가에서 가야사 연구의 활성화를 위하여 홍보의 필요성을 언급하였다. 전적으로 찬성하는 바이다. 나아가 여기에 한 가지 첨언을 한다면 이 홍보를 누가 어떻게 담당할 것인가를 좀더 구체적으로 생각해 보아야 한다는 것이다. 즉, 이 홍보는 일반적인 의미에서의 홍보와는 성격을 달리하는 학술적인 의미에서의 홍보가 되어야 할 것이고 이것을 담당해야 할 사람들은 국내 가야 관련 연구자 나아가서는 한국학 관련 연구자가 되어야 한다고 생각한다. 현실적으로 우리 모두가 독일어나 불어로 가야 관련 연구 논문 작성은 불가능하다. 심지어 우리가 오랫동안 공부하여 오고 있는 영어로조차도 가야사 관련 연구 논문 작성은 쉽지 않다. 그럼에도 불구하고 우리들이 영어와는 비교적 친숙하고 또 서구인들에게 영어는 거의 공통적으로 사용되고 있는 언어이기 때문에 어렵지만 가야사 관련 연구 논문을 영어로 많이 양산해 내어야 한다. 그렇게 했을 때 서구인들의 가야에 대한 인식이 크게 달라지게 될 것으로 기대된다. 영어로 가야사 관련 논문을 작성하는 것은 일단 외국 유학을 다녀온 사람들이 적극적으로 담당하는 것이 바람직하다. 하지만 가야사를 연구하는 여타 국내 연구자들도 어느 정도 책임감을 가져야 할 것으로 생각한다.

한국 연구자들의 영어실력으로 이것을 감당하지 못한다면 외국인으로서 이 분야에 정통한 사람들에게 연구비를 지급하든지 아니면 한국어에 능통하고 가야사 혹은 한국학에 관심이 있는 외국인에게 우리들의 연구성과를 영어로 번역이라도 시켜야 할 것으로 생각한다. 이러한 사정을 감안하고 가야사 연구의 활성화를 위한다는 의미에서라도 Korea Foundation을 통해서 관련 외국인 학자들에게 연구비를 지속적으로 지급하여야 한다고 생각한다. 1980년대 이후 외국에서 한국어 및 한국의 문화와 역사에 대한 관심이 고조되어 가고 있는바 좀더 적극적인 연구비 지원을 기대하는 바이다. 이러한 작업이 지속적으로 이루어진다면 조만간 가야사는 물론이고 한국사의 여타 분야에 대한 서구인들의 왜곡된 인식을 상당부분 불식시킬 수 있을 것으로 생각된다.

참고 : 권학수 선생께서 자료로 추출한 가야사 관련 교재가 광범위하게 이루어졌지만 근래에 출간된 것으로 우리가 참고해야 할 것 몇 가지를 아래에 추가하였다.

Nelson, Sarah M., *The Archaeology of Korea*, New York, Cambridge University Press, 1993, pp.237~243.
Portal, Jane(British Museum), *Korea : Art and Archaeology*, New York, Thames & Hudson, 2000, pp.55~58.
Barnes, Gina L., *State Formation in Korea : Historical and Archaeo-logical Perspectives*, Richmond, England, Curzon Press, 2001, pp.37~40, 179~200(1997, Univ. of Hawaii).

〔답변〕

저도 처음에 이러한 주제를 받았을 때 별로 할 의향이 없었습니다. 암담했거든요. 구미라면 몇 나라를 해야 되는지, 제가 아는 외국어도 한계가 있고, 그러나 어쩔 수없이 하다 보니까 이곳까지 오게 되었습니다. 하느라고 한 것이 이 정도입니다. 제가 평계의 말씀을 드린 것이고요.

토론자께서 말씀해 주신 가야사를 외국에 널리 알리기 위해 구체적인 방안을 많이 해주셨는데 그것에 대해서는 충분히 공감을 하고 있습니다. Korea Foundation이나 이런 것을 통하여 외국인 학자를 통하여 연구도 가능할 것이고 참관의 기회도 가질 수 있고 그것이 가야뿐만 아니라 주변의 한국고대사와 관련된 것을 얼마든지 알고 갈 수 있을텐

데요. 실제로 알고 보면 우리나라를 찾아오는 고고학자나 고대사학자
가 두세 명 정도에 불과합니다.

　그분들이 오실 수 있는 기회를 제공하는 것도 좋을테고 딱히 전공이
아니더라도 한반도의 유적을 둘러볼 수 있는 기회를 준다고 하면 관심
있게 볼 수 있는 사람이 우리가 생각하는 이상으로 많을 수 있습니다.

　그런 견문을 통하여 간접적으로 인식의 확산 등을 기대할 수 있을
것입니다. 그러나 어쨌든 당장 어떤 효과를 기대하는 것보다는 장기적
인 안목에서 투자를 해야 한다고 생각합니다.

　그리고 지적하신 자료는 제가 잘 살펴보아서 완성을 할 때 보완을
하도록 하겠습니다.

가야사 사회교육의 현황과 문제점

이 영 식[*]

1. 머리말

일반 대중이 가야사에 대해 어떠한 인식을 가지고 있으며, 어떠한 경로를 통해 가야사에 대한 지식에 접하게 되는지를 파악하기란 쉽지 않다. 일반 대중의 가야사 인식의 대부분이 학교교육을 통해 얻어지는 것으로 생각할 수도 있겠으나, 반드시 그렇지만은 아닌 것 같다. 초·중등학교의 국사 교과서에 가야사의 서술은 극히 적은 분량에 지나지 않고, 대학 관련학과의 강의에서도 가야사가 차지하는 비중은 별로 다르지 않다. 따라서 가야사에 대한 일반 대중의 상식이란 오히려 사회교육을 통하여 얻어지는 경우가 적지 않으며, 일반 대중의 가야사 인식의 대부분이 사회교육을 통해 형성되고 있다고 보아 지나친 것은 아닐 것이다.

반면에 가야사에 관련된 사회교육의 기회란 이른바 '사랑방역사'에서부터 계획된 '가야사강좌'에 이르기까지 이루 헤아릴 수 없는 채널이 있다. 이러한 경로의 전부를 검토하기란 불가능에 가깝고, 각각의 효과는 한 사람의 연구자가 정리하고 분석할 수 있는 성질의 것도 아니다.

---

* 인제대학교 인문문화학부 교수

우선 가야사 사회교육의 현황을 알 수 있는 자료의 수집이 쉽지 않고, 각각의 사회교육에서 어떠한 내용이 어떠한 수준으로 진행되었으며, 더구나 수강생이나 참가자가 어떻게 받아들였는지를 짐작하기란 거의 불가능에 가깝다.

따라서 본 논문은 가야사에 관한 사회교육의 수단을 출판서적, 계획강좌와 특별강연, 가야유적의 답사, 가야유물의 전시, 가야문화 관련의 이벤트, 대중매체의 가야사 기획 등으로 구분하고, 각각에서 보이는 가야사의 사회교육 현황과 약간의 문제점에 대한 검토를 붙이는 정도에 머물 수밖에 없다. 충분한 자료의 수집이 이루어지지 못한 한계가 있고, 문제점에 대한 깊이 있는 검토가 진행되지 못한 부분도 적지 않을 것으로 생각한다. 앞으로 논문의 내용과 관련되는 자료의 수집과 보충에 제현의 많은 제보와 도움이 있기를 바라며, 부분적 검토에 대한 질정을 기대하는 바이다.

2. 출판서적에서의 가야사

몇 권의 연구서가 전부였던 가야사와 가야문화에 관련된 출판서적은 근년에 들어 급격한 증가를 보이고 있다. 이러한 양적 증가는 가야사나 가야문화에 흥미를 가진 비전문가들에 의한 것이 대부분을 차지하고 있는데, 서술내용이나 방법, 그리고 내용의 신빙성 등에 있어서는 실로 많은 차이를 보이고 있다. 그렇다고 해도 이러한 출판물들이 가지는 사회적 영향력이 연구자의 저술에 비해 적은 것만도 아니고, 오히려 더 많은 영향을 미치게 되는 경우도 있다.

일반인들이 서점에서 가야사나 가야문화에 관한 서적을 구입하려 할 때, 전자는 어렵겠다는 이유로 쉽게 기피되는 반면에, 후자의 경우는 쉽고 흥미로워 보인다는 이유에서 곧잘 선택되기도 한다. '탐사, 비밀, 신비, 잊혀진, 잃어버린' 등의 수식어가 붙은 서명과 흥미를 유발하게 만든 목차 등은 이러한 출판서적들의 가야사에 대한 사회교육의 효과를 무시할 수 없게 만들고 있다. 다라서 가야사와 가야문화를 내용으로 출간되어 있는 서적 중게서 전문연구서를 제외한 몇 가지의 예를 소개하고 눈에 띄는 문제점들을 지적해 보고자 한다.

ㅇ이종기, 『가락국탐사』, 일지사, 1975

가야사를 다룬 단행본이 거의 없었을 당시에 아동문학가 이종기가 수로왕릉에 전해지는 쌍어문과 태양문, 명월사지 부조에 남은 뱀 모양 등의 고향을 타이의 아유타야와 인도의 야요디아에서 찾는 기행문 형식의 저술이다. 가락국의 허왕후 일족이 인도 야요디아(阿踰陀國)→타이 아유타야(阿踰陀國植民地)→중국 해남(海南)→중국 복주(福州, 阿踰陀國 海上分國)→일본 규슈(九州)를 거쳐, 김해의 가락국에 기원후 48년 7월 27일에 도착하였다 하고, 유고로 출간된 이종기, 『춤추는 신녀』(동아일보사, 1997.4)에서는 일본 야마타이국(邪馬臺國)의 히미코(卑彌呼)가 가락국에서 건너간 공주라 주장하였다.

ㅇ문정창, 『가야사』, 박문당, 1978

수로왕일족을 김일제(金日磾)의 증손 왕망(王莽)이 세웠던 신(新)에서 망명한 집단으로 보고, 「김유신비문」에 먼 조상으로 씌어있는 소호금천씨(小昊金泉氏)는 김일제의 원조(遠祖)로 은(殷)의 시조이며, 나아가서는 메소포타미아의 슈메르와 같은 갈래라고 주장하였다. 일본 에가미나미오(江上波夫)와 궤만의 연구를 바탕으로 가야인의 일본진출설과 가야의 중국출자설을 주장하였다.

ㅇ김복수·가락이천년사편찬회, 『가락2천년사—김해김씨허씨인천이씨사』, 학우서적, 1978

김해김씨 종친회에서 편찬한 시조에 대한 찬양물로서 가락국사의 일부가 서술되었고, 김해김씨·김해허씨·인천이씨 출신의 현대인사 명까지 기록하였다. 부록으로 종친회연혁·훈장포상자명단 등을 싣고

있다. 부산 동래에 가락국의 왕릉이 있다든지, 거칠국(居柒國)은 가락
국 2대 거등왕(居登王)의 나라였다 등과 같이,『삼국지』,『삼국사기』,
『삼국유사』등의 기록과 약간의 고고학자료를 마음대로 뒤섞어, 풍부
한 상상력과 엄청난 과장으로 만든 씨족 찬양의 홍보물이다. 그러나
우리나라에서 이들 성씨가 차지하는 비중으로 볼 때 그 영향이 작다고
만은 할 수 없을 것 같다.

　○허명철,『가야불교의 고찰』, 종교문화사, 1987

『삼국유사』가락국기의 내용을 전면적으로 수용하여 1세기 김해의
가락국에 최초로 불교가 전래되었고, 그 출발지가 인도였음을 밝히려
한 김해 향토사학자의 저술이다. 이후에 가야불교의 전래와 가야차(伽
倻茶) 등에 관한 기술의 모태가 되었던 서적으로, 지역사회는 물론 한
국불교의 초전(初傳)의 시비에도 많은 영향을 미쳤던 것으로 보인다.1)

　○고준환,『신비왕국 가야』, 우리출판사, 1993

4국시대와 가야사의 복원과 재조명을 주장하면서, 연구서에서 홍보
물에 이르기까지 인용하여 구성한 책이다. '건국·인도공주·불교초
전·가야황차·이짐아고왕·철기문화·비미호·아라가야전투·광개
토왕가야토벌·도해 응신의 대화 왜·가야토기·가야금·멸망·복국
운동' 등이 목차에 보이는 주제들이다. 문헌사료에 대한 해석은 물론,
근세의 민간전승까지도 아주 자유롭게 활용되고 있다.

　○김병모,『김수로왕비 허황옥 : 쌍어의 비밀』, 조선일보사, 1994

이종기와 같이 쌍어문의 분포를 추적하면서, 허왕후릉비에 시호로 씌
어진 보주(普州)를 중국 사천성 안악현으로 추정하여, 허왕후의 이동루
트를 인도 야요디아→중국 사천성 보주(1~100년)→무창→김해로 주장
하였으며, 쌍어문의 상징을 가지는 가락국의 집단이 일본 규슈 북서부

---

1) 李永植,「加耶佛敎의 傳來와 問題點」,『伽倻文化』11, 1998.12.

로 이동했을 가능성을 제시하고 있다. 조선일보사에서 간행되어 여러 판을 거듭했으며, 수정판으로 김병모, 『김수로왕비의 혼인길-김병모 교수의 고고학 탐사』(푸른숲, 1999)가 간행될 정도로 일반인들에 미친 영향은 아주 컸던 것으로 보인다. 한국고고학의 전문가이면서도 기행문과 같은 수필 형식으로 쓰여질 수밖에 없었던 점은 한계의 하나로 지적해 두어야 할 것 같다. 지금까지 김해지역에서 발굴 조사되었던 여러 가지 유적에서 인도나 중국 사천성의 계통을 시사하는 유물이 전혀 발견된 바 없다는 것이 이러한 주장의 치명적인 약점이 될 것이다.[2]

○한국역사연구회, 『문답으로 엮은 한국고대사산책』, 역사비평사, 1994

고대사연구자들이 한국고대사에서 논쟁을 통해 일반인들이 관심을 가지는 30여 개의 주제를 평이하게 서술하였다. 가야사는 전체 9개 분야 중의 하나로 선택되어져, '수로왕비 허황옥은 인도에서 왔나', '가야는 왜 삼국에 들지 못했나', '가야금에 얽힌 사연', '임나일본부 무엇이 문제인가', '기마민족설이란 무엇인가'와 같은 5개의 주제를 논쟁 중심으로 소개하였다. 필진에 가야사의 전문연구자가 포함되어 있지 않은 탓인지, 가야사의 여러 문제를 보는 시각이나 가야사 전체의 균형적인 소개와는 거리가 있다.

○부산경남역사연구소, 『시민을 위한 가야사』, 집문당, 1996

가야사 연구자들이 전체적인 가야사의 구성과 세간의 관심을 고려하면서 구성하고 집필한 일반을 위한 최초의 가야사 입문서이다. 3부 중 1부에서 '가야사를 어떻게 볼 것인가', '수로왕과 허황후', '허황옥과 불교전래', '가야와 철', '기마민족정복설', '김해 대성동유적과 부여족의 남하', '일본열도에 진출한 가야인', '광개토왕 남정기의 가야사', '임나일본부란 무엇인가', '가야금과 우륵', '구형왕과 김유신', '가야멸망기의 대외관계', '가야와 삼국의 차이'의 13주제, 2부에서 '가야의 유적', '가

---

2) 이영식, 「이야기로 떠나는 가야사여행」, 인제대학교 가야문화연구소 홈페이지 참조.

야관련자료', 부록으로 '용어해설', '가야사연표와 왕계도', '참고문헌'을 소화하였다. '시민을 위한'이란 제목과 같이, 처음부터 가야사의 사회교육을 의식한 저술이었으나, 각 서술의 차이가 조정되지 못한 부분도 있고, 여전히 어렵다는 평도 있다.

○김세호, 『비화가야사연구』, 창녕중앙인쇄, 1997

향토사학자가 문헌자료와 고고학자료에 근거해 창녕의 비화가야를 소개한 책자로, 서술의 객관성을 유지하려는 노력이 다른 향토의 저술들과 큰 차이를 보인다. 穴澤和光·馬目順一, 「昌寧校洞古墳群」을 전문 번역해 싣고, 비화가야를 가야 4대 세력의 하나로 규정하면서, 신라문화의 일부로 간주해오던 통념을 반박하였다. 비매품으로 사회적 영향이 그리 크지는 못하겠지만 비교적 올바른 창녕지역의 가야사상을 전달하고 있는 것으로 생각된다.

○부산경남역사연구소, 『시민을 위한 부산의 역사』, 늘함께, 1999

고대에서 현대에 이르는 부산의 역사를 정리한 책이다. 가야사는 '국가태동기의 부산 모습·신라의 부산진출은 이렇게 시작되었다·동래에는 가야 왕들이 묻혀있다'의 짧은 서술이 있을 뿐이다.

○이점호, 『잊혀진 왕국 가야』, 선우미디어, 1999

가야사의 현장을 취재한 역사기행서이다. 『삼국유사』의 6가야를 기준으로 김해(금관가야)·함안(아라가야)·고령(대가야)·성주(성산가야)·진주(고녕가야)·고성(소가야) 등에 얽힌 역사와 문화를 서술하였다. 김해의 비중이 압도적으로 많으며, 산청의 전구형왕릉(傳仇衡王陵)과 가야토기의 재현과정도 소개하고 있다.

○김경복·이희근, 『가야는 신비의 왕국이었나』, 청아, 2001

가야사의 논쟁점과 전체적 재구성을 의도한 책으로, 상당량의 자료사진을 큰 사이즈로 곁들여 일반인들의 이해를 도우려 하였다. 선택된 주제나 전체적 구성은 위에 소개한 『시민을 위한 가야사』와 연구서인 『가야연맹사』를 주로 참고한 듯하다. 저자가 가야사연구자는 아니지만, 한국사를 연구하거나 공부했던 사람으로서 비교적 최근의 연구성과까지도 포함하고 있다. 비교적 올바른 가야의 역사와 문화를 소개하고 있으며, 기획부터 일반대중을 강하게 의식했던 서적이다. 그러나 사회교육의 문제는 아니지만, 구체적인 서술에서는 학계의 연구성과를 근거의 제시도 없이 문장도 고치지 않은 채 표절하고 있는 부분도 적지 않다.

　o 강평원, 『쌍어속의 가야사』, 생각하는 백성, 2001.8

　『산해경』, 『숭선전지』 등을 이용하여 쌍어문의 부족인 수로왕이 중국 하(夏) 우왕(禹王)과 같은 갈래임과 가야국은 처음부터 김해에서 성립한 것이 아니고 대륙에 있었다고 주장하였다. 후자는 이른바 부여족남하설의 자의적인 변용이다. 아리랑은 허황옥이 중국과 인도의 경계에 있던 고향 아라(아리, 아유타국 본산지)를 떠나면서 지었던 노래라 한다. 일본 천황이 가야의 후손이라 하면서도, 백제 성왕의 자손이 일본을 세웠다는 내용으로 서술하고 있어, 양자가 어떻게 연결되는지 알 수가 없다.

　이상과 같이 일반인을 대상으로 출판되었던 서적의 몇 가지를 살펴보았는데, 그 특징과 문제점을 정리하면 아래와 같다.

　첫째, 서술의 내용이나 수준이 천차만별이다. 지연과 혈연에 기초한 무분별한 애정으로 가야사를 서술하고 있는 것이 다수이다. 선입관에 짜 맞추기, 비판 없는 짜깁기, 종횡무진의 상상 등에 객관적 근거와 서술의 일관성을 요구할 수는 없을 것 같다.

　둘째, 화보와 같이 많은 양의 지면을 사진자료에 할애하여 일반인의 이해를 도우려는 노력은 그리 많지 않고, 대개는 문장기술 일변도의 서술방식으로서 일반 대중에 대한 전달이 어렵게 되어 있다.

　셋째, 출판사에 따른 사회교육효과의 차이도 있다. 가야사 관련서적의 판매량이 그리 신통치 않은 반면에, 조선일보·동아일보사 출판의 책자는 몇 판을 거듭하고 있다. 우리나라 양대 언론사라는 공신력을 등에 업고 검증되지도 않은 내용이 일반인에게 진실처럼 받아들여질 우려가 있다.

넷째, 서술내용의 수준과 사회교육효과는 반드시 비례하지 않는다. 전문연구자에 의한 집필이 반드시 많은 인구에 보다 잘 전달된다는 보장은 없다. 일반인에게 보다 깊은 내용을 보다 쉽게 전달하려는 노력이 필요하다.

다섯째, 연구자들에 의한 출판의 대개는 공동집필로 이루어졌다. 각 주제의 서술사이에 차이나 모순이 보이기도 한다. 집필과 출판을 위한 연구회를 충분하게 가질 필요가 있고, 편집이나 윤문 단계에서의 세밀한 조정이 요구된다.

여섯째, 1989년부터 김해에서 '伽耶'라는 역사문화지가 얼마 동안 출간되었던 적이 있다. 전문연구자·향토사학자·지역주민이 가야관련의 논문·유적소개·수필·시 등을 게재하였다. 얼마 계속되지는 않았지만, 경남이나 부산지역에 가야의 역사와 문화를 소재로 하는 이와 같은 대중지 하나가 있어도 좋을 것 같다.

3. 강좌·강연에서의 가야사

일반대중의 문화적 욕구가 높아짐에 따라 국가 및 지방자치단체, 대학, 각종 연구기관은 물론, 언론사나 백화점에 이르기까지 각계 각층을 대상으로 하는 각양각색의 문화강좌가 계획 운영되고 있다. 이러한 문화강좌는 의식주와 관련되는 것이 대부분으로, 한국의 역사와 문화는 천대받는 교양부문으로서 약간의 강좌가 이루어지고 있을 뿐이며, 하물며 가야의 역사와 문화에 관련된 강좌는 좀처럼 찾아보기 어렵다.

반면에 이러한 강좌를 운영하는 대학의 사회교육원이나 각종 박물관 등과 같은 수많은 기관이나 단체가 적은 수도 아니고, 수년간의 모든 통계를 내기에는 감당할 만한 시간과 인력의 여유도 없다. 따라서 국립박물관이나 대학의 연구기관 또는 가야문화권에서 일정기간 동안 실시되었던 연속강좌와 일회성의 강연 등에서 가야사나 가야문화가 다루어졌던 예의 몇 가지를 살펴보고 문제점이나 개선방안 등을 제시해 보기로 한다.

1) 계획강좌

■한국박물관회

1977년에 개설하여 24년 동안 약 9,000여 명의 수강생을 배출한 박물관특설강좌를 운영하고 있다.

<표 1> 2001년 한국박물관회 제25기 박물관특설강좌

시간	강 의 주 제	현장학습	가야사 비중
3월	한국사의 흐름(2), 삼국사기, 삼국유사, 인류와 문화(2)	5월 충남 공주지역 6월 충남 부여지역 7월 전북 익산지역 10월 충북 청주지역 11월 경기 강화지역	강의 1/62 시간 2/124
4월	형질인류학, 문화와 경제, 인류학과 현대사회, 비교문화론, 언어와 문화, 전시실교육, 고고학이란, 구석기 문화		
5월	신석기문화, 청동기문화, 고대국가성립, 고구려문화, 백제문화, 신라문화, 가야문화, 중국고대문화, 일본고대문화, 몽골문화		
6월	한국미술의 흐름, 한국의 불화, 중국회화, 중국회화, 한국회화, 한국회화		
7월	중국도자기, 중국도자기, 한국도자기, 한국도자기		
8월	중앙아시아미술, 동양불교조각, 한국의 불상, 한국의 불상		
9월	석조미술, 석조미술, 한국의 목공예, 불교금속공예, 한국의 고건축, 한국의 고건축		
10월	한국의 와전, 한국의 조경, 박물관의 이해, 전시실교육, 민속학이란, 한국의 무속, 한국의 설화, 관혼상제		
11월	한국의 복식, 세시풍속, 한국의 민가, 한국의 음악, 종교와 사회, 불교사상, 유교사상, 도교사상		
12월	한국과학사, 보존과학		

매년 400명을 모집하여 1년의 과정으로 인류학, 역사학, 고고학, 미술사, 민속학, 사상사, 현장학습 등의 50여 강좌를 실시하고 있으며, 총 150시간을 80여 명의 전문강사진으로 운영하고 있다. 위의 표에서 보이는 대로 2001년도의 각 강의는 2시간씩 진행되어, 총124시간 중에 가야사에는 2시간이 할애되었으나, 현장학습지로 가야문화권은 포함되지 않았다.[3]

■국립중앙박물관

국립중앙박물관의 사회교육프로그램은 10여 개의 학교와 교실로 나뉘어, 여러 주제와 분야에 대한 강의와 유적답사와 같은 현장학습으로 진행되고 있다. 역사·고고·미술 등의 분야뿐 아니라, 우리나라 사회교육의 효시로서 지금까지 총 65만 명의 수강생을 배출하고 있다. 연령별, 성별, 국적별, 직업별 등의 기준으로 나누어 운영하는 다양한 프로그램에 총150시간을 80여 명의 전문 강사진이 담당하고 있으며, 운영수강자들의 좋은 반응과 함께 많은 사회교육의 효과를 거두고 있다.[4]

<표 2>는 2001년도 국립중앙박물관의 사회교육프로그램에서 가야사가 다루어지는 정도를 표시한 것이다. 2001년의 프로그램에 가야사가 독립된 주제나 강의 또는 답사지로 선정된 것은 전혀 없고, 각 학교나 교실에 편성된 삼국시대의 역사와 문화, 설화, 한일관계사, 전시실학습 등에서 간접적으로 언급되었을 정도였다.

국립중앙박물관이 매년 실시하는 사회교육프로그램은 대개 이와 비슷한 범위로 운영되지만, 각 연도에 따라 전체 주제나 강의내용이 조금씩 바뀌고 있어, 지금까지의 프로그램에서 가야사가 차지했던 비중이 모두 같았던 것은 아니다.

토요문화체험교실은 2000년 3월 25일에 한병삼 선생의 「문화재란 무엇인가」의 강의를 시작으로, 2001년 10월 6일까지 총35회의 강의와

---

3) 한국박물관회, http://www.museum.go.kr/kor/soc/soc_edu/soc_edu.htm.
4) 국립중앙박물관, 『박물관신문』 355, 2001.3 ; 국립중앙박물관, http://www.museum.go.kr.

<표 2> 2001년 국립중앙박물관 사회교육프로그램

강 좌 명	기 간	대 상	가야사 비중
은하문화학교	3. 21~10. 31 매주 3시간	60세이상 200명	△
여성문화교실	3. 23~11. 2 매주 3시간	18~60세 여성 200명	×
토요문화체험교실	3 .24~11. 3 매주 3시간	일반시민 각주 240명	△
초·중등교사문화연수	8. 6~8. 10 매일 6시간	현직교사 150명	△
박물관도자교실	상하반기 각4개월 매주 6시간	20세이상 남녀 각기 30명	×
박물관전통염색교실	상하반기 각4개월 매주 6시간	20세이상 남녀 각기 30명	×
외국인도자교실	상하반기 각3개월 매주 3시간	18세이상 각기 20명	×
외국인전통염색교실	상하반기 각3개월 매주 3시간	18세이상 각기 20명	×
엄마·아빠와 함께 박물관을	방학기간 매주 토요일 3시간	초등 1~3년 부모동반 20쌍	×
어린이박물관교실	방학기간 1주일간	초등 4~6년 5일간 각 3시간	△
오늘은 박물관에	4~10월 토요일 오전 중	중학생 각주 200명	△

(범례) × 전혀 없다 △ 관련으로 언급 ○ 하나 편성 ◎ 다수 편성

답사가 진행되었는데, 총29회의 강의 중에 가야사는 단 1회만이 실시되었다. 구석기에서 통일신라까지를 주제로 개론 4회, 구석기·신석기·청동기시대 각 1회, 철기시대 2회, 고조선 1회, 고구려 3회, 신라 2회, 통일신라 3회, 나말여초 1회, 발해 1회, 대외교류 1회, 불교미술 2회, 고려시대 5회였다.

　가야사의 비중이 많았다고는 할 수 없으나, 한국사에서 차지하는 가야사의 비중에 비추어 본다면, 단 1회라도 가야사가 독립된 주제로 다루어졌다는 점이 중요하다고 생각한다.

　아울러 국립중앙박물관이 실시하고 있는 사회교육프로그램 중에 가장 인기 있는 강좌는 전통염색교실과 도자기교실이라 한다. 체험을 통한 사회교육이나 문화학습의 필요성을 실감케 하는 대목이다. 가야문화에 관련된 여타의 사회교육프로그램의 구성에 있어 반드시 참고해야 할 사항으로 생각된다.

■국립김해박물관

① 박물관(성인)문화강좌

1998년부터 가야문화권의 지역주민 성인을 대상으로 3~4일 동안 가야를 주제로 한 전문강의와 유적답사 등으로 구성된 사회교육을 실시하고 있다.

<표 3> 국립김해박물관 박물관성인문화강좌

실시연도 실시기간	교육내용			가야사 비중
	강의	강사	답사	
1회 1998년 10. 17~11. 7 매주 토요일 2시간	박물관의 역할과 과제 부산경남의 선사문화 가야와 고고학 고고학과 발굴조사	이난영 한영희 신경철 손명조	창원·창녕·함안지역	◎
2회 1999년 2. 24~26	가야사의 이해 가야의 고분문화 가야의 무기	이수훈 임효택 송계현	창녕·고령지역	◎
3회 2000년 2. 22~25	변한과 다호리유적 교역의 중심사회-금관가야 가야인의 얼굴	이건무 김원경 조용진	고령·성주지역	◎
4회 2001년 2. 20~23	한국의 패총 고고학에서의 고인골 한국인의 띠문화	김건수 김재현 천진기	경주지역	○

매일 2시간의 강의는 가야를 주제로 한 것이 대부분이었으며, 1일답사는 가야문화권에 집중되고 있다. 다만, 동일참가자의 흥미를 의식해서인지, 경주의 신라문화권에 대한 답사도 1회 실시되었다. 가야의 옛 서울 김해에 입지한 지역적 특징과 지역주민의 관심을 바탕으로 계획 실행되고 있는 강좌로서, 국립중앙박물관과의 차별성이 눈에 띈다.[5]

아울러 이 강좌에서는 매년 강의자료를 책자로 제공하여 수강생의 이해를 돕고자 노력하고 있다. 다만 배포되었던 강의자료는 거의가 문

---

5) 국립김해박물관,『제1회 박물관문화강좌』, 1998 ; 국립김해박물관,『제2회 박물관문화강좌』, 1999 ; 국립김해박물관,『제3회 박물관성인문화강좌』, 2000 ; 국립김해박물관,『제4회 박물관성인문화강좌』, 2001.

장중심이고, 결코 쉽지 않은 내용도 다수 포함되어 있다. 물론 실제의 강의에서는 슬라이드의 사용이나 현장답사 등을 통한 전달노력도 있지만, 일반인의 이해를 돕는 내용의 구성과 전달방법 등이 고려되어야 할 것으로 생각된다. 초빙된 강사의 대부분이 전문연구자이기 때문에 어쩔 수 없는 면도 있겠으나, 전문적 내용을 쉽게 풀어 전달하려는 의지와 방법의 개발 등이 필요할 것으로 생각된다. 성인 대상의 강좌라 하더라도 마찬가지고, 어린이를 대상으로 하는 경우에는 더욱 그러할 것이다.

② 어린이여름박물관교실

1999년부터 초등학교 4·5·6학년을 대상으로 5~6일 동안 박물관의 소개와 가야사 등에 대한 강의, 탁본·토기제작·민요·탈춤·택견·사물놀이 등의 실습, 문화유적의 답사 등의 강의와 실습지도 그리고 답사안내는 박물관의 학예원과 외부의 전문가로 진행되고 있으며, 교육내용 모두를 가야사와 가야유적에 국한시키고 있지는 않다.6)

수강생의 흥미유지를 위해서는 어려운 면도 있겠으나, 중앙박물관의

<표 4> 국립김해박물관 어린이여름박물관교실

실시연도 실시기간	교육 내용				가야사 비중
	강의제목	강 사	실 습	답 사	
1회 1999년 8. 9~13	박물관이야기 우리지방의 문화재	함순섭 김도헌	토기제작, 탁본, 사물놀이, 택견, 글짓기	반구대 통도사	○
2회 2000년 8. 7~12	선사인의 생활 가야이야기 문화재조사방법	윤태영 백승옥 함순섭	토기제작, 민요, 탈춤, 탁본, 글짓기	창녕 우포늪	○
3회 2001년 7. 30~ 8. 4	가야이야기 가야의 유적 가야의 유물	백승옥 이상길 이주헌	토기제작, 민요, 탈춤, 탁본, 글짓기	경주	◎

---

6) 국립김해박물관, 『제1회 어린이여름박물관교실』, 1999 ; 국립김해박물관, 『제2회 어린이여름박물관교실』, 2000 ; 국립김해박물관, 『제3회 어린이여름박물관교실』, 2001.

프로그램과 많이 다르지 않으며, 지역적 특성을 강조하는 부분이 적은 관계로 가야사와 가야문화에 대한 집중도는 별로 의식하지 않았던 듯 하다.

■부산광역시립박물관

박물관강좌는 부산의 중학생을 대상으로 부산의 역사, 부산지역의 고분 등을 주제로 1985년부터 시작되었고, 이후 성인박물관강좌·청소년박물관강좌·어린이박물관강좌·토요문화학교 등의 연속강좌와 연4회의 특별초청강연회와 관광종사자교육 등을 실시하고 있다.[7]

① 성인박물관강좌

성인 160명 정도를 대상으로 5일 동안의 강의와 유적답사로 진행되는데, 강의 8회, 유적답사 1회의 비율로 구성되고 있다.

<표 5> 부산광역시립박물관 성인박물관강좌

실시연도 실시기간	교 육 내 용			가야사 비 중
	강 의 제 목	강 사	현장학습	
1986년 7. 30~8. 6	부산의 역사 부산지역의 고분 한국의 회화 우리나라의 문화재 우리나라의 도자기	*중학생 대상	문화재 기록영화	2/5

---

7) 다음에 제시하는 자료는 부산시립박물관연보, 안내자료, 수강자료에 의거하였다. 부산직할시립박물관, 『年報』9, 1986 ; 부산직할시립박물관, 『年報』13, 1990 ; 부산직할시립박물관, 『年報』 14, 1991 ; 부산직할시립박물관, 『年報』 15, 1992 ; 부산직할시립박물관, 『年報』 16, 1993 ; 부산직할시립박물관, 『年報』 18, 1995 ; 부산직할시립박물관, 『年報』 19, 1996 ; 부산직할시립박물관, 『年報』 20, 1997 ; 부산직할시립박물관, 『年報』 21, 1998 ; 부산직할시립박물관,『年報』22, 1999 ; 부산직할시립박물관, 『年報』23, 2000 ; 부산직할시립박물관, 「'98년 사회교육 강좌안내」, 1998 ; 부산직할시립박물관, 『토요문화학교』, 1996 ; 부산직할시립박물관, 『박물관대학Ⅱ』, 2001.

1990년 7. 23~7. 27	한국문화의 기원 가야의 고분문화 한국의 도자기변천 동서양의 세계관 안압지와 출토유물 한국의 불상조각 한국의 불교미술 16C사림의 학문도학	임효택 송계현 정양모 강대기 고경희 정태욱 정영호 이원균	경주지역	2/8
1991년 7. 31~8. 2	윤회사상과 불교도의 화장 한국문화의 특색 우리고장의 민속놀이 채색화의 이해 현대인의 커뮤니케이션 김해대성동고분군발굴성과 일본에 심어진 한국문화 한국청동기문화의 이해	정길자 김성구 천재동 이화자 안정헌 신경철 정영호 심봉근	경주지역	3/8
1992년 8. 3~8. 7	신라의 소리 고대의 철문화 조선시대무기류 여성복식의 변화 옥전고분군발굴성과 고구려의 유적과 유물 불탑 사리용기 원효의 삶과 사상	김원주 송계현 장학근 홍나영 조영제 최광식 정길자 김정각	창녕지역	2/8
1993년 8. 2~8. 6	한국의 구석기문화 부산의 역사와 문화 부산의 문화재 삼국유사의 여성상 목조건축의 구조 청동기시대 주거지 중국실크로드의 문화유적 고고학에서 본 한일관계	정영화 도동열 정징원 황양미 옥선호 안재호 박경원 신경철	밀양지역	4/8
1995년 7. 24~7.28	인류의 기원과 진화 혜명의 길 조선시대의 여성장신구 한국의 불교회화 부산지방의 항일운동 94~5년도 발굴성과 우리 전통건축에 대한 인식 한국의 종	권이구 고순호 배정용 박은경 강대민 신경철 장경호 이호관	고성· 충무지역	1/8

1996년 7. 29~8. 2	화석인류의 계보문제 부여능산리절터백제금동대향로 한국의 서원건축 부산경남 성터의 고고학적 특징 내몽골의 이모저모 가야사의 전개과정 경주 남산 한국의 고대문학	박영철 김정완 김봉렬 심봉근 이상길 김태식 박방용 정영자	함안지역	1/8
1997년 7. 28~8. 1	부산 조선시대교육 범어사의 역사 부산지역의 불교미술 부산 선사시대의 문화와 생활 복천동고분군과삼국시대대외교섭 고운 최치원의 생애와 해운대 부산의 조선시대 국방유적 근대개항과 부산	박유성 채상식 박은경 정징원 신경철 이원균 차용걸 강대민	부산지역	1/8
1998년 8. 3~8. 7	박물관과 지역사회 안압지출토 명문 고려청자의 변천 조선궁궐과 종묘사직 지역사와 가야 불탑 상륜부의 형식과 의미 고려귀족의 화장과 석관선각화 조선시대의 서원건축	박유성 고경희 김영원 김순일 임효택 윤창숙 정길자 옥선호	국립김해 박물관 금단곶산성	1/8
1999년 8. 2~8. 6 세계문화유산 우리문화유산	창덕궁 불국사 훈민정음 종묘 조선왕조실록 석굴암 고려대장경과 장경판고 정조와 수원화성	장순용 박방룡 김인택 한삼권 윤용출 김익수 채상식 강영환	불국사 석굴암	0/8
2000년 8. 7~8. 11 '99년 발굴성 과를 중심으로	구석기인의 살림 남강유역의 선사문화 나주의 고분문화 울주 하잠리 분청사기 가마터 신석기인의 생활문화 경주용강동연못유적 보령 성주사 서삼릉태실	이기길 심봉근 김낙중 박홍국 하인수 박승규 이강승 윤석인	성주사 국립경주 박물관	0/8

성인박물관강좌는 강의주제 및 답사지로 가야사에 관련되는 내용도 포함되고 있으나, 전체적으로는 한국사와 한국문화의 전반을 교육범위로 설정하고 있다.

<표 5>에 제시한 총85시간의 강의 중 가야사는 17시간이 할애되고 있으며, 총11회의 현장학습 중에는 가야문화권의 답사가 6회나 실시되었다. 박물관이 위치한 지리적 조건에 기인하는 것이겠지만, 가야문화권의 답사가 상당히 높은 비율로 진행되었다.

국립중앙박물관에 비해 강의주제나 유적답사에 가야사가 포함되는 비율은 높지만, 가야사와 가야문화를 대주제로 한 강좌는 개설된 바 없다. 앞으로 횟수를 거듭하면서 범위를 좁혀 갈 수도 있겠으나, 지역적 특성을 살릴 수 있는 기획으로 신라나 가야의 역사와 문화만을 다루는 기획이 실시되어도 좋을 것 같다.

② 지역문화학교

1993년부터 부산시내의 중고등학교를 돌며 부산의 문화, 부산의 고대무덤, 부산의 문화재 등의 주제를 강의하였다. 1993년도에 총19회, 수강인원 약 13,400명을 기록하였다. 이 기획은 이후 아래에 소개하는 성인을 대상으로 하는 토요문화학교로 변경되었다.

③ 토요문화학교

중고등학생을 대상으로 하던 지역문화학교를 1996년부터 일반시민을 대상으로 하는 토요문화학교로 바꾸어 12~24개의 연속강좌로 구성 실시하고 있다.

한 회의 연속강좌에는 대개 160~250명이 수강하였고, 총70회의 강의 중에 가야사를 주제로 한 7회의 강의가 실시되었다. 비록 10%에 불과하다고 하더라도, 가야사가 한국사에서 차지하는 비중으로 볼 때, 결코 적은 분량이라 할 수 없으며, 가야사의 사회교육이 지역적 특성으로 반영되고 있음을 알 수 있다. 성인박물관강좌에 비해서는 약간 적

<표 6> 부산광역시립박물관 토요문화학교

실시연도	강 의 제 목	강 사	가야사비중
1996년 6. 8~11. 30	문화재의 보존과 개발 발굴에서 전시까지 부산의 지사와 경관 가야의 고분문화 임나일본부설의 전말 우리나라 사원과 가람배치 고대인의 문자생활 고대인의 기마풍습 고려왕실의 족내혼과 정치제도 고려청자의 세계 문화재와 보존과학 부산의 민속놀이와 시민의식	정징원 손명조 윤 선 임효택 이영식 김성구 김창호 김두철 정용숙 윤용이 정광용 정상박	2/12
1997년 4. 12~6. 28	한국의 전통문화의식 실크로드 미술문화 석굴암의 건축과 조각 인도 아잔타석굴 무녕왕릉과 백제문화 삼국시대 토우 조선시대 한일간 회화교섭 고려시대의 사찰건축 한국의 도자기-청화백자 문화재 다루기-자기와 서화	민병욱 장길환 장충식 전봉진 서오선 안춘배 김정교 김순일 김영원 이내옥	0/10
1999년 4. 10~7. 3 13 : 30~17 : 30	영산강유역의 선사문화 정지산의 비밀 김수로왕과 허왕후 가야사의 이해 삼국시대 한일관계 일본에 간 통신사 신석기시대 질그릇 만들기 조선시대의 옹기 겸재정선의 회화 단원 김홍도의 생애와 예술 고조선연구의 제문제 발해의 역사 고대의 공예기술 사리장엄구 해외소장 한국의 불교회화 범어사	조현종 서오선 이수훈 송계현 이근우 김동철 이기길 이명자 이삼철 진준현 송호정 송기호 김연수 강우방 박은경 조원영	3/24

	한복의 사적 고찰	문광희	
	전통염색법	김지희	
	혼상제례의 의미	정경주	
	퇴계―성학십도	정해왕	3/24
	조선시대의 고문서	운상기	
	우리나라의 화폐	원유한	
	한국의 정자문화	김열규	
	한국의 정원―소쇄원	김봉렬	
2000년 9. 9~11. 25 13 : 30~17 : 30	신석기시대 식생활	하인수	
	삼한사회의 생활상	이건무	
	가야문화	백승충	
	가야의 마구	김두철	
	백제사	정효운	
	백제 풍납토성	권오영	
	고구려고분벽화	이송란	
	신라 황룡사	신창수	
	고대한국의 복식	권영숙	
	한·중문관흉배 양식비고	배정룡	
	향악의 형성과 발전	김열규	
	삼국시대 음악문화	송해진	2/24
	통일신라 불교조각의 국제적 요소	김리나	
	한국의 범종	최응천	
	고려청자	최 건	
	도자재료	권상인	
	소치 허유의 서화	도미자	
	오원 장승업의 회화	진준현	
	한국의 읍성	심정보	
	한국인의 얼굴	조용진	
	고려시대 활자인쇄	황정하	
	조선시대 고문서	정경주	
	우리나라의 장릉	김삼대자	
	한국의 전통문양	임영주	

은 비중으로 구성되었다.

　그러나 동일한 가야사와 가야문화를 주제로 설정한 강의라 하더라
도 실시연도별로 다른 강사를 초빙함으로써, 다양한 강의내용의 구성
을 꾀함으로써, 수강생이 가야사에 관한 여러 가지 견해에 접할 수 있
게 한 노력이 돋보이고 있다. 가야사만의 사정은 아니지만, 연표나 왕

대기와 같은 공통분모가 비교적 적고, 여러 갈래의 시각과 학설이 난무하고 있는 가야사의 사회교육은 오히려 처음부터 다양한 내용의 전파를 전제로 하는 방식으로 구성되어도 좋을 것 같다. 시험이나 평가를 목적으로 하는 것이 아닌 이상, 처음부터 하나의 정답을 제공하려는 것이 아니라는 점을 주지시키면서, 가야사를 보는 여러 가지 견해가 있음을 전파하는 것이 바람직할 것으로 생각한다.

■대학

대학의 사회교육에 대한 관심은 근년에 들어 급격한 증가추세에 있다. 국민의 고령화시대, 지역사회의 기여, 대학경영의 자구책 등과 연동되어, 평생교육원이나 사회교육원을 운영하고 있거나, 새로 개설하는 대학이 거의 대부분이다. 아울러 대학에서는 일반시민을 대상으로 하는 박물관강좌라든지 지방자치단체의 위탁교육 등도 실시하고 있다.

가야사에 대한 강의도 이러한 강좌의 일부로서 구성되고 있다. 다만, 영남 이외의 지역에서 가야사가 강의주제로 선정되는 경우가 거의 없는 반면에, 부산·경남지역의 대학에서는 그 빈도가 상대적으로 높게 나타나고 있다. 아래에 소개하는 창원대학교 박물관의 사회교육프로그램과 다음 절에 제시하는 필자의 강연사례(<표 10>)가 참고가 될 것으로 생각한다.

창원대학교박물관에서 1999년부터 1년에 2회, 15주 동안 각 3시간씩 총 45시간의 의욕적인 프로그램을 구성하여, 일반시민을 대상으로 가야의 역사와 문화를 강의중심으로 설정한 고고역사교실을 실시하고 있다.[8]

가야문화권의 하나라는 창원시의 지역적 특징을 살려 거의 모든 강좌가 가야사에 직접 또는 간접적으로 연결되어 있어, 강좌를 통해 가야사를 일반시민에게 소개하고 전달하기에 충분한 시간이 편성되었다고 보여진다. 창원대학교 사학과의 교수와 강사, 박물관의 학예원, 창

---

8) 창원대학교박물관, 『年報』 1, 1999.

<표 7> 1999년 창원대학교박물관 고고역사교실

회 수	일 시	강 의 제 목	강 사	현 장 학 습
제1회	3. 31	지방사 어떻게 할 것인가	남 재 우	4. 28 진주함안지역 동행강사 김형곤 7. 7 남강유적발굴현장 동행강사 김형곤 남재우
	4. 7	가야의 형성과 발전	남 재 우	
	4. 14	고고학 일반론	이 성 주	
	4. 21	지방사료강독 I	전 형 권	
	5. 12	탁본의 이론과 실기	김 형 곤	
	5. 19	특강, 한반도의 최근정세	도 진 순	
	5. 26	지방사료강독 II	전 형 권	
	6. 2	한국선사 고대 토기의 이해	이 성 주	
	6. 9	고고학상으로 본 창원의 선사문화	김 형 곤	
	6. 16	취락을 통해 사회를 본다	이 성 주	
	6. 23	1~3세기 창원·마산 정치체의 형성	남 재 우	
	6. 30	창원의 고분문화	김 형 곤	
	7. 14	탁순국의 지명비정과 정치적 발전	전 형 권	
제2회	9. 8	포상팔국기사로 본 가야사회의 변동	남 재 우	10. 13 창원지역 동행강사 김형곤 12. 11~15 중국 상해일원 동행강사 전형권
	9. 15	묘제로 본 가야사회 I	김 형 곤	
		임나일본부의 의미	남 재 우	
	9. 29	가야사에서의 안라국	남 재 우	
	10. 6	가야의 철기문화	김 형 곤	
	10. 20	가야의 장신구	이 성 주	
	10. 27	경남의 불교문화 I	조 원 영	
	11. 3	기와	신 창 수	
	11. 10	유림의 독립운동사	남 부 희	
		묘제로 본 가야사회 II	김 형 곤	
	11. 17	삼국시대의 성곽	박 종 익	
	11. 24	역사한문강독 II	전 형 권	
		발굴유물 수습 정리 분류법	김 형 곤	
	12. 1	역사한문강독 III	전 형 권	
		함안지역의 고분문화	김 형 곤	
	12. 8	향토의 불교문화	조 원 영	
	12. 22	역사한문강독 IV	전 형 권	
		최근 창원지역 발굴조사 성과 소개	김 형 곤	

원문화재연구소의 소장과 학예원으로 구성된 강사진 역시 균형 있는 가야사의 전달에 아무런 문제가 없다. 가야문화권의 타 시·군과 시민의 문화욕구가 다른 창원시이고, 수강생의 중심이 오래 전부터 '창원향토사연구회'로 활동해 오던 멤버가 다수이기 때문에 가능한 프로그램

이겠지만, 가야사의 사회교육의 형태로서는 아주 바람직한 강좌라고 생각된다.

다만 다른 기관의 연속강좌에 비해 한 강사가 너무 많은 시간을 담당하고 있는 것은 문제가 있다. 학생이 아닌 일반인으로서 지루할 수 있을 뿐 아니라, 가야사의 다양한 내용이나 해석이 전달되기 어려울 수도 있기 때문이다. 아울러 강의의 내용이 창원·마산·함안에 편중되는 것도 문제이다. 부분적으로는 다루어지겠지만, 가야사와 가야문화의 중심이었던 김해나 고령 등에 관련된 주제가 없고, 더구나 후기가야에 관련된 강의의 제목이나 내용은 전혀 보이지 않는다.

이외에 대학의 사회교육에서 가야사가 다루어지는 전체적 통계를 제시할 준비는 되어 있지 않지만, 가야문화권의 부산·경남지역이라도 가야사가 전체 강좌의 주제로 설정되었던 경우는 별로 없으며, 국립박물관이나 부산시립박물관과 같이 한두 시간 정도의 가야사강의나 가야문화권의 1일답사 정도가 편성되고 있는 정도에 불과한 것으로 보인다.

■독립연구기관

국립박물관이나 대학과는 기획·편성·운영 등이 비교적 자유로운 독립연구기관에서는 부산 경남지역을 중심으로 가야사와 가야문화를 대주제로 설정한 연속강좌가 진행된 바 있다.

◉ 부산·경남역사연구소

역사연구와 대중교육을 2대 목적으로 하는 부산·경남역사연구소에서는 연1회 정도의 연속강좌 '시민과 함께 하는 역사교실'을 개최 운영하고 있다. 1995년에 실시되었던 가야사를 주제로 한 사회교육은 다음 표와 같다.

대주제로 가야사가 선택되고, 가야문화권의 유적답사가 진행되었던 아주 드문 예이다. 각각의 강의는 주간과 야간의 2회로 진행되었는데,

<표 8> 부산·경남역사연구소 제2회 시민과 함께 하는 역사교실

실시일시	대 주 제	강 의 제 목	강 사	현장학습	강의 방법
1995년 2. 8~2. 25 매주 수·금 주간14~16시 야간19:30~ 21:30분	잃어버린 우리 역사 가야를 찾아서	가야사의 어제와 오늘 가야사를 어떻게 볼 것인가 수로왕과 허왕후 철, 가야발전의 원동력 일본에서 찾은 가야의 발자취 우륵과 가야금	이영식 백승충 이수훈 권오영 정효운 선석열	2. 26 김해 고령지역 유적답사	강의 강의 강의 강의+슬 라이드 강의 강의

주간 150여 명, 야간 100여 명이 적지 않은 수강료를 내고 참가하였으며, 수강에도 아주 특별한 열의를 보였다. 동 연구소에서 실시한 다른 주제의 역사교실에 비해 높은 호응도를 보였다고 하는데, 가야사가 지역적 특성과 직결되었던 점이 중요하게 작용하였던 듯하다.

다만 강의의 진행에서 슬라이드와 같은 시청각자료의 구사는 아주 드물었고, 수강생의 대부분이 이미 가야문화에 특별한 관심을 가지고 있거나, 중등학교 교원이었음에도 불구하고, 전체적으로 쉽지 않다는 불만도 있었다. 앞으로의 기획에 반영되어야 할 사항으로 생각된다.

● 창원 경남정보사회연구소 · 창원향토사연구회

경남·창원 지역주민들의 요구로 계획되고 실시되었던 이 강좌는 8회의 강의와 2회의 가야문화권 답사로 진행되었다. 답사비 별도에 5만원이란 비싼 수강료였고, 늦은 시간임에도 불구하고, 신청자는 원래 계획했던 60명을 넘었다. 강의는 창원시 용지동 동민의 집에서 진행되었다. 이 강의 역시 쉽지는 않았으나, 한 강의에 할애된 시간이 다른 강좌보다 많았고, 2차례의 답사에 강의를 담당했던 강사가 동행 안내하는 과정에서 많은 질의응답의 시간을 가질 수 있었던 점에서 수강생들의 호평을 얻었다.

이러한 예에서 본다면 우선은 수강생과 질의응답의 시간을 가질 수 있는 시간의 안배가 필요하다. 강의와 강사의 숫자나 하나의 강의에

<표 9> 1997년 경남정보사회연구소 시민아카데미 역사강좌

실시 일시	대주제	강의제목	강 사	현장학습
10. 29	가야사 어떻게 볼 것인가 매주 수요일 18:30~20:30	가야사의 시간과 공간	백승충	11월 23일 동행강사 이영식 동래·김해지역
11. 5		구지가와 가락국의 성립	이영식	
11. 12		철의왕국 가야	권오영	
11. 19		허왕옥과 불교전래 시비	백승옥	
11. 26		일본열도에 진출한 가야인	이영식	12월 14일 동행강사 백승옥 고령·창녕·진주·함 안지역
12. 3		광개토왕 남정과 가야사	남재우	
12. 10		임나일본부란 무엇인가	이영식	
12. 17		가야금과 우륵, 후기가야	선석열	

배정된 시간 중에서 어느 쪽을 택해야 한다면, 여러 강사와 강의보다는 하나의 강의에 보다 많은 시간을 할애하는 것이 효과적이겠다고 생각한다. 진행된 강의나 배출한 수강생의 수효가 중요한 것이 아니라, 적은 수의 강의라도 얼마나 전달되었는가를 사회교육의 기준으로 삼을 필요가 있다.

가야문화권 이외의 지역에서 이와 같은 프로그램의 사회교육이 이루어지긴 어렵겠으나, 부산·경남지역의 각 시·군에서는 각 국의 역사로 전개되었던 가야사의 특징을 살려 이와 같은 계획이 얼마든지 성공리에 진행될 수 있을 것으로 생각한다.

2) 특별강연

가야사를 주제로 하는 강연이 일시적이고 산발적이긴 하지만, 그렇다고 해서 사회교육으로서의 기회가 연속강좌에 비해 결코 적은 것 같지는 않다. 국립박물관이나 부산시립박물관의 경우, 연4회 정도의 특별강연에서 가야사가 다루어지는 경우는 거의 없었던 데 반해, 부산·경남지역의 지방자치단체나 시민단체 등의 주관으로 가야사의 특별강연이 진행되는 경우는 많았다.

김해시를 비롯한 부산·경남지역에서는 시·군 단위로 가야사의 강연이 진행되고 있다. 김해시는 민방위훈련에까지 가야사강의를 편성한 적도 있고,9) 경상남도의 경우, 시·군에 따라서는 문화원에서 가야사의 연속강좌가 개설되었던 적도 있으며, 지역문화제와 같은 시기에 가야사의 특별강연이 이루어진 적도 있다.

다만 이러한 강좌나 강연은 아주 임의적으로 계획되고 진행되는 경우가 대부분이라, 통계를 산출할 자료도 별로 없고, 더구나 그 내용이나 효과를 알기는 매우 어렵다. 몇몇 가야사전문가의 강연실적을 집계해 보는 것으로 그 현황을 제시해 볼 수도 있겠으나, 여기에서는 과거 몇 년 동안에 필자가 담당했던 강연을 예로, 그 횟수와 내용을 짐작해 보기로 한다.

연구자에 따라 차이도 있겠으나, 필자와 같은 가야사연구자 1인이 5년 동안 총78시간 4,920명 정도에 대한 특별강연을 실시한 것으로 집계되었다. 여기에 가야사 전문연구자의 수효를 곱하고, 거기에 경상남

<표 10> 필자의 가야사 특별강연

연도	월일	주관	장소	강의제목	수강인원
1996	3. 27	양산노동자상담소	양산성당	가야사 어떻게 볼 것인가	양산지역노동자 60명
	5. 3	가야문화연구회	김해생명의전화	구간사회와 가락국의 성립	김해경남시민 90명
1997	3~11월 25시간	김해시	김해시청 읍 면	가야사와 문화유산의 해	민방위대원 각 150명 총 3750명
	12. 9	창원대학교	함안상공회의소	안라국사의 이해	최고경영자과정 50명
1998	1. 21	대구 예술마당 솔	예술마당 솔 강당	구지가와 가락국의 성립	대구시민 60명
	2. 4			임나일본부란 무엇인가	대구시민 80명
	6. 2	인제대학교	인제대학교 본관	구지가는 각색되었다	최고경영자과정 70명
	11. 6	경상남도	인제대학교 본관	가야사 어떻게 볼 것인가	경남여성지도자 60명

---

9) 김해시, 『민방위교육교재』, 1997.

1999	1. 8	전국역사교 사모임	산청지리산 연수원	가야사 어떻게 볼 것인가	전국역사교사 100명
	5. 21	인제대사회 교육원	인제대학교 본관	가야사의 의미 전개 – 전기	사회교육원생 40명
	5. 28			가야사의 의미 전개 – 후기	
	7.26~28 12시간	경상남도	인제대학교 본관	가야사 어떻게 볼 것인가 – 전기, 가야유적답사 – 후기	경남중등교사 40명
	12. 12	부산영락교 회	부산영락교 회	구지가는 각색되었다	고등부학생 100명
2000	5. 6	경상남도	경남도청	가야사와 문화환경정비	도지사 공무 원 80명
	5.4~6.1 12시간	경상남도	인제대학교 본관	가야사 어떻게 볼 것인가 – 전기, 가야유적답사 – 후기	경남여성지도 자 40명
	7. 31	부산시	부산중등교 원연수원	가야사 어떻게 볼 것인가	부산중등교사 60명
	8. 7 6시간	한일학생포 럼	김해한국통 신연수원	가야와 왜의 교류사	한일대학생 80명
	11. 6 2시간	부산차인연 합회	부산송정프 라자호텔	가야사 어떻게 볼 것인가	부산경남시민 60명
합계	78시간				4,920 명

도 각 시·군에서 주로 문화원장에 의해 실시되고 있는 수효를 더한다
면 결코 적은 숫자는 아닐 것으로 생각된다.

수강대상의 대부분이 성인 남녀에 한정되고 있음은 문제로 지적될
수 있겠으나, 설화나 부족의 역사 정도로 생각해 오던 가야사에 대한
일반인들의 선입관을 수정하는 데에는 나름대로 기여했을 것으로 생
각한다.

이상과 같이 강좌에서의 가야사를 계획강좌와 특별강연으로 나누어
살펴보았다. 과거 수년간의 통계를 늘어놓고 보니, 결코 적은 시간은
아닌 듯하지만, 다른 시대나 주제에 비해 압도적으로 기회가 적었음은
부정할 수 없다.

더구나 하나의 강의에 할애되었던 시간은 극히 제한되었고, 이로 말
미암아 올바른 가야사의 전달에 어려움도 많았던 것으로 여겨진다. 여
기에 수강자가 중복되었던 경우는 별로 없었겠으나, 일부에 국한된 강

사충이라든지, 강의 일변도의 구태의연한 전달방법 등에 문제가 있는 것으로 나타나고 있다. 수강생의 이해를 돕고 흥미를 유도할 수 있는 강의방법과 자료의 개발이 이루어져야 할 것이며, 수강 연령층의 안배와 연령층에 따른 차별성 있는 계획도 필요할 것으로 생각된다.

그러나 이러한 강좌나 강연에 초빙되고 있는 강사들의 대부분은 자신의 연구와 강의의 틈을 할애하여 사회교육에 참여하고 있는 형편이다. 이들에게 사회교육을 위한 특별한 자료의 준비라든지 강의방법의 개발이란 실제로 기대하기 어렵다. 박물관이나 지방자치단체에서 국민과 시민에 대한 사회교육의 일환으로 강좌의 진행을 뒷받침할 수 있는 인원이 필요하며, 그들에 의한 자료의 준비나 강의환경의 개선이 필요할 것으로 생각된다.

4. 유적답사에서의 가야사

국민의 여행스타일이 먹고 노는 것에서, 보고 알려는 것으로 바뀌어 가면서, 문화유적에 대한 답사가 급격히 증가하고 있다. 국립박물관 등의 여러 기관에서 모집하고 실시하고 있는 유적답사에 정원을 넘는 신청자가 쇄도하기도 하고, 유적답사를 전문으로 하는 시민단체나 모임이 활성화되고 새로 생겨나기도 하였다. 물론 이러한 기관과 단체의 답사는 전국의 유적을 대상으로 실시되는 것이지만, 이러한 기획 속에서 가야문화권의 답사가 예전에 비해 많이 늘은 것도 사실이다.

그러나 증가하고 있는 문화유적의 답사가 만족할 만한 사회교육의 기회로서 기능하고 있는지에 대해서는 의문도 적지 않다. 답사진행의 주체와 기획의도에 단순한 이윤추구가 목적이 되는 경우도 적지 않고, 가야문화권 유적정비의 정체는 답사자를 식상케 하기도 하고, 천차만별한 안내의 수준과 내용은 그릇된 역사상을 심어주는 경우까지 있다.

유적답사의 핵심은 무엇을 어떻게 보여줄 것인가에 달려있을 것이다. 무엇을 보여줄 것인가의 문제는 교육과 관광의 공간으로서, 각각의

유적이 얼마나 잘 정비되어 있는가와 직결되고, 어떻게 보여줄 것인가
는 어떤 보충자료를 가지고 누가 안내하는가와 직결되는 문제이다. 유
적답사는 일반 대중이 가장 원하는 가야사 사회교육의 장이 될 수 있
지만, 신라나 백제문화권에 비해 진척되지 못한 가야문화유적의 정비
라든지, 검증되지 않은 안내자의 문제 등은 오히려 잘못된 사회교육의
장으로 작용할 수도 있다.

① 시민 대상의 가야문화권 답사

<표 11> 시민 대상의 가야문화권 답사

주 관	명 칭	실 시 일 정	참가인원	동행안내
국립김해박물관	박물관성인문화강좌 어린이박물관여름학교 우리문화사랑답사반	연1회 1일답사 연1회 1일답사 연4회 1일답사	200명 150명 20여명	학예연구사
부산시립박물관	성인박물관강좌	연1회 1일답사	160명	학예연구사
김해시	가야유적답사	연10여회 1/2일답사	80~200명	김해문화원장
인제대가야문화연구소	가야를 찾아서	연2회 1일답사	80명	소장
창원대박물관대학	유적답사	연2회 1일답사	40명	전문가
부산·경남역사연구소	역사교실·역사기행	연4회 1일답사	40~120명	연구원
대구예술마당 솔	뗀석기반	연1회 1일답사	80명	전문가
대구문화시간	신비의 왕국, 가야	부정기 1일답사		전문가
전주문화저널	수시작명	총78회 5회1일답사	50명	전문가

<표 11>은 현재 시민 대상의 가야유적답사 중에서 발표자가 파악
하고 있는 예를 제시해 본 것이다. 대학 관련학과 학생들의 유적답사
와는 달리, 현재 진행되고 있는 가야문화권에 대한 시민답사의 대부분
은 1일답사에 국한되고 있으며, 심지어는 김해시의 경우와 같이 반나
절에도 미치지 못하는 일정도 있다. 이러한 짧은 일정 때문에 가야문
화권 전체를 소화하기는 어렵고, 대개 김해와 고령지역에 편중되고 있
는 양상을 보이고 있다. 물론 이러한 지역들이 가야사의 전개에서 중

요한 지역이긴 하지만, 영남의 십여 개 이상의 지역에서 다양하게 전
개되었던 가야사의 특성에 맞는 다양한 지역의 답사가 진행되면 좋을
것이다.

그렇다고 해도 정말로 1일답사 이상의 일정으로 현재의 가야문화권
유적에서 보여줄 것이 있는가 하는 의문도 큰 문제이다. 기존의 발굴
성과가 그렇듯이, 가야문화권의 유적이란 고분이 대부분이기 때문에
어디를 가도 실상 답사자의 눈에 들어오는 것은 모두 비슷한 둥근 봉
분에 그치는 경우가 대부분이다. 이와 같은 유적정비의 현실에서 가야
문화권에서 더 이상의 일정을 잡으라는 것은 무리이다. 가야문화유적
의 정비를 통한 다양한 볼거리의 제공을 통해 가야사의 이해를 촉진하
는 것이 필요할 것으로 생각된다.[10]

아울러 위에 제시한 대부분의 답사는 가야사의 전문가나 박물관 학
예원들이 동행강사를 맡고 있지만, 일반 관광수준의 가야문화권의 답
사에서는 일반적인 관광가이드에 의존하는 것이 대부분이다. 뒤에 소
개하는 대로 이러한 관광종사자들에 대한 교육도 국립박물관이나 지
역의 박물관에서 실시되고 있지만, 그 시간과 대상은 질적으로나 양적
으로 아주 부족하다고 보여진다. 이러한 안내자에게 올바른 가야사의
전달을 주문할 수는 없을 것이다.

가야문화권의 답사를 실시한 적이 없어 위의 표에 포함시키지는 않
았지만, 역사탐방연구회와 같이 주로 초·중등학생들의 수학여행을 기
획하고 실행하는 단체도 있다. 1994년 2월부터 문화관광부의 지원으로
문화유적전문강사양성과정과 관광종사자교육까지 실시하고 있으며,
2000년에만 수학여행과 지방자치단체의 역사기행 등 무려 50회 이상
의 행사를 주관 또는 실시했다고 한다.[11] 이러한 유적기행에 동행하는

---

10) 유적의 보호와 정비가 반드시 모순관계에만 있는 것은 아니며, 유적정비의
    필요성과 방법에 대한 필자의 생각은 다음의 책자와 홈페이지에 소개하였다.
    李永植, 『봉황대 유적과 대성동고분군 복원 및 정비방안 연구』, 김해시·인
    제대학교김해발전연구원, 2000.2 ; 이영식, 「유적의 보존과 정비」, 『가야역사
    문화』, 김해시, http://www.gayasa.net/gaya/net/toron/tonet.html.
11) 역사탐방연구회, www.hiskorea.org에 따르면 문화탐방전문가라는 이색적 명

전문강사의 양성도 필요하겠지만, 양성과정에 관한 검토나 이수생의 수준을 판별하는 장치도 필요할 것으로 생각된다.

한편 앞에서 지적한 대로 무엇을 보여줄 것인가의 문제는 가야유적의 정비사업과 직결되어 있기 때문에 오늘 내일에 개선될 수 있는 문제는 아니다. 경상남도의 몇몇 시·군에서는 일본의 요시노가리유적(吉野ヵ里遺跡)과 같이 발굴현장 자체를 일반에게 교육과 관광의 자료로 공개하는 것을 검토하고 있다. 일년 중 발굴조사를 진행하면서, 유적을 정비해 가는 과정을 일반에게 공개하려는 것이다. 발굴조사의 진척과 사회교육, 그리고 새로운 관광자원의 개발이라는 점에서 바람직할 것으로 생각한다.

② 답사안내자 교육

● 국립박물관에서는 3일간 100명 전후의 통역안내원과 관광종사자에 대한 강의와 답사로 구성된 교육을 실시하고 있다. 가야사는 전시실학습에서 간단하게 다루어지고 있다.[12]

● 부산시립박물관에서는 4일간 140~200명의 관광과 및 관련학과의 대학생을 대상으로 강의와 전시실학습을 실시하고 있다.[13]

국립박물관과는 달리 주된 안내지역이 가야문화권임을 고려하여 가야의 역사와 문화에 관련되는 강의가 다수 편성되고 있다. 1999년에 성인박물관강좌 수료자의 경우에는 그렇지도 않지만, 관련학과 대학생을 대상으로 한 강의시간은 안내를 위한 학습으로는 매우 짧았던 것으로 보여지며, 현장학습의 기회도 편성되지 않고 있다. 각각의 강의는 박물관의 인원으로 충당되었는데, 가야문화에 대한 풍부하고 다양한 내용이 전달될 수 있었을 것으로 생각된다.

함을 가진 이세용 씨가 대표로 되어 있고, 이와 같은 행사를 주관해오고 있는 것으로 소개되어 있다.

12) 國立中央博物館, 『國立博物館年報』, 1999.
13) 앞의 주 7) 참조.

<표 12> 부산시립박물관 관광안내자 교육프로그램

실시연도	일 시	시 간	강 의 제 목	강 사
1999년 * 성인박물관 강좌 수료자	8. 7	각 3시간	부산시립박물관전시유물설명 복천분관전시유물설명	나동욱 하인수
1999년 * 관련학과 대학생	11. 6 11. 13 11. 20 11. 27	각 3시간	전시실설명 가야의 문화 부산의 불교문화재 부산의 역사 ― 성곽 부산의 선사문화 고려청자 부산의 문화재 부산의 민속	안광선 송계현 최정혜 나동욱 하인수 성현주 이해련 박미운
2000년 * 관련학과 대학생	5. 6 5. 13 5. 20 5. 27	각 80분	전시실설명 부산의 역사와 문화재 가야문화 삼국시대고분 부산의 불교문화재 부산지역의 성곽 한국의 도자기 부산지방의 민속	안광선 이해련 송계현 홍보식 최정혜 나동욱 성현주 박미욱

◉ 김해문화원에서는 김해시에서 진행되고 있는 가야문화환경정비 사업의 일환으로, 김해를 찾게 될 내·외국인에게 가야의 역사와 문화를 소개하고 안내할 인원을 교육하였다. 영어·일어·중국어 안내의 관광안내반과 유적안내의 문화재가이드반으로 나누어, 2001년 4월 17일부터 9월 25일까지 6개월간의 교육을 진행하였고, 수료자 중 교육평가를 통해 일반안내 22명, 일본어 6명, 중국어 2명, 영어 4명을 배출하였다. 아래의 표에 보이는 바와 같이 가야문화권의 답사안내자 교육으로서는 최대의 규모였고, 현재 구성할 수 있는 최고의 강사진으로 구성되었으며, 많은 현장학습의 기회는 깊이 있고 실감나는 안내를 브장할 수 있을 것으로 생각된다.

<표 13> 2001년 김해문화원 답사안내자 교육

월	일(요일)	시 간		주 제	강 사
4월	17(화)	13:30~15:30	2	김해의 발전방향	송은복(김해시장)
	19(목)	13:30~15:30	2	오리엔테이션	이강식(김해문화원)
	24(화)	13:30~15:30	2	김해의 역사-역사시대	이병태(김해문화원)
	26(목)	13:30~15:30	2	가야연맹체의 실체	남재우(창원대학교)
5월	3(목)	10:00~16:00	6	문화유적답사-칠산, 활천, 장유, 주촌, 진례	이도재(향토사가)
	8(화)	13:30~15:30	2	구야국과 양동리고분군의 이해	임효택(동의대)
	10(목)	13:30~15:30	2	고고학으로 본 구야국	이재현(부산대)
	15(화)	13:30~15:30	2	김해의 민속	정상박(동아대)
	17(목)	13:30~15:30	2	수로왕탄강 신화	정상박(동아대)
	22(화)	13:30~15:30	2	고대인의 체질과 병리	김재현(동아대)
	24(목)	13:30~15:30	2	김해의 자연	오건환(부산대)
	29(화)	13:30~15:30	2	가야의 철	손명조(국립김해박물관)
	31(목)	13:30~15:30	2	김해의 패총	정징원(부산대)
6월	5(화)	13:30~15:30	2	가야의 묘제	박광춘(동아대)
	7(목)	13:30~15:30	2	김해의 선사 가야유적	임효택(동의대)
	12(화)	13:30~15:30	2	가락국의 왕묘군과 대성동고분군	신경철(부산대)
	14(목)	10:00~16:00	6	고분군답사	신경철(부산대)
	19(화)	13:30~15:30	2	문화와 관광-관광현황 정책	김한도(경남개발연구원)
	21(목)	13:30~15:30	2	가야의 토기	홍보식(부산시박)
	25(월)	13:30~15:30	2	가락국의 왕묘군과 대성동고분군	신경철(부산대)
	26(화)	13:30~15:30	2	일본에 진출한 가야인	조만재(한일문화교류협)
	28(목)	13:30~15:30	2	성곽과 봉수	심봉근(동아대)
7월	2(월)	09:00~16:00	7	문화유적답사-회현·동상·삼안	홍관표(김해문화원)
	3(화)	13:30~15:30	2	가야의 역사	백승충(부산대)
	5(목)	13:30~15:30	2	가야인의 생활상	함순섭(국립김해박물관)
	9(월)	09:00~16:00	7	문화유적답사-불암·대동·상동	이도재(향토사가)
	10(화)	13:30~15:30	2	광개토대제 남정 후의 김해	남재우(창원대)
	12(목)	13:30~15:30	2	김해의 지명변천사	이병태(김해문화원)
	19(목)	09:00~16:00	7	답사-김해의 불교문화재	홍관표(김해문화원)

월	날짜	시간		내용	강사
7월	24(화)	13:30~15:30	2	임나일본부설의 재조명	백승옥(부산대)
	26(목)	13:30~15:30	2	문화재 이해	성낙준(국립김해박물관)
	31(화)	09:00~16:00	7	문화유적답사-부산 강서구 녹산동	이도재(향토사가)
8월	2(목)	13:30~15:30	2	김해의 불교문화재	조원영(부산대)
	7(화)	13:30~15:30	2	관광안내와 문화해설기법	이우상(진주전문대)
	9(목)	09:00~16:00	7	답사-복천동고분군 및 박물관 견학	홍보식(부산시박)
	14(화)	10:00~11:00	1	승전선 제례	승전선 참봉
		11:10~12:10	1	김해의 축제	김좌길(가락문화제위)
		13:30~17:30	4	문화유적답사-삼랑진 부은암 등	이도재(향토사가)
	16(목)	10:00~11:00	1	김해의 명산품	농업기술센터
		11:10~12:10	1	김해의 차	장번(장군차 재배자)
		13:30~15:30	2	차 재배지 견학	
	21(화)	13:30~15:30	2	국악의 이해	김남순(부산대)
	23(목)	09:00~16:00	7	문화유적답사-생림면, 진영읍, 한림면	이도재(향토사가)
	28(화)	10:00~15:00	5	가야토기 및 분청사기제작실습	강효진(두산도예)
	30(목)	10:00~16:00	6	김해의 산업-산업체 견학	상공회의소
9월	4(화)	13:30~15:30	2	관광안내실무 관광안내자의 자세 역할	한학진(경남관광사업소)
	6(목)	13:30~16:30	3	수강생 현지실습 실습 1·2·3·4	홍관표(김해문화원) 칠산서부동외 3개면 진영읍 외 3개면 삼안동 외 3가동
	11(화)	13:30~16:30	3		
	13(목)	13:30~16:30	3		
	18(화)	13:30~16:30	3		
	20(목)	09:00~17:00	8	유적답사 구형왕릉, 칠불암, 쌍계사	홍관표(김해문화원)
	25(화)	13:30~16:30	3	종합평가, 자유토론	수료식

③ 답사안내자료

어떻게 보고, 어떻게 보여줄 것인가에 관한 또 하나의 문제는 답사 안내자료이다. 답사자료는 답사자가 사전정보로서 얻는 자료, 답사자가 작성하여 지참하는 자료, 현지에서 제공되는 자료의 세 가지로 나누어 볼 수 있다.

첫째, 사전정보로서 얻는 자료로는 가야사 관련서적, 여행안내서, 지방자치단체 관광홍보물, 인터넷 관련사이트 등이 있다. 근년에 관련학과의 대학생들이 답사자료집을 작성할 때, 인터넷에 많은 부분을 의지하는 것같이, 사전정보로는 인터넷의 관련사이트가 가장 많이 활용되고 있는 것으로 보인다. 그러나 후술하겠지만, 현재의 관련사이트는 가야의 유적이나 유물에 대한 설명은 딱딱하고 천편일률적인 반면에, 가야의 역사와 문화에 관한 내용은 특정의 연구나 학설로 일관되어 있는 경우가 대부분이다. 이는 각 사이트 간의 베끼기에서 비롯되었다고 보여지는데, 가야의 유적이나 유물의 설명은 문화재청이나 국립박물관의 내용을, 가야의 역사와 문화는 대학이나 전문가 사이트의 내용을 옮긴 정도에 불과하다. 이러한 사전정보의 원천은 답사를 떠나기도 전에 가야의 역사와 문화에 대한 특정의 선입관을 심어주게 되는 심각한 문제가 있다. 다양하면서도 균형 잡힌 내용의 사이트를 구축할 수 있는 방안과 체재가 필요하다. 최근에 김해시에서 오픈한 가야사홈페이지는 비교적 이러한 조건들을 만족시킬 만한 예로, 참고할 만하다고 생각된다.

둘째, 단체답사의 경우 대학이나 시민단체를 막론하고 답사자료를 작성해 지참하는 경우가 대부분이다. 신라나 백제문화권에 대한 답사자료는 서적으로 출간되어 있으나, 가야문화권에 관한 답사자료가 서적으로 출판된 적은 아직 없다. 개인적 답사자들도 쉽게 접할 수 있는 가야문화권에 한정된 답사자료가 서적으로 출판될 필요가 있다고 생각한다.

셋째, 현지에서 제공되는 자료로는 박물관도록, 전시실설명문, 음성가이드 등과 지방자치단체의 홍보물, 그리고 유적안내판 등이 있다. 홍보물에 대한 전문가의 감수도 필요하지만, 유적안내판의 개선은 더욱 시급하다. 어디가나 똑같이 생긴 봉분만 보이는 가야고분에서 가야의 역사와 문화를 이해하라는 것은 어불성설이다. 현행 안내판의 어려운 용어와 전달되기 어려운 문장도 문제지만, 유적의 평면도나 출토유물의 사진이 첨부되는 안내판을 통해 답사자의 이해를 돕는 노력이 절대 필요할 것으로 생각된다.[14]

이상과 같이 현재 진행되고 있는 가야문화권의 답사는 박물관이나 대학보다 지방자치단체나 시민단체가 대부분을 차지하는 데 비해, 안내자의 수준이나 답사자료 등과 같은 문제점도 적지 않다. 결국 문제점이 있는 답사가 사회교육의 보다 많은 부분을 차지하고 있는 형편이다. 가야문화유적의 정비와 유적안내판 등의 개선 등과 함께 안내자의 교육과 올바른 답사자료의 개발과 출판이 요구된다.

5. 유물전시에서의 가야사

가야인의 물질적 흔적을 직접 대할 수 있는 각종 박물관은 가야사 사회교육의 중요한 장이다. 국립박물관, 지방자치단체박물관, 대학박물관 등에서는 가야의 유물들이 상설전시되고 있으며, 가야문화를 주제로 하는 특별전을 개최하기도 한다. 이러한 박물관은 가야유물의 전시를 통해 가야의 역사와 문화를 소개하고 전파하는 중요한 사회교육의 공간이다.

그러나 가야의 유물을 전시하고 있는 모든 박물관에서 반드시 바람직한 가야사의 사회교육이 이루어지고 있다고 볼 수는 없다. 박물관의 경제적 여건을 비롯한 수많은 문제들이 가야문화의 올바른 소개와 바람직한 전달기능을 방해하는 요소로 작용하고 있는 것도 사실이다. 가야의 유물들이 전시되고 있는 박물관의 현황을 소개하고 관련된 몇

---

14) 유적지안내판의 문안수정작업이 문화재청의 주관으로 최근 몇 년간 각각의 지방자치단체에 의해 추진도고 있다. 전문용어의 남용 등으로 아주 어려운 현행의 문안을 중학교 2학년 수준이 이해할 수 있는 내용으로 고쳐가려는 지침을 가지고 진행되고는 있지만, 유적의 사진이나 평면도 등을 안내판에 추가하여 답사자의 이해를 도우려는 노력은 거의 확인되지 않고 있다.

가지 문제점들을 정리해 보고자 한다.

1) 전시내용

(1) 상설전시

<표 14> 가야유물 상설전시관

국립박물관	지방자치단체박물관	대학박물관
국립중앙박물관 국립김해박물관 국립대구박물관	부산광역시립박물관 복천분관 고령대가야왕릉전시관 창녕박물관 거창박물관	부산대 부경대 동아대 경성대 동의대 신라대 창원대 경남대 경상대 경북대 계명대 대구대 경산대

국립중앙박물관(2001년 현재)의 가야전시실은 고구려보다 넓고 백제와 비슷한 공간이 할애되었으며, 박물관전시도록에서도 가야는 백제의 10장과 비슷한 9장의 분량으로 소개되었다. 유물은 성격별로 전시되었고, 가야의 지역별 구분은 크게 의식되지 않았다.[15]

국립김해박물관은 가야사 전문의 박물관으로서 전체의 공간을 가야유물에 할애하였고, 시대순으로 전시를 구성하면서도 『삼국유사』의 6가야로 전시공간을 다시 나누고 있으며, 가야토기의 지역적 비교와 차이를 선명히 보여주는 전시를 채택하고 있다.

국립대구박물관은 고고실·미술실·민속실로 나눈 전시공간 중 고고실의 일부에 가야유물을 전시하고 있다. 대구권 역사의 전개와 변화에 따라 전시순서가 정해졌다.

지방자치단체박물관은 부산광역시립박물관 복천분관, 고령 대가야문화관, 창녕박물관과 같이 유적의 현장에 위치한 경우가 많고, 가야문화권의 다른 시·군에서 비슷한 성격의 박물관이 계획되고 있다. 그러나 국립박물관과 달리 모조품의 전시가 많은데도 불구하고, 전시형식은 그다지 다르지 않다. 복제품을 이용한 보다 자유로운 전시와 관람객이 체험할 수 있는 기획이 필요할 것으로 생각된다.

---

15) 국립중앙박물관, 『국립중앙박물관』, 1996.

대학박물관은 몇 개 대학을 제외하고 전시보다는 수장고의 역할만 하는 곳도 적지 않다. 각 대학의 형편상 전시환경이 갑자기 바뀔 수는 없겠지만, 조건이 갖추어진 곳도 일반인의 관람은 그다지 많지 않은 것 같다. 대학박물관은 일반이 들어 갈 수 없는 곳으로 알고 있는 사람들도 적지 않다. 사회교육프로그램을 운영하거나 지역사회에 대한 공개에 노력할 필요가 있다.

(2) 특별전시

<표 15> 가야문화 특별전

연도	명 칭	개 최 장 소
1991	神秘의 古代王國 伽耶特別展	국립중앙박물관 부산시립박물관
1992	よみがえる古代王國 伽耶文化展	일본 東京國立博物館 京都國立博物館 福岡縣美術館
1999	가야의 그릇받침	국립김해박물관
2000	고고학이 찾은 선사와 가야	국립김해박물관 부산시립박물관복천분관

연도	명 칭	개 최 장 소
1997	유물에 새겨진 고대문자	부산시립박물관복천분관
	삼국시대의 동물원	부산시립박물관복천분관
	한국고대의 토기	국립중앙박물관
1998	한국고대국가의 형성	국립중앙박물관 부산시립박물관복천분관
1999	한국고대국가의 형성	국립전주박물관
	고대장신구	부산시립박물관복천분관
	가야·신라의 역사와 문화	창원대학교박물관
2000	압독사람들의 삶과 죽음	국립대구박물관
	유적발굴40년	경북대학교박물관

<표 15>의 상부에는 가야문화가 대주제로 계획되었던 특별전으로, 하부에는 다른 주제 속에 가야문화가 부분적으로 다루어진 경우를 제시하였다. 1970년대 중반부터 활발해지기 시작했던 가야지역의 발굴조사에 비하면, 1991년에 처음으로 가야문화특별전이 개최되었던 것이 조금 늦은 감은 있으나, 1992년까지 2년 동안에 걸쳐 한·일 양국에서 가야문화특별전이 개최되었던 사회교육적 의미는 매우 컸다. 가야사연구자들이 한국사에서 '가야사의 시민권' 운운할 수 있었던 것도 특별전

의 개최를 통한 사회적 분위기의 변화와도 무관하지는 않았다.

그러나 이러한 특별전의 이해를 돕는 것은 특별전도록이 전부인 경우가 대부분이다. 관람객이나 시민을 위한 전시기간 중에 강연회나 강좌가 개설될 필요가 있다. 특별전도록의 설명은 일반을 위해 되도록 쉽게 기술하려는 노력이 보이는데, 1991년 국립중앙박물관의 『가야특별전』 도록에서는 전문용어를 중심으로 한자표기가 사용되었으나, 2000년 국립김해박물관의 『고고학이 찾은 선사와 가야』 도록에서는 한글전용으로 표기하고, 꼭 필요한 한자만을 괄호 안에 표기하는 변화를 보이고 있다. 한글전용세대에 대한 배려로 저 연령층의 가야문화에 대한 소개에 일조를 할 수 있는 방법으로 생각된다.

2) 관람객

박물관을 찾는 입장자 수는 사회교육의 효과를 짐작하는 하나의 기준이 될 수 있다. 1년 동안의 입장자는 국립중앙박물관이 15만 명 전후, 국립김해박물관이 2만 5천 명 전후, 국립대구박물관이 3만 5천 명 전후 정도이고, 부산시립박물관이 복천분관을 합해 4만 5천 명 전후이다. 물론 이러한 숫자가 적은 것은 아니지만, 입장자 개인에게 있어서는 관람 후에 "가야가 있었던가?" 하는 감상을 갖는 경우도 적지 않다. 따라서 이러한 통계를 사회교육효과의 현황과 직결시켜 생각하기는 어려울 것 같다. 주마간산격의 박물관견학이 대부분인 현실을 보여주는 대목이기도 하다.

그런 의미에서 얼마의 관람객이 보았는가도 중요하겠지만, 한 사람의 관람객이 어느 정도의 시간 동안 박물관에 머물렀는가는 더욱 중요하다. 현재 우리 박물관의 입장이 그렇듯이, 이에 관한 통계는 전혀 알 수 없다. 그러나 일본의 박물관에서는 이에 관련된 통계를 박물관 운영의 중요한 참고자료로 삼는 경우도 있다. 입장수입과는 별도로 우리 박물관이 어느 정도 흥미와 이해를 제공하여 관람객의 발길을 잡아두는가도 중요하고, 박물관의 사회교육효과도 짐작해 볼 수 있는 자료가 될 수 있다.

●입장자의 연령별 분포는 청소년과 어린이가 절반이 훨씬 넘는 압도적 다수를 차지하고, 성인관람객이 아주 적으며, 노인관람객은 거의 없는 것과 같다. 저 연령층의 관람이 절대적 다수를 차지하는 것은 학교교육의 연장으로 단체관람이나 과제해결을 위해 박물관을 찾고 있기 때문이고, 단체관람이 주마간산이라면 과제해결의 경우는 골라먹기에 불과한 관람이 된다. 이렇게 볼 때 현재 우리 박물관관람의 동기부여가 성공적이라고는 할 수 없을 것이며, 이러한 관람에서 가야사의 사회교육효과가 얼마나 달성되고 있는지는 회의적이다.

그러나 특별전의 경우는 다르다. 관람자 자신이 무엇을 보러 간다는 목적의식을 이미 가지고 있는 경우가 대부분이고, 상설전시에 비해 관람시간도 긴 것으로 보인다. 참고로 창원대박물관의 1999년도 통계를 보면, 개교30주년 특별전(3. 20~4. 30)에 2,627명이 입장하였는데, 이는 상설전(5. 1~12. 31) 입장자 2,287명을 웃돌았다. 불과 1달 동안의 특별전 입장자가 11개월 동안의 입장자보다 많았다. 아주 특별한 경우에 속하겠지만, 특별전이 가지는 사회교육효과가 상설전에 비해 훨씬 큰 것으로 생각된다.

박물관 입장자의 확보와 사회교육효과의 증대를 위해서는 일반시민들에 의한 박물관동호회와 같은 단체구성에 박물관이 나서서 노력할 필요가 있다. 부산시립박물관에는 시민들로 이루어진 박물관회가 있고, 국립김해박물관도 계획중이라 하는데, 가족을 단위로 하는 박물관가족의 모집도 생각해 볼 수 있을 것이다.

●전시내용의 전달문제이다. 근년에는 거의 모든 박물관에서 영상과 음성안내헤드폰 등을 통해 관람객의 이해를 돕고 있으며, 국립김해박물관은 1999년 1월부터 시간대 안내제를 하절기 1일 5회, 동절기 1일 4회의 전시설명과 일어통역으로 운영하고 있다. 국립대구박물관은 홈페이지에 어린이를 위해 문답과 그림으로 구성한 공간을 두고, 체험학습실을 설치하기도 하였다. 1999년(10. 25~11. 28)에 개최한 특별전 「시

민들과 함께 한 국립대구박물관 다섯 돌의 발자취」는 이런 노력의 일환이었다. 물론 아무런 준비도 없이 유물에 대한 박물관의 설명문이 어렵다고 불평하는 관람객도 문제지만, 보다 평이한 용어의 선택이나 해설, 그리고 일러스트나 만화 등과 같은 그림을 이용한 설명도 필요할 것으로 생각된다.

●박물관기념품의 문제이다. 전시유물을 소재로 한 박물관기념품이나 문화상품은 관람자로 하여금 박물관과 전시내용을 되새기고 타인에게 전달하는 효과가 있다. 근년에 우리 박물관도 이러한 측면에 주의를 기울이기 시작하였다. 국립중앙박물관은 1999년(5. 4~6. 6)에 그동안 문화관광상품으로 개발한 200여 점의 기념품과 문화상품을 전시하는 특별전을 개최하였다. 선진국박물관에 비해 아직은 아주 적지만 바람직한 방향으로 생각한다. 현재 가야유물을 소재로 한 기념품은 한 두 종에 불과하지만, 국립김해박물관과 영남지역의 지자체박물관을 중심으로 그 개발과 판매가 늘어갈 것으로 생각한다. 박물관뿐만 아니라 가야문화 유적지에서의 기념품 개발과 판매도 가야사의 사회교육으로서 효과를 가질 것으로 생각한다.

3) 자원봉사

한국박물관회에서는 박물관교육과정에서 3년 이상 교육을 받은 회원 중에 전시실학습과 유물정리에 대한 지식을 습득케 한 후, 전시실 안내와 유물정리의 자원봉사를 유도하고 있다. 국립김해박물관에서도 비슷한 과정을 거친 자원봉사자에게 「가야그릇받침」 특별전의 안내를 담당케 하였다. 유물정리자원봉사는 발굴조사된 유물의 정리를 도우면서 가야의 유물을 직접 손으로 만지는 과정에서 가야에 대한 애착과 가야사에 대한 관심과 탐구가 급증할 것은 재언할 필요가 없다. 참고로 『박물관신문』에 게재되었던 유물정리 자원봉사자의 감상을 소개한다.

　박물관 정원을 돌며 불상과 불탑들에게 미소로 인사드리고 작업실로 들어선다. …(중략)… 우리는 작업대에서 시공을 초월하여 이 분들의 세계 속으로 빠져들어 대화를 나눈다. 이름을 물으니 성씨는 가야요, 이름은 토기이며, 출생지는 다호리란다. 이 분도 나에게 묻는다. 누구신지? 나는 깨어져 편이 모자라는 토기 파편들을 모아 새 생명을 불어넣는 일을 한다고 대답한다. …(중략)… 나는 최선을 다해 보겠노라고 마음속으로 중얼거린다. 마음에 부담을 안고 정신없이 손을 놀리며 있는 지식과 지혜를 다 동원해 작업을 하는데 …(중략)… 그렇다. 생각해보면 우리의 것이 그렇게 아름다울 수가 없다. 그 토기들의 우아한 선! 그 선형 속에서 고대의 삶을 느낄 수 있으며, 옛 도공의 능숙한 솜씨와 감촉이 금방이라도 나의 손끝에 전해 오는 것만 같다.[16]

　전시실안내 자원봉사자 역시 자신의 가야문화에 대한 깊이 있는 학습은 물론, 자원봉사자 자신이 지역주민이기 때문에 전시장을 찾는 관람객은 친척이나 친구 또는 이웃인 경우가 대부분이다. 가야문화에 대한 자원봉사자의 친근한 안내는 다른 전문가의 설명보다 관심을 갖게 하고, 내용의 전달에 보다 좋은 효과가 있을 것이다. 양성되는 과정이 필요하고 수효에 제한은 있으나, 가야사의 사회교육에 진정한 효과와 의미가 있는 경우라고 생각된다.

6. 이벤트에서의 가야사

　가야사 자체의 교육은 아니더라도 놀이와 체험을 통해 가야의 역사와 문화에 접하게 하는 것도 좋은 사회교육 방법의 하나가 될 수 있다. 가야문화권의 각 지역에서 진행되고 있는 문화제는 일반시민의 가야에 대한 관심을 갖게 하는 기회가 될 수 있다. 현재 진행되고 있는 가야문화권의 문화제를 소개하면 아래의 <표 16>과 같다.

---

16) 한영민, 「자원봉사기」, 『박물관신문』 348, 2000.8.

<표 16> 현대 가야문화권의 문화제

시군		축제	개최일시	개최장소	행사내용	가야관련행사	가야사 비중
	부산	부산바다축제	8.1~4	해운대광안리	문화체육		×
경남	거제	거제예술제	10.11~21	거제시 일원	문화예술		×
	거창	아림예술제	9월말	거창읍 일원	문화예술		×
	고성	소가야문화제	10.1~	고성시 일원	문화체육		×
		공룡나라축제	8.22~25	상족암당항포	공룡이벤트		
	김해	가락문화제	음력3.14~17	김해시 일원	문화행사 36종	수로왕릉대제 연극건국신화	◎
	남해	화전문화제	격년10.26~28	남해읍 일대	문화체육		×
	마산	무학산축제 3.15의거기념문화제	3.15~1개월	마산시 일원	문화체육		×
	밀양	아랑제	음력4.16전후	밀양읍 일원	문화민속		×
		추화산성 봉수제	정월대보름	추화산성	봉화재현		△
	사천	와룡문화제	10.26~29	사천시 일원	문화체육		×
	산청	덕양전제례	음력3.16/9.16	덕양전	제례	구형왕제	◎
	양산	삽량문화제	10.7~8	양산시일원	문화행사	박제상왕제	△
		가야진용신제	음력3월초	伽倻津祠	제례	가야나루제례	◎
	의령	의병제전	4.21~23	의령군 일원	문화체육		×
	진주	개천예술제	매년10.3~10	진주성 일원	문화		×
	진해	군항제, 예술제	4월초/10.7~25	시민회관일원	문화예술		×
	창녕	비사벌문화제	10.7~9	창녕읍 일원	문화체육	진흥왕행렬 화왕산산신제	△
	창원	야철축제 (冶鐵祝祭)	4.1전후	창원시전역 성산패총	문화체육 제례	불씨봉송 쇳물헌납	◎
	통영	한산대첩제 나전칠기축제	8월 중 4일간 10.12~15	통영시내 도남관광지	문화행사 전시		×
	하동	화개장터벗꽃축제	4. 6~8	화개장터일원	문화체육		×
	함안	아라제	10.1전후 3일간		격년 문화체육	아라가야 유물사진전	○
	함양	천령제	10월초 3일간	상림 함양읍	문화체육		×
	합천	대야문화제	10.8~10		문화예술		×
경북	고령	대가야축제	10.8~11	고령읍일원	제례 문화예술	우륵추모제 가야금경연대회	○

이상과 같이 현재 지역축제가 행해지지 않는 가야문화권의 시·군은 하나도 없다. 그러나 가야사나 가야문화에 기초를 둔 행사를 실시하고 있는 시·군은 그리 많지 않다. 더구나 가야문화 관련의 행사가 진행되고 있는 고령, 함안, 창원, 양산, 산청, 김해 등에서도 이러한 행사가 문화제에서 차지하는 비중은 그리 높지 않다.

위의 시·군 중에서 홍보의 전면에 가야문화를 내세우지 않는 곳이 별로 없음에도 불구하고, 문화제에서 시민들이 가야문화에 접할 기회란 별로 없다. 더구나 현재 가야의 역사와 문화에 관련된 행사를 계획하고 운영하고 있는 곳이라 하더라도, 실제로 시민들의 호응이 높은 행사는 거의 없으며, 형식적 구색 갖추기로 편성되고 진행되는 것이 대부분이다. 이러한 현실에서 문화제란 놀이를 통해 지역민이나 일반인들이 자연스럽게 가야의 역사와 문화에 접할 수 있기를 바라는 것은 꿈에 불과하다. 가야문화권에서 진행되고 있는 문화제의 현실이 이럴 때, 문화제란 이벤트를 통한 가야사의 교육효과란 상상하기조차 어렵다. 오히려 다른 지방의 사람들은 고사하고, 지역민조차도 고개를 돌리는 게 보통이고, 가야문화 관련의 이벤트가 진부한 것으로 받아들여지는 만큼, 가야사에 대한 생각도 옳게 전달될 수는 없을 것이며, 부정적인 가야사에 대한 선입관을 심어 주게 될 우려도 있다.

물론 창원시의 현대 공업도시로서의 이미지와 성산패총의 야철유적을 결합시킨 야철축제라든지, 김해시에서 2000년에 구지봉과 국립김해박물관을 무대로 이윤택 연출로 진행된 가락국 건국신화의 거리극이라든지, 고령에서 진행되는 우륵추모제와 같은 의미있는 이벤트가 없는 것도 아니지만, 이러한 행사들이 전국적인 명물축제라고 할 수는 없다.

가야의 역사와 문화를 소재로 관광산업으로서 키워갈 수 있는 축제가 불가능한 것도 아니다. 필자 역시 김해시의 가락문화제에서 가야문화를 소재로 한두 가지의 기획을 진행해 보았지만, 그 성과는 신통치 않았다. 그러나 홍콩과 일본을 비롯한 전 세계의 축제로서 성황리에 진행되고 있는 드래곤보트(Dragon Boat, Boat Race)와 같은 내용은 얼마든지 성공할 수 있고 관광수입과 함께 가야의 역사와 문화를 전파할 수 있다는 가능성은 확인하였다. 『삼국유사』에 허왕후를 맞이하기 위해 벌였다는 경주(競舟)는 고려시대까지 김해지방의 성대한 민속놀이로 이어져 왔다. 지방자치단체에 이러한 축제를 계획하고 실행할 의지가 있는가의 문제인 듯하다.

이외의 가야문화와 관련되는 이벤트로는 국립박물관이 실시하고 있는 가야금연주회와 문화재그리기, 김해시(대통령상)와 고령군(국무총리상)이 실시하고 있는 가야금경연대회, 그리고 국립박물관의 어린이 강좌에서 마지막의 문화재를 소재로 한 글짓기가 있는 정도이다. 놀이와 체험를 통한 가야의 역사와 문화에 대한 사회교육이 아쉽다.

7. 대중매체에서의 가야사

근년에 대중매체에서의 가야사 사회교육의 효과는 이상에 검토했던 어느 수단보다 큰 영향력을 발휘하고 있다. 여기에서 대중매체라 함은 라디오나 TV와 같은 공중파의 미디어와 인터넷을 가리킨다. 라디오나 TV는 사전에 가야사에 대해 알고자 하는 의지가 없었다 하더라도 다이얼이나 채널을 돌리다 관련 정보를 만나게 되고 집중하지 않고서도 관련 지식을 얻게 된다. 또한 인터넷은 가야의 역사나 문화를 찾겠다는 탐색자의 의지도 있지만, 서점이나 박물관 또는 가야문화유적지까지 발길을 옮겨야 하는 수고로움이 필요치 않고, 다른 정보를 탐색하는 과정에서 가야사에 관한 정보를 만나는 경우도 적지 않다.

더구나 이와 같은 대중매체들이 현대사회에 미치는 엄청난 영향력은 새삼 언급할 필요가 없다. 특히 요즈음 TV에서 방영되고 있는 한국사관련 다큐멘터리는 일반인들의 한국사에 대한 상식을 좌우할 정도이며, 그 내용을 비판적으로 걸러 볼 준비가 되어 있지 않은 일반시청자들은 그 자체를 역사적 사실로 받아들이는 경우도 적지 않다. 사회교육의 장이나 사석에서 만나는 일반인과의 대화에서 이러한 경향을 발견하기란 결코 어렵지 않다.

가야의 역사와 문화를 주제로 방송되었던 프로그램이나, 현재 인터넷상에 가야사 관련 자료를 올리고 있는 홈페이지를 정리하고 몇 가지 문제점에 대해 지적해보고자 한다. 다만 이 항목 역시 수효도 적지 않고, 각각의 내용을 검토할 수 있는 여유도 없다. 누락된 사항에 대해서는 다시 보충하기로 하고, 그 영향력이 현저했거나 특징이 있다고 생각되는 몇 가지에 대해 검토해보고자 한다.

1) TV

<표 17> 가야사·가야문화 기획방송

방송사	프로그램	방영일자	타이틀	시간
KBS	역사스페셜	99. 2. 20	가야흥망의 블랙박스-철갑옷	60분
		99. 6. 5	가야인은 성형수술을 했다	60분
		00. 3. 18	1500년간의 침묵, 순장 고분의 미스터리	60분
		00. 12. 16	추적! 임나일본부의 정체	60분
		01. 4. 21	대가야의 마지막 왕자, 월광은 어디로 갔나	60분
		01. 9. 8	황금칼의 나라, 제7가야 다라국	60분
KBS위성	위성TV한국설화	99~01 수차 재방	시조 김수로왕	30분
			배를 타고 나타난 허황후	30분
창원KBS	기획다큐멘터리	1997. 12	가야는 왜 멸망하였는가	50분
EBS	역사속으로의 여행	96. 4. 23 수차 재방	새로 읽는 가야신화	50분
MBC	MBC다큐스페셜	1993	가야를 찾아서 제1부-가야와 주변국들 제2부-낙동강 철기문화의 주인공 제3부-가야문명 제2의 주역들 제4부-잃어버린 왕국으로 가는 길 찾기	각 50분
마산MBC	일요기획	96. 4. 23	가야문화환경정비계획	50분

부산MBC	창사39주년 특집	98.	잊혀진 기마왕국	50분
	테마여행 가야의 향기를 찾아서	96. 11. 28 96. 12. 5 96. 12. 26 97. 1. 9	테마여행 제1회 수로왕 제2회 허왕후 제3회 대가야 제4회 가야멸망	각 20분
PSB	창사특집다큐멘터리	98. 5. 15	빛 바랜 환두대도	60분
KBC	가락문화제 특집	99. 4. 22	수로왕과 허왕후 혼례 신행길	60분
한국케이블	가락문화제 특집	00. 4. 30	가야사와 가야문화환경정비	60분

이외에도 관련 프로그램은 많았을 것이나, TV에서 가야의 역사와 문화가 다루어지는 대체적인 경향을 짐작하기는 어렵지 않다. 우선, 한국의 모든 TV방송사는 가야사에 관련된 다큐멘터리를 제작 방영하였고, 가야문화권의 지방방송을 포함한다면, 그 수효 또한 적지 않다. 각 프로그램의 방영시간은 표에 기입하였으나, 프로그램에 따라서는 몇 년에 걸쳐 몇 번씩 재방송되는 경우도 있었고, 다른 방송의 제작물을 구입해 다시 방영하는 경우도 적지 않았다. 실제의 방송시간은 표에 기입한 것의 몇 배가 될 것으로, 그만큼 이러한 프로그램들이 일반인의 가야사 인식에 미치는 영향은 컸을 것이다.

다음으로 프로그램의 구성에는 가야사 전문가의 자문도 있었고, 가야사나 한국고대사 연구자의 출연도 많았지만, 일반에게 전달되는 내용이 반드시 연구자의 주문대로 된 경우는 별로 없는 것 같다. 연출가가 귀동냥에서 얻은 가야의 역사상이나, 엄청난 추리력을 발휘한 특정인의 주장을 기초로 구상되었던 프로그램의 틀에 짜 맞추는 식이 거의 대부분이었다. 강연이나 사석에서의 일반인들의 질문이나 의견들이 적지 않게 이러한 방송의 영향에서 비롯된 것으로 느껴지는 것이 필자만의 생각은 아닐 것이다. 실제로 하나의 결론과 주장까지는 수많은 연결고리들이 필요하지만, 시대가 전혀 다른 유물이나 극단적인 연구, 심지어는 분위기나 끝말잇기로 내용을 전개해 가는 경우도 적지 않았고,

이런 대목에 전문가들의 인터뷰가 단편적으로 왜곡되어 인용되는 경우도 비일비재하였다. 이러한 경향은 기획다큐멘터리에서 아주 심하였고, 유적답사와 같은 기행물에서는 덜하였다.

특히 KBS역사스페셜은 이른바 골든타임에 방영되어 일반에게 미치는 영향은 지대하고, 공영방송이라는 이미지가 시청자로 하여금 방송의 내용을 곧 잘 믿게 하는 속성을 가지고 있다. 더구나 첨단의 컴퓨터 그래픽 등을 활용하여 구성되는 영상은 방송의 내용이 일반에게 역사적 사실로 인식되기에 충분하였다. 그러나 가야사의 기획은 아니더라도, 경우에 따라서는 학계에서 공인되지도 않은 내용으로 구성되었던 적도 있고, 얄팍한 국수주의에 호소하여 시청률만을 올리려는 경향도 적지 않았다. 이런 경향 때문에 자문이나 출연을 기피하는 전문가도 적지 않았던 것으로 알고 있다. 어떤 특별한 주장이 있어야만 시청자들의 관심을 끌 수 있다는 생각은 잘못된 것 같다. 옳고 그른 판단은 시청자에 맡기면서 깊이 있는 주제에 대해 문제를 제기하는 방향의 다큐멘터리가 좋은 반응을 보이는 경우도 적지 않음을 인식해야 할 것으로 생각한다.

그러나 가야사에 관련된 다큐멘터리가 방영되기 시작했던 단계에 있어서는 긍정적인 사회교육의 효과도 적지 않았다. 1970년대 중반까지 무시되어 오던 가야사에 대한 관심을 불러 일으킨 공로는 인정해야 하고, 연구자들에게 가야사 사회교육의 필요성과 방법에 대한 고민을 하게 했던 효과도 있었다고 생각한다. 다만 이제 그와 같은 초기단계의 의미를 부여하기는 어렵다. 충분한 준비와 전문가의 자문을 기초로, 심도 있는 가야사의 주제를 쉽고 올바르게 전파해야 할 단계라고 생각된다.

2) 인터넷

가야사를 전문으로 하는 홈페이지의 수가 많은 것은 아니나, 가야사의 전문가만을 위한 것도 있고, 일반만을 대상으로 하는 홈페이지도 있다. 사회교육으로서의 가야사를 검토하는 데에는 후자의 홈페이지만으로도 충분할 것 같지만, 전문가를 위한 홈페이지라 해서 일반인의 방문을 금지하고 있는 것도 아니고, 일반인도 가야사에 관한 정보를 탐색하고 이용할 수 있기 때문에 포함해서 검토해 보도록 한다.

현재 검색엔진에서 확인되는 가야사전문의 홈페이지나 가야사에 관한 자료가 비교적 많이 올라 있는 홈페이지를 소개하면서 그 구성형식과 내용으로 나누어 표를 만들어 보면 아래와 같다. 보다 상세한 사례분석과 검토는 김재호, 「가야사홈페이지구축방안연구」(부산대학교 한국민족문화연구소 편, 『한국 고대사 속의 가야』, 혜안, 2001)을 참고하기 바란다.

(1) 가야사 전문홈페이지의 구성내용

<표 18> 가야사 홈페이지 구성내용

홈페이지명	주소	내용	야후검색어 인기도	운영자	구분
김태식교수 홈페이지	http://www.hongik.ac.kr/~kayakim	논저연구목록/초록 고대사연구정보	가야1 가야사1 가야문화1	김태식 홍익대	전문
인제대학교 가야문화연구소	http://todori.inje.ac.kr/~kaya	논저·사진자료/발굴보고/가야사여행	가야2 가야사2 가야문화2	인제대	전문 일반
가야로드	http://www.gayaroad.com	소개·사진자료 플래시 설화소개	현재 공사중	???	일반
역사문화기행	http://human69.new21.org	가야답사자료	가야5 가야사3 가야문화4	동호회	일반
교과서에 다 배우지 못한 우리역사	http://my.netian.com/~greatkan	관련신문기사/왕력	가야× 가야사4 가야문화×	김태식 연합뉴스	일반
전양훈의 가야마을	http://myhome.dreamx.net	도자기/가야문화이해/가야차	가야4 가야사× 가야문화3	전양훈	일반

가야역사문화	http://www.gayasa.net/gaya	역사둔화관/역사자료실/예술문화관/가야사복원관/관광정보/네티즌광장	가야6 가야사× 가야문화5	김해시	전문 일반
김해가야사	http://home.kidp.or.kr/1999/hlsyjh	가락국사/사진자료/가락문화제	가야× 가야사× 가야문화×	김해넷	일반
가야	http://gaya.urinara.com	한국사 중 가야소개	가야7 가야사× 가야문화×	새나라	일반
이주영의 고고학세상	http://myhome.hananet.net/~odorata	가야우물/가야답사자료집/연구논저목록	가야3 가야사× 가야문화6	이주영	전문 일반

이상의 가야사홈페이지에는 전문가 개인이 자신의 연구를 중점적으로 소개하는 홈페이지, 일반 대중을 의식하여 제작된 홈페이지, 양자 절충형의 홈페이지가 있다. 또한 운영주체별로는 개인, 동호회, 대학이나 지방자치단체 같은 기관 등으로 나누어지며, 중심내용으로는 가야사, 가야유적과 유물, 답사 등으로 구분되고 있다.

홈페이지의 내용은 각양각색인 것 같지만, 구체적인 서술에 있어서는 꼭같은 문장을 올려 놓고 있는 경우도 적지 않다. 홈페이지를 새로 만들거나 기존의 홈페이지라도 업그레이드 할 때, 다른 사이트의 내용을 그대로 베끼는 것에서 비롯된 것으로 보여진다. 물론 저작권 등의 문제에 있어서 환영할 만한 일은 아니겠으나, 그만큼 가야사에 대한 정보가 확산되고 있음을 보여 주는 자료도 될 것이다.

반면에 각 홈페이지의 내용에서 보이는 가야의 역사상이나 구체적인 서술에 있어서는 적지 않은 착오나 오류가 눈에 띈다. 철자법의 오류는 그렇다 하더라도 일방적인 주장이나 간단히 확인만 해 보아도 쉽게 발견할 수 있는 오류도 적지 않게 발견되고 있다. 따라서 사회의 가야사 인식에 악영향을 미치는 홈페이지도 적지 않은 것 같다. 물론 대개의 홈페이지에는 아래의 구성형식을 정리한 표에서 보이는 바와 같이, 토론방·게시판·방명록 등을 두어, 내용에 관한 질의나 의견을 제시할 수 있게 되어 있으나, 내용에 대한 문제제기나 의문의 표시는 그리 많지 않다. 한번 둘러보고 지나가는 인터넷 방문객의 속성이 그렇겠지만, 가야사 전문가들에 의한 패트롤과 의견의 제시나 오류의 수정 요구와 같은 노력이 필요할 것으로 생각된다.

이상의 홈페이지들이 어느 정도 활용되고 있는가를 살피기 위해 처음에는 접속횟수의 통계를 제시하고자 하였다. 그러나 카운터가 설치되어 있지 않은 홈페이지도 많았고, 카운터가 있다 하더라도 개설시기나 관리자의 운영에 따라 많은 차이가 있어, 이를 기준으로 일반의 활용도를 짐작할 수는 없었다. 마침 검색엔진 야후에서는 인기도순위로 구분되는 항목이 있어, 가야, 가야사, 가야문화의 세 가지 검색어에서 나열되었던 각각의 순위를 제시하였다. 어떤 기준과 기계적 장치를 통해 선정되는지는 알 수 없으나, 일반 대중의 활용도를 생각하는데 참고가 될 듯하다. 다만 전양훈의 「가야마을」과 같이, 현재의 야후검색에서는 별로 높지 않은 순위로 되어 있지만, 구성형식이나 소개 내용 모두에 있어서 일반에게 가야사와 가야문화를 전파하는 데 좋은 홈페이지도 적지 않다.[17]

끝으로 홈페이지들 중에는 일반인과 저 연령층의 방문객을 위하여 구어체의 문장을 사용한다거나, 전문용어를 풀어쓰려는 노력도 있으나, 대부분의 경우에는 일반 성인이라도 이해하기 어려운 전문용어와 표현이 난무하고 있다. 전문가만의 장이 아니라면 이러한 점에 배려할 필요가 있다고 생각한다. 여기에 소개하지는 않았지만, 국립대구박물관은 '아빠 박물관에 가요'라는 별도의 항목을 설정하여 어린이의 질문과 응답의 형식으로, 만화를 통해 전달하고 있으며,[18] 가야역사문화는 가야사를 내용으로 하는 만화와 글자 맞추기 퍼즐, 그리고 가야유물을

---

17) 김해시의 「가야역사문화」를 제외하고, 영문과 일문의 소개를 함께 올리고 있는 경우는 전혀 없다. 국제화의 중심 매체로서, 국경도 없다는 인터넷의 속성을 고려할 때, 외국에서의 잘못된 가야사 인식을 수정하고, 올바른 가야의 역사상을 세계에 전파하기 위해서도 여러 나라의 언어 수단을 구사하는 홈페이지의 구축이 절대 필요할 것으로 생각된다.

18) 국립대구박물관, 홈페이지, http://daegu.museum.go.kr/home.html.

맞추는 게임 등을 싣고 있다. 어린이나 청소년이 가야사에 대해 관심을 갖게 할 수 있는 좋은 기획이라고 생각된다.

(2) 가야사 전문홈페이지의 구성형식

구성형식의 분류는 방문객의 편의성이 사회교육효과에 비례한다고 생각하여 제시하였다. 먼저 메인페이지와 세부항목의 색조는 총 천연색과 같이 화려하게 구사되어 있는 경우도 있고, 흑백 수준에 지나지 않게 단순하게 처리된 것도 있다. 전자가 방문객의 눈을 끌기에 좋은 반면에, 후자는 전달하려는 정보를 단순화하는 장점도 있다. 천연색으로 화려하게 구성된 홈페이지는 일반을 대상으로 지방자치단체가 운영하는 경우가 많고, 배경과 문자의 단순한 색조나 크기로 된 것은 개인홈페이지가 많다. 구축예산과 기술구현의 문제에 불구하고, 화려한 쪽이 반드시 좋은 내용을 담고 있지는 않다.

사이트맵이 설치되지 않은 홈페이지도 적지 않은데, 내용이 적은 경우에는 상관없겠지만, 내용이 많은 경우에는 반드시 필요한 항목이라고 생각된다. 가야사에 관해 자신에게 필요한 정보를 쉽게 찾을 수 있는 지름길이 되기 때문이다.

토론방이나 게시판을 포함한 방명록은 거의 모든 홈페이지가 설정하고 있어, 가야사에 관한 방문객의 의견제시나 질문과 홈지기의 답변을 통해 특별한 주제에 대한 관심을 가지게 할 수 있으며, 홈페이지의 오류나 부족을 수정 또는 보완할 자료도 얻어질 수 있는 공간이다. 그러나 현행의 가야사홈페이지에서 이러한 긍정적인 의견교환은 그다지 찾아보기 어렵고, 개인적인 인사나 사연, 심지어는 선전 등으로 메워지고 있는 것이 대부분이다.

홈페이지의 생명인 자료의 업그레이드는 거의 모든 경우에 이루어지고 있다. 다만 관리의 어려움 때문에 만족할 만한 업그레이드가 이루어지고 있는 경우는 아주 드물다. 어느 홈페이지는 가야사에 관한

홈페이지명	메인페이지 배경색	메인페이지 문자색	세부항목 배경색	세부항목 문자색	항목강조	Site Map	방명록	E mail	링크	자료실	자료검색	로고위치	공지사항	업그레이드	검색엔진검색
김태식교수 홈페이지	백색	흑색 청색	백색	흑색 청색	문자크기 색조	×	×	○	○	○	○	× 사진	×	○	○
인제대학교 가야문화연구소	흑색	황색	백색	흑색 청색 자색 황색	문자크기 색조	○	○	○	×	○	×	중단 좌측	×	○	○
GAYAROAD	백색	흑색 청색	백색	흑색 청색	문자크기	○	○	○	×	×	×	상단 좌측	×	○	× 현재
전양훈의 가야마을	백색	천연색	백색	천연색	문자크기 색조	×	○	○	○	×	×	× 사진	○	○	○
역사문화기행	백색	녹색 미색	백색	밤색 미색	색조	×	×	○	○	○	×	×	○	○	○
교과서에서 못 배운 우리 역사	청색	청색 적색	백색	청색 흑색	문자크기 색조	×	○	×	○	○	×	× 사진	×	○	○
가야역사문화	천연색	백색 흑색	회색	흑색 녹색	문자크기 색조	×	○	○	○	○	×	하단 우측	×	○	○
김해가야사	흑색	황색 청색	흑색	황색 백색	문자크기 색조	×	×	×	×	×	×	상단 중앙	×	×	○
가야	백색	천연색	백색	흑색	색조	○	○	×	×	×	×	×	×	○	○
이주영의 고고학세상	흑색	천연색	청색 회색	흑색 백색	색조	×	○	○	×	×	×	×	×	○	○

<표 19> 가야사 전문홈페이지 사례분석

최신의 정보를 보다 쉽고 빠르게 전달하겠다고 선언하고 있지만, 실제의 운영에 있어서 만족할 만한 업그레이드가 이루어지고 있는 것 같지는 않다.

끝으로 위의 표에는 제시하지 않았지만, 문화재청, 국립박물관, 대학박물관, 학회, 지방자치단체 등의 홈페이지에도 가야의 역사와 문화에 관련된 많은 정보를 올려놓고 있으며, 경우에 따라서는 가야사홈페이지보다 더 활용되는 경우도 적지 않다.

8. 맺음말

이상과 같이 가야사의 사회교육현황과 문제점에 대해 출판서적, 계획강좌와 강연, 유적답사, 유물전시, 문화이벤트, 대중매체의 항목으로 구분하여 검토해 보았다. 충분치 못한 자료정리와 깊이 있는 검토는 진행되지 못하였지만, 이루 헤아릴 수 없는 요소들이 가야사의 사회교육으로 작용하고 있다는 점만큼은 확인한 셈이며, 지금까지 성과도 많았지만, 올바른 가야사 상을 전달하는 데에 많은 문제점들도 포함되어 있음을 확인하였다.

지금까지 검토한 내용을 토대로 앞으로 가야사의 사회교육을 위하여 몇 가지 제안을 하는 것으로 맺음말을 대신하면 다음과 같다.

첫째, 일반에게 쉽게 전달될 수 있으면서도 올바른 가야사 상을 제공할 수 있는 개설서의 출판이 시급하다. 다만 이러한 개설이 반드시 종래와 같은 서적의 형식을 취할 필요는 없다. 하루하루 바뀌는 가야의 역사와 문화에 대한 정보나 지식의 업그레이드가 가능한 홈페이지 형식이라도 좋을 것으로 생각한다.

둘째, 가야사를 대주제로 하는 연속강좌나 릴레이식 강연회의 개최가 필요하다. 가야사연구자들이 여러 가지 상이한 해석과 이야기를 대중에게 전달할 수 있는 자리로서, 지방자치단체가 주관하는 형태가 바람직할 것으로 생각된다. 우선 영남지역에서라도 이러한 기획을 실시할 수 있기를 바란다.

셋째, 가야문화권의 답사에 안내판의 개선이나, 즐기면서 보고 느낄 수 있는 유적의 환경정비도 진행되어야겠지만, 누가 안내하는가의 문제는 더욱 중요하다. 관광가이드보다는 깊이도 있고 아울러 흥미도 제공할 수 있는 동행강사의 양성과 검증된 양성과정이 필요하다. 앞에서 제시했던 2001년 김해문화원에서 실시한 내용과 같은 것이 지속적으로 진행될 수 있기를 바라며, 가야문화권의 타 시·군에서 계획될 수 있기를 바란다.

넷째, 진품을 중심으로 전시하는 국립박물관은 그렇다하더라도, 현재 만들어져 있거나 계획되고 있는 지방자치단체의 박물관은 굳이 유물환수에 정력을 쏟기보다는 모조품을 가지고 관람객이 체험할 수 있는 사회교육의 현장으로 발전해 갈 수 있는 방향을 모색해야 할 것으로 생각한다.

다섯째, 가야문화권에서 진행되는 문화제는 일반인들이 놀이를 통해 가야문화에 접할 수 있는 좋은 기회이다. 가야사의 소재는 얼마든지 있는 데 비해, 문화제를 추진하는 지방자치단체나 지역의 모임은 기획도 없고 의지도 없다. 가야문화에 뿌리를 둔 관광상품으로 성공할 수 있는 전국적인 명물축제가 탄생하기를 기대한다.

여섯째, 인터넷상의 가야사 사회교육의 문제는 심각하다. 현재 일반에게 미치는 영향을 볼 때, 아무리 개인홈페이지일지라도 안이하게 작성되거나 운영될 수는 없다. 만드는 사람은 자유겠지만, 가야사연구자나 관련 전문가들의 부단한 패트롤과 적절한 의견 제시가 필요할 것으로 생각된다.

〔토론〕

발표자 : 이 영 식
토론자 : 백 승 옥*

〔요지〕

'사회교육으로서의 가야사'란 주제 발표의 목적은 이 부문에 대한 현황 파악을 정확히, 그리고 충분히 한 다음, 그 문제점은 무엇인가를 검토해 보고, 보다 나은 개선책을 제시해 보자는 데에 있다고 생각한다.

이영식 선생님의 발표는 이 주제에 대해서 크게 6개 부문으로 나누어 설명하고 있다. 거의 망라(網羅)되었다고 생각한다. 각각의 내용에서는 그 현황과 문제점에 대해서 지적하고, 그 개선책에 대해서도 의견을 개진하고 있다. 토론자는 이러한 점들에 대해서 전적으로 동감한다. 따라서 본 발표 내용에 대한 시비(是非) 여부를 따져 토론할 부분은 그다지 발견할 수 없다.

아래에서는 토론자의 의견 일부를 개진하는 것으로써 토론에 임하고자 한다. 본 주제발표 본연의 목적에 입각하여 볼 때 앞으로의 개선책과 지향점을 보다 풍부히 하는 것이 중요하다고 생각되었기 때문이다. 그러나 가급적이면 발표자의 발표내용과 관련하여 언급함으로써 발표자 선생님과의 상호작용(相互作用)의 길도 열어 둘까 한다.

1) '출판서적에서의 가야사'의 장고 관련하여

가야사 관련 출판서적들 가운데 전문가들이 쓴 책은 어렵고, 아마추어사가들이 쓴 책은 비교적 쉽고 흥미롭다고 한다. 이러한 현상은 왜 일어날까? 가야사는 사료의 영세성으로 말미암아 기본적인 문제부터 의견의 합치점을 보이는 부분이 매우 적다. 따라서 앞뒤 이야기를 연결시켜나갈 때 상당 부분 상상에 의거할 수밖에 없다. 그러나 증거가 없으면 쓰기를 꺼리는 전문 연구가들의 경우, 결론을 유보하거나 어려

---

* 부산대학교 강사

운 논증을 거쳐 설명하고 있다. 이러한 서술을 일반인들이 선호할 리 없다. 상상을 통한 것이라 해도 명쾌한 서술을 일반인들은 좋아한다. 그러나 연구자들은 비학문적이라는 이유 때문에 그렇게 쓰는 것을 꺼리는 것이다.

가야사가 쉽게 쓰여지려면 부단한 연구를 통해 가야사의 사실(史實)이 명쾌하게 밝혀져야 한다. 모르기 때문에 어려워지는 것이다. 연구자들의 분발이 요구된다. 그러나 분발만 요구할 것이 아니라 연구 인력을 조직적으로 키우는 기관의 설립 등에 대한 노력도 필요하다.

2) '○○문화원에서 실시한 가야 문화권 답사안내자 교육'에 대한 강사진 문제와 관련하여

발표자는 이 교육에 대한 강사진을 최고의 강사진으로 구성되어 있다고 하였다. 토론자도 동감한다. 그러나 이 강사진이 처음부터 그렇게 짜여진 것은 아니었다. 토론자는 우연한 기회에 집행기관에 의해 처음 기안된 강사진의 구성을 볼 수 있었는데, 전혀 검증되지 않은 강사들이 많았다. 기안은 기안자의 식견이나 안목으로 짜여졌을 것이다. 만약 그대로 강사진이 꾸려져 교육이 진행되었다면 가야 유적이나 유물을 안내할 많은 수의 안내자들이 가야사에 대한 잘못된 인식을 갖게 될 뻔하였다. 그들의 인식은 그들 개인의 인식만으로 끝나는 것이 아니기 때문에 문제의 심각성이 있다.

앞으로 이런 종류의 교육일정이 있다면 그 교육 프로그램과 강사진은 반드시 관련학계 전문인들에게 자문 및 감수를 받는 절차를 거치도록 권장할 필요가 있을 것이다.

3) '박물관 문제'와 관련하여

비단 가야사에만 해당되는 것은 아니지만, 박물관을 찾은 관람객들이 박물관에 전시된 유물들 가운데 어느 유물에 관심을 갖는가를 파악하는 것은 중요하다. 그러나 우리나라 박물관의 경우 1년 동안의 입장자 수만 파악할 뿐 관람객이 몇 시간 동안 박물관에서 전시물을 관람

하였는가, 또는 어느 전시물에 관심을 갖고 열심히 보았는가에 대한 통계는 이루어지지 않고 있다. 그러나 이에 대한 통계는 박물관의 전시 방향 등과 관련하여 대단히 중요하다고 할 수 있다. 이러한 통계의 파악은 약간의 아이디어만으로도 가능하다.

박물관의 입장권을 바코드가 있는 적당한 크기(명함 크기 정도)의 종이 카드로 바꾸는 것이다. 카드 인식기를 설치한 후 입장할 때 카드로 입장케 하고 전시실 내의 각 코너에도 자동 카드 체크 시설을 하는 것이다. 그렇게 하면 관람자가 박물관에서의 관람한 시간은 물론 관심 분야에 대한 통계도 쉽게 낼 수 있을 것이다. 카드 또한 박물관을 관람한 기념품으로 보관하고 싶은 모양으로 만들면 좋을 것이다. 박물관의 전시는 관람자의 시각과 눈높이에서 이루어져야만 그 생명력이 있을 것이다.

최근 박물관에서는 대부분 특별전을 연1회 정도 실시하고 있다. 그리고 그와 아울러 특별전과 관련된 특강도 실시하고 있다. 그러나 그에 대한 홍보가 부족한 경우가 있는 것 같아 안타까운 일이 종종 있다. 보다 많은 시민들이 참가할 수 있도록 했으면 좋겠다.

4) 가야관련 영화나 드라마는 불가능한가?

일반인들이 특정 분야에 대한 관심도와 이해도를 높이는 데 가장 효과적인 것은 영화나 드라마를 통한 것이다. 역사물 영화나 드라마의 경우 풍부한 자료를 바탕으로 한 인물 캐릭터들이 존재해야 하는데 가야사의 경우 불가능할 것인지? 가능만 하다면 사회교육으로서 대단한 효과가 있을 것이다.

5) 가야사 교육 및 연구센터 건립의 필요성

가야사에 대한 사회교육 및 연구는 산발적으로 이루어지고 있는 실정이다. 최근에는 김해, 고령 등을 중심으로 각군마다, 또는 연구소 등에 의해 해마다 열리는 가야사관련 학술행사는 그 구심점이 없음으로 해서 비생산적인 요소가 많다는 생각이다. 국(國)의 예산이든 지방자치단체의 예산이든 모두가 국민이 내는 세금으로 행해지는 것이다. 전체적으로 기획·조정할 수 있는 중심센터가 필요할 것으로 생각한다. 그리고 학문 후속세대를 위한 연구지원제 및 가야사관련 연구조직이 가야사 연구의 장래를 위해 필요한 것은 아닌지?

〔답변〕

토론문에 질문 내용이 별로 없는 것 같습니다. 드라마나 영화를 만드는 문제는 잘 모르겠고 개인적으로 제가 얼마 전에 어느 지방자치단체 홈페이지의 제안서를 낼 때 제일 첫 번째 이것은 꼭 해야 한다고 한 것은 유적이라든지 적당한 음악과 내레이션 그리고 에니메이션 등으로 5분 이내의 뮤직비디오식의 가야사 영화입니다. 기존의 홈페이지에는 문장 중심으로 만들어져 있는데, 리포트를 작성할 때를 제외하고는 네티즌들이 이것을 거의 주의해서 읽지 않습니다.

또 이윤택씨 연출로 김해의 가락문화제 때에 거리극 공연을 해서 꽤 성황을 거둔 적도 있었습니다. 금년에는 제가 없어서 잘 모르겠습니다만, 계속 할 것이다라고 해서 구지가에 대한 해석 같은 것으로 이윤택씨와 얘기하기도 했습니다. 기존의 홈페이지에 5분 정도의 축약된 것은 꼭 필요하겠다는 생각은 하는데 아직 실현은 되지 않았습니다.

향토사의 가야사 서술과 문제점

백 승 충[*]

1. 머리말

　최근의 한국고대사 연구 경향은 통치체제의 논의라든지 고고학과의 접목 등 고대사 전체를 통괄하는 지배구조나 연구방법론의 문제에 관심을 보여왔음은 주지하는 바와 같다. 즉 지금까지 연구의 대상이 되었던 삼국 각각의 개별연구나 특정 주제에 대한 관심은 계속 가지면서도, 한국고대사의 전체 성격과 관련된 통합적인 주제에 눈을 돌리게 된 것이다. 그러나 한편에서는 삼국에는 들지 못하지만 문헌에 대한 재해석과 고고학적 발굴 등으로 그 실체를 조금씩 드러내고 있는 가야사나 발해사 등에 대한 관심이 증대되고 있음도 주목할 필요가 있다.

　특히 가야사의 경우 1970년대 이후 지금까지 고령 지산동 고분군, 부산 복천동 고분군, 함안 도항리 고분군, 김해 양동리·대성동 고분군 등 각 지역에서 전개된 고고학적 발굴 성과를 바탕으로 연구상의 많은 진척을 보이고 있다. 이를 통해 그동안의 개설적 수준에서 한 단계 나아가 정치체제나 사회발전단계를 언급하는 등 가야사상 전체를 재구

---

* 부산대학교 사회교육학부 교수

성하려는 시도에까지 이르고 있다. 또한 지방자치제가 실시된 이후 각 지역에서는 경쟁적으로 가야사 관련 시민강좌나 학술회의를 주관하는 것이 빈번해지고 있다. 이에 따라 현재 학계에서는 가야사 연구자의 증가 및 연구의 심화가 이루어지고 있고, 일반인의 가야사에 대한 관심도 부쩍 높아졌다고 하겠다.

가야사를 생각할 때 먼저 떠오르는 것은 '임나일본부', '수로왕과 허왕후', '가야불교와 파사석탑', '우륵과 가야금' 등의 문제와 '철의 왕국'이니 '기마 왕국'과 같은 수식어들이다. 이들 용어를 통해서 알 수 있는 바와 같이 '가야'는 항상 무엇인가 부족한 그러면서도 신비로운 고대 정치체로 각인되어 왔다. 이것은 삼국과 같은 시기에 존재했으면서도 그 역사적 실체가 불분명했던 사정에 기인한다고 볼 수 있는데, 근래에 와서는 문헌학자와 고고학자 등 전문 연구자에 의해 가야사의 실체를 밝혀내고 그 틀을 확립하려는 노력이 꾸준히 시도되고 있다. 그러나 이 같은 학계의 연구 활동에 앞서 실제 가야사에 대한 관심을 제고하고 그 역사적 위상을 되찾고자 노력한 것은 이른 시기부터 각 지역에서 활동해 오고 있는 향토사가와 향토문화원, 그리고 이를 지원하고 있는 유관 공공기관이라고 할 수 있다.

'향토사(=지역사)'와 '국가사(=민족사)'는 상호 보완관계에 있으며, 각 지역별 역사·문화상의 특성을 반영한 향토사 연구가 활발해질 때 국가사는 그 전체상이 보다 밀도 있게 재구성될 수 있는 것이다. 향토사에 대한 관심은 어느 누구의 몫이 아닌 우리 모두의 것이어야 하는데, 사실 가야사의 경우 종래 학계에서의 관심과 연구가 부진할 때 이른 시기부터 향토사가의 관심의 대상이 되어 왔던 점은 부정할 수 없다. 이 점은 현재의 가야사 연구의 초석을 다졌다는 점에서 대단히 중요한 문제인데, 그러나 그런 만큼 향토사가에 의한 가야사 서술이 지역사적 한계를 뛰어넘어 국가사적 관점에 기초를 두었는지 혹은 엄정한 자료비판에 입각한 서술이었는지 하는 점에서는 검토의 여지가 없지 않다. 향토사교육이 학교교육의 일환으로서 강조되는 현재, 그 중요

성만큼이나 그에 대한 객관적인 이해와 올바른 서술이 요구된다고 하겠다.[1]

이에 본고에서는 주로 1980~90년대 이후를 중심으로 향토사가의 가야사 서술 내용의 특징과 문제점을 살펴보고자 한다. 분석 대상의 글은 향토사가의 논문과 단행본, 그리고 각 지역 문화원이나 공공기관에서 발행한 시사·군사 등이 중심이 된다. 사실 학계 중심으로 시민을 대상으로 한 최초의 가야사 교양서[2]가 1996년에 와서야 간행된 점을 참고해 본다면, 이미 간행된 향토사가의 저술들이 일반 시민들에게 끼친 영향은 대단히 크며 앞으로도 그러할 것이라고 생각된다. 따라서 현 시점에서 이들 향토사 연구자의 서술 내용과 그 문제점을 살펴보는 것은 무엇보다도 중요하다고 생각한다. 이를 통해 그동안의 향토사가들이 가야사 연구와 활성화에 공헌한 점을 평가하고 향후 학계와 함께 보다 진전된 연구를 진척시키기 위한 밑거름이 되었으면 한다.

본고에서 분석 대상으로 삼은 향토사가의 논문과 저서 등에 대하여 잘못 이해한 바가 없지는 않은지 혹은 미처 수집하지 못한 자료가 없는지 두려움이 앞선다. 관련 향토사가 및 연구자들의 많은 질정을 바란다.

---

1) 향토사연구의 진작과 관련한 근래의 연구로는 崔根泳, 「향토사연구의 활성화 방안」, 『江原文化史研究』 제3집, 江原鄕土文化研究會, 1998, 213~220쪽이 참고되는데, 여기서는 전국 각 지역에 소재한 문화원 및 향토사연구회의 실상과 향토사 연구의 활성화 방안을 다루고 있다. 또한 韓國鄕土史研究全國協議會에서는 향토지 편찬의 현황과 과제를 중심으로 『鄕土史研究』 11, 1999에서 특집으로 다룬 바 있는데, 여기에서 다루고 있는 주제로는 시·군지 편찬의 과제와 전망(이해준), 마을지 편찬의 현황과 과제(김희태), 문화 안내책자 편찬의 현황과 과제(임홍락), 향토사 자료집 편찬의 현황과 과제(유재춘) 등이 있다.

2) 부산경남역사연구소, 『시민을 위한 가야사』, 집문당, 1996.

2. 향토사의 가야사 서술 내용

1) 논문

향토사가들의 가야사 서술 공간은 극히 제한되어 있다. 관련 논문은
주로 1980년대 이후 慶南鄕土史硏究協議會, 慶南歷史敎育硏究會, 鄕
土史硏究協議會 및 全國文化院聯合會 등의 단체가 발행한 소수의 논
문집을 통해 발표되고 있다. 『慶南鄕土史論叢』, 『歷史敎育鄕土資料
集』, 『鄕土史硏究』, 그리고 전국향토문화연구발표회 수상 논문 등이
그것인데, 양적으로는 단행본에 비해 의외로 적은 편이다.3)

향토사가에 의한 가야사 논문은 주로 '6가야'를 대상으로 서술하고
있는데, 주요 논문을 지역별로 나누어 열거하면 다음과 같다.

<가야사 관련 논문>
① 거제
李承哲, 「三韓時代 瀆盧國의 王都地는 巨濟였다」, 『慶南鄕土史論叢』,
　　　　慶南鄕土史硏究協議會, 1992.
② 고성
趙賢植, 「小伽耶의 脈에 對한 再考察」, 『慶南鄕土史論叢』, 慶南鄕土史
　　　　硏究協議會, 1992.
趙賢植, 「固城邑 東外洞 貝塚址」, 『慶南鄕土史論叢』 II, 慶南鄕土史
　　　　硏究協議會, 1993.
③ 고령4)
金道允, 「冶爐鐵産과 大伽耶」, 전국향토문화연구발표회 수상논문, 전국
　　　　문화원연합회, 1986.
金道允, 「伊未自由來記」, 『鄕土史硏究』 5, 韓國鄕土史硏究全國協議

---

3) 지역이 아닌 전국 차원의 향토사연구 관련 단체로는 1989년에 설립한 (社)韓
　　國鄕土史硏究全國協議會가 있는데, 여기서는 회지(『鄕土史硏究』)와 연구총
　　서(『韓國鄕土史硏究現況』(1990) 등) 및 『오대강유역사』(1995~1999) 등 다
　　수의 단행본이 계속해서 간행되고 있다.
4) 주로 고령 '대가야'를 다룬 아래 金道允 先生의 논문은 최근 단행본으로 묶어
　　출판되었다(金道允, 『大加耶文化論叢』, (社)大加耶鄕土史硏究會, 2001).

會, 1993.

金道允, 「地名에서 찾아낸 于勒의 痕迹(정정골에서 彈琴台까지)」, 『耕美硏究論文』 34(지명자료), 加耶文化硏究室, 1994 ; 전국향토문화연구논문우수작, 전국문화원연합회, 1994.

金道允, 「韓中日 古代史와 문화이동－가야를 중심으로」, 『韓日古代史심포지움』 발표요지문, 창조사학회, 1998.

金道允, 「金富軾의 三國史記 歪曲과 그 意味(三國史記 제4眞興王과 雜志제1樂 中心으로)」, 『耕美硏究論文』 43(문헌자료, 전적류), 加耶文化硏究室, 2000.

金道允, 「加耶文化圈의 開發의 歷史的 意義와 課題(慶北을 중심으로)」, 『耕美硏究論文』 44, 2001.

④ 김해

李都載, 「伽耶와 日本(倭)과의 關係」, 『歷史敎育鄕土資料集』 4, 慶南歷史敎育硏究會, 1981.

李都載, 「加耶始祖神話의 새로운 解釋」, 『歷史敎育鄕土資料集』 6, 慶南歷史敎育硏究會, 1983.

金尙祚, 「伽耶史考－駕洛國의 特性的 考察」, 전국향토문화연구발표회 수상논문, 전국문화원연합회, 1986.

李炳泰, 『伽耶의 본고장 金海』, 전국향토문화연구발표회 수상논문, 전국문화원연합회, 1987.

李都載, 「駕洛國의 佛敎」, 『歷史敎育鄕土資料集』 7, 慶南歷史敎育硏究會, 1987.

李炳泰, 「日本九州의 伽耶文化 關聯遺蹟」, 『慶南鄕土史論叢』, 慶南鄕土史硏究協議會, 1992.

金鍾五, 「駕洛國의 創業主 金首露王의 王子들」, 『慶南鄕土史論叢』 Ⅲ, 慶南鄕土史硏究協議會, 1994.

李都載, 「慶南의 뿌리 伽耶史의 再照明」, 『교육경남』 135(통권152), 경상남도교육청, 1998.

金宇憲, 「伽耶建國과 消滅原因의 探究事例」, 『慶南鄕土史論叢』 Ⅷ, 慶南鄕土史硏究協議會, 2000.

許明澈, 「許王后의 初行 길」, 『慶南鄕土史論叢』 Ⅷ, 慶南鄕土史硏究協議會, 2000.

⑤ 사천

文洙烈, 「四勿國의 歷史·文化的 性格－浦上八國 記事를 中心으로(三
　　　國史記)」, 『泗川文化』 제2호, 泗川文化院, 1999.

⑥ 창녕

金洗扈, 「古代昌寧은 新羅文化圈이 아니다」, 『慶南鄕土史論叢』 Ⅳ, 慶
　　　南鄕土史硏究協議會, 1995.

⑦ 함안

金英一, 「咸安의 地名小考」, 제9회 전국향토문화연구발표회 우수상, 전
　　　국문화원연합회, 1994.

金英一, 「安羅國史 小考」, 제14회 전국향토문화연구발표회 장려상, 전
　　　국문화원연합회, 1999.

(1) 연구주제

김해 가락국(=금관가야)과 관련해서는 건국신화(수로왕과 허왕후의
출자 포함), 대외관계, 불교전래와 가야불교, 허왕후 초행길, 가락국 후
손, 신라문화의 원류로서의 가야문화의 특성 등을 주제로 다루고 있다.
고령 가라국(=대가야)의 경우는 가야와 왜(민족이동), 『삼국사기』에서
의 가야사 왜곡, 우륵 관련 지명과 가야금의 유래, 가야의 강역, 야로
철산과 가라국의 발전 문제 등을 주요 주제로 다루고 있다. 함안 안라
국(=아라가야)에 대해서는 이 국의 성장과 발전에 대한 전반적인 연구
가 있고, 창녕 비화가야(=비사벌국)는 신라가 아닌 가야 소속의 일국
으로서의 특성을 부각시키고 있다. 이외의 '소가야' 권역의 소국들인
거제(=독로국)·고성(=고자국)·사천(=사물국) 등의 지역에 대해서는
지명 비정과 역사·문화적 특색 등을 중심으로 연구를 진행시키고 있
다.5)

---

5) 가야제국을 지칭하는 용어는 사서마다 혹은 논자마다 각각 다른데, 본고에서
　 는 '6가야' 가운데 김해·고령·함안의 경우 인용문을 제외하고는 가장 보편
　 적으로 쓰여지고 있는 '가락국', '가라국', '안라국'이라는 국명으로 각각 통일
　 하여 사용하고 이외의 다른 국들은 『삼국유사』 「가락국기」와 '오가야조'에 전
　 하는바 '모모 가야'라는 용어를 그대로 사용하고자 한다.

(2) 주요내용

① 건국신화 : 가야의 원류는 '少昊國'으로서, 가야의 건국은 그 주체 세력이 鐵을 가지고 말을 달려 南下해 내려오는 과정에서 성립한 것으로 추정하였다.6) 사서에 전하는 각 국의 건국신화의 내용은 공동사회 혹은 민족이동 현장에서의 원시인들의 영웅 심리와 관련이 깊은데, 가락국의 수로 전설, 가라국의 시조 전설, 석탈해 전설, 허황옥 전설 등은 유이민 설화로서 위만조선의 성립과 한사군 설치 이후의 삼한사회에서 고대국가체제로 변화하는 재편과정을 반영한다고 보았다.7) 가야의 건국과정과 가야의 멸망 원인을 관련시키기도 하는데, 가야는 고도의 철기문화를 보유하고 있으면서도 신라·백제 및 고구려와는 달리 건국과정이 순탄하지 못하여 9간 사회 때부터 있었던 갈등 요인이 6가야 이후에도 그대로 이어져 강력한 군주국가로서의 위력을 발휘할 수 없는 연맹체적인 정치형태를 유지하다가 멸망한 것으로 보았다. 즉 9간 사회가 '6가야'로 할거하여 재편되었다든지, 수로왕의 아들이 10명이었다고 전하는 사실 등은 이를 반영하는 것으로 보고 있다.8) 한편 15세기 일본에서 저술되었다고 전해지는 『伊未自由來記』9)를 근거로 가야는 신라보다 먼저 건국되었을 뿐만 아니라 신라는 가야의 속국이었다고도 하였는데, 다만 지금 남아 있는 신라의 역사는 가야 복속 이후의 기록으로서 신라 위주로 서술된 까닭에 이러한 사정은 전해지지 않았던 것으로 보았다.10)

---

6) 金道允,「韓中日 古代史와 文化이동－加耶를 中心으로」,『韓·日古代史 심포지움』, 창조사학회, 1998, 59~62쪽.

7) 李都載,「伽耶始祖神話의 새로운 解析」,『歷史教育鄕土資料集』6, 慶南歷史教育研究會, 1983, 50쪽.

8) 金宇憲,「伽耶建國과 消滅原因의 探究事例」,『慶南鄕土史論叢』Ⅷ, 慶南鄕土史研究協議會, 2000, 191~193쪽.

9) 『伊未自由來記』는 1429년 일본 島根縣 隱岐라는 섬의 저자미상의 일본인이 저술한 것인데, 야요이 시대에 隱岐가 무인지경일 때 최초의 상륙자가 가야인이었다는 사실이 기록된 고문서라고 한다(金道允,「伊未自由來記」,『鄕土史研究』5, 韓國鄕土史研究全國協議會, 1993, 160쪽).

10) 金道允,「金富軾의 三國史記 歪曲과 그 意味」,『耕美研究論文』43, 2000,

② 대외관계 : 주로 신라와 왜와의 관계를 다루고 있다. 신라와의 관계는 가야제국 가운데 마지막까지 존속한 고령 가라국의 멸망 기사를 중심으로 서술하고 있다.『三國史記』에 전하는 바와 같이 우륵이 가야금을 들고 신라에 투항했다든가 嘉實王이 음난했기 때문에 가야가 멸망한 것으로 기록한 것은 신라가 자신의 침략을 합리화할 의도에서 만들어낸 말로서 사실과 다른 것으로 추정하였다. 즉 우륵은 그의 인품과 환경으로 볼 때 결코 스스로 투항한 것이 아니라 신라군에게 납치당했던 것으로 추정하였는데,11) 당시 가야는 지리적인 조건으로 인하여 이웃나라의 침공을 쉴 새 없이 받고 있었기 때문에 가실왕이 '음란'했다고는 생각할 수 없다고 하였다.12)

가야와 왜의 관계는 '왜의 기원'과 '임나일본부' 문제를 중심으로 다루고 있다. 가야는 일찍부터 대륙의 선진문명을 적극적으로 흡수하여 독특한 철기문화를 발달시켜 일본의 규슈 북부에 도작과 금속기기술을 전달하여 야요이 문화가 일어나도록 하였고, 4세기경에는 가야 도질토기의 영향으로 왜의 스에키가 만들어졌다고 하였다. 규슈 북부의 각 지역에 가야문화와 관련성이 짙은 유적이 산재하고 있어 이를 증명하고 있다고 하였다. 또한 왜의 천손강림설과 가락국의 수로왕 탄강설이 거의 일치되는 점을 들어 수로왕의 왕자가 일본건국의 시조가 되었다고 추정하였다.13) 같은 관점에서 북방의 '기마민족'이었던 '가야족'은 철기문화를 앞세워 그 여력으로 바다 건너 일본열도로 가서 야요이 문화와 왜 건국의 주체세력이 되어 일본열도 여러 곳에 소국들을 건설하였다고 하였다.14) 한편『日本書紀』찬자들이 가야지방을 '임나'라고 하고 그곳을 자신의 식민지인 것처럼 서술한 것은 '경제적 관계'(=무

2~3쪽.

11) 金道允, 앞의 논문, 2000, 22~23쪽.

12) 金道允,「地名에서 찾아낸 于勒의 痕迹－정정골에서 彈琴台까지」,『耕美研究論集』34, 1994, 72~73쪽.

13) 李柄泰,「日本九州의 伽耶文化 關聯遺蹟」,『慶南鄕土史論叢』, 慶南鄕土史研究協議會, 1992, 85쪽.

14) 金道允, 앞의 논문, 1998, 62~65쪽.

역)에서 기원한 것인데, '日本府'라는 것은 일본상인과 본국 사이의 상
업적 연락처로서 무역을 위한 商館的인 성격을 가진다고 하였다. 또한
가야제국이 왜인의 무력적 원조를 구한 때는 군사적인 면에서도 '任那
府(商館)'가 모종의 역할을 한 것으로 추정하였다.[15]

③ 불교전래와 가야불교 : 가야지역에는 고구려에 처음 불교가 들어
오기 훨씬 이전에 이미 불교가 전래되었다고 하였다. 그 증거로 許王
后가 東來할 때 그의 오빠가 와서 세운 사찰과 사리탑이 현재 김해에
남아 있다든지, 『金海鄕土誌』와 「明月寺事蹟碑文」에 전하는 바 長遊
和尙에 대한 설화 및 河東 雙溪寺 七佛庵에 얽힌 설화 등을 들고 있
다.[16] 또한 가야불교는 남방으로부터 전래되었을 가능성이 높은데, 그
증거로 『삼국유사』에 허왕후가 파사석탑을 가지고 남쪽 바다를 통해
인도로부터 가락국으로 직접 왔다고 말하고 있는 사실을 들고 있다.
또한 김해군 神魚山 東林寺 등에는 인도 阿踰陀國의 공주 허왕후를
동행해 온 長遊大師가 불교사찰을 창건했다는 전설이 당시의 사찰명
과 함께 전해오고 있다고 하였다.[17]

④ 허왕후 초행길 : 『삼국유사』 「가락국기」의 내용과 현재의 지명을
바탕으로 허왕후의 초행로를 복원하고 있다. 즉 허왕후는 남해에서 진
해만을 지나 主浦(님개)→頭洞(別浦)→頭洞고개(비단고개)→配匹殿고
개→明月寺→곰티고개→본장유(長遊寺)→무금티고개→태정고개→만
전장소(王后寺) 등을 거쳐 뱃길로 本宮인 봉황대에 도착하였다고 하
였다. 날짜별로 보면, 허왕후는 음력 7월 27일 김해 주포에 도착하여
두동을 거쳐 명월사에서 27일 밤을 지내고, 28일 아침에 만전 장소인
왕후사로 행차하여 결혼식을 올린 후 28일 밤과 29일을 보낸 후 다음
날인 8월 1일 오전에 행차하여 본궁에 도착한 것으로 추정하였다.[18]

---

15) 李都載, 「伽倻와 日本(倭)과의 關係」, 『歷史敎育鄕土資料集』 4, 慶南歷史敎
   育硏究會, 1981, 34~35쪽.
16) 金尙祚, 「伽耶史考 - 駕洛國의 特性的 考察」, 전국향토문화연구발표회 수상
   논문, 전국문화원연합회, 1986.
17) 李都載, 「駕洛國의 佛敎」, 『歷史敎育鄕土資料集』 7, 慶南歷史敎育硏究會,
   1987, 44~48쪽.

⑤ 김해 가락국의 정복활동과 그 후손 : 『金海金氏璿源大同譜』를 자료로 이용하여 김해 가락국의 정복활동과 그 후손의 신라에서의 활약상을 살피고 있다. 즉 가야제국 가운데 국력이 가장 왕성했던 김해의 가락국은 북으로는 신라로, 동으로는 일본으로 각각 진출하게 되었는데, 왕손 金仙이 일본열도 규슈에 진출할 무렵 三子 金關智는 경북지방에 진출하여 일시 왕권을 장악했다가 신라 婆娑尼師今에게 제거당한 것으로 보았다.19) 金仙이 북부 규슈 하강을 위해 出征軍을 이끌고 치열한 정복활동을 전개하는 와중에 허왕후가 낳은 七王子는 죽게 되는데, 招賢臺·七点山仙人·七佛庵 등은 여기에서 생겨난 설화로 추정하였다.20) 한편 가락국의 멸망 후 그 후예들은 신라의 적이 아닌 일등귀족으로 등용되어 뒷날 삼국통일의 주역이 되었다. 즉 仇衡王의 세 아들이 모두 角干의 높은 관위에 올랐고, 武力의 子인 舒玄도 角干이 되었으며, 그의 아들 유신은 武人의 최고 지위에 오르게 되었다고 하였다.21)

⑥ 신라문화의 원류로서의 가야문화의 특성 : 신라문화의 원류는 대부분 가야문화라고 하였다. 고구려나 백제보다 후진적이었던 신라가 통일의 주인공이 되고 그 문화가 영원히 빛나게 된 것은 가야의 선진적인 야철기술, 가야토기, 가야불교, 우륵과 가야금, 强首의 문학 등 여러 문화가 전해졌기 때문으로 보았다.22)

⑦ 가야금 관련 지명과 유래 : 지금의 고령읍 쾌빈리는 일명 '琴谷'으로서 俗名이 '정정룰'인데, 우륵이 처음 오동나무로 만든 가야금을 뜯을 때에 '정정정정'하는 웅장한 소리가 사방에 울려 퍼지면서 그 여

---

18) 許明徹, 「許王后의 初行길」, 『慶南鄕土史論叢』 Ⅷ, 慶南鄕土史硏究協議會, 2000, 189쪽.

19) 金鍾五, 「駕洛國의 創業者 金首露王의 王子들」, 『慶南鄕土史論叢』 Ⅲ, 慶南鄕土史硏究協議會, 1994, 154~156쪽.

20) 金鍾五, 앞의 논문, 1994, 162쪽.

21) 金尙祚, 앞의 논문, 1986.

22) 金道允, 앞의 논문, 2000, 24쪽 ; 金尙祚, 앞의 논문, 1986 ; 李都載, 「慶南의 뿌리 伽耶史의 再照明」, 『교육경남』 135(통권152), 경상남도교육청, 1998(겨울), 20쪽.

운을 따라 붙여진 마을 이름이라고 하였다. 또한 우륵은 '정정골'에서 서쪽으로 약 4km 떨어진 지금의 冶爐面 金坪里에 가서 가야금을 만들었는데, 이 곳은 속명 朝陽 즉 '조랭이'이다. 즉 우륵은 이 곳의 맑은 물가에서 오래된 오동나무를 베어다가 가야금을 만들고, 예로부터 신령한 누에로서 이름난 金陵郡 南面 扶桑里에서 생산된 명주실로 가야금 12줄을 만든 것이라고 하였다.[23] 가야금의 유래와 그 유구성에 대해서도 설명하고 있다. 즉 현악기 비파와 흡사한 중국 비파형동검은 기원전 3000년경의 少昊文化의 영향을 받은 것인데, 우륵이 嘉實王의 命을 받아 만든 가야금의 원형은 당나라의 '箏'이 아니고 바로 少昊國의 '비파'였을 것으로 추정하였다.[24]

⑧ 야로 철산과 고령 가라국의 발전 : 야로 철산은『세종실록』지리지에 나오는 조선시대 3대 철산지 가운데 하나인데, 가야시대에는 이 곳이 고령 가라국의 영토였으므로 여기에서 생산된 양질의 철로 인해 가라국은 철기문화가 고도로 발달하였다고 하였다. 또한 이것이 '6가야' 중에서도 끝까지 신라에 버틸 수 있는 저력을 얻게 되었고 일본의 철기문화에까지 영향을 미치게 되었다고 하였다.[25] 가라국은 야철 기술의 발달, 등요를 이용한 토기의 대량생산, 그리고 稻作 생산 등을 통해 물자생산체제의 발전과 기술의 발달을 가져와 직업의 분업화 및 부의 축적을 촉진하여 고대국가 성립의 기본요인을 갖추었다고 하였다. 그 결과 가라국이 가야 후기에 가서 대표세력으로 대두하였는데, 그러나 이때는 이미 백제와 신라의 쟁탈대상이 되었기 때문에 大國家體制로 성장할 기회를 잃고 말았다고 하였다.[26] 가야의 국호는 '伽耶(GAYA)'로 통일적으로 표기하여야 하고, 시대구분은 '부족국가시대'와 '가야연맹국시대'의 2기로 나눌 수 있고, 국가성격은 '연맹국가'로서

---

23) 金道允, 앞의 논문, 1994, 67~68쪽.
24) 金道允, 앞의 논문, 1994, 72쪽.
25) 金道允, 「冶爐鐵山과 大伽耶」, 전국향토문화연구발표회 수상논문, 전국문화원연합회, 1986.
26) 李都載, 「加耶聯盟 形成의 性格」, 경남대학교 교육대학원 석사학위논문, 1982, 15~28쪽.

우리 고대사는 '3국시대'가 아닌 '4국시대'로 보는 것이 옳다고 하였다. 영역은 소백산맥이동과 낙동강유역으로 보아야 하며, 가야가 신라에 흡수됨으로 해서 신라의 삼국통일의 원동력이 되었다고 하였다.[27]

⑨ 김해 가락국의 성장과 발전 : 수로왕을 비롯한 '6가야'의 군왕은 그 근원을 모두 김해 구지봉에 두고 있기 때문에 김해가 가야문화의 발상지임은 분명하다고 하였다. 즉 김해 '금관국'은 철과 농업생산력을 바탕으로 성장하는 한편『삼국지』「위서」동이전에 전하는 바와 같이 국제 무역항의 중심이 되어 낙랑·대방 등 한나라 군현이나 일본에까지 활발한 문화교류를 전개한 것으로 보았다. 또한『삼국유사』「가락국기」에 아유타국의 공주인 허황옥이 수로왕과 결혼한 것은 동서문화가 교류되기 시작한 것을 말하는 것이며, 가야 멸망 이후에도 김해는 국제무역항으로서의 역할을 계속 담당하였다고 하였다.[28]

⑩ 진주 '고녕가야'(지명 비정) : '6가야' 가운데 하나인 '고녕가야'를 진주로 비정하고 있다. 즉『삼국유사』「오가야조」註에는 '咸寧(咸昌)'이라고 하였으나 다른 5가야와 비교해 볼 때 거리상으로 너무 멀리 떨어져 있기 때문에 가야지역으로 보기에는 무리가 있고, 대신 진주의 고명인 居陀(居烈)가 古陀伽耶로 추정되기 때문에 '고녕가야'는 진주로 비정하여야 한다고 하였다. 즉 진주의 지리적 조건이나 유적·유물로 보아 옛 가야시대에 유력한 부족국가가 성립되었을 것은 쉽게 짐작할 수 있고, 가락국의 마지막 왕인 仇衡王의 무덤이 지금의 山淸郡 今西面에 있으니 이곳은 진주와 가까운 곳으로 진주는 가야의 故址가 틀림없다고 하였다.[29]

⑪ 함안 안라국의 성장과 발전 : 안라국은 청동기시대의 성읍국가로부터 출발하여 원삼국시대에는 인구 2만~2만 5천을 가진 대국으로 성장, 발전한 것으로 추정하였다.『삼국사기』와『삼국유사』에 의하면 안

---

27) 李都載, 앞의 논문, 1998, 20쪽.
28) 李炳泰, 「伽耶의 본고장 金海」, 전국향토문화연구발표회 수상논문, 전국문화원연합회, 1987.
29) 金尙祚, 앞의 논문, 1986.

라국은 서기 209년에 포상팔국 전쟁을 주도하면서 가야제국 연맹체의 맹주로 부상하는데, 이러한 추세는 6세기 전반까지 이어진다고 하였다. 400년의 고구려 남정에 의한 신라구원 전쟁은 안라국에도 큰 영향을 주었는데, 이때 고구려의 지원이 없었더라면 신라는 안라국에게 멸망당해 그 존재마저 불투명했을 것이며 『삼국사기』가 안라 중심으로 쓰여졌을지도 모른다고 주장하였다. 안라국의 멸망 시기는 561년 창녕비가 세워지고 난 뒤로 추정하였다.[30]

⑫ 창녕 '비화가야'(=비사벌국) : 창녕의 '비화가야'는 김해 가락국이나 고령 가라국과는 달리 구체적인 역사기록이 없는데, 「창녕진흥왕순수비」와 『삼국사기』 신라본기 파사이사금 29년조의 '비지국' 기사를 근거로 이른 시기에 신라화된 것으로 추정하였다. 그러나 '비지국'(안강) 등 3국을 모두 동해안 일대로 비정하는 설이 있고, 화왕산성·목마산성을 비롯하여 교동 고분군, 계성 고분군 등 유적과 그 출토유물을 통해 볼 때 창녕은 분명 6가야의 하나인 '비화가야'의 고대왕국이었음을 증명하고 있다고 하였다. 또한 창녕에 소재하고 있는 화왕산·작약산·비슬산 등의 산명은 모두 고대 가야의 불교문화에서 나온 것인데, '비화가야'는 초기부터 관룡사를 비롯하여 승지사·자련사·고봉사·숙조사·법화사 등의 사찰을 창건하였다고 하였다. 신라는 법흥왕 15년에 불교가 시작되었으므로, 창녕 지역의 이 같은 불교적 요소는 신라불교의 영향이라고 할 수는 없다고 하였다. 신라가 이 지역으로 진출한 것은 6세기 중반이고, 561년에 진흥왕이 척경비를 세우면서부터 비화가야문화 대신 신라문화로 변해갔다고 하였다.[31]

⑬ 거제 '변진독로국'(지명 비정) : 정약용의 '두루기=독로설'을 받아들여 사등면 성내리 사등성 내가 삼한시대 변한 '변진독로국'의 왕도지였다고 주장하였다.[32]

---

30) 金英一, 「安羅國史 小考」, 전국향토문화연구발표회 수상논문, 전국문화원연합회, 1999.

31) 金洸扈, 「古代昌寧은 新羅文化圈이 아니다」, 『慶南鄕土史論叢』 Ⅳ, 慶南鄕土史硏究協議會, 1995, 168~173쪽.

⑭ 사천 '사물국'의 역사와 문화 : 사천에는 사천만을 중심으로 선사 시대의 유적인 100여 개에 달하는 지석묘군이 널리 분포하고 있는데, 본촌리 유적의 하층부에서 광범위한 문화층이 확인된 것을 근거로 이 곳이 변한 12국 중 '弁辰軍彌國'의 遺墟일 것으로 추정하고 있다. 또한 삼천포 늑도 패총에서 일본 출토품과 닮은 죠몽 토기가 발견된 사실은 고대 일본과의 교류를 고증하는 귀중한 단서로 보았다. 이 지역에는 강력한 정치체의 존재를 상정할 만한 토성터나 거대한 고분이 발견되고 있지는 않으나, 『삼국사기』의 포상팔국 전쟁기사를 참고해 보면 이 곳에는 '사물국'이라는 강력한 해상세력이 존재했는데 다도해 연안의 중계무역의 담당자로서 일본 · 제주 · 중국까지 왕래한 것으로 보았다. 맹주는 가락국의 '본국왕'이었으며, 주된 교역 상품은 변한 이래 유명해진 '철'이고 힘의 바탕은 해상권의 독점에 있었다고 보았다. 국명인 '사물국'은 '고요한 바닷가의 나라'라는 뜻이며, 사천만에는 어족이 풍부하고 연안의 들도 기름지며, 금오산 · 와룡산의 삼림도 울창하여 크고 작은 선박이 사천만에서 건조되는 등 일본과 왕래하는 제3의 김해로서 해양문화와 국제교역의 한 근거지였을 것으로 추정하였다.[33]

⑮ 고성 '소가야'(=고자국)의 역사와 문화 : 『六伽耶國歷史實錄』[34] 을 발굴, 입수하여 이를 근거로 소가야의 역사를 정리하고 있다. 즉 '소가야'는 가락국보다 15년 늦은 기원후 57년에 대가라국을 떠난 시조 말로왕이 건국하였고 518년에 신라에게 읍성을 내어주었다고 하였다. 9세 마지막 왕 而衡王은 唐浦 · 所乙非浦 · 加背浦 · 蛇梁島를 장악하여 海島軍營自治에 들어가 스스로 총통이 된 이후 4대에 걸쳐 약 158

---

32) 李承哲, 「三韓時代의 瀆盧國의 王都地는 巨濟였다」, 『慶南鄕土史論叢』, 慶南鄕土史硏究協議會, 1992, 163~166쪽 ; 『弁辰瀆盧國 考察－瀆盧國은 巨濟였다』, 巨濟鄕土史硏究所, 1997.

33) 文洙烈, 「四勿國의 歷史 · 文化的 性格－浦上八國 記事를 中心으로(三國史記)」, 『泗川文化』 제2호, 泗川文化院, 1999, 32~35쪽.

34) 『六伽耶國 歷史實錄』은 소가야 '末路'의 53세손 永昌의 저서로 알려져 있다고 하는데, 저술 시기 등 구체적인 사항에 대해서는 말하고 있지 않다(趙賢植, 「小伽耶의 脈에 대한 再考察」, 『慶南鄕土史論叢』, 慶南鄕土史硏究協議會, 1992, 167쪽).

년간을 투쟁하다가, 671년에 신라 김유신의 화청을 받아들여 병합되었다고 하였다. 固城郡 會華面 鳳東里 金鳳山 飛平峙에 소가야의 왕릉군이 있고, 이 외에도 성지와 고분군 등 가야시대의 여러 유적이 있다고 하였다.[35] 한편 동외동 패총이 위치한 고성지방은 변한 12국의 하나인 '변진고자미동국'이 위치했던 곳인데, 후에 6가야의 하나인 '소가야'의 도읍지가 된 것으로 추정하였다. '소가야'는 가락국과 함께 남해안의 강대국이었는데, '고성'은 '철'과 뜻이 통하고 '鐵城'은 다시 '金城'과 뜻이 통하니 부강한 나라였다고 해석할 수 있다고 하였다. 동외동 패총은 입지조건과 외관 및 출토유물 등으로 미루어 볼 때 단순한 패총이라기보다는 대외교역이 빈번하였던 고대국가의 지배층의 治地로 볼 수 있고, 외래적인 성격을 띠고 있는 일부 유물은 고성지방뿐만 아니라 원삼국시대 낙동강 하류의 해상활동 양상과 문화 형태의 연원을 밝힐 수 있는 필수자료로 보았다.[36]

⑯ 가야의 강역과 국가적 특성 : 문헌상으로 본 가야의 강역에서는 『삼국지』 「위서」 동이전에 전하는 변진 12국의 위치와 『삼국유사』 '오가야조'를 참조하였고, 고고학으로 본 강역에서는 경북지역의 20개 가야고분 소재지(1978년 기준)까지를 가야의 영향력이 미쳤던 곳으로 간주하였다.[37] 가락국의 국가적 특성으로는 역대 국왕의 왕도정치와 왕실의 철저한 평화정책을 들고 있다.[38]

2) 단행본

학계에서뿐만 아니라 향토사가에 의한 가야 혹은 가야문화 관련 서적은 1970년대 후반까지는 단지 몇 권에 그쳤는데, 1980년대 이후 급

---

35) 趙賢植, 앞의 논문, 1992, 167~178쪽.
36) 趙賢植, 「固城邑 東外洞 貝塚址」, 『慶南鄕土史論叢』 II, 慶南鄕土史研究協議會, 1993, 160~170쪽.
37) 金道允, 「加耶文化圈 發掘의 歷史的 意義와 課題－慶北을 중심으로」, 『耕美研究論文』 44, 加耶文化研究室, 2001, 16~24쪽.
38) 金尙祚, 앞의 논문, 1986.

격하게 증가하는 경향을 보이고 있다. 특히 이 가운데서도 향토사가에 의한 가야 관련 서술이 증가하는 점이 주목되는데, 저자마다 자료 구사라든지 다루는 주제 자체에 한계가 있는 것은 분명하다. 그러나 대중성 있는 주제로 쉽게 쓰여졌기 때문에 현실적으로는 학교교육 내지 사회교육에 큰 영향력을 끼치고 있는 것이 분명한 만큼 그 중요성은 크다고 하겠다.

(1) 연구주제

다루고 있는 지역과 주제는 비교적 단순한데, 논문과 마찬가지로 주로 김해 가락국의 역사와 문화에 초점이 맞추어져 있고 고령 가라국 및 다른 가야지역의 제소국을 개별적으로 다룬 것은 한두 편에 불과하다.[39] 김해 가락국의 경우 대개는 역사와 문화를 통사적으로 다루고 있는데, 그 속에서도 특별히 강조되는 주제를 들자면 불교전래, 수로와 허왕후의 출자, 가야인의 일본진출, '임나일본부' 문제 등이 있다.

지금까지 출간된 가야사 관련 단행본을 발행 연대순으로 열거하면 다음과 같다.

<가야사 관련 단행본>
1. 李鍾琦, 『駕洛國探査』, 一志社, 1977.
2. 金福洙, 『駕洛王孫二千年史(金海金氏許氏仁川李氏史)』, 學友書籍 公社, 1978.
3. 文定昌, 『加耶史』, 柏文堂, 1978.
4. 함창김씨대종회, 『고령가야』, 1986.
5. 金仁德, 『駕洛國의 後裔들』, 正文印刷社, 1987.
6. 이종기, 『駕洛國의 榮光』, (財)駕洛國史蹟開發研究院, 1987.
7. 李鍾恒, 『古代加耶族이 세운 九州王朝』, 大旺社, 1987.
8. 許明徹, 『가야불교의 고찰』, 1987.

---

39) 金洗㿸, 『非火加耶史 研究』, 中央印刷社, 1997 ; 유병규, 『대가야국의 성장과 문화』, 고령문화원, 대일·북랜드, 2001.

 9. 金種侃, 『가야의 얼을 찾아서』, 가람문화사, 1987.

10. 김종간, 『찾아야할 王國』, 伽耶文化社, 1988.

11. 李炳銑, 『任那國와 對馬島』, 亞細亞文化社, 1990.

12. 고준환, 『신비왕국 가야』, 우리출판사, 1993.

13. 김시우, 『교과서에 반영된 가야사』, (재)가락국사적개발연구원, 1993.

14. 김병모, 『김수로왕비 허황옥』, 조선일보사, 1994.

15. 김인배·김문배, 『任那新論-역설의 한일고대사-』, 고려원, 1995.

16. 부산·경남역사연구소, 『시민을 위한 가야사』, 집문당, 1996.

17. 金洗閎, 『非火加耶史 研究』, 中央印刷社, 1997.

18. 이종기, 『일본의 첫왕은 한국인이었다』, 동아일보사, 1997.

19. 李重宰, 『처음으로 밝혀진 새 加耶史와 三國列傳』, 明文堂, 1997.

20. 김종간, 『김해역사 문화이야기』, 윈컴, 1998.

21. 이봉하, 『가야가 세우고 백제가 지배한 왜구』, 보고사, 1998.

22. 駕洛佛敎 長遊宗 佛組寺, 『加洛佛敎와 長遊和尙』, 三友印刷, 1999.

23. 김병모, 『김수로왕비의 혼인길』, 푸른숲, 1999.

24. 李点浩, 『잊혀진 왕국 伽倻』, 선우미디어, 1999.

25. 김세호, 『加耶史』, 도서출판 신라, 2000.

26. 강평원, 『쌍어속의 가야사』, 생각하는 백성, 2001.

27. 김경복·이희근, 『이야기 가야사-가야는 신비의 왕국이었나』, 청아
         출판사, 2001.

28. 유병규, 『대가야국의 성장과 문화』, 고령문화원, 대일·북랜드, 2001.

(2) 주요내용

① 가락국의 불교전래와 허왕후 출자 : 가야불교의 맥을 『삼국유사』
「가락국기」에 전하는바 왕후사 창건과 「금관성 파사석탑」 기록에서
찾고, 그 뿌리는 인도의 아유타국에 있다고 하였다. 그 증거로 지금도
허왕후릉 곁에 남아 있는 파사석탑, 수로왕릉의 쌍어문과 태양문, 그리
고 허왕후 초행로와 왕후사·장유사·「명월사사적비문」 등 김해 지방
에 구전으로 전하거나 산재해 있는 불교 관련 전설과 유적 등을 들고
있다. 예로부터 김해 가락국은 외국과의 해상교류가 활발했기 때문에

불교도 신라보다는 훨씬 먼저 전래되었을 것으로 추정하였는데,[40] 가
락국 불교 전래를 허왕후의 도래 때 함께 왔다고 전해지는 장유화상에
서 찾고 있는 점은 거의 공통적이다.[41]

한편 「가락국기」에 전하는바 허왕후 일행이 멀리 인도로부터 가락
국에 도착하는 여정을 인도 야요디아, 태국 아유타야, 중국 해남, 복주,
일본 야쯔시로 등의 지역에 대한 답사를 통해 확인하기도 하였다.[42]
아유타국 공주인 보주태후 허황옥이 인도와 중국의 경계에 있는 고원
지대인 안악현 '阿里' 지방을 떠나면서 지은 노래가 지금의 '아리랑'이
라고 하여 인도와 한반도를 연결시키기도 하고,[43] '金海'라는 지명을
통해서는 김수로왕의 문화로서 '金'이고 먼 나라 아유타국에서 배를 타
고 가락국으로 시집 온 허황옥 공주의 문화 즉 가야불교 문화로서 곧
'海'라고도 하였다.[44] 이와는 전혀 다른 시각에서 전문 연구자의 견해
를 받아들이기도 하는데, 허왕후 인도 도래설은 가야지역에 불교의 영
향력이 커지면서 이를 신성화하기 위해 후대인들에 의해 윤색된 것인
데, 가야의 불교는 5대 질지왕대에 전래되어 신라불교에도 큰 영향을
준 것으로 보기도 한다.[45]

② 가락국 수로왕의 출자 : 수로왕 일족은 메소포타미아의 슈메르와
한 갈래로서 요동지역에 거주했던 '少昊金天氏'를 먼 조상으로 하는데,
그 후손인 金日磾의 증손 왕망이 세웠던 신나라에서 망명하여 김해지
역으로 이주한 집단으로 보았다. 그 증거로 神鳥인 鳳凰과 관련 있는

<hr>

40) 許明徹, 『가야불교의 고찰』, 종교문화사, 1987, 80~83쪽.
41) 고준환, 『신비왕국 가야』, 우리출판사, 1993, 37~69쪽 ; 駕洛佛敎 長遊宗 佛
    組寺, 『駕洛佛敎와 長遊和尙』, 三友印刷, 1999, 178~206쪽.
42) 李鍾琦, 『駕洛國探査』, 一志社, 1977.
43) 李重宰, 『처음으로 밝혀진 새 加耶史와 三國列傳』, 明文堂, 1997, 47~57
    쪽 ; 강평원, 『쌍어속의 가야사』, 생각하는 백성, 2001, 221~253쪽.
44) 金種侃, 『찾아야할王國』, 伽耶文化社, 1988, 27~30쪽 ;『김해역사 문화이야
    기』, 윈컴, 1998, 70쪽. 한편 수로를 찾아온 허황옥은 인도에서 온 것이 아니
    라 수로와 마찬가지로 왕망의 일파 또는 그 족당이었음을 주장하기도 한다
    (文定昌, 『加耶史』, 柏文堂, 1978, 55~68쪽).
45) 김경복·이희근, 『가야는 신비의 왕국이었나』, 청아출판사, 2001, 93~106쪽.

가야와 신라의 왕관, '소호씨'의 國祖 '摯'가 등극한 '庚申日'과 관련이 있는 우리의 디딜방아, 그리고 배·활과 화살·양잠·회색의 무문토기·악기 등을 들고 있다.46) 한편 김수로왕을 왕망의 망명세력과 관련지으면서도 '雙魚文'의 원조는 '독수리'가 표상인 '소호금천씨'가 아니라 黃帝의 손자뻘 되고 夏나라 禹 임금의 아버지로서 대홍수를 막아 보겠다는 웅대한 뜻을 가졌던 '鯀'이라고 하고, '쌍어'는 神魚로서 가야국을 지켜주고 있다고 하였다. 수로왕의 조상을 '곤'으로 하지 않고 '소호금천씨'와 연결한 것은 '곤'이 참형되었기 때문인데, 후대 신라와 같은 뿌리임을 강조하기 위한 목적도 있었던 것으로 보고 있다.47)

③ 가야인의 일본진출과 '임나일본부' : 왜 야마대국의 초대왕 '히미코'는 가락국에서 건너간 공주로서, 야마대국은 수로왕의 왕자 및 공주가 주축이 되어 건국된 김해 가락국의 '분국'이라고 하였다.48) 김해의 가락국은 뛰어난 항해기술을 바탕으로 대마도를 거쳐 일본 규슈에 진출하여 토착민을 정복한 후 새로운 왕조를 세웠는데, 이것이 '임나국'이고 일본 천황의 뿌리라고 하였다.49) 김수로왕은 건국직후부터 신라와 싸워 승리한 이후 일찍이 바다 건너 왜로 진출하였는데, 신공황후는 수로왕의 딸 묘견공주로서 중애왕의 아내가 되었다가 정변을 일으켜 규슈에서 가야의 분국인 야마대국의 왕이 되었다고 하였다. 이후 안라국 출신 아라사등의 아들 응신이 바다를 건너 大和倭의 왕위에 오름으로서 畿內의 대화조정이 성립하였는데, 이로써 백제의 간섭에서 벗어나 가야인의 왜국이 탄생한 것이라고 하였다.50) 『일본서기』와 『고사기』에 등장하는 천황 및 여러 인물의 분석을 통해, 천황가의 뿌리는

---

46) 文定昌, 앞의 책, 1978, 139~156쪽, 175~193쪽 ; 金洗髥, 『加耶史』, 도서출판 신라, 2000, 12~42쪽.

47) 李重宰, 앞의 책, 1997, 15~30쪽.

48) 李鍾琦, 앞의 책, 1977 ; 『駕洛國의 榮光』, (財)駕洛國事蹟開發硏究院, 1987 ; 『일본의 첫왕은 한국인이었다』, 동아일보사, 1997.

49) 金種侃, 앞의 책, 1988, 136~141쪽.

50) 고준환, 앞의 책, 1993, 105~149쪽 ; 조点浩, 『잊혀진 왕국 伽倻』, 선우미디어, 1999, 88~104쪽.

한반도에 있고 왜국은 가야가 세우고 백제가 지배한 나라라고 하였다.[51] 한편 지금의 고령 가야대학내에 조성된 '高天原故地' 동산을 근거로 가야는 신라의 공격으로 인한 또 다른 난을 피해 일본으로 건너가 가야인이 왕이 되어 일본을 지배했다고 보기도 한다.[52]

'임나일본부'와 관련해서는, 종래의 연구가 『일본서기』 임나 관련 지명을 한반도에 비정한다든가 아니면 '임나흥망사'를 '가야흥망사'로 혼동하여 대체 인식한다든지 하는 오류를 범했다고 지적하고, 임나는 처음에는 쓰시마의 異稱이었다가 나중에는 규슈 전체를 가리키는 異稱으로 사용되었다고 하였다. '임나흥망사'는 '가야흥망사'와는 전혀 상관없는 '규슈흥망사'이며, '임나일본부'는 규슈지역에 대한 기득권을 주장하는 기나이의 야마토정권이 임나에 설치한 연락사무소로 보았다.[53] 한편에서는 '임나일본부'에 대한 최근 학계의 연구성과를 정리하여 그 문제점을 지적하기도 하였고,[54] '임나일본부'는 임나(=가야)에 파견된 왜의 사신 혹은 그 집단으로서 이들의 외교활동이나 주장들은 모두 신라와 백제의 침략에 대하여 가야제국의 독립을 유지하고자 하는 것이었는데, 가야제국은 백제·신라·왜와의 외교교섭에 일본부를 전면에 내세웠다는 견해도 있다.[55]

3) 市史 · 郡誌

시사와 군지는 경상남도와 경북 일부 지역의 최근까지의 간행물을 대상으로 정리하였는데, 발행처는 시·군청 혹은 해당 지역 문화원이 주류를 이루고 있다. 가야를 언급하고 있는 경우는 대개 '6가야'로 비정되는 지역이 중심을 이루는데, 시사와 군지의 성격상 해당 지역을 통사 형태로 기술하는 가운데 삼한·삼국시대 항목에서 부분적으로

---

51) 이봉하, 『가야가 세우고 백제가 지배한 왜국』, 보고사, 1999, 57~103쪽.
52) 강평원, 앞의 책, 2001, 396~425쪽.
53) 김인배·김문배, 『任那新論 — 역설의 한일고대사』, 고려원, 1995.
54) 金洗鎭, 앞의 책, 2000, 265~306쪽.
55) 김경복·이희근, 앞의 책, 2001, 109~123쪽.

기술하고 있다.

본고에서 참고한 가야사 관련 시사와 군지는 다음과 같은데, 아래에서는 가야 관련 부분을 많이 다루고 있는 시사·군지를 중심으로 그 내용을 살펴보고자 한다.

<가야사 관련 시사·군지>
1. 『居昌郡史』, 居昌郡史編纂委員會, 1997, 제2편 역사적인 변천, 제2절 삼한·삼국의 시대, 382~394쪽.
2. 『巨濟郡誌』(上), 巨濟郡誌編纂委員會, 1964, 1장 역사개요, 2절 삼국시대, 2~11쪽.
3. 『慶尙南道誌』上卷, 慶尙南道誌編纂委員會, 1963.
4. 『慶尙道七百年史』第一卷(通史), 慶尙道七百年史編纂委員會, 1999, 제2장 辰·弁韓과 新羅, 伽耶, 153~186쪽.
5. 趙賢植, 『固城郡 沿革』, (社)小伽倻文化保存會, 1986.
6. 『固城郡誌』, 固城郡誌編纂委員會, 1995, 제2편 향토사, 제2장 역사시대의 고성, 제1절 삼한시대의 고성 143~163쪽, 제2절 삼국시대의 고성, 164~194쪽.
7. 『機張郡誌』(上)(下), 機張郡誌編纂委員會, 2001, 제2편 역사, 제1장 기장의 역사, 제2절 삼한·삼국·통일신라시대의 기장, 187~211쪽.
8. 『密陽誌』, 密陽文化院, 1987.
9. 『釜山市史』第一卷, 釜山直轄市史編纂委員會, 1989, 제2장 삼한·삼국·통일신라시대의 부산, 제1. 2, 3절, 383~487쪽.
10. 『星州郡誌』, 星州郡誌編纂委員會, 1996, 제2편 역사의 변천, 2장 伽倻時代의 성주-星山伽倻, 103~115쪽, 3장 신라시대의 성주, 115~121쪽.
11. 『梁山郡誌』, 梁山郡誌編纂委員會, 1989, 제1장 總論, 제2절 연혁, 1. 양산, 53~65쪽, 2. 기장, 83~85쪽.
12. 『宜寧郡誌』, 宜寧郡誌編纂委員會, 1983, 제2장 시대의 변천, 제1절 삼한시대, 458~462쪽.
13. 『晋州市史』上卷, 晋州市史編纂委員會, 1994, 제2편 역사, 제1장 선사시대, 제3절, 제4절 264~303쪽, 제2장 문헌상에 나타난 삼한·삼

국시대, 304~340쪽.

14. 『鎭海市史』, 鎭海市史編纂委員會, 1991, 1장 선사시대 및 삼한시대의 이 고장, 제2절 삼한시대, 25~28쪽, 2장 삼국 및 통일신라시대의 이 고장, 제1절 삼국시대, 29~32쪽.

15. 『昌原市史』, 昌原市史編纂委員會, 1988, 제2 歷史篇, 제1장 先史 및 三韓時代, 109~114쪽, 제2장 三國 및 統一新羅時代, 115~118쪽.

16. 『統營郡史』, 統營郡史編纂委員會, 1999, 제2장 삼한시대, 89~92쪽, 제3장 삼국시대, 93~96쪽.

17. 『河東郡史』, 余宰奎, 1978, 제2편 5장 軍事史 伽·濟戰, 245~246쪽.

18. 『咸陽郡誌』, 咸陽郡誌編纂委員會, 1981, 연혁, 1. 삼한시대, 6~9쪽.

19. 『陜川郡史』, 陜川郡史編纂委員會, 1997, 114~145쪽.

(1) 『居昌郡史』(1997)

변한 12국 가운데 하나인 '弁辰古淳是國'을 진주·진양으로 비정하여 가야시대의 '古陁'·'居陁'로 본 종래의 견해를 비판하고, '거타'는 진주와 거창의 옛 이름으로 같이 사용하였다고 하였다. '거타'와 '거열'이 신라 신문왕 때까지 함께 써오던 지명이라고 하면 거창~진주에 이르는 서부경남일대가 '변진고순시국'의 영역이었을 가능성이 높은데, 소백산맥의 준령을 경계로 거창은 낙동강 서부지방에 위치했던 변한에 속하였다고 하였다. 또한 『삼국사기』 신라본기의 '加召城'과 '馬頭城'이 거창 지방이었다고 하는 일부의 설을 받아들이고, 541년 '금관국 재건대책회의'에 참가한 가야 7국 중 '자타'의 이름이 보이고 가야멸망 당시의 10국 이름에 '자타국'(=거창)과 '염례국'(=위천)이 나오는 점을 참고해 보면 거창은 마지막까지 다른 가야제국과 운명을 함께 한 가야연맹체의 일원이었음을 알 수 있다고 하였다. 또한 우륵이 만든 가야금 12곡명 가운데 9번째에 거창의 옛 이름인 '거열'을 취하고 있는 것으로 보아 거창은 가야연맹 중에서 영향력이 있고 음악이 발달했음을 추측할 수 있다고 하고, 거창읍 개봉 고분군 등 이 지역에 산재해 있는 15개의 고분군과 출토 유물을 소개하고 있다.56)

(2) 『慶尙道七百年史』(1999)

제3절 '가야연맹의 성립과 문화' 항목에서 『삼국유사』「가락국기」의 수로건국설화 자료를 재구성하여 가야의 형성을 서술하고 있다. 청동기시대에서 초기철기시대 및 원삼국시대로 이행하는 계기가 외부로부터의 유이민의 파동에 있다면, 같은 시기 김해의 가락국도 수로집단의 이주로 말미암아 형성된 것으로 보는 것이 타당하다고 하였다. 창원 덕천리·다호리 유적의 발굴결과를 참고한다면 가야지역에는 기원전후한 시기에 소국이 형성되었을 것은 분명한데, 가야소국의 내부구조는 연맹형태로서 기존의 '단일연맹체론'과 '지역연맹체론' 가운데 동일한 시기에 다수의 '소연맹'이 있었다는 견해는 음미할 만하다고 하였다. 가야는 멸망 때까지 통일되지 못한 채 여러 소국들로 나누어 존재한 것이 사실이지만, 신라를 제외한 경상도 지역이 '가야'라고 불리어지고 대외적으로는 단일한 형태로 보이는 것도 또한 사실이므로 향후 가야사회가 어떠한 정치구조를 가지는 것인지를 세밀하게 밝혀야 한다고 하였다. 제4절 '신라의 통일과 문화' 항목에서는 신라의 가야 진출을 다루고 있다. 즉 신라의 낙동강 유역 진출 루트는 청도·경산와 대구 방면 두 개가 있는데, 청도·밀양 루트를 통해 김해의 가락국을 병합(532)하고 이후 창녕의 비화가야를 병합한 데 이어 가라국을 무력으로 복속(562)함으로써 낙동강 유역 전체가 신라에 편입되었다고 하였다.[57]

(3) 『固城郡誌』(1995)

삼한시대에 '弁辰古資彌凍國'이었던 고성은 삼국시대에는 '6가야'의 하나인 '小伽耶國'으로 등장한다고 하였다. '소가야'는 김해의 가락국과 같은 시기에 건국되는데, 바다를 끼고 있는 유리한 입지조건을 바탕으로 국내뿐 아니라 중국·왜와도 활발하게 교류하면서 발전하다가

---

56) 『居昌郡史』, 1997, 382~392쪽.
57) 『慶尙道七百年史』 제1권(통사), 1999, 179~182쪽.

가락국과 가라국 등 인접 가야제국이 소멸함에 따라 함께 신라의 영역으로 편입된 것으로 추정하였다. 또한 고성에서 발견된 가야 고분과 성지를 제시하면서, 가야 후기로 편년되는 것이 많고 전기의 것은 발견되지 않았다고 하였다. 한편 고성의 옛 지명으로『삼국사기』지리지에는 '古自國', 신라본기에는 '古史浦',『삼국유사』「가락국기」에는 '小伽耶',『일본서기』흠명기 5년조에는 '久嗟', 23년조에는 '古嗟',『삼국지』「위서」동이전 한조에는 '弁辰古資彌凍國'으로 표기하고 있는데, 이로써 볼 때 고성 지방은 가야 전 시기에 걸쳐 한·중·일 삼국의 사서에 모두 나타나는 가야의 소국이었음은 분명하다고 하였다.58)

(4)『機張郡誌』(2001)

기장을 가리키는 최초의 이름은『삼국사기』에 기록된 '갑화량곡현'이었는데, 이 지역에서는 와질토기 등 삼한시대를 대표하는 유물의 종류가 빈약하므로 변한 12국과 같은 하나의 독립 소국으로 발전하지 못하였던 것으로 보고 있다. 기장은 인근에 있는 소국(동래의 '변진독로국', 울산의 '우시산국')의 영역에 포함되었거나 정치적 영향력 아래에 있었을 가능성이 높은데, 출토 유물을 보면 이 지역의 읍락 세력은 동래 복천동 정치세력의 영향력 아래에 있었던 것으로 추측하고 있다. 5세기대에 부산지역이 신라의 영향을 받게 됨에 따라 그에 속해 있던 기장 지역도 신라의 영향력 아래에 놓이게 되는데, 7세기 중·후반 무렵 신라에 의해 '갑화량곡현'이 설치되고 중앙으로부터 현령이 파견되면서부터 행정적으로도 완전히 신라에 편입된다고 하였다.59)

(5)『釜山市史』(1989)

가야가 존속했던 삼한·삼국시대의 부산을 고고학과 문헌학 방면으로 각각 나누어 서술하고 있다. 고고학적 고찰의 경우, 삼한시대에서는

---

58)『固城郡誌』, 1995, 157~194쪽.
59)『機張郡誌』(上), 2001, 187~211쪽.

토기(와질토기)와 묘제(목관묘)의 특징과 유형을 소개하고, 삼국시대에서는 목곽묘를 근거로 한 고분 개념을 통해 고대국가 발생을 논하고 있는데 부산 지방의 경우 복천동 38호분을 주목하였다. 삼국시대의 부산은 인근의 김해와 함께 낙동강 하류유역으로 묶어 설명하면서, 토기문화의 우월성, 각종 무구의 집중 출토, 묘제에 보이는 선진성(대형목곽묘와 수혈식석실묘) 등을 들어 가야의 중심지역으로 나타난다고 하였다. 그러나 5~6세기의 부산은 김해와 함께 '친신라계가야' 지역으로 편입되는데, 그 증거로는 신라 토기의 증가와 수장묘역의 해체 등 고분의 규제로 나타난다고 하였다. 문헌적 고찰의 경우, 삼한시대의 부산에서는 변한의 성립과 함께 설명하고 있는데, 변한 12국 가운데 '변진독로국'을 부산에 비정하면서 유리한 해상교통의 지역조건과 각종 고고·문헌자료를 제시하고 있다. 삼국시대의 부산에서는 가야 명칭의 유래, 가야의 성립 시기(1세기 전반), 수로왕과 석탈해의 쟁투기사, 『삼국사기』에 전하는바 '변진독로국'의 또 다른 이름인 '居柒山國(=葭山國)'의 유래 등을 설명하고, 5~6세기 이후는 왜인의 출몰과 신라의 가야 통합과정을 다루고 있다.[60]

(6) 『星州郡誌』(1996)

성주지역의 촌락사회는 성주읍 성산리 지역에 존재하였던 읍락을 중심으로 국가를 형성하였는데, 이곳이 『삼국유사』'오가야조'의 6가야 가운데 하나인 성산가야의 舊地인 것으로 추정하였다. 성산가야의 기원은 변한 12국 가운데 하나인 '弁辰半路國'에서 찾고 있는데, 그 근거로 『삼국사기』 지리지에 星山郡의 領縣인 '新安縣'이 본래 '本彼縣'이었던 사실을 들고 있다. '변진반로국'은 4세기 초 한군현 소멸을 계기로 '星山伽耶'로 발전하는데, 낙동강 연안에 위치하고 있는 유리한 지리적 조건을 발전의 원동력으로 삼는 한편 가야의 중심국이었던 김해지역과도 밀접한 관계를 가졌던 것으로 보았다. 개별 소국 단위의 독

---

60) 『釜山市史』 제1권, 1989, 383~487쪽.

립된 정치조직을 유지했던 '성산가야'는 대표 유적으로 성주읍 성산리 고분군과 선남면 용산리 고분군을 남기고 있는데, 함안의 안라국이나 고령의 가라국보다 강하지는 않지만 합천의 '다라국'보다는 선진적이 었던 것으로 보고 있다. '성산가야'의 멸망연대는 확실하지 않으나 인 접한 고령의 가라국이 신라에 병합되던 시기에 함께 복속된 것으로 추 정하였다.[61]

(7) 『晋州市史』(1994)

1~3세기는 원삼국시대 또는 삼한시대로, 4~6세기는 가야시대로 각 각 파악하면서, 이 지역에 분포하는 유적인 수정봉·옥봉 고분군, 가좌 동 고분군, 중안동 고분군 등의 위치나 규모를 중심으로 가야시대는 다시 4세기(가야전기), 5세기 전반(가야중기), 5세기 후반~6세기 전반 (가야후기) 등으로 세분하여 파악하고 있다. 가야소국 가운데 진주지 역에 있었던 것으로 추정되는 나라는 弁辰古淳是國, 弁辰走漕馬國(= 卒馬國), 居陀國(=子他, 子呑, 古陀, 居烈), 上哆唎, 古寧伽耶 등 다양 한데, 가장 많이 비정되는 것은 '거타국'과 '고녕가야'이지만 확정적이 지는 않다고 하였다. 가야시대 진주지역의 정치체의 존재를 대표하는 수정봉·옥봉 고분군은 다른 가야지역의 대형고분군과 비교해 볼 때 입지조건과 봉분의 외형은 같으나 전체고분의 수량이나 내부주체의 형태, 고분 축조연대, 부장유물의 양과 질에서 현격한 차이가 나는 중 형급이라고 하였다. 따라서 '진주'는 가야 당시 6가야 중의 하나인 '고 녕가야'였을 가능성은 없고, 6가야에 들지 않는 보다 세력이 작은 가야 의 소국중의 하나일 것으로 추정하였다. 이 외에 가야 말기를 언급하 면서 이 지역이 신라와 백제로 편입되는 과정을 서술하고 있는데, 합 천군 삼가면 일원까지는 신라 세력권으로, 그 서남부지역인 함양·산 청 및 진주 일원은 백제 세력권으로 각각 편입된 것으로 보았다.[62]

---

61) 『星州郡誌』, 1996, 103~121쪽.
62) 『晋州市史』(上卷), 1994, 264~340쪽.

(8) 『昌原市史』(1988)

삼한시대의 창원은 변한에 속했는데, 함안과 김해 사이에 위치한 지리적 조건을 감안해 볼 때 '弁辰走漕馬國'에 비정하는 것이 타당하고 마산과 함께 '浦上八國' 가운데 하나인 '골포국'을 이루었던 것으로 보았다. 이때의 유적으로는 외동 성산패총, 삼동동 옹관묘, 도계동 고분군 등을 들면서, 야철지가 확인되는 것은 물론 가야 때 접경하고 있던 김해의 가락국, 함안의 안라국, 고성의 '소가야' 등 세 세력권의 정치·군사적 판도를 가름할 수 있는 중요한 고고학적 유적이라고 하였다. 삼국시대에 들어 창원의 골포국은 '포상팔국'의 중심국으로서 함안의 안라국을 공격할 정도로 큰 세력을 이루었는데, 그러나 신라에 패배한 이후 다른 가야세력에 흡수된 것으로 보았다.[63]

(9) 『陜川郡史』(1997)

고고 자료를 중심으로 볼 때 합천은 산악이 많고 평지는 적지만 인구가 결집할 만한 평야지대는 산간의 곳곳에 분포하고 있다고 하였다. 고분군들은 5개의 구역으로 나누어 집중 분포하고 있기 때문에 이 지역의 가야국이 5개의 독립된 촌락집단으로 구성되어 있음을 알 수 있다고 하였다. 특히 황강 유역의 쌍책면 성산리 옥전 고분군은 이 지역이 가야의 큰 세력으로 성장하기까지의 지배집단의 묘역이었던 것으로 추정하였다. 후기가야의 소국 가운데 합천지역에는 『일본서기』에 보이는 바와 같이 '다라국'이 위치했던 것으로 추정하고, 신라가 이 지역을 편입한 이후에는 백제와의 경계지역으로서의 지리적 중요성 때문에 '대야주'가 설치(565)되었다고 하였다.[64]

---

63) 『昌原市史』, 1988, 109~118쪽.
64) 『陜川郡史』, 1997, 114~145쪽.

3. 향토사의 가야사 서술의 특징과 문제점

이상에서 향토사가의 논문·저서와 시사·군지 등에 서술된 가야사의 주요 내용과 중심적으로 다루고 있는 주제를 살펴보았다. 서술 내용은 가야 전 시기와 전 영역에 걸쳐 있지만, 사료 구사나 참고문헌의 활용 등 서술 방법상의 기본 틀은 의외로 간단하며 다루고 있는 내용도 몇몇 주제에 편중되어 있음을 알 수 있다. 아래에서는 서술상에 보이는 제특징을 일별해 보고, 현재 학계의 연구성과와 비교하여 서술방법의 문제라든지 내용상의 문제점 등을 살펴보고자 한다.

1) 가야사 서술의 특징

첫째, 논문과 단행본의 양적인 증가이다. 논문의 경우 1970년대 후반부터 서술되기는 하였지만 양적으로 급격하게 증가하는 것은 1990년대 이후이다. 전국문화원연합회에서 주관하고 있는 전국향토문화연구발표회도 1986년부터 시행한 것인데, 종래 각 지역별로 동호인적 성격을 가지면서 진행되고 있던 향토사 연구를 전국 차원으로 하나로 묶는 계기가 되었다는 점에서 대단히 중요한 성과로 생각한다.[65] 1980년대에 들어『역사교육향토자료집』등이 간행된 바 있으나,『향토사연구』와『경남향토사논총』등 향토사가 중심의 정기 논문집이 본격적으로 나온 것은 사실 90년대 이후이다. 단행본의 경우도 일반대중서로는 유일하게 1970년대 후반 李鍾琦의『駕洛國探査』(1977)가 출간된 이후 거의 끊어졌다가 1980년대 후반부터 본격적으로 간행되기 시작하여 지금에 이르고 있는데, 다른 지역과 비교해 보아도 유례가 없는 것이다.

가야사 서술의 이같은 양적 증가의 요인으로는 여러 가지를 들 수 있는데, 그 가운데 가장 주목되는 몇 가지를 지적하면 다음과 같다. ①

---

65) 전국문화원연합회에서는 1986~1999년(1회~14회)까지의 전국향토문화연구 발표회 수상논문 93편을 논문집으로 묶어 CD-ROM으로 제작한 바 있다.

향토사 연구자의 확대와 조직화인데, 대부분의 향토사 연구자는 각 지역 문화원 소속이면서 국사편찬위원회의 사료조사위원으로 활동하고 있다는 점이다. ② 학교교육에서의 향토사에 대한 비중이 늘어나고 지방자치제의 실시로 말미암아 일반 및 각 지방자치단체의 가야사에 대한 관심이 증가한 점이다. ③ 출판사의 증가와 출판비용의 감소로 단행본 발간이 이전보다는 훨씬 쉬어졌다는 점이다. ④ 가야지역에 대한 고고 자료의 증가와 함께 학계의 연구성과의 축적이 어느 정도 이루어졌다는 점이다. 특히 학계에서는 1980년대 후반 이후 한국 고대사에 대한 관심의 고조와 함께 가야사와 관련된 각종 논문·학술발표회를 통하여 가야사 연구활동이 두드러지고 있는데,66) 이런 경향들이 일반 대중과 함께 호흡하면서 향토사가의 관심을 증폭시켰던 것으로 보인다. 향후 학계의 가야사 전문연구자와 향토사가가 함께 하는 자리가 본격적으로 마련된다면, 이러한 추세는 지속될 것으로 전망된다.

둘째, 시사·군지에서의 집필진의 변화가 보인다는 점이다. 각 지역의 역사는 시사나 군지를 통해 정리되는데, 종래 광역의 시나 도 단위를 제외하고는 거의 문화원 소속의 향토사가들이 집필을 맡았다. 지금까지 시사나 군사가 끊이지 않고 간행된 것은, 그간 관련기관의 충분하지 않은 재정적·행정적 지원에도 불구하고 오로지 자기 향토에 대한 애정과 지역사의 복원을 일념으로 했던 해당 지역 향토사가의 노력이 있었기 때문이다. 그러나 1990년대를 전후하여 이들 시사·군지의 편찬과 집필에 향토사가의 비중이 줄어들고 대신 학계의 전문 연구자들의 참여가 두드러지고 있는데, 이런 경향성은 기존의 향토사가의 노

---

66) 대표적인 행사로는 1991∼2001년까지 김해시에서 주관해 오고 있는 가야사 학술행사가 있고(7회, 『가야사의 재조명』(1991), 『가야와 동아시아』(1992), 『가야와 고대일본』(1997), 『가야와 신라』(1998), 『가야의 대외교섭』(1999), 『가야와 백제』(2000), 『가야와 일본』(2001)), 이 외에도 경상북도(2회, 『4∼5 세기 동아세아 사회와 가야』(2001), 『새롭게 조명해 본 가야사』(1998))와 고령군(2회, 『대가야의 정치와 문화적 특성』(1999), 『대가야와 주변제국』(2001)) 그리고 부산 복천박물관(5회) 주최의 각종 국내·국제 가야사 학술행사가 있다. 최근까지의 가야사 연구 경향에 대해서는 노중국, 「가야사 연구의 어제와 오늘」, 『한국 고대사 속의 가야』, 혜안, 2001 참조.

령화가 지속되는 한편 이들 편찬물의 형식과 내용에 대해 더욱 엄정한 공신력이 요구되고 있기 때문이다.67) 물론 지금도 왕성한 연구와 집필 활동을 하는 향토사가들도 많이 있는데, 향후 후학 양성과 함께 학계와의 교류 및 연구성과의 수용을 통해 향토사를 자기 고장의 역사만이 아닌 국가사의 일부로서 위치 지울 때 그 입지는 더욱 공고하게 될 것이다.

셋째, 논문과 단행본 모두 서술하는 지역과 주제가 편향되어 있다는 점이다. 즉 『삼국유사』 「가락국기」와 '오가야조'에 전하는바 '6가야'로 비정되는 지역인 '금관가야'(김해)·'아라가야'(함안)·'고녕가야'(함녕 혹은 진주)·'대가야'(고령)·'성산가야'(성주)·'소가야'(고성)·'비화가야'(창녕) 등에 국한되어 있고, 그 가운데서도 김해 가락국에 대한 서술이 압도적으로 많은 비중을 차지하고 있다. 아마 김해 지역이 가야 당시의 중심국이었던 까닭에 문헌 및 고고학 등 관련 자료가 비교적 풍부하고, 가야 관련 전승이나 설화 등 민간에서의 구전자료들도 많이 남아 있기 때문이 아닌가 추정된다.68) 또한 다루는 주제도 시조 출자, 불교전래, 가야인의 일본열도 진출, 가야 후손 문제 등 가락국과 관련된 내용이 주류를 이루고 있는 특징을 보이고 있다.

넷째, 통사형태의 기술이 많아지고, 문헌 중심에서 탈피하여 고고 자료의 활용이 증가하고 있다는 점이다. 이런 경향은 1980년대 중반 이후 문헌과 고고학 방면에서의 가야사 관련 연구성과가 많이 축적되고 가야지역에 대한 기행과 답사가 활성화되는 과정에서 나타난 현상인

---

67) 물론 향토지가 지역민이 공유하는 삶의 전반적인 모습이 배어 있어야 한다는 점에서는 향토사연구자의 역할이 중요하지만 각기 돌출된 문화들을 상호 연결, 종합하는 안목이라든지 관련 자료가 지니는 특수성과 보편성에 대한 일가견을 가져야 된다는 점에서는 전문연구자들의 역할이 중요하기 때문에 향토지의 편찬에는 향토사가와 전문연구자의 연합적인 편찬, 집필위원회를 가동하여 효율을 기해야 한다는 견해도 있다(이해준, 「시·군지 편찬의 과제와 방향」, 『鄕土史硏究』 11, 韓國鄕土史硏究全國協議會, 1999, 33쪽).

68) '6가야'에 들지는 않지만 가야의 중요 소국으로 추정되는 합천 '다라국'에 대해서는 거의 언급이 없으며, 고령 '가라국'과 함안 '안라국'의 경우도 그 중요성에 비추어 볼 때 의외로 관심이 빈약한 편이다.

데, 일반 대중을 위한 가야사의 체계화나 한국 고대사에 있어서의 가야사의 위상의 제고라는 측면에서 보면 바람직한 현상이라고 하겠다. 김해나 고령지역은 말할 것도 없고 특히 문헌자료가 부족한 함안·합천·고성 등의 지역에 대한 연구에는 고고 자료가 필수적이므로 향후 고고 자료의 축적과 함께 가야사의 실체가 밝혀질 것으로 생각된다. 이와 관련하여, 종래의 '3국시대' 대신 가야를 포함한 '4국시대'를 제창하고 있는 것도 특징적인 현상이라고 하겠다.[69]

다섯째, 시사·군사의 경우 삼한·삼국시대 부분에서 다루고 있는데, 각 지방자치단체별로 지역사의 중요성을 강조함에 따라 그것을 정리한 간행물도 증가하고 있고 가야사의 경우 최근에 간행된 것일수록 서술 내용이 많아지고 정확성도 높아졌다는 점이다. 이것은 향토사 집필에 학계 연구자의 참여가 많아지고 발굴 등을 통한 가야 관련 자료의 축적에 영향을 받은 결과로 추정되는데, 이를 통해 가야사에 대한 향토사가와 학계 연구자 간의 인식의 차이가 점차 좁혀지는 등 바람직한 방향으로 나아가고 있다. 물론 향토사가 가지는 공통적인 한계 즉 기초자료가 미진하고, 고답적이고, 단순한 업적 위주에서 파생된 내용성 없는 '방대한 분량'과 '화려한 포장'의 문제점이 있기는 하지만,[70] 적어도 가야사의 경우는 고고 자료의 활용이 필수적이므로 기초자료가 증가한다면 이들 문제는 점차 해소될 것으로 생각된다.

여섯째, 가야의 대외관계 특히 왜와의 관계는 주로 일본 천황가의 뿌리를 가야에서 찾는 경향으로 집약되고 있다는 점이다. 그 근거로는 일본 내 가야유적과 지명 분포를 들고 있고, 이론적으로는 '기마민족정복왕조설'로 뒷받침하고 있다. 반면 종래 중요시되었던 '임나일본부'에 대한 서술은 의외로 많지 않은데, 그 내용도 예전과는 달리 민족적 감정에 바탕을 두고 있지는 않다. 이것은 이 문제에 대하여 그동안 학계의 체계적인 비판과 대안의 제시가 있었기 때문일 것인데, 실제 최근

---

69) 金種侃, 앞의 책, 1988, 136쪽 ;『居昌郡史』, 1997, 382~394쪽 ; 李都載, 앞의 논문, 1998, 20쪽.
70) 이해준, 앞의 논문, 1999, 29쪽.

의 향토사가의 저술에서는 그동안의 학계의 연구성과를 그대로 받아
들이기도 한다.71)

2) 가야사 서술의 문제점

최근 들어 향토사가를 중심으로 가야관련 논문과 단행본이 양적으
로 증가하는 것은 그동안의 가야사의 활성화 내지는 대중화가 크게 진
전되었음을 의미한다. 이것은 향토사가의 지역사에 대한 끊임없는 관
심과 학계의 연구업적이 어우러진 결과라고 하겠는데, 양적인 팽창이
질적인 수준과 반드시 일치하는 것도 아니고 저자별로 서술 수준의 편
차도 있는 등 일정한 한계를 가지고 있는 것도 사실이지만 향토사의
활성화가 가야사 연구를 한 단계 진전시킨 점은 부인할 수 없다. 다만
현재까지의 향토사가에 의한 가야사 서술이 학계의 연구 내용과 비교
해 볼 때 어떤 인식상의 차이점이 있고, 그것이 서술 과정에서 어떻게
반영되고 있는가 하는 등의 문제를 살펴봄으로써 향후 향토사가의 가
야사 서술과 가야사의 체계화에 약간의 도움이 되었으면 한다.

(1) 형식

첫째, 주제 선정과 서술 방식의 문제이다. 지금까지 발표된 논문을
보면, 시조의 출자라든지 불교전래 등 단일 주제로 다루고 있지만 이
가운데 다수의 논문이 서술과정에서 가야의 역사와 문화를 통사 형태
로 함께 기술하는 경향이 두드러지다는 점이다. 이런 경우 논제와는
다르게 서술 내용 자체가 산만하여 초점이 흐려지는 경우가 허다한데,
이것은 논리 전개상의 기본적인 결함일 뿐만 아니라 점차 세분화되어
가는 학계의 연구 경향과도 맞지 않는다. 근래 가야사 연구가 활성화
되고 있기는 하지만, 자료 부족은 물론 아직까지도 각 지역 단위의 연
구가 미진한 관계로 가야 통사를 기술하는 것은 무리이다. 따라서 향

---

71) 金洗崑, 앞의 책, 2000, 265~317쪽 ; 김경복·이희근, 앞의 책, 2001, 109~123쪽.

후 향토사의 가야사 기술도 각 지역별 특성을 살려 조그만 주제부터 미시적으로 접근할 필요가 있을 것이다.

둘째, 사서 취급과 연구성과 수용의 문제이다. 『伊未自由來記』나 『六伽耶國歷史實錄』과 같이 학계에서 검증되지 않은 사서의 내용을 근거로 논지를 전개시키고 있고, 가야사의 기본 사료인『삼국유사』「가락국기」를 해석함에 있어서도 자료에 대해 비판적인 입장을 취하기보다는 내용을 전적으로 신뢰하는 입장에 서서 답사 등을 통해 이들 기록을 확인하는 차원에서 서술하는 등 전후가 바뀐 입장을 취하고 있다는 점이다. 물론 최근의 서술, 예를 들면 가야불교의 전래에 대해서는 학계의 연구성과를 대폭 받아들여 후대인의 윤색이라는 견해를 밝히기도 하였고,[72] '임나일본부'에 대해서도 민족적 감정에 호소하기보다는 가야에 파견된 왜의 외교사신이라는 학계의 연구성과를 수용하기도 하는 등[73] 일부 진전된 경향을 보이기도 하였다. 그러나 전체적으로 볼 때 자료 취급과 연구성과의 수용에 많은 문제점을 가지고 있다고 하겠는데, 특히 학계의 연구성과를 반영할 때도 출전은 거의 밝히고 있지 않으며 내용상으로도 일관성을 결여한 채 짜깁기식의 자의적인 자료인용과 문장 원용 등이 문제점으로 나타나고 있다.

셋째, 『삼국유사』「가락국기」와 '5가야조'에 보이는 '6가야(설)'를 근거로 여기에 비정되는 지역을 중심으로 한 서술이 많다는 점이다. 서술 대상이 되는 지역으로는 김해·고령·함안·창녕·진주·고성·성주 등이 있는데, 이 외에 부산·합천 등의 지역이 추가적으로 기술되기도 하지만 '6가야'라는 큰 틀 자체에서 크게 벗어난 것은 아니다. 하지만 현 학계에서는 '6가야설' 자체가 후대 인식의 산물로서 간주되어 많은 비판을 받고 있고, 창녕과 성주 지역 등은 일찍 신라화한 지역으로 적어도 6세기대에는 가야사 혹은 가야문화의 범주로 취급하기가 어렵다는 점은 고려되어야 할 것으로 생각된다. 특히 창녕지역은 삼한

---

72) 김경복·이희근, 앞의 책, 2001.
73) 김경복·이희근, 앞의 책, 2001.

시기에는 진한의 '不斯國'에 속했는데, 삼국시대에는 가야에 포함되었다가 6세기대에 들어서는 가야의 다른 지역보다 이른 시기에 신라로 편입되는 등 시기에 따라 정치적 변동이 심하기 때문에 이 지역의 정치·문화적 추이를 규명하기 위해서는 시기적으로 구분하여 접근할 필요가 있다.

그런데 '6가야'가 비정되는 지역 가운데에도 서술상 압도적으로 많은 비중을 차지하고 있는 곳이 김해지역이다. 김해지역은 종래부터 가야의 뿌리로 취급되어 집중적인 관심의 대상이 되어 왔는데, 수로왕의 설화 등 독자적인 건국신화를 가지고 있다든지 풍부한 고고학의 발굴 성과 등을 감안해 볼 때 당연한 결과라고 하겠다. 그러나 김해와 함께 가야의 2대 중심지로 간주되는 고령 지역은 의외로 저술 활동이 부진한데, 특히 이 지역만을 다룬 대중적인 단행본은 단 하나도 없는 실정이다.[74] 이것은 학계의 연구 성과가 반드시 일반 대중서로까지 확산되는 것은 아님을 보여주는 증거라고 하겠는데, 물론 전문연구자에 의해 저술된 통사류의 개설서도 김해 중심에서 완전히 탈피한 것은 아니다.[75] 어쨌든 특정 지역의 선호 현상은 현존하는 자료가 풍부하다는 점 이외에도 지역민의 가야사에 대한 관심과 지역사회의 유·무형의 뒷받침이 큰 영향을 준 것으로 판단된다. 그러나 가야의 실체를 밝히는 것은 물론 가야사연구의 균형적인 발전을 위해서도 김해 중심에서 탈피하여 고령·함안 등 다른 가야지역에 대해서도 관심을 가질 필요가 있다.

넷째, 주제의 편향성이 심하다는 점이다. 비중 있게 다루어지는 주제로는 논문과 단행본을 불문하고 주로 가락국의 건국신화를 중심으로 한 수로왕과 허왕후의 출자, 가야 불교전래 문제 및 가야와 왜의 관계

---

74) 최근 고령문화원에서 고령 가라국을 전론한 글이 발간된 바 있으나(유병규, 앞의 책, 2001), 전문 연구자의 글들을 요약, 정리한 얇은 책자로서 일반인들이 쉽게 읽을 수 있는 대중서로 보기는 힘들다.

75) 이 점에 대해서는 본서에 수록된 노중국, 「한국사 개설서의 가야사 서술」을 참고하기 바란다.

사 등에 국한되어 있다. 이런 경향성은 세 번째 문제와도 관련이 깊은데, 다루어지는 주제들이 대부분 김해지역과 직접적인 관련을 가지고 있음을 알 수 있다. 가야의 건국신화라든지 불교 문제만 하더라도 김해 가락국 이외에도 고령 가라국의 독자적인 기록과 유적·설화가 있음에도 불구하고 향토사가의 서술에서는 크게 주목받지 못하고 있는 것이 현실이다. 이것은 현 학계의 연구경향과는 배치되는 현상으로서,76) 향토사 전체의 균형적인 발전을 위해서도 바람직한 현상은 아니라고 하겠다.

(2) 내용

첫째, 김해 가락국의 건국시조인 수로왕의 출자 문제이다. 서술 방법상의 차이는 있으나 수로왕의 출자를 '소호금천씨'에서 구하는 것은 거의 공통적인데, 남하의 계기는 위만조선의 성립, 한사군의 설치, 왕망의 난 등을 들고 있다. 이 문제는 '김해 김씨' 성의 기원과 직접적인 관련을 가지는데,『삼국사기』김유신열전 이후 계속 언급되는 내용이다. 주지하는 바와 같이 '김해 김씨' 성의 기원에는 '소호금천씨출자설' 이외에도 계통을 달리하는 '금란설'이 이른 시기부터 서술되어 왔는데, 『삼국유사』「가락국기」에는 '금란설'을 취하였으나 후대로 내려올수록 기이한 것으로 간주하여 '소호금천씨설'을 더 신빙하는 경향이 있다. 그러나 '소호금천씨출자설'은 가락국의 시조 수로를 중국 전설의 시대에서 구하여 그 연원의 유구성과 합리성을 추구하기 위한 후대 인식의 산물로 보이기 때문에77) 이것을 수로 출자와 직접 관련짓기는 사실상 불가능하다고 하겠다.

물론 신라의 출자를 참고해 볼 때 중국과 한반도 북부의 정세 변화

---

76) 근래 문헌과 고고 자료를 종합하여 고령 가라국에 대한 역사와 문화를 전론한 연구서가 나온 바가 있다. 韓國古代史硏究會(盧重國外 9人),『加耶史硏究－대가야의 政治와 文化』, 慶尙北道, 1995.

77) 백승충,「가야 건국신화의 재조명」,『한국 고대사 속의 가야』, 혜안, 2001, 86~90쪽.

에 따른 혼란기에 유이민의 남하는 분명히 예상해 볼 수 있고, 탈해집
단과 마찬가지로 이들 유이민은 철기 등 북방의 선진문화를 소유한 까
닭에 가야지역의 새로운 정치세력으로 등장했을 가능성은 있다. 그러
나 가야의 경우 문헌이나 고고 자료를 참고하더라도 이들 유이민의 갈
래를 어디서 구할 것인가 하는 점은 밝혀내기가 불가능하며, 그 구성
자체도 단일한가 아니면 시간적인 차이를 두면서 복합적으로 형성되
었는가 하는 점도 잘 알 수 없다. 따라서 후대 인식의 산물인 '김해김
씨 소호금천씨 출자설'을 근거로 수로왕의 출자를 거론하는 것 자체가
그 어떠한 역사적 의미도 가질 수 없을 것으로 판단되는데, 그보다는
시조의 출현 시기 혹은 그 성격에 보다 많은 관심을 가져 건국기의 가
야의 실상을 밝혀내는 것이 좀 더 합리적이지 않을까 한다.

둘째, 허왕후 출자와 불교전래 문제이다. 향토사가의 저술에서는 허
왕후는 아유타국 혹은 아유티야에서 왔고, 이때 불교도 함께 전래된
것으로 보고 있다. 근래 학계에서도 허왕후의 출자를 아요디아에서 구
하여 중국 사천성 안악현을 거쳐 가야에 들어왔다는 견해를 피력하기
도 하였고,[78] 가야에서의 남방불교 전래 문제를 다루면서 낙동강을 중
심으로 한 가야 불교의 신라 유포 가능성을 지적하기도 하였다.[79] 따
라서 향토사가들의 견해가 불합리한 것으로만 돌릴 수도 없는 상황인
데, 그러나 이 문제에 대해서는 일찍이『삼국유사』「가락국기」의 사료
적 성격과 관련지어 불교 동점 사상이 반영된 것이라는 견해[80]가 제시
된 이래 후대에 불교적으로 윤색된 것으로 보는 것이 일반적이다.[81]
물론 이 문제와 허왕후 자체가 불교와 관련 깊게 기술된 것은 별개로

---

78) 김병모,『김수로왕비 허황옥』, 조선일보사, 1994 ;『김수로왕비의 혼인길』, 푸
   른숲, 1999.
79) 金煐泰,「駕洛佛敎의 傳來와 그 展開」,『佛敎學報』27, 1991 ; 洪潤植,「伽耶
   佛敎에 대한 諸問題와 그 史的 意義」,『伽耶考古學論叢』1, (財)駕洛國史籍
   開發硏究院, 1992.
80) 三品彰英,『三國遺事考証』(中), 塙書房, 1979, 335쪽.
81) 鄭璟喜,「三國時代 社會와 佛經의 硏究」,『韓國史硏究』63, 1988 ;『韓國古
   代社會文化硏究』, 一志社, 1990, 321~323쪽 ; 金泰植,「駕洛國記 所載 許王
   后 說話의 性格」,『韓國史硏究』102, 1998, 22~24쪽.

다루어야 할 문제인데, 가야에서 전통신앙을 대신한 불교사상의 유포
(왕후사 창건 등)와 가락국 내에서의 허왕후 집단의 입지의 강화는 상
호 연결될 가능성이 있다. 어쨌든 1세기 전반에 가야와 인도의 직접적
인 교류관계는 상정하기가 어려운데, 허왕후 집단은 수로 이후 가야지
역에 도래한 선진 유이민 집단으로서 수로와 겨루는 탈해와는 달리 처
음부터 왕비족으로 등장하는 등 부차적인 집단이라고 할 수 있다.[82]
허왕후 집단을 불교전래와 관련시킨 것은 사실에 바탕을 둔 것이라기
보다는 가야지역의 불교 성행과 때를 같이한 후대인의 인식의 산물로
보는 것이 타당하다고 생각한다.[83]

셋째, 가야인의 왜 진출 문제이다. 가야인의 왜 진출 문제는 주로 일
본열도 내 가야 분국의 존재 가능성이라든지 일본 천황가의 뿌리는 가
야라는 관점에서 접근하고 있는데, 그 근거로는 일본열도 내에 남아
있는 가야문화와 지명, 그리고 건국신화의 유사성을 들고 있다. 가야와
왜의 관계에 대해서는 향토사가뿐만 아니라 한국과 일본의 학계에서
도 꾸준하게 관심을 가지고 있는 주제이다. 실제 문헌상으로나 고고
자료상으로도 양국 간의 인적·물적 교류가 밀접했음은 증명되고 있
고, '임나일본부'라는 것도 사실은 이러한 관계의 소산인 것으로 밝혀
지고 있다.[84] 다만 검증되지 않은 私家의 기록을 근거로 하여, 일찍이
수로왕의 공주인 '妙見'이 일본열도로 건너가 고대국가를 세웠는데 '신
공황후'는 다름 아닌 '묘견공주'로서 '야마대국' 최초의 왕이 되었다는
가설은 학계로서는 전혀 받아들일 수 없는 상상에 불과한 것이다. 관
련 자료에 대한 기본적인 사료비판과 함께 양국 관련 기록을 많이 남
기고 있는 『일본서기』 등에 대한 이해의 축적이 선행되어야 할 것으로

---

82) 백승충, 앞의 논문, 2001, 97쪽.
83) 백승충, 앞의 논문, 2001, 113~120쪽.
84) 고대 가야와 왜의 관계에 대한 근래의 연구성과로는 『韓國民族文化』 12, 釜
   山大學校 韓國民族文化硏究所, 1998에 게재된 鄭澄元·河仁秀, 鄭漢德·李
   在賢, 安在晧·洪潽植, 백승충의 논문과 『韓國民族文化』 16(2000)에 게재된
   申敬澈의 논문, 그리고 朴天秀, 「考古學から見た古代の韓日交渉」, 『靑丘學
   術論叢』 12, 韓國文化振興財團, 1998 등이 있다.

생각된다.

넷째, '4국시대론' 전개의 문제점이다. 향토사가의 가야사 서술에서는 이른 시기부터 종래의 '3국시대' 대신 '4국시대'라는 시대구분 용어의 사용을 주장해 오고 있는데, 가야사의 복원이 진행될수록 더 강하게 제기될 가능성이 높다. 물론 이러한 주장은 한국고대사 상 가야의 위상을 새롭게 하여 삼국과 동렬선상에서 취급하려는 인식의 산물인데, 문제는 가야의 특징이 하나로 통합되지 못하고 각 지역별로 분열되어 있다는 점에 비추어 볼 때 '고대국가체'로서 가야와 삼국은 어떤 동질성과 차별성을 가지는가 하는 점이다. 가야의 제 지역 및 가야사의 제 분야에 대한 미시적인 연구가 뒷받침되어야 하겠는데, 이 점이 해명되지 않는다면 '4국시대론'은 논리적 뒷받침을 결여한 심정적인 주장으로밖에는 자리 매김 할 수가 없을 것이다.

4. 맺음말

이상에서 향토사가에 의한 가야사 서술의 특징과 문제점을 검토해 보았다. 단행본과 시사·군지의 경우는 그나마 공식적인 출판의 형식을 취하기 때문에 수집과 정리에 별 어려움이 없었으나, 논문은 출전이 밝혀져 있지 않은 경우가 허다했고 일반인은 물론 학계에도 거의 알려져 있지 않은 것이 많기 때문에 분석에 앞서 관련 자료를 수집하는데도 상당한 어려움을 겪었다.

어쨌든 향토사가의 가야사 서술은 여전히 많은 한계를 가지고 있으나, 종래와 비교해 볼 때 향토사의 지역적 특징을 살리는 한편 형식과 내용에 있어서 학계와의 간극이 점차 좁혀지고 있음을 확인할 수 있었다. 또한 그동안 향토사가들의 꾸준한 노력으로 한국고대사에 있어서의 가야사의 위상도 종래와는 비교할 수 없을 정도로 많이 높아졌다고 할 수 있는데, 최근 학계 일부에서 제기되고 있는 '4국시대론'도 이와 무관하지 않을 것이다.

그러나 향후 향토사가의 가야사 서술의 활성화와 관련하여 가장 큰 문제는 아직까지도 사료비판에 대한 인식 부족과 학계의 연구성과를 반영하는 데 소극적이라는 점이다. 연구 출발 자체가 지역성에 뿌리를 둔 강한 향토애를 바탕으로 한 것이기 때문에 나타나는 어쩔 수 없는 한계이기도 하겠다. 그러나 가야사의 복원이라든지 사회교육과 학교교육에 미치는 영향을 감안해 볼 때, 향토사가는 지역적 특성을 살리면서도 종래 향토사연구에 쓰여진 방법론상의 근본적인 문제점을 철저하게 인식하는 동시에 학계와의 연계를 적극 도모하여 이를 극복해야 할 것이다. 그리고 학계에서도 향토사가의 연구활동 무대를 수면으로 끌어올리려는 노력을 지속적으로 기울여야 할 것인데, 적어도 지역에서 개최되는 가야사 발표회에는 공동으로 참여하는 방안을 적극 강구할 필요가 있다.

이렇게 향토사가와 학계 연구자가 함께 어우러질 때 가야사는 지역성과 이벤트성을 탈피할 수 있고, 이를 통해 진정한 의미에서의 가야사 복원과 일반대중을 위한 교육효과도 거둘 수 있을 것이다.

〔토론〕

발표자 : 백 승 충
토론자 : 이 종 봉[*]

〔요지〕

먼저 가야사 학술심포지엄에 토론자로 참석하여 가야사를 공부할
수 있는 기회를 주신 가야사정책연구위원회 위원장이신 정징원 교수
님과 한국민족문화연구소 간사인 백승충 교수님께 감사를 드립니다.
그런데 양해 말씀을 드려야 할 것은 사실 이 자리(발표·토론자)에 참
석한 모든 분들은 가야사 혹은 고대사 전공자인데, 저 같은 사람은 한
국중세사 전공으로 이 분야에 대한 문외한이 토론자로 참여함으로써
본 학술 심포지엄에 누를 끼치는 것이 아닌가 하는 생각이 듭니다. 어
쩌다 본 발표회에 토론자로 참석하게 되었는가를 곰곰히 생각해보니
제가 부산광역시『機張郡誌(2001)』, 즉 향토사를 편찬하는 일에 관여
하였던 것과 일정한 관련이 있는 것으로 생각됩니다.

토론자로 참석한 이상 저 자신의 가야사에 대한 조그만 지식과 지역
의 소위 향토사가들과 함께 향토사를 직접 편찬하면서 느꼈던 점을 가
야사 관련부분 등과 관련하여 몇 가지 질문 아닌 질문(혹은 제안)을 드
려야 하겠습니다. 사실 본 발표문의 요지를 통해 알 수 있듯이 이 글은
백승충 교수님의 개인적인 견해가 아니고 현재 지역에서 편찬되고 있
는 소위 향토사가들을 중심으로 서술된 논문 혹은 책 중에서 가야사
관련부분을 모아 그 특징과 문제점을 지적한 것이기 때문에 어떤 논점
에 대한 질문은 어려울 것 같고, 여러 가지 대안 혹은 제안 형식으로
질문을 드려야 할 것 같습니다.

첫째, 향토사가들의 가야사 서술의 양적 증가 원인과 관련된 문제인
데, 내용의 충실성 여부를 떠나 일단 향토사가들에 의해 간행된 단행
본 수(17책, 현 발표문에 인용된 책의 수)가 현재 역사학계의 전문 연

---

* 전 기장군지편찬위원회 연구원

구자에 의해 출판된 단행본의 수보다 현저하게 많다는 점을 지적할 수 있습니다. 이는 한국사의 다른 분야 혹은 어떤 시대사에 있어서도 아주 특징적인 측면으로 파악될 수 있고, 잘못하면 가야사를 연구하는 학계 연구자들이 가야사 연구를 등한시하고 있다는 오해를 불러일으킬 수 있는 요소가 된다고 생각됩니다. 그리고 이는 간혹 학계에서 검토하지 못하였던 내용을 연구하였다는 측면에서 일면 장점도 있지만 향토사가의 주관적 입장에서 서술된, 즉 전혀 검증되지 못한 글들이기 때문에 더욱 심각한 문제라고 생각됩니다. 사실 각 지역에서는 전문 연구자의 글보다는 그 지역에 있는 향토사가들의 글들이 보급되어 그들의 영향을 강하게 받고 있는 실정입니다. 예를 들면 『기장군지』를 편찬하는 과정에서 기장읍의 서부리 산 정상에 산성이 하나 있는데, 향토사가는 그것을 산성이 아니고 단순히 신당이라 하고, 반면 기장 신천리에서 두모포진성 가는 방향에 토성이 아닌 곳을 토성이 존재한다고 하여 그러한 내용을 군지에 수록 여부를 두고 줄다리기를 하였던 경우가 있었고, 그리고 이러한 향토사가의 견해는 지역의 민들에게 강하게 영향을 미치고 있었음을 발견하였습니다. 따라서 가야사의 단행본 상황이 다른 지역의 향토사가에 의해 서술된 신라·백제의 초기 국가사의 단행본의 수와 어떤 차이점이 있는지를 비교 검토하여 주시고, 가야사의 단행본의 수가 많다면 왜 가야사에 한정하여 단행본 권수가 양적으로 증가되었고, 그 원인이 어디에 있는지를 답변하여 주시면 좋겠습니다. 물론 발표자께서 그러한 요인을 4가지 들고 있지만, 이들 외에 다른 요인이 있을 것으로 생각되기 때문에 질문하는 것입니다.

둘째, 각 지역의 향토사가들은 대체로 자기 지역의 역사에 대해 대단한 애정을 가지고 연구하는 측면이 많습니다. 그런데 향토사가의 가야사 연구 중에서도 발표문에서 지적하였듯이 가락국의 건국신화와 수로왕의 출자, 수로와 허황후의 출자와 불교전래 등 특정 주제와 관련된 부분들, 특히 김해지역과 관련된 부분이 집중되고 있는 반면 후기 가야 연맹체의 중심이었던 고령 대가야, 즉 가라국에 대한 연구는 크게 주목받지 못한다고 하였습니다. 그런데 가락국기에 기록된 내용보다는 자세하지 않지만『동국여지승람』권29, 고령현 건치연혁조에는 가라국의 개국설화에 대해 기록을 하고 있는데도 이에 대한 연구가 부족한 이유가 지역적 관심과 뒷받침의 강도의 차이에서 기인하는지 아니면 학계의 일반적인 연구성과로서 전기는 김해가야 연맹체 중심으로, 후기는 고령가야 연맹체 중심으로 파악하려는 의도와 달리 가야사를 김해가야 중심으로 파악하려는 지역 연고주의 의도에서 비롯된 것이 아닌가 하는 의구심도 생각됩니다. 특히 후자의 요소가 없는지 답변하여 주시기 바랍니다. 향토사가에 의한 편중된 연구는 가야사 자체를 왜곡시킬 수 있는 요소로 작용할 수 있기 때문에 균형 있는 지역사의 연구라는 측면에서 시정되어야 할 부분이라 생각됩니다.

셋째, 향토사가의 가야사 연구 방법론은 대체로 문헌 자료, 한문의 어의 분석 및 그 지역에 전래되어 오던 전설과 설화 등을 중요한 기반으로 삼고 있는 듯합니다(물론 최근에는 고고학적 발굴 성과도 부분적으로 이용하고 있다고 함). 그런데 문헌 자료의 이용에 있어서 검증되지 않은 자료를 이용하는 것도 문제이지만(이는 발표 요지에도 지적되어 있음), 문헌 자료에 대한 객관적 비판을 결하고 있는 점이 더 큰 문제점이라고 지적할 수 있을 것 같습니다. 예를 들면 향토사가에 의해 편찬된『군지』, 군지를 인용한『군정백서』등을 보면 신라에 의한 변한 소국, 즉 가야소국의 멸망 시점을『삼국사기』의 기록을 그대로 따르거나, 발표문에서도 지적하였듯이『삼국유사』「가락국기」의 기사를 그대로 수용하고 있는 듯합니다. 따라서 지역에서는 이러한 입장에서 자기 지역에 대한 역사적 상황을 이해하고 있습니다. 이는 지역사의 재구성 혹은 가야사의 올바른 정립이라는 측면에서 볼 때 문제라고 아니할 수 없는 듯합니다. 오늘의 심포지엄에서 이러한 문제를 어떻게 시정해야 할 것인가에 대한 대안 등을 밝혀 주었으면 합니다.

넷째, 향토사가들의 가야사 서술은 긍정적인 측면도 있었지만 부정적인 측면이 많았습니다. 전자는 지역에 존재하는 새로운 유적지 등을 학계에 알릴 수 있는 기회를 제공하였다면 후자는 편협한 시각을 통한 역사적 사실의 왜곡 등을 지적할 수 있습니다. 그렇다면 향토사가의 가야사 연구의 긍정적인 역할을 살리면서 학계의 연구자와 공존하여 가야사 연구를 촉진할 수 있는 방안에 대해서도 답변하여 주시기 바랍니다.

다섯째, 향토사가의 가야사 연구에서 가장 문제시되는 부분의 하나가 각 소국의 위치인 것 같습니다. 이는 그들의 지역 연고주의와 견고하게 밀착되어 강력하게 주장되고 있는데, 현재 논란이 진행되고 있는 것은 어디이며 이에 대한 해결책은 무엇입니까.

〔답변〕

토론 잘 들었습니다. 여러 가지 지적 감사하게 생각합니다. 향토사 편찬의 경험을 곁들여 다섯 가지 정도의 질문을 하였는데 차례대로 답변하도록 하겠습니다. 사실 이번 가야사 심포지엄은, 전체주제에서 알 수 있는 바와 같이 가야사가 제 방면의 교육에 미치고 있는 현황과 문제점을 파악한 것이기 때문에 발표자 개개인의 의견은 현황분석이라든지 개개 사실에 대한 문제점의 지적, 그리고 의견 제시 정도로 그칠 수밖에 없습니다. 이 점은 토론자도 양해해 주시기 바랍니다.

첫 번째 질문은 향토사가의 저술이 일반대중에 미치는 영향력이 크다는 지적과 함께 가야관련 단행본이 신라나 백제에 비해 양적으로 많은지 여부와 양적으로 많다면 그 원인은 어디에 있는지 하는 질문입니다. 이것은 두 번째 질문인 가야지역 가운데 특정지역과 관련된 내용이 많은 이유에 대한 설명과 밀접한 관련이 있는데, 함께 답변하도록 하겠습니다.

향토사가에 의한 신라·백제사에 대한 서술은 확실한 통계를 내어 보아야 하겠지만, 양적으로는 가야에 비해 그리 뒤진다고는 볼 수 없고 다만 학계 성과물과 비교해 볼 때 비율상으로는 가야 관련 서적의 비율이 훨씬 높은 것은 사실입니다. 특히 가야지역 가운데에서도 김해를 중심으로 한 연구가 압도적으로 많은 편인데, 이런 전통은 『삼국유사』가락국기 등 가야 관련 사서가 편찬되면서부터 보이는 경향이라고 할 수 있습니다. (물론 그 기원은 가락국 멸망 이후 신라에서 편찬되는 『개황록』『김유신행록』 등까지 소급할 수 있다.) 이것은 김해 가락국 위주의 가야사 인식과 관련이 깊은데, 사료정리라든지 단행본 발간 등을 통해 계속 재생산되면서 지금에 이르고 있는 것입니다.

관련자료가 일부지역에 편중되어 있기 때문에 학계든 향토사가이든 이러한 경향을 억지로 되돌릴 수는 없을 것 같습니다. 문제는 특정지역의 특정주제를 다룬다고 하더라도 관련자료에 대한 엄밀한 고증과 고고자료 등의 뒷받침이 따라야 하는데 그렇지 못하다는 점입니다.

토론자가 지적한 바와 같이 이것은 지역 연고주의에 사로잡힌 결과일 수도 있고, 아니면 관행적으로 내려온 향토사 연구 방법론의 문제 혹은 대중의 기호에 맞는 주제를 선택했기 때문일 수도 있습니다. 어쨌든 현 학계의 가야사 연구가 특정한 지역뿐만 아니라 다양한 지역에 걸쳐 진행되고 있기 때문에 향토사가는 이를 참고하여 관심지역과 분야를 넓혀 일반 대중으로 하여금 가야사에 균형적으로 접근할 수 있도록 할 필요가 있습니다.

세 번째 질문은 사료비판의 문제인데, 네 번째 질문인 편협한 시각에 의한 사실 왜곡 문제와 함께 답변하도록 하겠습니다. 『삼국사기』 초기기록이나 『삼국유사』 가락국기에 대해서는 학계에서도 논란이 되는 부분인데, 그러나 어느 정도의 사료비판은 행해진 것으로 보입니다. 결국 이 문제도 향토사가와 학계간의 연결 고리가 밀착되지 않으면 해결할 수 없는 것인데, 향토사가의 사료에 대한 진지한 검토는 물론이고 학계 연구자의 대중을 위한 단행본 출간이 활발해진다면 해소될 수 있는 부분도 있다고 생각합니다. 또한 향토사가는 대부분 지역자료조사위원이기 때문에 기본 자료는 물론 새로 발굴한 자료도 학계 연구자와 함께 공유할 수 있는 통로도 마련되면 하고, 이를 통해 사료에 대한 진지한 토론도 함께 이루어질 것으로 생각됩니다.

다섯 번째 질문은 소위 '6가야'를 중심으로 한 가야제국의 위치 비정

문제인데, 전체 가야 관련 사료를 참고해 보면 가야에는 10여 개 국의 소국이 확인됩니다. 김해(=가락국, 남가라), 고령(=가라국), 합천(=다라국), 초계(=초팔혜, 산반하국), 의령(=사이기국), 함안(=안라국), 창원(=탁순국), 거창(=거타, 거열, 자타국), 사천(=사물국), 고성(=소가야, 고자국, 고차국), 하동(=대사), 남원(=기문) 등의 지역은 대체적으로 지명 비정이 되어 있고, 진주 지역은 마땅히 지명 비정할 만한 문헌적 증거가 없습니다. 성주(=성산가야, 반파국?), 창녕(=비사벌국), 동래지역은 다른 소국보다는 이른 시기에 신라화된 지역인데, 6세기 전반을 중심으로 한다면 가야에서는 제외해야 할 듯합니다. 이렇게 본다면 소위 '6가야' 가운데 특별히 문제가 되는 지역은 고녕가야인데, 함창으로 비정되기도 하고 진주로 내려보기도 하였습니다. 그러나 함창지역은 문헌적, 고고학적 연구가 미비하고, 진주지역은 이미 살펴본바 있듯이 근래에 간행된 『진주시사』(1994)에서도 고고학적으로 볼 때 '6가야'의 하나로 보기는 힘들다는 견해가 제기된 타가 있기 때문에 향후 다른 지역을 포함하여 이에 대한 재검토를 요하는 문제입니다. 물론 문헌적으로는 지명 비정이 가능한 지역이지만 고고자료가 미비한 경우가 있고(하동), 문헌적으로는 확인되지 않는 지역이지만 고고자료가 있는 지역(함양)도 있기 때문에 전체적으로 함께 검토해야 할 것으로 생각됩니다.

가야문화재의 보존현황과 대책

조 영 현[*]

1. 서 언

혼히 "21세기는 문화경쟁의 시대"라고 말한다. 그만큼 개인이든 지역이든 아니면 국가이든 미래 사회는 문화의 비중이 훨씬 더 높아질 것을 단적으로 표현한 말일 것이다. 그 말에는 아마 문화를 통해서 집단 구성원들의 삶의 질을 높이려는 의지가 반영되었겠지만, 그 배경에는 경제적 기대치가 크게 작용한다는 점 또한 부인할 수 없다.

문화유산 중에서 원형 그대로 잘 남아 있고 수량이 많은 것은 物質文化財이며, 그 중에서도 지표하의 埋藏文化財[1]는 생성시기가 오래될수록 地上文化財보다 남아 있는 비율이 높게 나타난다. 고대, 특히 加耶[2]의 경우 극히 미미한 문헌자료를 보완하여 가야사를 복원하고 諸加耶의 문화내용을 구체적으로 연구하는데 필요한 학술자료는 현실적

---

* 계명대학교 박물관 학예연구팀장

1) 이하 문화재는 물질문화재로 한정하고, 埋藏文化財가 遺物과 遺蹟이 포괄된 용어이므로, 이 글에서는 논지의 필요에 따라 遺蹟으로 바꾸어 표현하기도 한다.

2) '가야'의 한자어를 正史인 『三國史記』에 기록된 '加耶'로 사용한다.

으로 매장문화재가 거의 유일하다고 할 정도이다. 가야의 매장문화재야말로 가야지역에서 문화경쟁의 시대에 부응할 수 있는 최대의 문화자산으로 평가된다.

이 글에서는 지금까지 밝혀진 가야문화재의 실태를 살펴본 뒤, 그 보존을 위한 방안을 모색해 보고자 한다. 제가야의 범위3)는 학계에서 가야로 취급해 오고 있는 지역, 다시 말하자면 영남지방의 낙동강 이서지역 중 성주군 이남지역과 낙동강 이동지역의 창녕군을 대상으로 하며, 그 시기는『三國志』「魏書」東夷傳에 나타나 있는 3세기 이전을 삼한사회로 보아 논외로 두고, 4세기부터 신라에 의한 가야권의 멸망 시점까지로 보고자 한다.

2. 가야유적의 분포현황

지표면에 노출된 유구나 유물을 통해 유적의 성격과 조성시기를 개략적으로 파악하는 地表調査4)는 그것을 구체적으로 알기 위한 發掘調査와는 근본적으로 다른 한계가 있다.5) 특히 원상을 알 수 없거나 노출유물의 파편이 발견되지 않는 유적은 조성시기조차 파악하기 어렵고, 유물이 지표에 노출되어 있어도 유적이 고분인지 주거·취락지인지 또는 경작지인지 그 성격을 파악하기 어려운 예도 다반사이다.

---

3) 한편, 제가야권과 개별 가야의 범위는 문헌상의 기록이나 고고학상의 성과를 통해서도 알기 어렵고 '가야'의 명칭조차 후대의 기록에 의존한 것이므로 연구자들의 견해가 여러 가지이다. 가야의 영역변화는 신라 영역의 확장과정과 관련되겠고 한편으로 개별 가야의 부침에 의해 복잡한 양상이었을 것인데,『삼국사기』나『삼국유사』에 보이는 제가야의 명칭은 가야 말기의 상황이 반영된 것으로 판단된다.

4) 김상익,「지표조사의 이론과 실제」,『국토개발과 문화재보존』, 한국토지공사, 1996.

5) 이강승,「문화재 지표조사의 시행 현실과 문제점」,『매장문화재 발굴 반세기 -회고와 전망』, '97문화유산의 해 조직위원회·문화재관리국 국립문화재연구소, 1996.

가야권역의 文化財分布地圖에 삼국시대로 표현된 것 중에는 향후 발굴조사를 거친다면 신라 등 다른 세력의 유적으로 밝혀질 것도 있을 것이다. 그러나 가야가 존속했던 시대는 다른 어떤 시대보다 크고 작은 분묘의 축조와 부장유물이 매우 많으므로 가야유적으로 밝혀진 예가 대다수를 차지함은 분명하다.[6] 또 遺物散布地로 표현된 것은 노출유물이 가야의 것이지만 유적의 성격을 분명히 알 수 없기 때문에 그렇게 붙여진 용어로서 통용되고 있다. 각 자료들에서 나타난 가야유적을 정리하였는데<표 1>, 그 내용은 아래와 같다.

1) 문화재분포지도가 발간된 시·군

지역별 유적의 분포상태가 가장 잘 나타나 있는 것이 문화유적분포지도이다. 가야권역 중에서 작년(2000년 기준) 말까지 문화유적분포지도가 작성·보고된 지역은 김해시, 고령군, 함안군, 성주군이다.[7]

(1) 金官加耶의 고지인 김해시에는 고분(군) 42개소, 성 5개소, 주거지 1개소, 궁지 1개소, 패총 1개소, 철광산지 1개소, 유물산포지 1개소, 기타 3개소로서 모두 54개소이다.[8] 그 중에서 史蹟으로 지정된 것은 首露王陵(제73호), 龜山洞古墳群①·②(제75호), 大成洞古墳群(제341호), 首露王妃陵(제74호), 禮安里古墳群(제261호), 盆山城(제66호), 龜旨峰(제429호)이다. 慶南 文化財資料로 지정된 것은 七山洞古墳群(제98호), 良洞古墳群(제136호), 龜山洞白雲臺古墳(제223호), 良洞山城(제91호), 馬峴山城(제150호), 鳳凰臺(제87호)이다.

---

6) 이 글에서는 가야의 유적으로 일괄 취급해 보고자 한다. 다만, 자료를 취합하는 과정에서 삼국시대로 표현된 것 중에는 가야멸망 후의 것으로 판명될 것도 있을 수 있으므로, 연구자마다 집계상의 차이가 있을 수 있음을 밝혀 둔다.

7) 이 중에서 함안군의 문화유적분포지도는 다른 시·군과 달리 국비·도비의 지원이 없이 함안군과 해남장학문화재단의 지원으로 지역의 향토사연구회가 추진한 것으로 보인다. 이는 지역의 문화재에 대한 지역민의 관심이 매우 높음을 보여주는 쾌거로 평가될 것이다.

8) 심봉근 외, 『문화유적분포지도－김해시』, 동아대학교박물관·김해시, 1998.

<표 1> 가야유적 현황(2000년 12월 기준)

지역	구분	고분군 사적	고분군 기념	성 사적	성 기념	주거지 사적	주거지 기념	궁지 사적	궁지 기념	우물 사적	우물 기념	패총 사적	패총 기념	토기요지 사적	토기요지 기념	철산지 사적	철산지 기념	유물산포 사적	유물산포 기념	기타 사적	기타 기념	계 사적	계 기념
김해시	계	42		5		1		1				1				1				3		54	
김해시	지정	5	3	1	1															1	1	7	5
고령군	계	41		11						2				2				18				74	
고령군	지정	2		1																		3	
함안군	계	91		13										3				2		2		111	
함안군	지정	1	1	1	3																	2	4
성주군	계	53		3										1				15				72	
성주군	지정	1																				1	
고성군	계	27		6														4				37	
고성군	지정	2	1																			2	1
의령군	계	22		2(?)														8				32	
의령군	지정		3		2(?)																		5
거창군	계	28		10(?)		1												15				54	
거창군	지정				1																		1
합천군	계	47		15										1		1						64	
합천군	지정	1	1		2																	1	3
산청군	계	36		2		1								1				3				43	
산청군	지정				1																		1
사천시	계	14		4														1				19	
사천시	지정																						
거제시	계	10																3				13	
거제시	지정																						
진해시	계	10		1								10(?)						23		1		45	
진해시	지정				1																		1
남해군	계			5(?)																		5	
남해군	지정				3																		3
진주시	계	33		1																		34	
진주시	지정				2																		2
창원시	계	13		3																		16	
창원시	지정		1		2																		3
통영시	계	1		1																		2	
통영시	지정																						
하동군	계	5		6																		11	
하동군	지정																						
함양군	계	2		6(?)																		8	
함양군	지정		1	2	5(?)																	2	6
마산시	계	5		3																		8	
마산시	지정				1																		1
창녕군	계	15		13																		28	
창녕군	지정	2	2	2																		4	2
누계	계	495		110		3		1		2		11		6		2		92		6		730	
누계	지정	14	17	7	20															1	1	22	37

* 도로, 수몰지 등 발굴조사 후 유존하지 않는 유적은 제외되었으며, 이 외에도 알려진 예가
더 있을 것으로 판단됨.

(2) 大加耶의 고지인 고령군의 가야유적은 고분(군) 41개소, 산성 11개소, 토기요지 2개소, 우물 2개소, 유물산포지 18개소로서, 모두 74개소이다.9) 그 중에서 史蹟으로 지정된 것은 池山洞古墳群(제79호), 古衙洞壁畵古墳(제165호), 主山城(제61호)이며, 慶北 文化財資料로 지정된 것은 없다.

(3) 阿羅加耶의 고지인 함안군의 가야유적은 고분(군) 91개소, 성 13개소, 유물산포지 2개소, 토기요지 3개소, 궁지 1개소, 기타 2개소로서 모두 112개소이다.10) 그 중에서 史蹟으로 지정된 것은 末伊山古墳群(제84·85호)과 城山山城(제67호)이며, 慶南 文化財資料로 지정된 것은 南門外古墳群(제226호), 漆原山城(제202호), 門巖山城(제181호), 飽德山城(제181호)이다.

(4) 星山加耶의 고지인 성주군에는 가야유적이 고분군 53개소, 성 3개소, 토기요지 1개소, 유물산포지 15개소로서 모두 72개소이다.11) 史蹟으로 지정된 곳은 星山洞古墳群(제86호) 1개소뿐이며, 慶北 文化財資料로 지정된 것은 하나도 없다.

2) 지표조사보고서가 발간된 시·군

위에서 보는 바와 같은 문화재분포지도를 갖추지는 않았지만 시·군역 전체에 관한 지표조사서가 발간된 지역은 고성군, 의령군, 거창군, 합천군, 산청군, 사천시, 거제시, 진해시이다.

(1) 小加耶의 고지인 고성군에는 문화재지표조사서가 1984년12)에

---

9) 金鍾徹 外, 『文化遺蹟分布地圖(高靈郡)』, 啓明大學校博物館·高靈郡·慶尙北道·文化財管理局, 1998.
10) 曹喜英 外, 『文化遺蹟分布地圖-咸安郡』, 아라가야향토사연구회·咸安郡, 2000.
11) 김구군 외, 『文化遺蹟分布地圖-星州郡』, 星州郡·慶尙北道文化財硏究院, 2000.
12) 沈奉謹 外, 『伽耶文化圈精密地表調査報告書(慶南 固城郡)』, 東亞大學校 博物館, 1984.

발간된 뒤, 1994년13)에 다시 발간되었다. 그 내용을 종합하면 가야시대의 유적은 고분(군) 27개소, 산성 6개소, 유물산포지 4개소로서 모두 37개소이다. 史蹟으로 지정된 유적은 松鶴洞古墳群(제119호)과 內山里古墳群(제120호)이 있으며, 慶南 文化財資料로 지정된 것은 松鶴洞第2古墳群(제40호)이다.

(2) 의령군의 가야유적은 고분(군) 22개소, 산성 2개소(年代未詳), 토기산포지 8개소로서 모두 32개소이다.14) 史蹟으로 지정된 것은 없고, 慶南 文化財資料로 지정된 것은 竹田里古墳群(제100호), 中洞里古墳群(제189호), 雲谷里古墳群(제222호), 虎尾山城(제101호), 彌陀山城(제231호)이다.

(3) 거창군의 가야유적은 고분(군) 28개소, 성 10개소 내외, 주거지 1개소, 유물산포지 15개소, 기타 1개소로서 모두 55개소 내외이며, 그 중에서 성의 축조연대는 분명하지 않다.15) 史蹟으로 지정된 가야유적은 없고, 慶南 文化財資料로 지정된 것은 開封古墳(제51호)뿐이다.

(4) 합천군 전역의 문화유적을 대상한 지표조사가 보고된 해는 1990년16)이며, 그 뒤 합천군의 역사와 문화를 종합하는 과정에서 지표조사 부분이 보완·정리되어 보고되었다.17) 그것을 종합하면 가야유적은 고분(군) 47개소, 성곽 15개소 내외, 요지 1개소, 야철지 1개소로서 모두 64개소이다. 史蹟으로 지정된 가야유적은 玉田古墳群(제131호)뿐이며, 慶南 文化財資料로 지정된 것은 三嘉古墳群(제8호), 大耶城(제115호), 岳堅山城(제218호)이다.

(5) 산청군의 가야유적은 고분군 36개소, 산성 2개소, 주거지(추정) 1

---

13) 李相吉 外, 『小加耶文化圈 遺蹟精密地表調査報告』, 昌原文化財研究所·慶南大學校博物館, 1994.

14) 朴升圭 外, 『宜寧의 先史 伽耶文化』, 宜寧文化院·慶尙大學校博物館, 1994.

15) 金亨坤 外, 『大伽耶文化圈 遺蹟 精密地表調査報告書(居昌郡의 文化遺蹟)』, 昌原大學校博物館·昌原文化財研究所, 1996.

16) 趙榮濟 外, 『伽耶文化圈精密地表調査報告書—陜川郡』, 慶尙大學校博物館, 1990.

17) 조영현 외, 「합천군 문화유적의 조사연구」, 『陜川地域의 歷史와 文化』, 陜川文化院·啓明大學校韓國學研究院, 2000.

개소, 토기요지 1개소, 토기산포지 3개소로서 모두 43개소이다.[18] 史蹟으로 지정된 가야유적은 없고, 慶南 文化財資料로 지정된 것은 生草古墳群(제7호)뿐이다.

(6) 사천시(구 삼천포시[19] 포함)의 가야유적은 고분(군) 14개소, 산성 4개소, 토기산포지 1개소로서 모두 19개소이다.[20] 史蹟과 慶南 文化財資料로 지정된 가야유적은 없다.

(7) 거제시의 가야유적은 고분군 10개소, 토기산포지 3개소이다.[21] 가야유적으로서 史蹟이나 慶南 文化財資料로 지정된 것은 없다.

(8) 진해시의 가야유적은 고분군 10개소, 산성 1개소, 패총 10개소, 토기산포지 23개소, 기타 1개소로서 모두 45개소이다.[22] 史蹟으로 지정된 가야유적은 없고 慶南 文化財資料로 지정된 것은 龜山城址(제52호)뿐이다.

3) 기타 시 · 군

시 · 군 전역을 대상으로 실시, 보고된 바는 없으나, 1991년 기준으로 남해군, 진주시, 창원시, 통영시, 하동군, 함양군, 마산시의 문화유적 자료[23]를 보면, 그 내용은 아래와 같다.

(1) 남해군의 가야유적은 알려져 있지 않으나 산성 5개소 중의 일부는 가야시대에 조성되었을 가능성이 있다. 史蹟으로 지정된 것은 없으며, 慶南 文化財資料로 지정된 大局山城(제18호), 壬辰城(20호), 南海

---

18) 蔡奎敦 · 金元經, 『山淸郡 文化遺蹟 精密地表調査 報告書』, 釜山女子大學校 博物館, 1993.
19) 李相吉 外, 『三千浦市 文化遺蹟 地表調査報告書』, 京案大學校博物館, 1995.
20) 洪性彬 外, 「附錄－伽耶文化圈遺蹟精密地表調査目錄」, 『伽耶硏究論著目錄』, 昌原文化財硏究所, 1991.
21) 沈奉謹 · 李東注, 『巨濟市文化遺蹟精密地表調査報告書』, 東亞大學校博物館, 1995.
22) 金亨坤 · 金始桓, 『鎭海市 文化遺蹟 地表調査 報告』, 昌原大學校博物館 · 慶尙南道 · 鎭海市, 1999.
23) 洪性彬 外, 앞의 책, 1991.

長城(제154호)은 축조시대가 미상이다.

(2) 진주시(구 진영군 포함)의 가야유적은 고분군 33개소, 성 1개소로서 모두 34개소가 알려져 있다. 가야유적으로서 史蹟으로 지정된 것은 없고, 慶南 文化財資料로 지정된 것은 玉峯古墳群(제1호)과 上大洞古墳群(제159호)이 있다.

(3) 창원시(구 의창군 일부와 구 창원시)의 가야유적은 고분군이 13개소, 성이 3개소로서 모두 16개소이다. 가야유적으로서 史蹟으로 지정된 것은 없고, 慶南 文化財資料로 지정된 것은 加音丁洞古墳群(제126호), 進禮山城(제128호), 彌陀山城(제231호)이 있다.

(4) 통영시의 가야유적은 고분군 1개소, 성 1개소로서 모두 2개소이다. 史蹟이나 慶南 文化財資料로 지정된 것은 없다.

(5) 하동군의 가야유적은 고분군 5개소, 성 6개소이며, 史蹟이나 慶南 文化財資料로 지정된 것은 없다.

(6) 함양군의 가야유적은 고분군 2개소이며, 축조시기가 미상인 일부를 포함한 성 6개소가 있다. 史蹟으로 지정된 가야유적은 沙斤山城(제152호)과 黃石山城(제322호)이 있다. 慶南 文化財資料로 지정된 것은 白川里古墳群(제171호)과 八嶺山城(제172호), 馬鞍山城(제173호), 芳池山城(제174호), 城岾山城(제180호), 飽德山城(제52호)이 있다.

(7) 마산시의 가야유적은 고분군 5개소, 성 3개소이다. 史蹟으로 지정된 가야유적은 없으며, 慶南 文化財資料로 지정된 것은 鯉山城址(제171호)뿐이다.

(8) 比火加耶의 고지인 창녕군의 문화유적에 관한 지표조사는 문화재관리국의 문화유적총람24)을 제작할 당시보다 자세히 조사된 예가 보이지 않는다. 현재 가야유적으로 알려진 것은 고분군 15개소와 성 13개소로서 모두 28개소이다. 가야유적으로서 史蹟으로 지정된 것은 校洞古墳群(제80호), 松峴洞古墳群(제81호), 火旺山城(제64호), 牧馬山城(제65호)이다. 慶南 文化財資料로 지정된 것은 桂城古墳群(제3

---

24) 문화재연구소, 『文化遺蹟總覽』中卷, 文化公報部 文化財管理局, 1977.

호)과 靈山古墳群(제168호)이다.

이 외에도 실시된 지표조사자료가 학계에 널리 보고되지 않은 지역들이 있을 것이다. 또 부분적으로 조사된 예들이 있을 것이지만 문화재분포지도가 발간되지 않는 한 구체적인 유적의 현황을 알기는 어렵다. 그리고 발굴조사된 뒤 각종 건설에 의해 지금은 남아 있지 않는 예들도 적지 않다.

지표조사의 한계로 인해 발견되지는 않았으나 실제 지표하에 유존된 유적은 매우 많을 것이 분명하다. 조선시대의 자연촌이 형성되어 있는 곳이라면 그 중에 상당수는 가야시대에도 사람이 살았을 가능성이 높다. 또한 대개 산곡의 계곡수나 소하천을 배경으로 둔 완만한 경사지와 비교적 넓을 평탄지가 있는 경우 그 부근에 가야시대의 주거지나 고분군 또는 경작지가 있을 개연성이 높다.

<표 1>에서 보는 바와 같이, 20개 시·군의 가야유적은 모두 730개소가 알려져 있다. 면적이 작은 진해시를 마산시에 포함하면 다른 시·군과 비슷한 면적이 되는데, 근래 행정개편 이전의 군단위를 기준해서 보면 모두 19개 군에서 평균 34개소의 고분군이 알려진 셈이다. 그러나 고분군의 하위단위인 석곽묘군의 분포[25]를 기준해서 가야고분군이 비교적 많이 확인된 지역은 성주 54개소, 김해 42개소, 고령 41개소, 함안 91개소이다. 이것은 실제 유존할 가야유적의 수를 유추하는데 좋은 참고가 된다. 이들 시·군만 유난히 고분군이 많은 것은 아닐 것이며, 그 지역들도 아직 미발견된 고분군이 적지 않다는 것을 고려한다면 평균 100개소 이상의 고분군이 조성되었을 것으로 보인다. 그리고 고분군이 있다는 것은 인근에 단위취락과 경작지도 있다는 것을 말해 준다. 그런 추론이 타당하다면 가야의 유적은 고분군 1,900개소를 포함해서 적어도 5,000개소 이상이 조성되었을 것으로 추정할 수 있다. 다만, 이와 같이 광역을 대상해서 동일한 면적 단위로 일괄 산출하는

---

25) 대규모 고분군에도 반드시 석곽묘군이 조성되어 있으므로 고분군의 분포수는 석곽묘군을 기준으로 산출할 수 있다.

방식에는 변수를 고려할 필요가 있다.

첫째는 산업화·도시화에 따라 변모된 인구분포비율이 아니라 조선시대 이전의 단위행정의 크기를 통해서 당시의 인구분포와 고분군의 수를 고려할 수 있다. 대개 크고 작은 하천과 산을 경계로 둔 단위지역들은 당시 농업 위주의 정주사회에서 나타나는 토지의 생산성과 그에 따른 수취량은 단위행정의 크기를 설정하는 데 중요한 기준이 되었을 것이다. 개활지는 농업생산력이 높을 것이므로 상대적으로 인구도 많아 단위행정의 면적이 좁고 단위고분군도 조밀한 분포양상인 반면, 산악지대는 인구가 적어 고분군의 분포수가 적을 것으로 보인다.[26]

둘째는 교통의 요지인 경우이다. 지역과 지역 간 또는 원격지 교역의 중심지에는 비록 그 자체의 토지생산력이 적다고 해도 교역을 통한 생산력이 인구수에 큰 영향을 미쳤을 것으로 보이기 때문이다. 그런 지역에는 유동인구뿐 아니라 정주인구수도 비슷한 면적의 다른 지역보다 많았을 것이 틀림없다. 이러한 생활환경과 교통 여건 등 유적의 밀집도 여부에 변수가 있어도, 전체적으로 보면, 가야유적 5,000개소는 많게 잡은 것은 아닐 것이다. 특히 개활지로서 토지생산력이 높고 인근에 수운 등 교통이 편리한 지역은 일대의 중심지로 나타나며, 그 주변에 큰 고분군과 산성이 위치해 있다.

3. 유적의 보존실태와 그 대책

가야유적 중에서 보존상태가 양호한 예는 그다지 많지 않다. 수많은 가야유적 중에서 사적이나 지방 문화재자료로 지정된 것은 보존이 비교적 양호한 편이다. 특히 고령 지산동고분군과 함안 말이산고분군과 같이 널리 알려진 고분군과 일부 산성, 그리고 금관가야의 일부 고분들이 그 대표적인 예이다.[27] 그러나 지정되지 않는 가야유적들은 보존

---

26) 조영현 외, 앞의 책, 2000.

상태가 양호한 예를 거의 찾아보기 어렵다. 보존의 문제점은 바로 인위적인 훼손이며,28) 그것과 비교하면 자연적인 유실은 미미한 훼손일 따름이다.

　매장문화재의 보존 문제는 비단 고고학계29)의 중요 관심사일 뿐 아니라 역사학관련 학회들도 적지 않는 관심을 보여준 바 있다.30) 후자는 대체로 대규모 건설과 관련된 유적과 그 환경의 훼손문제에 관한 것이었지만, 전자는 그것과 함께 도굴을 포함한 직·간접적인 파괴·훼손·인멸 등 모든 연유로 인해 나타나는 포괄적인 문제점과 그 대책에 관한 것이었다. 물론 그런 관심의 원인은 고고학이 문화재와 관련된 학문분야이기 때문일 것이다.

---

27) 가야유적의 정비는 고분군, 산성, 패총의 발굴조사와 정비 및 전시관 건립으로 이루어졌거나 진행중에 있다. 제1차 27개 사업은 1988~1997년도에, 제2차 8개 사업은 1998~2002년도에 실시되고 있다(문화재청 무형문화재과, 『문화재연감』, 문화재청, 2001).

28) ① 신경철, 「유적파괴사례 I −흥해옥성리·함안도항리유적의 경우」, 『문화재의 보존·보호』, 제5회 영남고고학회 학술발표회, 1996. ② 최완규, 「익산 부송·영등동 택지조성지역」, ③ 윤덕향, 「남원 인월면 고분군」, ④ 윤덕향, 「전주 효자동유적」, ⑤ 곽장근 「군산 조촌동고분군」, ⑥ 윤덕향, 「부안 당하리」, ⑦ 이영훈, 「임실 섬진댐 수몰지역내 문화유산의 유실」, ⑧ 최완규, 「군산 여방리 기린마을 고분군」, ⑨ 곽장근, 「장수지역의 문화유적 보존실태」, ⑩ 윤덕향, 「조선시대의 분묘」(이상『호남의 문화유산, 그 보존과 활용』, 학연문화사, 1999).

29) ① 정징원, 「기조발표−문화재 보존·보호의 방향과 과제」, ② 조영현, 「문화재보존에 대한 학계의 대처방안」, ③ 조영제, 「서부경남의 유적보존과 그 실상」, ④ 안재호, 「문화재입장에서 본 경주의 현황과 과제」(이상『문화재의 보존·보호』, 제5회 영남고고학회 학술발표회, 1996). ⑤ 정징원, 「유적·유물 보존 관리의 현황과 문제점 및 그 대책」, 『매장문화재 발굴비용 표준화사업 용역 연구 결과보고서』, 한국고고학회, 1996. ⑥ 이선복, 「매장문화재 관리제도 개선을 위한 제언」, 『울산의 고대문화』, 울산경제정의실천시민연합, 1997. ⑦ 최성락, 「문화유산의 보존대책과 활용방안」, ⑧ 이건무, 「호남지역 유형문화재의 실태와 보존방안」, ⑨ 임영진, 「국토개발과 문화유산의 보존」, ⑩ 윤덕향, 「전북지역의 문화적 특성」, ⑪ 안승모, 「문화유산의 현재적 의미」, ⑫ 안승모, 「국토개발과 땅밑 문화재」(이상『호남의 문화유산, 그 보존과 활용』, 학연문화사, 1999).

30) 대표적인 예로 경부고속철도경주구간 통과문제에 대한 역사학관련 10개학회의 공동대처를 들 수 있다.

가야유적의 훼손 원인은 다양하게 나타난다. 도굴과 무분별한 개발 행위가 가장 큰 원인이며, 대규모 경지정리 및 개인적인 개간과정에서 야기되기도 한다. 또한 고압선 철탑의 설치 및 통행로와 무선전화기지국 설치 및 통행로, 군사시설, 양어·양축시설, 골프장 등의 위락시설, 저수지 및 용수로 등 건설과 관련된 훼손원인으로 말한다면 헤아릴 수 없이 많다. 심지어 뱀을 잡기 위해 성벽과 고분을 파헤친 것으로 보이는 예도 있다. 특히 전국의 사찰31)에는 아무런 제지도 없이 선대의 소중한 사지를 굴삭기로 파고 그 위에 새로운 건물을 마음대로 세우고 있다. 이와 같은 작금의 문화재훼손의 원인은 과거 도굴과 대규모 사방사업으로 인한 파괴와는 비교될 수 없을 정도로 다양하고, 또 대량으로 이루어졌음을 볼 수 있다. 따라서 매장문화재의 보존에 문제가 되는 여러 가지 사안 중에서 가장 큰 원인이 되는 도굴과 아직 사회적으로 문화재의 보호의식이 성숙되지 못한 상태에서 이루어지는 각종 건설을 위주로 살펴보고 그 대책을 강구해 보고자 한다.

1) 도굴의 문제점과 그 대책

가야유적에 대한 도굴은 주로 고분에서 많이 보이는데, 도굴 당하지 않은 고분이 없다고 할 만큼 그 피해는 극심하게 드러나 있다. 십수 년 전에는 도굴되지 않았던 고분들도 적지 않게 발견되었으나 현재는 일부 복원정비된 것을 제외하면 육안으로 식별될 수 있는 거의 모든 고분에서 도굴흔적이 드러나 있어 온전히 남아 있는 봉토분을 볼 수 있다는 것은 옛말이 되어 버렸다. 어쩌면 사적지 내의 봉토분 중에서 도굴되지 않는 예를 찾을 가능성이 있을지는 알 수 없다.

큰 고분인 경우 도굴구가 여러 곳에 나 있고, 그것이 한 번으로 그친 것이 아니라 여러 차례에 걸쳐 자행된 것도 많다는 점은 도굴구의 상

---

31) ① 임세권, 「유적파괴사례 Ⅱ-안동지역 문화재파괴 사례보고」, 『문화재의 보존·보호』, 제5회 영남고고학회 학술발표회, 1996. ② 김선기, 「불교문화유산의 파괴」, 『호남의 문화유산, 그 보존과 활용』, 학연문화사, 1999.

태를 통해 짐작할 수 있다. 고분에 부장된 유물을 꺼내어 팔기 위해 자행된 도굴은 전문도굴꾼에 의한 행위가 가장 많을 것이지만, 그들과 연계되었거나 독자적으로 돈을 벌기 위한 인근 주민의 소행으로 보이는 것들도 적지 않다. 대체로 전자의 도굴구는 사람이 겨우 드나들 정도로 좁아서 굴처럼 보이며 그 위치도 유물이 집중적으로 부장된 지점과 거의 일치한다. 이에 비해 후자의 도굴구는 넓거나 도랑모양으로 길게 굴착하였고 유물이 집중적으로 부장된 위치가 아닌 이곳저곳에서 드러나 있다. 그것은 하룻밤 동안 고분의 내부를 정확하게 관통할 수 있는 반복행위에 의한 전문수법 여부에 따른 현상이 분명하다.

매장문화재는 조상의 소중한 유산이라는 본연의 가치는 물론이며 학술적으로도 중요한 위치를 점하고 있다. 도굴품은 하나의 골동품으로서의 가치는 있겠지만 공반유물과 그것을 포장하고 있는 고분을 위시하여 그것들이 함께 어우러져 있는 상태 모두를 파괴한 뒤에 절취된 것이라는데 문제의 심각성이 있다. 다시 말하자면, 한 고분에서 몇 점의 유물을 파내기 위해 수십 배 혹은 수백 배의 가치를 인멸하게 된다는 것이다. 오랜 세월을 지낸 소중한 문화자산이 단지 도굴꾼과 그것을 애호한다는 골동품 수집가들의 금전적 이익으로 인해 파괴·인멸된다는 점은 국가적 차원에서 그 손실이 너무도 크다.

전문도굴꾼이 아닌 일부 인근 주민들까지 문화재가 돈이 된다는 인식이 들게 된 데는 매장문화재 인근의 마을로 다니는 문화재수집상에 의한 영향도 있을 것이지만, 수년 전부터 공영매체에 의하여 문화재의 금전적 가치가 부각되기 시작한 점과 무관하지 않을 것으로 보인다. 단적인 예로 군인이 참호를 파는 과정에서 습득한 매장문화재를 상급자가 가지고 공영매체의 프로그램에 출연하여 아무런 제지도 없는 상태에서 "자기들이 발굴하였다"고 자랑스럽게 말하였고, 그것을 감정위원이라는 사람들이 얼마짜리라고 값을 매겨주는 장면이 그대로 방영되기도 했다.[32] 그런 프로그램의 제작은 문화재 본연의 가치를 일반

---

32) 수년 전 영남고고학회에서 당시의 문화재관리국과 국방부가 이 사안의 경위

시청자들에게 전달하려는 것이 아니라 돈의 가치로 따져 평가하는 방법으로 진행함으로써 시청률을 높이는 데 목적이 있기 때문으로 보인다. 그 프로그램의 심각한 위해성을 알게 된 영남고고학회와 한국고고학회의 노력에 의해서 이제는 고대 이전의 문화재가 취급된 예를 거의 볼 수 없게 되었다. 그러나 자기류와 같은 것은 도굴을 통해서 세상에 드러난 매장문화재일 가능성이 극히 높다는 점에서 근본적인 문제점이 해소된 것은 아니다.

대중전파매체는 높은 시청률도 중요하겠지만 그 방법과 수단이 대중의 문화수준을 올바르게 높일 수 있도록 구성되어야 하며, 더구나 공영매체라면 미처 알지 못했던 심각한 문제점에 대해 학계의 지적이 있다면 문제사안을 직시하고 과감히 수정하는 태도를 가져야 한다. 사회적 물의로 크게 발전하지 않을 것이라고 해서 문화재를 금전적 가치 위주로 대중에게 각인시키는 처사는 공영매체 본연의 취지에 반할 뿐 아니라 양식 있는 이들로부터 지탄을 받는다는 점을 알아야 한다.

조상의 소중한 유산을 사고 파는 돈의 가치로 전락시키는 것만이 문제가 아니다. 더 큰 문제점은 방방곡곡에서 돈벌기 위해 도굴이 더 기승을 부릴 것이며, 시골에서 논밭 갈다가 드러난 매장문화재를 신고하는 예가 이제 거의 찾아보기 힘들 정도로 문화재가 골동품으로서 돈이 된다는 생각만 팽배해지게 되었다. 문화재 도굴을 방지하기 위한 현실적인 방안으로 네 가지를 들고자 한다.

첫째로 공권력에 의해서 문화재 도굴범에 대한 지속적인 수사와 엄중처벌을 들 수 있다. 일본강점기 이래로 지금까지 지속적으로 수없이 자행된 도굴행위에 대하여 공권력이 과연 얼마나 도굴꾼을 체포해서 처벌하였는가? 우리 사회는 일반 범죄인 경우 직접적인 피해자와 함께

를 조사하도록 공문을 발송함으로써 큰 물의로 부각된 바 있으나 그후 출연자에게 어떤 조치가 있었는지는 알 수 없다. 다만, 그것을 계기로 그 프로그램에서는 사회자가 매번 출연자들에게 소장경위를 묻고, 출연자는 조상 대대로 물려받았다고 대답하는 것이 상례가 되었다. 일단, 고대 이전의 매장문화재를 취급하는 빈도가 점차 낮아진 점은 어느 정도의 개선이라고 볼 수는 있다.

다른 이들의 간접적·잠재적 피해자로서의 공감대가 이루어지는 반면, 문화재 도굴은 특정인이 아닌 공동체 모두와 후세인에게 끼치는 공동 피해이므로 일반 개인에게는 자신과 관계없다고 생각하는 잘못된 인식에서 벗어나지 못하고 있다. 비록 그것이 우리의 현실이라도 공권력은 문화재보호법에 규정된 대로 도굴이 발생되었다면 반드시 입법취지에 맞게 단호히 수사하여 도굴꾼과 그것을 구입하는 사람들을 단죄해야 한다. 공권력조차 문화재의 도굴행위가 사회적인 물의로 크게 부각되지 않을 것으로 판단해서 느슨하게 대처한다면 도굴문화재의 상 행위가 근절되기는커녕 그나마 도굴로 파헤쳐지지 않았던 고분의 다른 부분조차 또 다시 도굴될 것이다. 수많은 고분마다 드러난 도굴구는 학계나 관리당국의 문제로 끝나는 것이 아니라 우리의 저급한 문화재 인식수준을 국제적으로 공개하는 것과 다름없다.

둘째로 문화재청 문화재단속반의 활동이 보다 더 활성화되어야 한다. 활성화되지 못한 데는 도굴만 아니라 도난 등 여타 문제사안까지 담당해야 하는 단속반 담당인원이 턱없이 부족한 점이 그 원인의 하나로 지적될 수 있다.[33] 문화재사범에 대한 수사와 검거 성과는 1995년 3건중 검거 1건, 1996년 1건 미검거, 1997년 2건중 검거 2건, 1998년 2건중 검거 2건, 1999년 10건중 검거 6건, 2000년 2건중 검거 1건으로 나타나 있다.[34] 1년간 3.7건이라는 도굴사범 수사건수 자체가 현실과 맞지 않게 턱없이 적은 것으로 보인다. 문화재단속반의 적은 인원수를 감안하면 검거율 60%는 높다. 그러나 그 중에는 자체 수사로 검거한 건수는 얼마나 되는지, 또 경찰의 수사단계 이전에 도굴신고는 몇 건 접수되었는지 공표되어 있지 않아 알 수 없으나 그 비율은 크지 않을

---

33) 문화재사범의 단속은 문화재청 사무분장규정에서 문화유산국 유형문화재과 속에 있다. 문화재사범단속반의 인원이 적은 것은 전국의 수많은 물질문화재 및 그에 수반된 모든 업무를 담당해야 할 유형문화재과의 직원 수 자체부터 너무 적다는 점에서 엄청난 우리 문화유산에 대한 정부당국의 인식도와 개선 의지가 어떤지 충분히 짐작하고도 남을 만하다.

34) 문화재청 무형문화재과, 앞의 책, 2001의 「제7장 제5절 문화재사범단속」 참 조.

것으로 짐작된다. 도굴구는 많은데 도굴신고가 적다는 것은 향후 신고
만 의존할 수 없다는 것을 의미한다. 따라서 도굴방지의 실효성을 위
해 단속반원은 확충되어야 한다. 그리고 기왕에 특별사법경찰관리로
지명된 시·도 문화재관리 담당공무원(2000년 12월말 총원 319명)을
가능한 증원하고, 중·대형고분군에는 관리인을 유급으로 배치함으로
써 도굴문제에 신속하게 대처할 수 있는 체제로 보완되어야 한다. 도
굴신고가 접수되면, 문화재단속반원과 지명된 사법경찰관리는 현지에
일정기간 상주해서 지역의 경찰력과 함께 적극 수사하는 노력이야말
로 도굴의 재발을 억제하는 효과를 가져올 수 있을 것이다. 거기에 덧
붙여 문화재지역의 마을 반상회를 통한 간헐적인 홍보와 신고체제[35]
를 갖추고, 또 경고판을 설치하는 방법 등을 모색해서 실천함으로써
도굴의 예방과 수사기능을 높여야 한다. 2000년도의 도굴사건 1건과
불구속 1명에 머물고 있다는 점은 도굴건이 거의 없다는 것이 아니라
문화재사범단속의 실효성이 떨어진다는 것을 여실히 반증해 준다.

셋째로 공영매체는 학계에서 문제가 크다고 판단한 프로그램을 조
속히 종영하든지, 아니면 진행방법을 대폭 수정하여 돈으로 평가하는
문화재가 아니라 그러한 문화재의 내용과 배경 그리고 오늘날의 의미
를 찾아 시청자로 하여금 진정한 가치를 느낄 수 있는 기술적 측면으
로 전환해야 한다. 만약 돈으로 평가하는 진행방법이 아닐 경우 시청
률이 떨어져 방영이 불가능하다고 판단된다면, 매장문화재일 가능성이
높은 도자기와 같은 것은 취급 대상에서 제외하고 전승품이 확실시되
는 각종 민속품이나 회화·서예 및 생활·장식 소품 등으로 대상을 한
정해야 한다.

넷째로 출처가 불명한 문화재는 모든 기관에서 구입을 자제할 필요
가 있다.[36] 도굴행위는 도굴품을 구입하려는 사람이나 단체가 있어야

---

35) 도굴에 동원된 차량의 번호나 도굴꾼의 신체모습 등 신고에 필요한 요령을
　　홍보하는 방법도 효과적으로 판단된다.
36) 김승옥, 「문화유산의 보호와 보존-외국사례」, 『호남의 문화유산, 그 보존과
　　활용』, 호남문화재연구원, 1999.

지속될 수 있는, 이른바 수요와 공급의 법칙에 기인한다. 국립박물관에서 자체 규정(유물구입규칙 제4조)에 의거 출처가 불명인 문화재를 과감히 거절한다는 사실은 다른 모든 기관에도 귀감이 된다. 전국 739개 문화재매매업체(2000년 12월 기준)[37]도 출처불명의 문화재를 취급하는 일은 없어야 한다. 그리고 문화재매매대장 검인신청서는 그 이면에 사진과 규격이 기입되는 양식으로 보완될 필요가 있고, 해당지방자치단체장이 검인할 때는 반드시 지역 문화재전문가의 협조를 받아야 한다. 삼국시대 토기의 경우 얼마나 많이 도굴되어 시중에 나돌았으면 그 값이 재현모조품보다 값싸다는 말까지 나왔을 정도이다. 개인 수장가 중에는 고분의 葬送用品이 민족의 조상이 만든 것이라고 해서 소중히 장롱 속에 간직하는 것이 아니라 그 값이 올라갈 것을 바라고 사두었을 사람들도 적지 않을 것이다. 결코 매장문화재를 사고 파는 일이 없도록 법적·제도적[38]으로 보완할 부분들을 하루 빨리 강구할 필요가 있다.

2) 각종 건설에 따른 문제점과 그 대책

각종 개발과 관련된 건설공사도 도굴만큼 매장문화재를 파괴·훼손하는 요인이 된다. 다행히 최근 문화재청의 노력에 의한 문화재지표조사의 의무화는 유적파괴를 방지하는 데 획기적인 방안의 하나를 실천하였다는 점에서 높이 평가될 것이다. 또한 건설주체에도 과거와 달리 "문화재는 건설의 적"이라는 피해의식에서 벗어나 점차 공사 전에 문화재를 온전히 조사하여야 한다는 인식도 자리를 잡아가고 있다. 그렇

---

37) 문화유산국 유형문화재과, 앞의 책, 「제3장-5 문화재매매업체의 현황」, 2001 참조.

38) ① 김종철, 「유적파괴의 원인과 대책」, 『嶺南考古學』 제12집, 嶺南考古學會, 1993. ② 신경철, 「우리나라 문화정책의 문제점」, 『嶺南考古學』 제15집, 嶺南考古學會, 1994. ③ 배기동, 「지방자치단체에서의 매장문화재 행정실무 현황과 과제」, 『매장문화재 발굴 반세기-회고와 전망』 '97문화유산의 해 조직위원회·문화재관리국 국립문화재연구소.

지만 영리를 목적으로 영위되는 기업과 개인사업자의 처지에서 본다면, 문화재에 관한 인식이 아무리 높아진다고 해도 스스로 문화재부터 먼저 조사한 뒤 공사할 것이라는 기대는 무척 어렵다. 개발도 문화재의 보존만큼 현대사회의 지속적인 발전을 위해서는 필수적임은 물론이다. 개발과 보존 모두 현세대가 함께 이루어 나가야 할 과제인데, 문화재지역을 피하여 개발이 이루어진다면 양자가 크게 충돌할 일은 없을 것이다. 소규모 문화재지역이 부득이하게 개발지로 포함될 경우에는 사전에 발굴조사를 충실히 이행한다면 별다른 문제가 생기지 않는다. 양자의 조화를 위한 방안은 수년 전에도 여러 연구자들로부터 제기된 바 있다. 그 내용들을 포함해서 몇 가지 대책방안을 들 수 있는데, 이 사안들은 가야유적을 포함한 모든 유적에 해당한다.

첫째로 기존의 지표조사 의무조항의 충실한 이행과 함께 기초자치단체별로 정밀한 문화재실태조사가 조속히 실시되어야 한다. 작년까지 전국적으로 문화유적분포지도의 제작은 24개 시·군에서 완료되었고, 20개 시·군에서는 추진중인 것으로 집계되었다.[39] 향후 2005년까지 180여 시·군에서 완료할 계획으로 추진되고 있는데, 각종 건설이 매년 큰 폭으로 증가하므로 1~2년 안으로 앞당겨 완료되어야 할 것이다. 그리고 이미 문화유적분포지도가 작성된 시·군도 약 5년 주기로 반복조사하여 누락된 것을 보충할 필요가 있다. 원래 유적은 한정되어 있는 것이지만, 같은 지역을 여러 차례 지표조사할 때마다 새로운 유적이 확인된다는 점은 기존에 알려진 분포사례보다 아직 미발견된 것이 많다는 것을 말해 준다. 더구나 1개 조사기관이 1년 계약으로 1개 시·군(일반적으로 14개 읍·면)을 지표조사한다는 것은 실제의 답사 기간이 몇 개월에 지나지 않고, 또 기관마다 전력해서 조사할 체제를 갖추기 어렵기 때문에 전역을 자세히 조사했다고 보기는 어렵다. 6~10월은 녹음기이므로 상세한 답사가 불가능하고, 11~12월은 자료의

---

39) 문화재청 무형문화재과, 앞의 책, 「제2장 제10절 전국 문화유적분포지도 제작」, 2001 참조.

정리와 편집, 인쇄기간에 해당하므로 극히 일부의 보완조사밖에 행할 수 없다. 따라서 시·군에서는 제작된 문화유적분포지도가 비교적 잘 조사되었다고 평가되지만 아직 미발견된 유적도 많을 수 있다는 점을 유념해 두어야 한다.

특히, 공사하기 전에 실시하는 용역지표조사인 경우에는 그 면적이 넓어야 수십만 평 정도이므로 담당기관이 철저하게 조사하지 않으면 훼손이 아니라 인멸된다는 점을 감안하면 그것이 발굴조사보다도 원천적으로 중요한 학술활동임을 아무리 강조해도 지나치지 않을 것이다.

둘째는 개발허가권을 가진 지방자치단체별로 관할지내 정밀문화재 분포지도를 민원관련 또는 토지형상변경 개발관련 부서에 비치하고 민원인들로 하여금 언제든지 열람할 수 있도록 준비되어 있어야 한다. 그렇게 함으로써 모든 토지소유자와 그와 관련된 민원인들이 그 실태를 인지할 수 있으며, 개발과 관련된 부서나 문화재를 관리하고 있는 부서의 일관된 행정체계[40]가 이루어질 수 있을 것이다.[41] 사실 문화재 보존에 가장 효과적인 방안은 그에 합당한 지방자치단체의 행정체계라고 보아도 좋을 것이다. 어떤 방법이든 유적과 그 인근 토지의 현상변경계획이 있을 경우는 사전조사[42]하거나, 그렇지 않다면 계획을 변경해서 추진하는 체계로 운용되어야 한다.

셋째는 지방자치단체와 함께 대규모 개발사업기관들은 자체에 문화재전문가를 채용하여야 한다.[43] 문화재 행정체계를 잘 갖추기 위해서

---

40) ① 신경철, 「향토문화의 보존관리와 우리의 자세」, 밀양시의 강연 요지, 1994. ② 정연우, 「지방자치단체에서의 매장문화재 행정실무 현황과 과제」, 『매장문화재 발굴 반세기—회고와 전망』 '97문화유산의 해 조직위원회·문화재관리국 국립문화재연구소.

41) 문화재지표조사의 절차와 협의 관련 자료를 민원인에게 제시할 필요가 있다. ① 한국토지공사 기술총괄처, 『문화재실무편람』, 한국토지공사, 1994. ② 문화유산국 유형문화재과, 『동산문화재관리와 보존』, 문화재청, 2000. ③ 문화재청, 『문화재지표조사와 사전협의』, 문화재청, 1999.

42) 김성준, 「사전조사의 필요성과 방법」, 『국토개발과 문화재보존』, 한국토지공사, 1996.

광역자치단체는 물론 기초자치단체에 이르기까지 문화재관련 전문연구자를 채용하여 관할지 안에 분포하는 모든 문화재의 관리를 전담시키는 것이 긴요하다.44) 이의 필요성은 그동안 고고학계에서 여러 차례 제기한 바 있으나 지방자치단체의 실천의지는 아직 요원한 것처럼 보인다. 이러한 결과는 문화재훼손문제가 야기되었을 때마다 해당 지방자치단체에서는 거의 "몰랐다"라고 말하는 점만 보더라도 그 필요성은 불문가지이다. 이들로 하여금 개발 신청은 물론 자체 개발계획의 입안단계부터 문화재에 관련사항을 검토한다면 그것으로 인한 큰 문제는 더 이상 야기되지 않을 것으로 보인다.45) 그런 형편이 되지 못한다면, 사업대상지를 정하기 전에 반드시 지역의 문화재연구기관과 우선적으로 문화재 문제를 협의하는 관행이 필요하다. 사업을 추진하는 과정에서 불거진 문화재 문제는 초기에 적절하게 조치하였다면 크게 문제시되지 않을 일을 사업부터 먼저 추진해 놓고 그런 문제가 발생한다면 해결하겠다는 생각으로 인해 시간과 비용의 큰 낭비를 초래한 경우가 비일비재한 실정은 어제와 오늘의 일이 아니기 때문이다.

대규모 개발사업을 주업무로 설립된 여러 공공주체46)는 자체의 문화재전문가를 보유함으로써 사업예정지를 선정할 때부터 문화재 문제의 여부를 판단할 수 있어 사업계획을 무리없이 수립하여 원활하게 추진할 수 있을 것이다. 지금까지 문화재 문제의 발생으로 인한 재원과 시간이 낭비되는 점을 고려한다면, 문화재전문가를 채용하는 비용이 비교될 수 없을 만큼 저렴할 뿐 아니라 공공기관 자체의 공익성을 견

---

43) 대표적인 예는 한국토지공사를 들 수 있다. 문화재전문가 9인과 자체의 박물관을 운영하고 있으며, 대규모 사업지의 선정에서 가급적 문화재지역이 아닌 곳을 택하는데 중요한 역할을 담당함으로써 개발과 문화재보존의 역할을 잘 수행하고 있다고 평가된다.

44) 지방자치단체의 문화재전문가의 인원은 현실을 감안해도 최소한 광역시·도 단위는 5명, 시·군 단위는 2명이 필요할 것으로 판단된다.

45) 김성준, 앞의 책, 1996.

46) 먼저 한국토지공사, 대한주택공사, 각 도시개발공사, 한국수자원개발공사, 한국도로공사, 각 국토관리청, 한국고속철도공단을 들 수 있고, 그 다음에는 각 농지개량조합, 한국전력공사를 들 수 있다.

지한다는 긍정적인 측면도 있게 된다.

넷째로 건설교통부와 서울특별시·광역시·도에서도 대규모 도시계획 등 장기적인 개발의 계획단계[47]에서 문화재의 보존 여부가 우선적으로 고려되어야 한다. 예를 들면 도시계획위원회[48]에 지역의 문화재 전문연구자들이 참여한다면 계획지역의 문화재를 알고 추진함으로써 큰 효과가 있을 것이다. 개발계획은 장기간에 걸쳐 광범위한 토지의 현상변경이 전제되므로 개발과정에서 문화재 문제로 인해 계획·추진의 수정 등이 수반될 경우 소요될 사회적 비용은 막대할 수 있다.

대표적인 예로 경부고속철도 경주통과 건설과 풍납토성의 건축 문제를 들 수 있다. 경주가 신라의 천년 王都라는 특수한 문화재지역임에도 불구하고 광범위한 환경 파괴와 소음 등을 유발하는 路線과 驛舍를 도심 안으로 결정하려는 개발론적 추진은 우여곡절 끝에 어느 정도 해소되었다고 볼 수 있을지 모른다. 그러나 그 과정에서 사회적으로 큰 물의가 야기되었고,[49] 또 공기지연으로 인해 국가적으로 엄청난 경제적인 손실을 감내해야 할 처지가 되었다. 그렇게 해도 새로이 결정된 노선과 역사의 위치도 경주시내와 근접한 지역이므로 근본적인 문제점은 여전히 남아 있는 셈이다. 풍납토성은 일찍이 백제 초기의 왕도로 비정되기도 했던 중요지역임에도 불구하고 그동안 행정적으로 아무런 조치가 없었을 뿐 아니라 심지어 과거에 성밖 범위의 토지를 건축이 가능하도록 민간에 불하함으로써 더욱 큰 사회적 물의가 일게 되었다. 이런 일들은 장기개발계획의 초안단계에서 문화재 문제가 충분히 검토되어 있어야 한다는 것을 실증해 주는 사례들이라고 할 수

---

47) ① 심광주, 「국토개발과 문화재보존의 현황과 과제」, ② 이선복, 「국토개발과 매장문화재」, ③ 윤덕향, 「도시계획과 문화재」, ④ 손순금, 「도시계획과 문화재」(이상 『국토개발과 문화재보존』, 한국토지공사, 1996).
48) 도시계획위원회에 문화재전문가의 참여문제는 이 글의 발표에 대한 토론자인 유병일 선생의 견해를 참조하였다.
49) 참고자료로 경북산업대학교 경주도시발전연구소의 제1차 세미나자료를 들 수 있다(경주도시발전연구소, 『경부고속철도 경주통과 구간의 해결방안』, 1996.1.26).

있다. 아울러 신라 최대의 토기제작유적임에도 불구하고 경제 일변도의 무리한 정치적 판단에 의해 개발하려고 했다가 중단될 수밖에 없었던 경주경마장 건설문제는 큰 비용만 헛되이 소모시킨 결과가 되었다.[50] 앞으로는 더 이상 이와 같은 시행착오들은 없어져야 한다.

다섯째로 사적지를 포함한 문화재정비사업에는 현상보존이 최우선되어야 한다. 폭우에 의한 유실을 방지하는 시설과 산책로 정도의 길[51] 등을 제외한다면 유적 위에는 어떤 시설도 유적 자체를 훼손하게 된다는 점은 문화재전문가라면 누구나 인정할 것이다.[52] 특히 유적지에 전시관을 설치한다든지,[53] 체육공원의 용도로 활용하기 위해 적지 않은 범위를 중장비로 평탄작업을 한다든지, 주차장을 설치하는 행위 등이 대표적인 정비작업의 문제점일 것이다. 그러한 시설은 유적 범위 밖에 설치하여야 하며, 그것도 대규모시설이라면 반드시 먼 거리에 두어서 차량의 접근을 막아야 한다. 유적의 보존에 필요한 최소한의 시설 외에는 전면적으로 잔디를 입히고, 부득이하게 나무 식재가 필요한 지역은 키작은 나무를 심어 유적환경을 해치지 않도록 해야 한다. 기존의 거수목은 반드시 밑둥까지 벌목함으로써 뿌리로 인해 야기되는 유구의 훼손을 막아야 한다.

여섯째로 사적 또는 문화재자료의 지정이 활성화되어야 한다. 전국적으로 유사하게 중요문화재임에도 지정된 지역과 지정되지 않는 지역이 있다. 어떤 경우에도 지정된 유적은 지정되지 않는 것보다 근본적인 효과가 있다. 일단 대규모이든 작은 건설이든 개발의 화를 피할 수 있기 때문이다. 지정되지 않은 경우 자치단체에서도 근본적으로 막

---

50) 盧勇錫,「慶州開發과 經濟主義 地域開發」,『古文化』第57輯, 韓國大學博物
   館協會, 2001.
51) 30cm 깊이로 굴착한 뒤 강회포장하였는데, 10cm 정도로 한정되어야 할 것으
   로 판단된다.
52) 최완규,「문화유적의 정비복원」,『호남의 문화유산, 그 보존과 활용』, 학연문
   화사, 1999.
53) 皇龍寺址展示館의 경우 皇龍寺와 芬皇寺와 연접된 위치에 있어 향후 큰 문
   제점이 될 것으로 보인다.

을 방책이 없고, 알게 모르게 훼손의 정도가 심해질 수밖에 없을 것이다.

일곱째로 사적지구내 사유지의 매수가 보다 적극적으로 추진되어야한다. 유적의 보호는 근세 이후로 소유가 분명한 지상문화재와 같은특별한 예를 제외한다면, 그 어떤 방법보다도 토지의 소유처가 국가또는 지방자치단체라야 실효성을 기대할 수 있다. 재산권 행사에 근본적인 제약을 가하면서 그 속에 포장된 유구와 유물은 국유인 상태에서사유지를 국가가 매수하는데 인색하다면 그것은 국가와 지방자치단체의 횡포임이 분명하다. 유적내 사유지에 대한 매수예산은 매년 큰 폭으로 증액되어야 한다.

여덟째로 학술기관의 문화재조사비용은 현재와 같은 개발주체의 부담이 아니라 반드시 국가가 부담하여야 한다. 이는 벌써 여러 차례 제기되었던 문제로서, 이것이 해결되지 않는 한 건설현장에서 빈번히 일어날 유적의 파괴를 막을 수 없을 것으로 보인다. 유적지의 소유자나개발권자가 조사비용의 부담을 피하고자 하는 것은 어쩌면 당연한 일일 것이다. 현재는 일정한 조건과 면적 이하의 현상변경인 경우 국가나 지방자치단체가 시굴·발굴조사비를 부담할 수 있도록 되어 있다.54) 그러나 '예산의 범위내에서'라는 문구에 의해 국가나 지방자치단체가 부담하지 않을 수 있다는 점과 실제 그 예산이 크게 부족할 것이분명하다는 점에서 현실성이 거의 없다고 보아도 좋을 것이다. 또한충분하지 않은 예산으로 인해 그 부담의 시혜자를 누구로 할 것인지판단하는 과정도 어려움이 수반될 수밖에 없다.

2000년도 전국의 시굴·발굴조사는 319건인데 실제 종료시의 정확한 발굴비는 알 수 없으나 총액이 1,000억을 상회하지는 않을 것으로

---

54) 문화재보호법 제44조 ④항에 의거한 시행령 제31조의2에는 건축법 시행령의규정에 의한 단독주택으로서 대지면적이 495㎡이하·건축연면적264㎡이하인건축물, 농어촌발전특별조치법시행령 제3조의 규정에 의한 건축연면적 661㎡이하인 시설물, 개인사업자의 대지면적 330㎡·건축연면적 264㎡이하 건축물로 한정되어 있다.

보인다. 수년 전 발굴조사만 7,000건 이상인 일본의 예로 보아도 매년 크게 증가할 것은 분명하다. 발굴비를 국가가 부담하기에는 적은 액수가 아니다. 그러나 국가 예산의 규모로 볼 때 불가능한 것만은 아니며, 건설비용과 견주어 보아도 극히 미미한 수준이다. 이 문제의 개선 속도가 더딘 원인은 한편으로는 문화재에 관한 정부 부처별 낮은 인식도와 학계 종사자들의 설득력이 부족한데도 있으며, 다른 한편으로는 발굴조사비를 지불하는 건설주체가 현행법의 개정을 위한 노력이 부족한 점도 한 몫을 한다고 보여진다. 위의 발굴비용을 국가가 부담함으로써 학계나 당국에서 부지불식간에 위기에 처할 수 있는 수많은 유적이 안전하게 된다면 그 금액은 실로 적다고 판단된다. 매장문화재는 발굴자나 사업시행자의 소유가 아니고 국가유물로 귀속되어야 하므로 발굴비용을 국가가 부담하는 것은 너무도 당연한 사안이기도 하다.

아홉째로 발굴조사의 체계화가 요구된다. 1946년부터 2000년 말까지 2,837건의 시굴·발굴조사(이하 발굴조사로 표현)가 실시되었는데, 그 중에서 영남지방은 904건으로서 약 32%를 차지한다. 시대적으로는 삼국시대 유적이 980건으로서 34.5%를 차지하며, 그 중에서 가야유적은 131건으로서 13.3%에 이른다. 한편, 2000년에 전국에서 실시된 발굴조사 건수는 319건이다. 기관별 종류와 조사횟수를 보면 대학박물관 112건, 대학연구소 23건, 대학 5건, 전담법인 140건, 국립문화재연구소 22건, 국립박물관 11건, 도립·시립박물관 11건, 기타국립기관 3건, 기타기관 3건이다. 이중에는 2개기관 연합이 10건, 3개기관 연합이 2건으로 나타나 있다. 조사횟수가 가장 많은 전담법인은 1994년 영남고고학회에서 설립한 영남문화재연구원을 시발로 모두 12개 법인이 운영중인데, 과거 대학박물관 위주에서 점차 전문법인 위주로 발굴조사기관이 전환되고, 거기에 따라 새로운 발굴기관의 설립으로 조사원의 수가 큰 폭으로 증가될 전망이다.

유적과 출토유물은 종류가 다종다양하며, 전공분야별로 연구자들이 세분되는 추세에 있다. 과거에는 발굴조사의 수도 적었고 연구자의 수도 적었기 때문에 전공별로 발굴조사할 여건이 되지 못했지만, 적은 인력으로 그나마 최선을 다했다고 평가할 수 있을 것이다. 그러나 이제는 상황이 다르다. 수많은 기관과 연구자에 의해 대량발굴의 시대로 접어들었으므로 보다 더 합리적인 발굴체계가 갖추어져야 한다. 발굴조사의 체계는 무엇보다 유적의 성격별로 조사단이 구성되는 것이 가장 기본적인 요건으로 판단된다. 그런 요건에는 첫째로 책임조사원 또는 조사원 중에는 발굴유적의 종류에 해당하는 인원이 포함되고, 둘째로 외부에서 초빙하는 조사위원은 반드시 해당전공연구자로 구성될 필요가 있다.55) 실제로 조사에 도움을 줄 수 있는 외부의 연구인력을 잘 활용할 수 있음에도 실천하지 않는다면 매장문화재 조사의 효율성에 문제가 있음은 물론 유적에 대한 올바른 자세가 아닐 것이다. 매번 발굴조사할 때마다 간과했거나 부적절한 부분들은 어느 누구나 있기 마련이고, 한 번 발굴되면 그 범위는 원상회복이 불가능하므로 국가로부터 위임받은 발굴기관은 잘 조사해야 할 책임과 의무가 부여되어 있다는 것을 유념하여야 한다. 유적발굴에 있어서 최대한의 노력과 성의가 없이 발굴되었다면 그것을 통해 역사를 재현한다는 기본 목적 이전에 발굴조사기관 스스로가 유적파괴의 주체가 될 것이다.

열째로 발굴조사는 설계에 의한 공사가 아니므로 실제 소요되는 비용의 집행과 정산방식56)이 있어야 한다. 학술기관은 학술활동으로서의

---

55) 지도위원인 경우는 대개 해당지방의 원로들로 구성되므로 반드시 해당전공 연구자가 아니라도 발굴유적의 보존문제 등 발굴조사와 관련된 외적인 도움을 줄 수 있는 일들이 적지 않을 것이므로 조사위원의 구성요건과 다르다고 판단된다.

56) ① 조영현, 「매장문화재조사비용의 합리적 산정－항목과 정산을 중심으로」, 『국토개발과 문화재보존』, 한국토지공사, 1996. ② 조영현, 「매장문화재 조사의 표준용역계약서식 안」, 『매장문화재 발굴비용 표준화사업 용역 연구 결과보고서』, 한국고고학회, 1996. ③ 이선복·이강승·조영현, 「인력품셈 시안」, 『매장문화재 발굴비용 표준화사업 용역 연구 결과보고서』, 한국고고학회, 1996. ④ 조영현, 「매장문화재 용역발굴의 합리적 체계방안」, 『매장문화재 발굴 반세기－회고와 전망』, '97문화유산의 해 조직위원회·문화재관리국 국립문화재연구소.

발굴조사에 매진해야 함에도 발굴비의 계약부터 수령 및 집행 그리고 정산에 이르기까지 건설주체와 이견57)이 끊이지 않고, 그로 인해 유적에 문제가 생길 소지도 있음을 간과해서는 안 될 것이다.58) 더구나 당사자간 계약에 의거 발굴할 경우에도 사업주체가 그 비용을 지불하지 못할 경우에는 그 부담을 고스란히 발굴기관이 떠맡을 수밖에 없다. 발굴비의 책정이 공사시의 설계에 의한 것처럼 적정한 책정이 불가능하다는 점은 그것이 공사가 아니라 조사라는 점에서 명백하며, 바로 그것이 발굴조사의 특성이기도 하다. 그럼에도 계약된 금액에 맞추어 발굴할 때 남는 부분이 있다면 그것은 별개의 문제이지만 부족할 경우 그것을 추가계약할 수 없을 상황일 때 문제가 있다. 발굴조사비의 정산방식은 문화재의 보존과 별도의 문제로 보일 수 있지만, 사실은 밀접한 관련이 있다는 점은 분명하다. 그 방식은 적정하고 효율적으로 집행함을 전제하기 때문이다. 용역발굴조사의 체계화를 제도적59)으로 하루 빨리 갖추는 데 필요한 정산방식은 그 중에 하나의 중요한 절차이자 유적을 위한 합리적인 방안일 것이다.

열한째로 유물의 보존처리가 활성화되어야 한다. 보존처리가 필요한 유물은 기존의 것이든 발굴조사를 통해 수습된 것이든 반드시 실시되지 않으면 머지 않아 가루로 변할 것이라는 것은 아무도 부인할 수 없는 자연적인 이치이다. 아무리 유적의 보존을 강조해도 이 사안의 해결을 위한 노력이 부족하다면 그것은 공허할 뿐이다. 학계와 정부에서는 처리인력을 양성하고 예산을 크게 투입하는 데 힘써야 한다.

---

57) 윤우준, 「매장문화재 조사용역의 성격과 계약방법」, 『국토개발과 문화재보존』, 한국토지공사, 1996.
58) 심광주, 「용역발주자의 입장에서 본 토지개발과 문화재 보존의 현황과 과제 ―택지와 공단개발시의 문화재조사용역을 중심으로」, 『매장문화재 발굴비용 표준화사업 용역 연구 결과보고서』, 한국고고학회. 1996.
59) 이선복, 「매장문화재 조사의 효율화와 체계화를 위한 제도적 보완방안과 쟁점」, 『매장문화재 발굴비용 표준화사업 용역 연구 결과보고서』, 한국고고학회, 1996.

3) 자연유실에 대한 대책

여러 매장문화재 중에서 자연유실될 가능성이 가장 높은 것은 지상에 노출된 범위가 많은 산성이다. 가야의 산성은 인접 능선이나 구릉에 조성된 가야의 고분군과 밀접한 상관이 있음은 학계에서 주지하는 바인데, 성벽을 쌓았던 흙과 석재가 그 주변에 흘러내린 곳이 한두 군데가 아니므로 그대로 방치한다면 해가 갈수록 유실범위도 점점 많아질 것이다. 雨水나 地震 또는 火災 등 여러 가지 원인에 의해 훼손·파괴된 부분 모두를 조치하기는 어려울 것이지만 하루 빨리 그 실태를 파악하여 우선 순위를 정해 조치하여야 할 것으로 판단된다.

4. 결 어

인간사가 그렇듯 집단의 문화도 각양각색이다. 그렇게 보이는 모습은 무엇보다도 그 집단이 지녀왔던 고유의 문화에 근거함은 두 말할 필요가 없을 것이다. 固有文化를 통해서 나타나는 모양과 색깔이 다른 문화에서 찾아보기 어려운 독특함을 잘 간직할수록 그 가치는 높게 평가될 것이다. 하루가 다르게 발전하는 교통·통신의 영향으로 범세계적인 공통문화가 급속하게 진전되고 있으므로 다양성을 가진 국가별·지역별 고유문화야말로 앞으로 더욱 빛날 최상의 자산이 될 것이 틀림없다. 따라서 고유문화를 있는 그대로 간직하고 내용을 체계화시킴으로써 민족의 정체성을 뚜렷하게 하고, 조상의 유산을 온당하게 대하며, 고유문화의 세계화를 위한 올바른 길이라고 할 수 있다. 또한, 그렇게 함으로써 새로운 문화를 창출하는 데도 튼튼한 토대로 작용할 것이 틀림없을 것이다.

지역의 문화유산을 보존하는 데는 무엇보다도 지역민의 관심이 절대적으로 필요하다. 아무리 학계나 정부의 의지가 앞선다고 해도, 지역의 주민과 지방자치단체가 큰 관심과 의지를 결여하고 있다면 자신들에게 있어서 고유의 최대 문화자산을 잃게 되는 것이다. 따라서 문화유산을 잘 보존한다면 자기 지역과 자기 국가의 후손들에게 풍족하고 자랑스러운 유산을 남기게 되고, 21세기 문화경쟁의 시대에 결코 뒤지지 않는 문화시민의 주역이 될 것이다.

〔토론〕

발표자 : 조 영 현
토론자 : 유 병 일*

〔요지〕

오늘 「가야문화재의 보존현황과 대책」에 대하여 발표하신 조영현 선생님께서는 평소에 고분연구는 물론 문화유산의 보존과 대안제시, 그리고 실천을 위한 대외활동을 주도적으로 하신 분으로 알고 있습니다. 더구나 오늘의 발표내용은 대규모 면적이 개발되는 최근 추세와 문화재를 재화의 가치로 인식하는 사회분위기에 일침을 가하고, 나아가 연구기관, 행정부서, 개발사업자, 시민들의 문화재보존에 있어 지표가 될 수 있다는 측면에서 의의가 있다고 생각합니다.

선생님께서 발표하신 내용은 가야유적에 대하여 첫째, 지표조사를 통해 밝혀진 유적의 분포와 문화재의 지정현황, 둘째, 도굴 및 각종 개발에 의하여 훼손되는 유적의 보존대책, 셋째, 자연적으로 소실되는 유적의 보존대책 등으로 요약할 수 있습니다. 토론자 역시 선생님께서 제시한 유적의 훼손요인과 보존방안에 대하여 공감하는 부분이 상당히 많습니다. 그러나 개발주체와 토지소유자, 문화재행정부서 입장에서는 선생님께서 지적하신 유적의 훼손원인과 보존방안을 이해하면서도 현실적으로 추진하기에는 상당한 어려움이 있을 것으로 생각됩니다. 이런 분위기는 토론자가 1997~2001년간 울산광역시에서 문화재업무를 담당하면서 느낀 점이며, 행정부서에서 문화재업무를 담당하는 연구자들의 공통적인 고민일 것으로 보여집니다. 그렇지만 어느 한 지역이 개발되기 전에 문화재의 분포유무를 파악하고 법적인 차원에서 보존방법을 강구하는 것이 행정부서의 본연의 의무이기 때문에 유적의 현황파악과 보존은 숙명의 과제라 할 수 있습니다. 따라서 토론자는 선생님의 유적보존대책에 대한 질문이라기보다는 행정기관에서 문

---

* 울산발전연구원 문화재센터 학예연구사

화재업무를 담당하면서 유적보존과 관련하여 느낀 점에 대하여 말씀 드릴까 합니다.

첫째, 문화재부서에서 담당자의 전문화가 절실하다는 것입니다. 이 점은 선생님과 학계에서 지속적으로 행정기관에 건의한 것입니다만 현실적으로 시정되지 않는 부분입니다. 문화재업무는 전문분야로서 일반행정직이 담당할 수 없습니다. 행정공무원의 문화재에 대한 인식은 법적으로 지정된 것만을 문화재로 생각하기 때문에 지정되지 않은 문화재, 특히 지표에서 확인되지 않은 매장문화재는 순식간에 소실될 우려가 많습니다. 따라서 문화재담당자는 전문직이 필수적이며, 매장문화재, 지정문화재, 문화재정비사업, 일반문화재 업무는 전문직으로 적정인원 구성되어야 하고 또한 이를 행정적으로 보조할 수 있는 행정직 공무원도 포함되는 부서조직이 효과적일 것으로 보입니다. 그리고 연구자가 행정기관에 진출하여 문화재업무를 신명나게 할 수 있도록 연구기관의 협력과 인식전환, 또한 필요할 것으로 보입니다.

둘째, 문화재담당부서와 개발부서 간의 긴밀한 업무협조입니다. 이 것을 행정용어로 '의견조회'라고 하는데 개발부서에서 민원인이 신청한 사업부지에 대하여 관련법의 저촉여부를 의뢰하는 것이 골자입니다. 이 경우 문화재부서에서는 면적을 기준으로 30,000㎡ 이상일 경우는 문화재보호법 제74조의2를 적용하여 전문기관에서 지표조사를 실시하도록 조치하고, 30,000㎡ 이하의 경우는 문화재보호법시행령 제43조 제2호와 같은 조건일 경우 지방단체장이 지표조사를 실시하도록 되어 있습니다만 제대로 시행되지 않아 사회적으로 물의를 일으키기도 합니다. 물론 행정기관의 어려움도 있습니다만, 30,000㎡ 이하는 문화재보호법시행령 제43조 제2호를 적용할 것이 아니라 문화재보호법 제48조의2(매장문화재의 보호)제3항을 적용하여 개발지역에 중요한 문화재가 분포할 경우 지방단체장이 인·허가를 하지 않도록 처리하는 것이 근본적인 보존방안으로 보입니다.

셋째, 철저한 지표조사 실시와 지표조사결과서의 활용입니다. 이것은 둘째와 상관있는 것입니다만 선생님께서도 제안하셨듯이 유적보존의 첫걸음임과 동시에 훼손을 방지하는 최선의 방법일 것으로 여겨집니다. 최근에 개정된 문화재보호법과 문화재청에서 국비와 시비로서 기초단체별로 문화유적분포지도를 작성하고 있는 사업도 이 점의 중요성을 파악한 결과로 보입니다. 그리고 조사결과서를 행정부서에 배치하여 사업관련자와 토지소유자가 열람하도록 하는 방안도 제시하였는데, 이럴 경우 알려지지 않은 유적의 소재지가 공개되어 훼손되는 대비책도 강구되어야 할 것으로 보입니다.

넷째, 중요문화재의 지정에 대한 연구기관의 활발한 협조가 필요할 것으로 보입니다. 현재 행정부서에서 문화재지정은 민원제기가 적은 지역에 있는 문화재, 특히 불교문화재 및 잘 알려진 건축문화재를 지정하는 경우가 많습니다. 그 반대로 개인 소유지에 있는 매장문화재는 지정하지 않는 경향이 우세합니다. 매장문화재는 물질자료로서 문헌기록에 누락된 당시 문화상을 알 수 있는 측면과 한 번 훼손되면 복원할 수 없는 특수성으로 인하여 소중히 다루어져야 합니다. 따라서 현재 행정적인 편의에 치중하여 지정하는 문화재를 역사성과 자료적인 측면에서 중요한 문화재를 지정할 수 있도록 지정 건의하는 입장도 절실할 것으로 보이고, 또한 발굴조사를 완료한 후 유적의 중요성이 부각되어 문화재로 지정될 경우 야기되는 문제점도 사전에 예방할 수 있는 효과도 있을 것입니다.

다섯째, 발굴기관에서의 유적보존어 대한 적극적인 입장표명입니다. 현재 발굴기관에서는 한 유적에 대하여 구제 발굴한 후 지도위원회를 통하여 유적을 보존하는 경우가 생깁니다. 이럴 경우 사업자는 현상변경을 전제한 발굴허가조건이기 때문에 조사완료 후 사업을 강행하려는 입장과 갈등이 발생합니다. 물론 매장문화재는 지하에 포장되어 있어 조사 전에는 성격을 잘 알 수 없는 경우가 허다합니다. 그러나 유적의 소멸을 방지하고 사업자의 경제적인 어려움을 최소화하기 위해서는 지표조사와 시굴조사 단계 때 지도위원회를 개최하여 유적의 처리

문제를 검토하는 것이 현재로서는 중요하다고 생각합니다.

마지막으로 토론자 입장에서 가장 중요한 유적보존방안으로 생각하는 것으로서 도시계획위원회에 문화재위원 및 관련자가 포함되어야 한다는 것입니다. 현재의 도시계획위원회에는 어느 지역을 막론하고 문화재관련자가 대부분 포함되지 않는 것으로 알고 있습니다. 울산광역시의 경우도 다른 지역과 같은 경우로서 문화재관련자가 한 명도 포함되어 있지 않습니다. 이 위원회에서는 토지의 용도를 결정하여 향후 개발을 위한 입안을 하기 때문에 면적 또한 상당히 넓습니다. 한 번 결정되면 재결정이 극도로 어렵기 때문에 최초의 용도 결정 때 중요한 문화재지역이 제척되어 향후 개발여지를 사전에 차단하여야 할 것입니다. 아직까지 정확한 내용은 알 수 없지만 최근에 발행된 울산광역시 도시개발 총괄도를 보면 문헌의 우시산국이 존재한 것으로 비정되는 울산하대유적 일대가 일반취락지구로 결정되었다는 것입니다. 이같은 경우는 울산뿐만 아니라 다른 지역도 발생할 가능성이 많기 때문에 최초의 용도결정 때 제척되는 방안 등이 필요할 것으로 보입니다.

이상으로 토론자의 입장에서 몇 가지 말씀을 올렸습니다만 발표하신 주제와는 다소 차이가 있습니다. 그러나 가야문화재의 보존현황 및 대책도 넓은 의미의 유적보존방안과 상통하기 때문에 약간의 연관성은 있을 것으로 생각합니다. 그리고 토론요지를 작성하면서 느낀 것은 문화유적의 보존은 행정기관에서 일차적으로 보존하고 관리하는 것을 인정한다면 유적보존을 위하여 제도권내에 뛰어들어 함께 고민하면서 방안을 모색하는 방법도 효과적일 것으로 판단됩니다.

학교교육과 사회교육으로서의 가야사에 대한 학술심포지엄

주제 : 학교교육과 사회교육으로서의 가야사
장소 : 부산대학교 인덕기념관 대회의실
일시 : 2001년 10월 25일~26일

〈세미나 참가자 명단〉

사회
이기동(동국대학교 사학과 교수)

발표자
김태식(홍익대학교 역사교육과 교수)
노중국(계명대학교 인문학부 사학전공 교수)
이근우(부경대학교 사학과 교수)
권학수(충북대학교 고고미술사학과 교수)
이영식(인제대학교 인문문화학부 교수)
백승충(부산대학교 사회교육학부 교수)
조영현(계명대학교 박물관 학예연구팀장)

토론자
정효운(동의대학교 일어일문학과 교수)
주보돈(경북대학교 사학과 교수)
연민수(동국대학교 사학과 강사)
강봉원(경주대학교 문화재학부 교수)
백승옥(부산대학교 강사)
이종봉(전 기장군지편찬위원회 연구원)
유병일(울산발전연구원 문화재센터 학예연구사)

〔종합토론〕

이기동 : 작년 이맘때에는 바로 이곳에서 '가야 각국사의 재구성'이란 주제로 첫 번째 학술심포지엄이 열렸습니다.

이번에는 가야사가 한국사 개설서나 혹은 한·일 양국의 중고등학교 교과서에 어떻게 기술되어 있는가, 또 미국, 프랑스, 영국, 독일 등 구미 여러 나라의 역사책 또는 백과사전에는 가야사를 중심으로 하는 고대한일관계사의 쟁점들이 과연 정당하게 기술되어 있는가, 가야사에 대한 학계의 지식을 일반인에게 보급하려는 목적에서 그간 여러 가지 형태로 전개된 사회교육의 현황은 어떠하며 그 문제점은 무엇인가, 또 日常的으로 가야시대의 유적과 더불어 호흡하며 살아온 현지의 연구자들, 향토사가라고 하는 이분들의 저술활동은 어떠하며 거기에서 제기되는 문제점은 없는가, 그리고 끝으로 가야유적에 대한 지표조사의 실태와 도굴이나 각종 개발 혹은 가야시대 산성의 자연 유실에 맞서서 어떻게 유적을 보존할 것인가 하는 문제 등 실로 여러 방면에 걸쳐서 거의 빠짐없이 다루어 보았습니다.

작년의 심포지엄이 가야사에 대한 순수한 연구편이었다고 한다면 금년은 가야사 지식의 올바른 보급과 홍보, 활용, 그리고 가야유적의 바람직한 보존대책을 모색한 매우 실천적인 의미를 띠고 있습니다.

그런데 과제가 이처럼 실천적인 성격을 띠고 있다 보니까 지금까지 학계의 가야사 연구상의 취약점들이 새롭게 부각되는 예상치 않은 효과가 나타나기도 했습니다.

어제 오늘 7명의 주제발표에 대해서 각각 한 명씩의 지정토론이 있었기 때문에 이 종합토론에서는 각각의 주제에 대해서 발표자 및 토론자 전원이 자유롭게 의견을 개진하는 형식으로 진행해 볼까 합니다.

첫 번째 주제는 우리나라 중등학교 역사교과서의 가야사서술과 문제점에 대한 것입니다. 발표자인 김태식 교수께서는 1980년대 이후 교과서에 긍정적인 변화가 나타나고 있지만 아직 그 정도로는 부족하다라고 지적하면서 한국고대사의 체계에서 가야의 복권을 절규하고 있어서 큰 감명을 받았습니다. 김 교수님 발표에 대해서 자유롭게 의견을 개진해 주시기 바랍니다.

정효운 : 어제 본의 아니게 토론자의 의무를 다하지 못했기 때문에 오늘 잠시 언급하도록 하겠습니다. 토론요지에는 나와 있습니다만, 역시 오늘 큰 문제가 될 수 있는 것 중의 하나는 4국시대라고 생각합니다. 이것을 달리 생각한다면 말이죠, 사석에서는 4국시대가 너무 과다한 요구가 아닌가 하는 이야기도 있었습니다만, 다른 측면에서 본다면 역시 중앙과 지방, 중앙과 변경 이러한 논리로써 되었을 때 중앙만 위시되었다는 부분이 사실은 가야사도 홀대 아닌 홀대를 받게 되었다고 봅니다. 그렇기 때문에 또 한 가지 측면은 전부 외국에서 언급되었다는 말씀이 있었는데 제가 볼 때는 조금 불만적인 요소가, 물론 모든 것을 언급할 수 없습니다. 그러나 적어도, 구미 교과서의 분석이 아주 좋습니다. 당연히 해야 됩니다. 그러나 왜 이것 자체도 구미 교과서라는 중앙에만 한정되어 있냐는 말입니다. 그리고 주변에 우리가 좀 더 알고 싶어했던 중국에는 가야사가 어떻게 서술되어 있는가? 또는 이 주변에 있는 러시아라든지, 동남아시아까지 확대하는 것은 불가능하지만, 그렇게 중앙 중심적인 사고가 아직도 이러한 편성체제에서도 나타나고 있는 것이 역시 가야사를 4국시대의 부분으로서 한 번 주장해보는 것도 나름대로 의미있는 작업이라고 생각합니다. 그러면 이전에 발해사가 왜 갑자기 남북국시대로 되었는가? 그것은 연구자가 많이 나타나고 거기에 따라서 연구도 축적되었기에 나타난 것입니다. 혹시 다른 측면에서 본다고 하면 부여나 다른 국가들이 나타났을 때 모두 그렇게 보아야 하는가, 그것은 그때 가서 과연 그런 것이 필요하다면 그러한 주장도 수렴이라든지 여러 검토를 거쳐서 받아들일 자세도 되어 있지 않느냐 하는 그런 점에서 일단 4국시대란 용어에 대해서 한 번쯤 깊이 생각해 보는 시간을 가지면 좋지 않을까 하는 문제점 제기를 해 보았습니다.

이기동 : 4국시대 문제는 어제 향토사 연구자들께서도 공통적으로

주장하신 바 있습니다. 이 문제는 좀 더 의견을 허심탄회하게 피력해 주시기 바랍니다.

이영식 : 어제 주보돈 선생님께서 그러면 부여는 어떻게 해야 하는 가라는 말씀도 있고 해서, 이왕 4국시대라는 용어가 적합하지 않다는 취지의 말씀을 해주셨습니다. 또 다시 정효운 선생님이 말씀하시니까, 다시 중복을 해야 할 것 같아서 그건 그때 가서 하자, 이미 부여라는 역사는 기원전 5세기부터 되기 시작해서 AD 494년에 고구려에 통합되니까 무려 천 년이 넘는 북쪽의 한민족사의 아주 중요한 한 부분을 차지하는 것입니다. 그건 앞으로 우리가 연구해야 할 부분이 아니고 이미 그것은 정확한 역사적 사실입니다. 저 자신이 가야사를 공부하고 있는 사람이긴 하지만 가야를 포함해서 4국시대라 하자 그것은 정당하지 않다고 생각합니다. 부여사는 그럼 어떻게 하느냐? 동옥저도 있다. 그래서 일찍이 신채호 선생은 열국의, 여러 나라들의 우두머리가 나타나는 쟁의시대라는 말을 쓰셨습니다. 용어 자체를 우리가 다시 쓰자는 말은 아닙니다만 온당하다고 생각합니다.

따라서 열국시대 혹은 전국시대 등의 용어로 대체하는 제안은 정당하다고 보지만 가야 하나만을 더 넣어서 4국시대로 하자는 것은 정당하지 못하다고 생각합니다.

노중국 : 결론적으로 말씀드리면 주보돈 선생님이나 이영식 선생님과 같은 생각입니다. 현행 각종 개설서에도 가야를 얘기할 때는 가야연맹이라는 표현을 대다수 쓰고 있습니다. 그런데 이것을 4국이라고 했을 경우에 그것이 주는 느낌은 마치 중앙집권화된 고구려·신라·백제와 같다고 하는 그런 인식을 주고 있는데, 내용상으로 들어갔을 때에는 연맹이라는 표현이 자꾸 나왔을 때, 이것이 실제의 모습과 용어가 보여주는 모습이 불일치하고 있다는 점도 언급할 수 있을 것 같습니다.

또 가야를 상당히 비중을 두어야 한다는 관점과 그것이 너무 강조되어져서 한국사의 기본적인 체계에 변화를 준다고 했을 때에는 부여 등 다른 부분도 고려해서 논급이 되어야 하지, 현재 활발하게 가야사가 연구되어 있다고 해서 그 자체로서 바로 4국시대라고 한다는 것은 전체 균형을 깨뜨릴 수 있다고 하는 그런 생각이 들어서 다른 각도에서 검토되어야 할 것 같습니다. 4국시대로 설정하는 것은 제 개인적으로 받아들이기 어려운 것이라고 말씀드리고 싶습니다.

이기동 : 다른 분들께서 4국시대에 대해 더 이상 의견이 없으시면 저도 한 가지 의견을 덧붙이고 싶습니다.

지금 노중국 교수의 이야기대로 가야라고 할 때, 이것은 10여 개 이상의 국가이지 결코 단일국가가 아닙니다. 그런 점에서 4국시대라는 표현에는 확실히 난점이 있습니다. 가령 중국사의 예를 들어보면, 3세기 중국은 소위 삼국시대입니다. 그런데 그 당시 요동지방에는 독립적인 공손씨 정권이 존재했습니다. 근래 만주지방에서 활동하는 중국 역사가들 중에는 공손씨 정권의 의의를 강조해서 3국 1체제라는 말을 쓰기도 합니다. 가령 『진한 동북사』를 저술한 왕면후(王綿厚) 교수가 ‘3국4方’이란 말을 쓰고 있고 또 일본에서도 오바 오사무(大庭脩) 씨가 아예 4국시대라고 하여 공손씨 정권의 역사적 위치를 한껏 높이려고 합니다. 그런 용례에 비추어 본다면, 잠정적으로 3국 1체제, 1체제는 가야연맹입니다. 가야 제소국을 합치는 것으로 처리하는 방법도 있는데, 이 경우 만주의 부여사는 몰각되고, 옥저, 동예는 어떻게 하느냐? 국력이 작더라도 국가인데, 이처럼 4국시대론에는 문제점이 많은 것 같습니다.

백승옥 : 저도 가야사가 교과서 등에 충분히 반영되어야 한다는 측면에서는 충분히 동감합니다. 그런데 서술할 때에 4국시대라고 하는 시대명 속에서 서술되어야 한다는 점에는 반대합니다.

가야가 500~600년, 저는 그보다 더 이른 삼한의 형성기부터 가야의 역사라고 생각합니다. 따라서 전체를 잘라서 보아야 합니다. 고구려·신라·백제와 가야가 같이 있었던 시기와 그 이전에 부여 등의 열국들이 있었던 시기를 잘라 나누어서 서술하는 방법도 있지 않을까. 부여·옥저·동예가 있었고, 초기삼국이 있었을 그 시기는 다국시대, 열국시대라고 하는 것이 좋다고 생각합니다. 그다음에 삼국과 가야가 있었던 시기는 이기동 선생님께서 말씀하신 대로 3국 1체제시대나 또는 가야 및 삼국시대라고 해도 좋다고 생각합니다. 그런데 가야 및 삼국시대는 가야를 너무 강조한 것이 아닌가하는 생각이 들기도 하지만, 강조 이전에 역사적 실제가 중요한 것이므로 무방하지 않을까 생각합니다.

이기동: 삼국이라고 할 땐 국명을 숨기고 있는 건데 삼국과 가야라고 할 경우에는 가야의 이름이 노출되어 공평하지 않고 그래서 제가 1체제라고 한 것은 국명을 베일에 가리게 하자는 것입니다.

백승충 : 어쨌든 김태식 선생님이 4국시대를 말씀하셨는데, 4국시대를 지향하자는 뜻으로 저는 받아들이고 있습니다. 우선적으로 부여 등도 국들과의 관계문제도 논의가 되었습니다만, 결국은 현재까지 다른 3국과 비교해 보았을 때 연구가 아직은 태부족이라고 하는 기본적인 한계를 가지고 있습니다. 그렇기 때문에 여기에 들어가야 될지 저기에 들어가야 할지 하는 문제가 생깁니다. 3국 1체제라고 하는 것은 현상적인 설명은 될 수는 있을지라도 연구성과가 축적이 된다면 어떠한 변모가 될지 알 수가 없기 때문에 결국은 가야사 연구 경향을 보더라도 체계적인 연구는 아직 시간적으로 보더라도 일천하기 때문에 연구가 좀 더 계획적으로 진행되고 축적되면 4국시대라고 나올 수도 있겠고, 그래서 조금은 현상 그대로 놓고 연구를 진행시키는 것이 좋지 않을까 생각합니다.

주보돈 : 4국시대, 열국시대라고 이야기하니까. 사실 그동안 우리가 시대구분을 할 때 왕조사중심의 시대구분을 지양하고 사회성격을 가지고 논의를 하다가 다시 과거로 돌아가는 듯한 느낌이 들어서 조금 퇴행적인 접근이 아닌가 하는 생각이 들었습니다.

문제가 뭐냐하면 가야를 과연 고대사회 속에 넣어서 서술할 것인가 또는 북한처럼 중세사회 속에 넣어서 서술할 것인가, 바꾸어 말하면 가야사 전체를 정치사 또는 사회경제사적으로 어떤 시각으로 볼 것인가 하는 것인데, 기왕의 4국시대, 5국시대가 중요한 것이 아니고 가야사를 서술할 때 들어갈만한 적당한 장소가 없는 것입니다. 그래서 대개 어물쩡하게 넘어가는데, 이 점이 가야사를 어떻게 보느냐 하는, 사실 김태식 선생님께서는 4국시대라고 표현은 하셨지만, 정작 중앙집권적인 귀족국가로는 보지 않았습니다. 복합군장사회 이렇게 보았는데 6세기 이후에 나타나는 고대국가, 중앙집권적 귀족국가와 같이 어울려 쓴다는 것이 모순관계에 있는 것이죠. 그래서 우리가 어떻게 가야사를 정치사·사회경제사적으로든 어떤 수준에 놓고 이해해야 할 것인가 하는 것이 정리되어야 삼국과 대등하게 절정기에 다룬다 아니면 삼국이 귀족국가로 들어가지 전에 다룬다고 하는 것이 정해질 것입니다. 사실은 4국시대 같은 것은 별로 중요한 의미를 가지는 것이 아닙니다. 향토사를 하시는 분들이 상당히 좋아하더라고요. 사실 김태식 교수께서 처음 이야기하신 것이 아니고 그전에도 그런 논의들이 있었는데 학계에서 김태식 교수께서 4국시대로 제창한다고 하고, 또 얼마 전 TV에서 4국시대를 강조하니까 그런 것인데, 그 자체는 그렇게 중요한 의미를 가지는 것은 아니라고 생각합니다.

이기동 : 이렇게 되면 김태식 교수께서 반론할 필요가 생긴 것 같습니다. 간단히 해주십시오.

김태식 : 4국시대로 하지 않는다고 한다면 현재의 3국시대를 그대로 인정할 수밖에 없습니다. 그렇다면 지금 국가체제 발전정도를 따져서 3국시대로 하자고 한다면 신라도 결국은 언제부터 중앙집권적인 귀족국가라고 할 수 있겠습니까. 신라가 중앙집권적인 체제를 완성시킨 것은 6세기 중반대의 법흥왕대이니까요. 그 이후를 삼국시대로 하고 그 이전은 어떻게 하겠습니까. 그러니까 연맹체제라고 하더라도 중심적인 체제가 나오고, 또 외국에서 가야라는 하나의 지명으로 통칭되고 가야는 나름대로의 역사문화적인 일관성이 있기 때문에 아무리 통합체제를 갖추지 않았더라도 하나의 덩어리로서 볼 수 있다고 생각합니다.

그리고 부여 문제를 말씀하시는데 제 판단이 틀렸는지는 모르겠지만, 부여는 494년에 멸망했다고 하더라도 이미 3세기 후반부터는 역사적으로 거의 역할을 하지 못하고 있습니다. 그래서 그런 부여에 대해서 가야와 똑같은 지위를 부여할 수는 없다고 생각합니다. 3세기 후반의 한국사의 전개과정을 보면 가야지역은 거의 신라와 대등한 세력, 그리고 대등한 정도의 문화적 발전성을 가지고, 가야와 신라가 고구려나 백제의 어느 쪽에 연결이 되는가에 따라서 연동이 되면서 문화가 움직이고 있기 때문에, 한반도 전체의 역사를 설명할 때 4국이면 충분하지, 부여는 그렇게까지 심각하게 생각할 필요는 없다는 판단하에, 저도 국가의 존속시기만 가지고 따진다면 494년까지는 5국으로 해야 한다는 생각도 가지고 있었습니다. 그러나 아직은 연구자나 연구수도 많지 않고, 그러나 한국고대사에서 문헌학에서는 가야사만으로 박사학위를 받은 사람이 열 명이 넘습니다. 고고학까지 하면 20여 분이 가야사만으로 박사학위를 하셨는데 이런 상황에서 가야사를 이런 식으로 개설서 등에서 무시되는 상황이 계속되면 학술적 발전이 무의미해지는 것이 아닌가 하는 느낌이 들었고, 또 가야지역에 계속해서 넓은 지역을 차지하고 있었기 때문에 끝까지 중앙집권적인 체제를 완성하지 못했다고 하더라도 가야사에 대한 상당한 시민권을 한국고대사 개설서나 교과서에서 인정해주어야 한다는 것이 제 생각입니다.

이종봉 : 저는 비전공자인데, 비전공자의 입장에서 가야사논문을 읽으면 나타나는 국가 명칭들이 상당히 혼란스럽게 나타나고 있습니다. 어떤 사람들은 『삼국지』 위지 동이전을 인용하고 또 『일본서기』, 『삼국사기』, 『삼국유사』를 인용해서 쓰고 하는데, 그런 부분들을 만약에 『삼국지』 위지동이전 부분이면 3세기로 끊어서 설정해주고 『삼국사기』나 『삼국유사』를 인용할 때에는 4~5세기를 끊어서 인용해주고 하는 식으로 비전공자나 일반인들이 알 수 있도록 국가명칭부분을 일목요연하게 정리해 주셨으면 좋겠습니다.

이기동 : 첫 번째 주제는 나중에 다른 문제와 관련해서 다시 논의될

기회가 있을지도 모르겠습니다. 두 번째 주제는 한국사개설서의 가야사 서술에 대한 것입니다. 발표자인 노중국 교수께서는 삼국과는 달리 가야에 대해서만 연맹, 즉 가야연맹이라는 표현을 쓰고 있는데 이것은 문제라고 제기하셨습니다. 가야연맹이라는 용어의 타당성 혹은 불가피성에 대해서 말씀해주시기 바랍니다.

노중국 교수님께 제가 물어보겠습니다. 가야연맹에서 연맹이라는 말을 빼고 고구려·백제·신라라고 하듯 가야라고만 해서 가야의 역사적 특성이 살아날 수 있는 것인지 우선 문제 제기하신 분의 대안을 듣고 싶습니다.

노중국 : 사회자님께서 가야연맹이라는 표현이 문제라고 제가 제기한 것이라고 하셨는데, 사실 저는 그렇게 제기한 것이 아니고요, 지금 교과서상의 목차를 보았을 때 거의 대다수가 삼국시대 속에 가야를 같이 서술할 때 가야연맹이라고 넣는데, 그런 형식은 적합하지 못하다고 하는 그런 측면에서 말씀드렸고요, 그 대신에 그러면 가야국, 이렇게 했을 때 그것이 일국사 같다는 느낌을 준다는 문제점도 언급했습니다. 아시다시피 가야는 내부적으로 통일된 것이 아니기 때문에 여러 가지 표현이 있습니다. 그것을 다국으로 표현해야 할지 복합으로 표현해야 할지 전 어떤 표현이 좋은지 모르겠습니다만 단일국이 아니기 때문에 단일국과 같은 형태로 개설서에 들어간다면 곤란하다고 생각합니다. 그러면 저보고 어떤 표현을 사용하면 좋겠냐고 한다면, 논란은 있습니다만 연맹이라는 표현을 쓰는 것이 좋겠다는 것이 개인적인 생각입니다. 다만 연맹이라는 표현을 했을 때에는 전체 서술적인 체계상 목차를 잡을 때에는 어디에 넣을 것인가 하는 것은 사실 아까 처음에 나왔던 질문인 4국시대 등에 대한 것은 앞으로 좀 더 논의를 해나가는 것이 좋을 것이다 하는 그런 형태로 달씀드린 것입니다.

이기동 : 사실은 저는 순수한 의미로 본다면 고구려·백제·신라 그 다음의 가야 경우는 가야제국(諸國), 그래야 복수국가라는 것이 뚜렷해진다고 생각합니다. 그런데 여러 나라가 몇 개의 연맹인지 모르나,

지역연맹인지, 단일연맹인지 어떻든 간에 대외관계에 있어서 연맹의 형태를 취했습니다. 벌써 연맹이라고 할 때에는 상당한 가치개념이 들어 있어요. 가야의 경우에만 꼭 가치개념을 넣을 필요가 있을까요? 가치개념을 부여한다면 고구려는 고구려 군사대국, 그렇게 해야합니다. 그에 대칭적인 의미로 가야는 가야연맹이 되는 것입니다. 가야는 혼자로 설 수 없으니까요. 연맹형태가 되어야만 인접국가에 일대일 맞상대가 됩니다.

  (녹음 중단) …

  이기동 : 그렇게 되면 한이 없으니까 이 용어문제는 추후 논의하기로 하지요. 노중국 교수님께서 발표하신 내용 중에 조금 문제가 될 것이 한두 가지 있습니다. 그것은 가야의 영역을 표시함에 있어서 동쪽은 낙동강, 서쪽은 영산강 유역까지 가야의 무대로 포함시키는 이 문제, 이것은 일본학계의 임나일본부설을 밑바닥에 깔고 있는 의도에서 나온 것이 아닌가 하고 말씀하셨고, 또 연민수 박사께서도 역시 그런 것 같다고 다른 분 토론에서 지적했습니다. 저의 생각에는 서쪽은 섬진강 동편이라고 했다면 문제가 없었을 터인데 영산강으로 표현하여 문제가 되었는데, 이 문제에 대해서 과연 이것이 임나일본부설을 의식한 계획적인 표현으로 볼 것인지 어떤지에 대해서 김태식 교수님의 의견을 듣고 싶습니다.

  김태식 : 영산강 유역을 가야나 임나(任那)지역으로 넣는 것은 스에마쓰 야스카즈(末松保和)에 이르러서 정착됐고요. 어제 발표한 것 중에 이근우 선생님이 제시한 지도를 보면 일본 중고등학교 교과서에 천편일률적으로 임나나 가야 하면 전라남북도를 완전히 포괄하는 것으로 되어 있습니다.

  그것은 일본서기에 나오는 임나를 지명비정한 것인데요, 신라나 백제는 수도 근처에 조금만 남겨놓고 나머지는 모두 임나로 했습니다. 그것은 분명히 임나일본부설의 잔재라고 생각됩니다. 그러나 근래 들어서 가야의 유적상으로 고고학자들이 많이 노력하셔서, 가야토기 권역이 대략 섬진강유역, 호남 동부지역으로 일시적으로 최대판도가 되는데요, 그럼에도 불구하고 지금은 영산강유역을 가야에 넣는 것은 최근의 경향으로는 완전히 임나일본부설의 잔재가 아닌 것으로 알고 있습니다. 그러나 임나일본부설에 농락당할 우려는 있다고 생각합니다.

이기동 : 가야의 서쪽경계에 대해서 백승충, 백승옥 선생님께서 의견이 있으면 말해주십시오

백승충 : 근래 가야의 영역 범주를 영산강유역으로 넓혀보자는 것은 스에마쓰의 접근 방법과는 분명히 다릅니다. 그러나 현실적으로 공통적인 부분이 있기 때문에 해결을 해야 되는데, 기본적으로 스에마쓰가 기본 근거로 내세운 것이 임나4현(縣)의 위치비정이었습니다. 그래서 임나4현은 전라남도 도서지역까지 포함해서 비정했기 때문에 그런 부분에 대한 재검증이 문헌학계에서 이루어져야 됩니다. 다시 말하자면 『일본서기』에 보면 임나4현뿐만 아니라 4현, 4촌 등의 상징적인 기록이 많이 나타납니다. 그것이 기록된 연대에 적합한 기사라고 하는 문제부터 전체 기록에 대한 재검토가 이루어져야 결론이 어떻게 나타날지 알 수는 없지만 이 같은 기초작업부터 먼저 이루어져야 한다고 생각합니다.

노중국 : 어제 제가 발표를 마쳤을 때 백승충 선생님께서 간단하게 언급을 하시면서 근자에 영산강유역도 가야의 영역에 넣어야 한다는 견해도 있다고 말씀하셨는데, 그것은 단순히 가야사만 관계되어진 것은 아니고 백제사와의 긴밀한 관계 속에서 이해가 되어야 하겠습니다.

결국은 영산강유역이 언제 백제로 들어갔느냐 하는 그 시기와도 연결되어집니다. 통례대로, 제가 369년을 지지하는 입장이니까, 그 통례가 아니고 5세기말 6세기초가 되어야만 영산강유역이 백제로 들어간다는 전제가 깔려 있을 때, 가야양식 토기가 영산강유역에 나오니까 그 범위가 가야영역에 들어갈 수 있다는 이야기가 성립될 수 있게 될 것입니다.

근래에 금관가야식 토기, 고령양식 토기의 확산과 같은 고고학적 자

료를 가지고 이야기할 때, 그러한 논리대로 따라가게 되면, 백제가 475 년에 남쪽으로 밀려 내려와서 5세기말 6세기초의 범위라고 하는 것은 굉장히 좁아져 버리게 됩니다. 소위 전라남도지역이 백제에서 모두 빠져버리게 되고 무주, 진안, 장수, 남원 이런 쪽이 전부 빠져버리게 됩니다. 그리고 북쪽으로는 충남지역의 상당 부분도 고구려영역으로 빠져나가 버리고 그렇게 되면 굉장히 작은 나라가 되어버립니다.

가야양식의 토기가 나온다고 해서 그것을 바로 가야의 영역으로 본다는 것은 재고해 보아야 할 것 같습니다. 개인적으로 기문·대사문제는 정해진 것 같고요, 4현을 전라남도 전체로 생각하는 일제시대의 문헌학도 문제이고, 그러면서 가야양식 토기의 출토지를 가지고 바로 정치적 영역으로 확대 해석하는 것도 문제가 있다고 생각합니다. 제 개인적으로 현재 흔히 생각하는 섬진강유역선으로 생각하는 것이 좋을 듯합니다.

이기동 : 너무 깊이 들어가지 맙시다. 작년에도 논의한 바 있습니다.

연민수 : 노중국 선생님 말씀과 관련해서 간단히 정리를 해야 할 것 같은데, 임나4현, 기문·대사문제는 6세기초 『일본서기』의 繼體紀에 나오는 기록입니다. 이른바 국토할양기사라고 해서 원래 일본 大和조정에 속해 있었던 것을 백제에게 주는 국토할양기사의 하나로서 나옵니다.

『일본서기』에 종종 나오는 기록입니다만, 기문·대사는 섬진강 중하류지역으로 거의 비정이 되어 있고, 그 연장선상에서 임나4현 문제가 나오고 있죠. 내용을 잠시 살펴보면 다리국수(哆唎國守)가 4현을 대반대련(大伴大連)이라는 유력한 호족에 간청해서 백제에 할양을 하는, 그것이 6세기초 기문·대사문제와 같이 나오기 때문에 범위가 그 지역을 크게 벗어나지 않는다고 봅니다. 사료의 성격으로 보더라도요. 그래서 스에마쓰가 주장하는 전라남도 일원, 용어에서 보아도 현이라고 하기 때문에 그렇게 넓은 지역은 아닌 것 같은데, 우리는 무비판적으로 이것을 받아들이고 있습니다만, 너무 확대된 것이 아닌가, 지명비정에 대한 철저한 비판과 고증이 있어야겠습니다.

이근우 : 임나와 가라가 같은가 하는 문제로부터 발단이 되었는데, 사실 이 문제는 동시대의 사료라고 할 수 있는 왜(倭) 오왕(五王)의 「상표문」에 보면, 분명히 왜·백제·신라·임나·가라·진한·모한 7국이라고 되어 있어서 임나와 가라는 다른 나라로 되어 있습니다. 그래서 일본교과서 자체가 이미 임나와 가라는 다른 실체라고 인용하는 사료를 들면서 그림은 임나는 가라이다라고 표현하기 때문에 그 자체에 모순이 있는 것이고, 저희들이 이해할 때도, 물론 임나와 가라를 『일본서기』에는 같은 것으로 인식하는 내용이 있기도 하지만, 다른 것으로 보아야 할 것으로 보아야 하겠습니다. 그리고 방금 연민수 선생님께서 임나4현의 비정은 기문·대사 즉 가라영역에서 찾아야 한다고 하셨는데 그런 측면에서 이 시기 임나와 가라는 다르게 쓰이기 때문에 다르게 볼 필요가 있는 것 같습니다.

또 문제는 영산강유역에서 분명히 전방후원분이 나타나고 있고, 일부 고고학자들은 전방후원분을 만든 사람들이 다리국수 같은 왜계백제관료가 아닌가 하고 이야기하고 있기 때문에 그런 것을 생각한다면 이 문제를 단순히 임나를 가야 속으로 끌어들여서 해결될 수 있는 문제는 아니라고 생각합니다.

이기동 : 이 문제는 매우 중요하기 때문에 여기서는 더 이상 논의하지 않았으면 합니다. 장차의 추구대상으로 남겨두기로 합시다.

노중국 교수께서 제기한 것 중에 창녕의 비화가야에 대한 정의가 필요하다는 지적이 있었습니다. 이영식 교수께서 인용한 자료에 보면, 제가 아직 보지는 못했지만 창녕에 계신 향토사가인 김세호 선생께서 고대의 창녕은 신라문화권이 아니다라고 하는 글을 쓰셨다고 하고, 오전에 조영현 선생의 지표조사현황표에도 창녕의 비화가야유적이 나옵니다. 창녕지방을 가야에 넣어야 하는가 아니면 신라에 넣어야 하는가 하는 소속문제도 아주 중요한데요. 이 점에 대해 평소 확고한 소신을 가지신 분이 계시면 말씀해주시기 바랍니다.

백승옥 : 제가 석사논문을 창녕의 비사벌가야에 대해서 썼는데요, 주목한 이유는 창녕이 신라와 가야의 차이점을 규명해 볼 수 있을 것이라는 생각 때문이었습니다. 또 창녕지역을 밝혀봄으로써 가야의 성격을 이야기할 수 있지 않은가 하는 생각에서였습니다. 그런데 자료가 없어서 많은 어려움을 겪었는데요, 중요한 것은 창녕지역 고대의 정치체가 어떤 성격이었던지 간에 신라가 창녕에 언제 진출하였는가 하는 것이 중요한 것 같습니다. 그다음에 그 이전에는 어떠한 성격을 가진 정치체였는가? 가야인가 혹은 다른 성격의 정치체인가 하는 것에 대해서 이야기할 수 있을 것 같습니다.

『일본서기』를 통해 창녕지역을 검토한 결과, 신라가 창녕지역에 진출한 시기는 6세기 전반대라고 생각합니다. 가장 중요한 요소는 탁순(卓淳)의 지명비정과 연관되어 있습니다. 저는 탁순이 대구라고 생각합니다만 많은 가야사 전공자들이 창원설에 많이 따라가기 때문에 저의 기본논리에도 완전한 것은 아니라고 생각합니다. 그렇지만 창녕이 신라화된 것은 6세기 전반대라고 생각합니다. 그런데 창녕을 신라라고 하는 분들이 가장 큰 근거로 삼는 것은 4세기 중엽이후부터 신라화된 유물이 창녕에서 나온다는 점인 것 같습니다.

그런데 그것은 4세기 중엽부터 창녕지역의 세력이 신라와 친밀한 집단이었다면 유물은 충분히 그렇게 나올 가능성이 있다고 봅니다. 그리고 창녕지역에서 출토되는 토기는 완전한 경주식 토기가 아니라 창녕재지의 형식을 갖춘 토기들입니다. 따라서 충분히 6세기 전반대까지 독립적인 세력이 있었다고 봅니다. 그것은 가야의 한 세력입니다.

김태식 : 독립적인 세력이 있었다고 모두 가야라고 한다면 안동, 의성 등 경주를 빼고는 경상도 모두 가야라 해야죠. 그것은 어렵고요, 위서 동이전으로 보아서는 불사국이 창녕으로 비정되기 때문에 3세기까지는 진한연맹에 있었고, 창녕은 점이지대에 있어서 주위의 세력에 따라서 필요에 따라서 왔다갔다한 것이 아닌가 하는 생각이 듭니다.

그래서 저는 3세기 전반 정도까지는 진한연맹에 있었고 3세기 후반 이후 4세기에 걸쳐서는 가야연맹에 속했다가 5세기부터는 신라로 넘어가지 않았는가 생각합니다. 그런데 대략 4세기 이전에는 유물로는 진한·변한이 잘 구별이 안 되기 때문에, 5세기 이후로는 신라색이 다른 지역에 비해서 훨씬 뚜렷이 나타나기 때문에 이미 신라에 연합된 소국이었다고 생각됩니다.

창녕의 교동지역의 유물은 다른 가야지역과 전혀 다른 성격이고, 적석목곽분도 나타나고 있기 때문에 창녕을 6세기 전반대까지 가야소국으로 존속하고 있었다고 보기는 어렵습니다.

이기동 : 이것도 장차 집중검토대상으로 남겨놓기로 하는 것이 좋겠습니다. 한 점의 의혹이라도 있다면 미결상황으로 남겨놓을 필요가 있다고 생각됩니다.

세 번째 주제는 일본교과서의 가야사 서술과 문제점에 관한 것입니다. 발표자인 이근우 교수께서는 우리가 가야사에 대한 인식을 획기적으로 바꾸지 않는다면 일본학계의 식민지시대 이래의 기본 시각을 바꿀 수 없다고 경고하셨는데요.

연민수 : 정리하고 넘어갈 부분이 있어서요. 가야와 일본의 관계를 이야기할 때 가장 긴장감을 느끼는 것이 임나일본부 문제입니다. 그것이 교과서에도 반영되어 있고요. 시대와 집필자에 따라서 다소의 차이는 있는데, 일본역사교과서에서 취급하고 있는 가야에 대한 관련기록을 보면 하나의 공통적인 특징이 있습니다. 서술체계에 특징이 있는데, 가장 중요한 것은 가야의 철자원이 가장 근거가 되고 있습니다. 철자원 획득을 위해서 출병이라는 서술을 하고 있고, 그 결과 임나에 대한 세력권 확대, 이를 발판으로 해서 신라나 고구려에 대한 대항관계, 크게 보면 한반도 남부를 둘러싼 고구려와 일본과의 대결구도, 이런 것을 강조하고 있습니다. 광개토대왕의 남하에 의해 손상된 한반도에 대한 세력약화를 『송서(宋書)』에 보이는 왜5왕의 외교, 이런 형식으로 한반도 남부의 군사지휘권을 회복하려는 노력을 외교를 통해서 획득하려는 그러한 서술이 4~5세기 가야에 대한 서술체계입니다. 이러한

인식은 거의 60년대부터 현재까지 기본 골격을 유지하고 있습니다. 그런데 이러한 체계를 세운 것은 여러분도 잘 아시듯이 일본고대사를 대표하는 일본 동경대의 이노우에 미쓰사다(井上光貞), 일본에서 한국고대사를 대표하는 스에마쓰 야스카즈(末松保和) 두 사람입니다. 이 사람들이 암파서점(岩波書店)에서 나온 일본고전문학대계 『일본서기』를 주해(註解)한 주역들입니다. 이 설의 논리체계가 거의 일본고대사의 대외관계를 지배하고 있습니다. 두 사람의 학문적 카리스마라고 할 정도로 이 두 사람의 골격에서 벗어나지 못하고 있습니다. 이것을 일본고대사교과서뿐만 아니리 일반 고대사 서술에 있어서도 마찬가지입니다. 그러면 이런 설명체계가 전혀 잘못된 것이냐? 잘못되었습니다. 철자원의 획득을 위한 출병, 이것은 직접 표현은 하지 않지만 신공왕후의 삼한정벌이라든가 신공기 49년조의 가야7국평정 등이 상당히 의식된 기록입니다.

광개토왕릉비문의 경우 결국은 일시적인 출병이고 백제와의 관계를 이야기하지 않을 수 없고, 결국 패퇴해서 물러났고, 『송서』 왜국전의 한반도 남부지역이 포함되는 군호도 아무런 실체를 동반하지 않은, 송조에서는 책봉관계가 없는 한반도 남부의 제국명을 허락해 주었는데 그것은 형식적인 것입니다. 그것을 가지고 일본고대사의 대한관계의 골격으로 삼는 것은 잘못입니다. 그런데 이것은 두 사람의 설이 워낙 강하게 영향을 미치고 있는 것이기 때문에 앞으로도 변하지 않을 거라고 생각됩니다. 그래서 우리측에는 이것에 대해서 시정방법을 다양하게 해야 하는데 방법이 없어요. 일단은 가야와 일본과의 관계는 교과서적인 체계가 있어야 된다고 봅니다. 이른바 일본측에 대한 대응논리로서. 그것이 전혀되어 있지 않습니다. 일본과의 관계도 연구자에 따라서 견해가 틀리고요. 저의 경우는 서일본의 호족쪽으로 많이 보고 있는데, 연구자의 일본과의 관계가 복잡한 양상을 띠고 있기 때문에 이것을 체계화시킬 필요가 있고, 또 개별적인 비판은 우리가 얼마든지 할 수 있기 때문에 일본고대사의 유력한 필진들을 불러서 같이 토론할 기회를 가졌으면 효과가 있지 않을까 생각합니다.

주보돈 : 우리가 주제 선정에 일본교과서를 다루는 데 있어서 문제가 있지 않은가 하고 생각하는데, 왜냐하면 일본교과서상에 가야사기술이 되어야할 이유가 없습니다. 이것은 사실 동양사나 일본 세계사교과서에 들어가 있어야 할 한국사의 항목인데. 제가 볼 때에는 일본 세계사 속에 한국사가 어떻게 서술되어 있느냐 하는 측면에서 비교해야 할 것 같습니다.

일본교과서 속에서 가야사가 기술되고 있는 것은 일본사적인 시각에서는 관계사가 당연히 기술되어질 것입니다. 그런데 인식의 연장선상이 한반도 남부지역의 가야문제가 되겠는데, 조금 이 문제보다도 세계사교과서나 동양사 관계의 책들에 가야사나 다른 한국고대사가 어떻게 기술되어 있는가를 다루어야겠습니다. 혹시 일본국사 이외에 다른 부분은 조사하셨는지요?

이근우 : 제가 책은 가지고 있는데 구체적으로 조사하지 못했습니다. NHK교재 같은 것을 본 적은 있는데, 우선 분량에서 미미하기 때문에 제가 기억이 잘 나지 않는 모양입니다. 예를 들어서 앞에서 제시한 일본국사의 내용 중에서도 단 세 줄이 나오는 정도입니다. 따라서 세계사에서 가야사를 다루었다는 것은 힘들고요. 역시 일본의 경우 중심은 서양사나 중국사가 세계사이지 우리나라의 일부가 세계사로 되어 있지는 않다고 생각합니다.

주보돈 : 우리 교과서는 세계사에서 일본문제를 많이 다루는데, 오히려 교과서 문제를 제기할 때에는 우리는 일본사의 상당부분이 늘어나 있는데, 그런 부분이 정당하게 자리매김하도록 이야기 해야 하고요, 그리고 여기에 보면 사실 예속사로서 일본식민지지배의 연장선상으로서 고대사로 들어가 다루어지고 있는 셈인데, 이것은 일본사에서 다루어져야 되는 부분이 아닙니다. 자기들 필요에 따라서 철을 가지고 가서 자기 고대국가 발전과정에서 나타나는 변화의 의의를 추적하다 보니까 부분적으로 관심을 가지는 것입니다.

우리가 요구하는 것은 고대사뿐만 아니고 사실 세계사의 부분이 아니겠느냐 그렇게 생각되는데, 앞으로 그 점을 다루어주어야 하지 않을까 합니다. 일본교과서 전공자를 불러와야 소용 없고, 세계사 속에서 정당하게 자리잡는 그 점을 다루어야 하는 것이 아닌가 하는 것이 저의 생각입니다.

이근우 : 그 문제는 본 논문에서 주석으로라도 달아서 사례를 제시하겠습니다.

이기동 : 일본 사람의 논리대로 하면 야마토정권이 가야에 대한 영토적 탐욕을 갖게 된 것은, 우선 가야가 통일이 안 된 국가분립상태이고 게다가 탐내는 철자원을 많이 가지고 있었기 때문이라는 것인데, 그렇다면 우스개소리로 가야 자체에 책임이 있습니다. 가야가 통일이 되고 철이 나지 않았다면 반대로 야마토정권이 바다 건너 여기까지 올 필요가 없었을 터이니까 말이죠.

전에는 주로 문헌사학자들이 그처럼 이야기했는데, 근래에는 이런 논리가 고고학자들에 의해 정교하게 합리화되고 있습니다. 쓰데 히로시(都出比呂志) 씨가 제자들과 함께 엮은 『고대국가는 이렇게 탄생했다』를 보니까 야마토정권과 가야문제는 다른 것이 아니라 일본으로 보아서는 철자원을 확보하는 시스템, 그것이 기본적인 것이다라고 합니다. 고고학자의 입장에서 매우 정교하게 파고 들어가는데, 논리적으로 대결하기가 점점 어려워지고 있습니다. 사실은 그래서 이것은 쉬운 문제가 아니라고 생각됩니다.

다음은 네 번째 주제인 구미교과서 및 백과사전류의 가야사서술에 대한 것입니다. 권학수 교수께서는 아주 맵시있게 잘 정리해주셨습니다. 그래도 3, 40년 전에 비하면 고대 한일관계사에 대한 그릇된 인식이 크게 개선된 듯한 느낌이 듭니다만, 역시 우리나라 학자들의 적극적인 홍보노력이 필요하다고 지적하셨는데, 이 점에 대해서 의견을 말씀해주시기 바랍니다.

이영식 : 죄송합니다만 앞 문제에 대해서 이야기를 하겠습니다. 이근

우 선생님께서는 요즘 한일간의 문제가 되고 있는 후소샤(扶桑社)교과서는 다루시지 않았습니까?

이근우 : 검토했습니다. 그런데 중학교 교과서이고 내용상 지금 여기 다루고 있는 고등학교 교과서와 별 차이가 없습니다. 중학교 교과서는 조금 더 고등학교 교과서보다 완곡하고요. 후소샤교과서는 고등학교 교과서처럼 기술되어 있어서 문제라고 생각합니다. 그래서 굳이 다루지 않아도 똑같은 문제점을 가지고 있고, 제가 중등교과서를 가지고 있지 않아서 그런 조건 때문에 참고는 했지만 반영하지 않았습니다.

이영식 : 가장 문제가 되고 현재 제가 일본에 있기 때문에 이근우 선생님의 분석을 보면 일본교과서의 해당부분을 제시하고 그 기술부분에 대한 정리분석이신데, 일본교과서에 가야사에 대한 부분이 얼마나 되겠습니까. 보시는 대로 5~6줄 정도인데, 그것만 가지고 분석하면 매번 똑같은 반복이 될 수밖에 없습니다. 그 교과서 자체가 어떤 취향을 가지고 있느냐, 어떤 사람들에 의해서 집필되고 있는가 하는 추적이 바탕이 되어서 5~6줄에 대한 분석이 진행되어야 하지 않을까 생각합니다.

지금 현재 한일간에 논란이 되고 있는 교과서의 경우도 편찬태도가 가장 선명하게 드러나는 부분이 근대사부분입니다. 그런데 가야사와 관계가 없다고 해서 근대사부분을 도외시할 것이 아니라 거기에 나타나는 중요한 편찬진의 역사를 보는 태도라든지, 기본적으로는 가치상대주의, 피해망상증 같은 기본적으로 교과서에 흐르는 편찬방침이라든지 편찬자의 역사인식에 관한 분석도 필요하지 않을까 해서 말씀드렸습니다.

강봉원 : 제가 지정토론자로 되어 있기 때문에 어제 토론한 내용을 조금 덧붙여서 몇 가지 말하겠습니다. 우선 근래에 들어서 미국, 프랑스에서 가야문제에 있어서, 예를 들어 과거에 일본인들이 독자적으로 임나일본부설을 주장했던 것하고는 견해가 많이 달라지고 있습니다.

권학수 교수님께서 조사하신 영어로 쓰여진 교재를 연대별로 재조합을 해서 보았을 때 80년대 말까지만 해도 일본인의 임나일본부설만이 반영되어 있는데, 1988년도 말부터는 그 견해가 조금씩 바뀌고, 90년대 말로 들어와서는 특히 영국교과서의 경우는 임나일본부설을 조금은 비판하기 시작하는 그런 부분이 보입니다.

프랑스의 경우 임나일본부설을 적극 비판하고 있고, 독일의 경우에는 거의 없다고 보아도 되는데 일본사람들의 견해를 거의 그대로 답습하고 있습니다. 이것은 과거에 일본과 독일이 정치적으로 가까웠기 때문에 그런 현상이 일어나지 않았는가 생각합니다.

이기동 : 강봉원 교수님은 제가 알기로는 근래 한국고고학의 연구성과를 미국의 유력한 전문잡지에 제일 많이 소개하고 계십니다. 작년에도 미국의 *Current Anthropology*라는 잡지에 인구압력과 전쟁에 관한 학설을 한국의 자료로써 이론을 검증하는 논문을 발표했고, 또 *Journal of East Asian Archaeology*에 주로 영남지역의 고고자료와 『삼국사기』 신라본기에 나오는 전쟁기사를 서로 대비시켜서 고찰한 글을 발표하셨습니다. 그런 만큼 가야사에 대한 대외홍보작업도 강 선생님께서 앞으로 많이 해주시기 바랍니다.

노중국 : 권학수 선생님의 발표를 들으면서 상당히 여러 가지 시사되는 점이 많았습니다. 하나는 외국교과서의 가야사가 어떻게 서술되었는가를 조금 확대해서 외국교과서에 한국고대사가 어떻게 서술되었는가를 총체적으로 학계차원에서 검증해보는 것도 좋다는 생각이 들었습니다. 그리고 이왕이면 구미가 들어갔으니까 다음에 정리하실 때 러시아쪽에도 서술이 어떻게 되었는가에 대해서 보충이 되었으면 합니다.

이기동 : 그 방면의 전문가인 블라디밀 티코노프 교수가 오슬로대학에 있습니다만, 비용을 마련하는 문제가 어렵군요.

강봉원 : 이기동 교수님께서 홍보에 대해 어려움이 있다고 하셨는데, 저희 학교에 미국인 영어교수가 있는데 그분이 낸 아이디어가 가야에서 나오는 중요한 유물·유적을 사진으로 찍어서 일본에서 한국으로

오는 비행기의 잡지에 한두 페이지 내는 것이 좋지 않은가 하는 의견을 내었습니다. 또 한국의 항공사 잡지에도 역시 마찬가지로 한두 페이지를 실어서 하는 것도 관심을 불러일으키는 데 좋지 않을까 합니다.

이기동 : 저희가 연구하기도 어려운데 홍보까지 전담하기는 무리입니다. 독립된 전문기관이 필요합니다. 수많은 연구소, 문화원이 있지만 한결같이 팔장만 끼고 있는 실정입니다.

다섯 번째 주제로는 사회교육으로서의 가야사에 대한 것입니다. 발표자인 이영식 교수께서는 실로 이 방면에 있어서 방대한 정보자료를 수집하셨는데, 여기에 더 추가할 것이 있으면 말씀해주시기 바랍니다.

이영식 : 추가할 것이 모자라서 어제 발표할 때도 말씀드렸습니다. 표에 보면 국립김해박물관의 강좌의 성인박물관강좌가 어린이강좌와 바뀌었습니다. 시립박물관자료도 빠진 것이 많습니다. 제가 아직 자료 수집중이라서 그렇습니다. 그것은 사죄말씀드리겠습니다.

이기동 : 그렇게 말씀하신다면, 발표문 147쪽(이 책의 259쪽)의 표, TV에서 가야를 주제로 하는 것 중에 93년 이후부터가 나왔지만, 실은 1987년에 MBC 영남 3사에 의해 5부작이 만들어졌고 이것은 서울 MBC에서 3부작으로 압축해서 전국 네트워크로 방영한 적이 있습니다. 그 준비작업으로 86년에 해인사에서 방송사 PD, 계명대 김종철, 경북대 윤용진 교수님과 함께 제가 옵서버 자격으로 참여한 적이 있습니다. 극본을 쓰는 데 한두 마디 거들었던 기억이 납니다. 그렇지만 이런 것들을 완벽하게 일일이 찾아내기는 힘들겠지요.

노중국 : 대개 이런 것은 경남·북 지역이 중심이 되는데 연구자들에게 강연프로그램을 보내달라고 부탁하면 될 것입니다.

이기동 : 여섯 번째 주제는 향토사의 가야사서술과 문제점입니다. 발표자인 백승충 교수께서는 향토사가의 저술활동을 소상하게 소개하시면서, 다만 이분들이 향토에 대한 사랑에 치우친 나머지 종종 학계의 연구성과를 수용하는 데 인색한 면도 있다고 지적하셨습니다. 이 점에

대해서 하실 말씀이 있으면 해주시기 바랍니다.

사실은 우리가 그분들을 격려해도 부족한데 거기에 약간의 단서를 달았습니다. 향토애는 좋으나 역사학계, 고고학계의 성과를 조금 존중해달라는 학계의 부탁입니다. 절충의 지혜가 필요하다고 생각됩니다. 현지 연구자들의 관심과 안내가 없으면 학계의 연구자들도 힘을 잃게 되고 말지요. 상호 협력체제 속에서 이루어져야 하는데 혹시 배타적으로 나올까봐 신경이 쓰이기도 하지요.

별다른 의견이 없으시면 마지막 주제인 가야문화재의 보존 현황과 대책으로 넘어가겠습니다.

발표자인 조영현 교수께서는 가야의 문화재를 보존하는 데는 역시 현지 주민들의 관심이 무엇보다도 절실하다고 강조하셨습니다.

조 교수님의 보존방안에 대해서 좀 더 추가하실 사항이 있으시면 말씀해주시기 바랍니다.

(녹음불량) …

조영현 : 좋으신 말씀입니다. 사실 보존 문제도 어떤 면에서는 4~5년 전에 비해 많이 좋아졌습니다. 오늘의 목적이 더 잘해보자, 우리나라의 문화재보존은 다른 나라의 모범이 되어보자 하는 것입니다.

좀 전에 유병일 선생님이 말씀하신 바와 같이 행정기관의 고충도 최대한 알려고 합니다. 서로 이해가 되어야 되는 부분도 많으니까요. 그런 과정에서 문화재 분포지도 같은 것은 강력한 주장들이 많았습니다. 바람직하다고 할 정도로 분포지도도 조사하고 30,000㎡ 이상은 의무적으로 지표조사가 행해지도록 법적으로 구비도 되었습니다. 이렇게 진척은 계속되고 있습니다.

그러나 결론적으로 말씀드리면 그것도 더디다고 생각합니다.

권학수 선생님께서 말씀하신 대로 그 사례를 모두 들자면 많습니다. 그리고 지방자치단체에서도 인원을 뽑으려고 이야기가 많이 나오고 있습니다. 단지 인원이 너무 적어 어느 세월에 되겠느냐 하는 속에서도 진행이 되는 것도 제법 있습니다.

김세호 : 지난 달에 창원대학교에서 비화가야에 대한 학술발표가 있었습니다. 그때에도 창녕가야를 비사벌가야라고 하였습니다. 그리고 김해박물관의 유물전시에도 창녕지역의 유물을 비사벌가야라고 하고 있습니다. 그런데 울산대학교의 백승옥 선생님께서는 비사벌가야라고 논문에 쓰셨는데 제가 알아 보기로는 『삼국사기』를 보면 창녕은 신라화하고 하주로 10년간 있게 되는데 그 뒤 창녕지역을 비사벌군으로 하였습니다. 그 앞에는 비사벌이라는 말도 없었는데 출처가 어딘지요. 그리고 창녕에는 비사벌이란 말을 많이 채택해서 상호나 모임에 많이 쓰고 있고 문화재에도 역시 마찬가지인데 잘못된 것이 아닌가 합니다. 백 선생님께서 말씀해주시면 감사하겠습니다.

이기동 : 비사의 사는 받침의 효과를 갖고 있습니다. 그러니까 '빛'이 되는 것이죠. 창녕의 昌이 빛날 창이죠. 벌은 고을이고요. 빛나는 고을이라는 뜻입니다.

김세호 : 1975년경부터 노대식 씨가 『빛벌문화』라는 책을 낸 이후 그런 말이 많이 애용되었습니다. 그다음에도 논문이 나왔고요. 그다음에 창녕 비사벌가야라고 쓰고 있습니다. 정리해주셨으면 감사하겠습니다.

이근우 : 비화가야도 빛 비사벌과 같은 뜻입니다.

이기동 : 빛, 벌, 불 모두 같은 뜻입니다.

이기동 : 시간 관계로 더 이상 진행이 어렵겠습니다. 여러분께서 지적하신 문제점들이 가까운 시일내에 시정이 되고 나아가서는 여러분이 제시한 여러 대책 방안들이 모두 실천에 옮겨져서 가야사에 대한 올바른 지식이 일반에 널리 보급되고 아울러 유적 보존에 만전을 기하게 되기를 바라마지 않습니다. 장시간 경청해 주셔서 감사합니다. 종합토론은 이것으로 마치겠습니다.

민족문화 학술총서를 내면서

　21세기의 새로운 미래를 향해 나아가는 현 시점에서 한국학 연구는 새로운 전기를 맞이하고 있다. 한국은 물론이고, 아시아·구미 지역에서도 한국학에 대한 관심은 고조되고 있으며 여러 분야에서 다각도로 심층적인 분석이 이루어지고 있다. 이러한 추세에 발맞추어 우리 나라의 한국학 연구자들도 지금까지의 연구를 기반으로 하여 방법론뿐 아니라, 연구 영역에서도 보다 심도 있는 연구가 요청되고 있는 형편이다. 따라서 우리는 동아시아 속의 한국, 더 나아가 세계 속의 한국이라는 관점에서 민족문화의 주체적 발전과 세계 문화와의 상호 관련성을 중시하는 방향에서 연구를 진행해야 할 것이다.

　본 한국민족문화연구소는 한국문화연구소와 민족문화연구소를 하나로 합치면서 새롭게 도약의 발판을 마련한 이래 지금까지 민족문화의 산실로서 중요한 역할을 수행해 왔다. 그런 중에 기초 자료의 보존과 보급을 위한 자료총서, 기층 문화에 대한 보고서, 민족문화총서 및 정기학술지 등을 간행함으로써 연구소의 본래 기능을 확충시켜 왔다. 이제 이러한 성과를 바탕으로 한국학 연구자의 연구 성과를 보다 집약적으로 발전시켜 나아가기 위해서 민족문화 학술총서를 간행하고자 한다.

　민족문화 학술총서는 한국 민족문화 전반에 관한 각각의 연구를 체계적으로 정리함으로써 본 연구소의 연구 기능을 극대화하는 역할을 할 것으로 기대한다. 또한 본 학술총서의 간행을 계기로 부산대학교 한국학 연구자들의 연구 분위기를 활성화하고 학술 활동의 새로운 장이 되기를 바란다.

　아울러 본 학술총서는 한국학 연구의 외연적 범위를 확대하는 의미에서 한국학 관련 학문과의 상호 교류의 장이자, 학제간 연구의 중심 기능을 수행함으로써 명실상부한 한국학 학술총서로서 자리잡을 수 있도록 해야 할 것이다.

1997년 11월 20일

부산대학교 한국민족문화연구소

가야사 정책연구위원회

위 원 장 정징원(부산대학교 고고학과 교수)
위   원 이기동(동국대학교 사학과 교수)
        임효택(동의대학교 사학과 교수)
        신경철(부산대학교 고고학과 교수)
        이영식(인제대학교 인문문화학부 교수)
        김태식(홍익대학교 역사교육과 교수)
        이근우(부경대학교 사학과 교수)
        박천수(경북대학교 고고인류학과 교수)
        김열규(인제대학교 국어국문학과 교수)
실무간사 이희진(한국외국어대학교 강사)

학교교육과 사회교육으로서의 가야사

부산대학교 한국민족문화연구소 편

초판 1쇄 인쇄 · 2002년 8월 22일
초판 1쇄 발행 · 2002년 8월 29일

발행처 · 도서출판 혜안
발행인 · 오일주
등록번호 · 제22 - 471호
등록일자 · 1993년 7월 30일
121 - 836 서울 마포구 서교동 326 - 26
전화 · 02) 3141 - 3711, 3712
팩시밀리 · 02) 3141 - 3710

값 20,000원

ISBN 89 - 8494 - 166 - 2 93910